Die Entwicklung des Anlegerschutzes beim regulären Delisting in Deutschland

AF732929

Europäische Hochschulschriften Recht

European University Studies in Law

Publications Universitaires Européennes de Droit

Band/Volume **6136**

Benjamin Marc Schmitz

Die Entwicklung des Anlegerschutzes beim regulären Delisting in Deutschland

PETER LANG

Bibliografische Information der Deutschen Nationalbibliothek
Die Deutsche Nationalbibliothek verzeichnet diese Publikation in der Deutschen Nationalbibliografie; detaillierte bibliografische Daten sind im Internet über http://dnb.d-nb.de abrufbar.

Zugl.: Bonn, Univ., Diss., 2019

D 5
ISSN 0531-7312
ISBN 978-3-631-80153-6 (Print)
E-ISBN 978-3-631-81093-4 (E-PDF)
E-ISBN 978-3-631-81094-1 (EPUB)
E-ISBN 978-3-631-81095-8 (MOBI)
DOI 10.3726/b16506

© Peter Lang GmbH
Internationaler Verlag der Wissenschaften
Berlin 2020
Alle Rechte vorbehalten.
Peter Lang – Berlin · Bern · Bruxelles · New York · Oxford · Warszawa · Wien

Das Werk einschließlich aller seiner Teile ist urheberrechtlich geschützt.
Jede Verwertung außerhalb der engen Grenzen des Urheberrechtsgesetzes ist ohne Zustimmung des Verlages unzulässig und strafbar.
Das gilt insbesondere für Vervielfältigungen, Übersetzungen, Mikroverfilmungen und die Einspeicherung und Verarbeitung in elektronischen Systemen.

Diese Publikation wurde begutachtet.

www.peterlang.com

Für Anja

Vorwort

Die vorliegende Arbeit wurde im Wintersemester 2018/2019 von der Rechts- und Staatswissenschaftlichen Fakultät der Rheinischen Friedrich-Wilhelm-Universität Bonn als Dissertation angenommen. Sie entstand zwischen Oktober 2014 und August 2018. Sie berücksichtigt Literatur bis November 2018.

Mein besonderer Dank gilt Prof. Dr. Jens Koch und Prof. Dr. Matthias Lehmann für die schnelle Korrektur und die Betreuung meiner Arbeit. Daneben möchte ich mich auch bei Dr. Rafael Harnos, Habilitant am Lehrstuhl für Bürgerliches Recht, Handels- und Gesellschaftsrecht, und Dr. Daniel Lochner, Partner bei Meilicke Hoffmann & Partner, für einen regen wissenschaftlichen Austausch in zahlreichen Gesprächen bedanken.

Schließlich möchte ich auch meine Eltern nicht vergessen, die mich während meiner gesamten Ausbildung und insbesondere während der Anfertigung dieser Arbeit bedingungslos unterstützt haben.

Trotz und auch gerade wegen der einschneidenden Veränderungen der rechtlichen Rahmenbedingungen für das reguläre Delisting während der Entstehung der Arbeit war meine Promotion für mich eine spannende und lehrreiche Zeit, auf die ich gerne zurückblicke. Ich hoffe, dass die Arbeit dem interessierten Leser eine umfassende Sicht auf die bisherigen Entwicklungen sowie kritische Denkanstöße hinsichtlich des nunmehr geltenden gesetzlichen Anlegerschutzes vermitteln kann.

Bonn, 1. August 2019
Benjamin Marc Schmitz

Inhaltsverzeichnis

Abkürzungsverzeichnis

a. A.	andere Auffassung
Abs.	Absatz
Alt.	Alternative
Aufl.	Auflage
BaFin	Bundesanstalt für Finanzdienstleistungsaufsicht
Bd.	Band
Begr.	Begründer
BKR	Zeitschrift für Bank- und Kapitalmarktrecht
BörsO	Börsenordnung
BRAK	Bundesrechtsanwaltskammer
bspw.	beispielsweise
CF	Corporate Finance
DAI	Deutsches Aktieninstitut
DAV	Deutscher Anwaltverein
ders.	derselbe
dies.	dieselbe
DSW	Deutsche Schutzvereinigung für Wertpapierbesitz
EU	Europäische Union
EWR	Europäischer Wirtschaftsraum
f.	folgende (bei einer)
FAZ	Frankfurter Allgemeine Zeitung
ff.	folgende (bei mehreren)
Fn.	Fußnote
FS	Festschrift
grds.	grundsätzlich
GroßKomm	Großkommentar
Halbs.	Halbsatz
hrsg.	herausgegeben
Hrsg.	Herausgeber
i. S. d.	im Sinne des/der
i. S. v.	im Sinne von
i. V. m.	in Verbindung mit
IDW	Institut der Wirtschaftsprüfer
IDW S1	Standard des Instituts der Wirtschaftsprüfer: Grundsätze zur Durchführung von Unternehmensbewertungen
IPO	Initial Public Offering
KK	Kölner Kommentar
KostenV	Kostenverzeichnis
lit.	litera
Ls.	Leitsatz/Leitsätze

LVwVfG	Verwaltungsverfahrensgesetz des jeweiligen Landes
m. w. N.	mit weiteren Nachweisen
MAH	Münchner Anwaltshandbuch
MAR	Marktmissbrauchsverordnung (Verordnung (EU) Nr. 596/2014 des Europäischen Parlaments und des Rates vom 16. April 2014 über Marktmissbrauch und zur Aufhebung der Richtlinie 2003/6/EG des Europäischen Parlaments und des Rates und der Richtlinien 2003/124/EG, 2003/125/EG und 2004/72/EG der Kommission – Marktmissbrauchsverordnung)
MüKo	Münchner Kommentar
n. v.	nicht veröffentlicht
Nr.	Nummer
P2P	Public to Private
Rn.	Randnummer
S.	Seite(n)
SdK	Schutzgemeinschaft der Kapitalanleger e. V.
sog.	sogenannte
SpruchZ	Spruchverfahren Recht und Praxis
u. a.	und anderen
v.	von/vom
vgl.	vergleiche
VGR	Gesellschaftsrecht in der Diskussion
VzfK	Verbraucherzentrale für Kapitalanleger e.V.
WiWo	WirtschaftsWoche
WpÜG-AngebVO	Verordnung über den Inhalt der Angebotsunterlage, die Gegenleistung bei Übernahmeangeboten und Pflichtangeboten und die Befreiung von der Verpflichtung zur Veröffentlichung und zur Abgabe eines Angebots
Xetra	Exchange Electronic Trading
ZfPW	Zeitschrift für die gesamte Privatrechtswissenschaft
zit.	zitiert

Für die übrigen in dieser Arbeit verwendeten juristischen Abkürzungen wird verwiesen auf:

Kirchner, Hildebert:
Abkürzungsverzeichnis der Rechtssprache, 8. Aufl., Berlin 2015

A. Einleitung

Seit jeher wird das Wesen der Aktiengesellschaft geprägt von ihrer Funktion als Kapitalsammelstelle.[1] In der heutigen Ausgestaltung ist sie eine *„Blüte der industriellen Revolution"* und trug wesentlich zum wirtschaftlichen und technischen Fortschritt im 19. Jahrhundert und seiner Weiterentwicklung im 20. Jahrhundert bei.[2] Zu dieser Zeit wurden Aktiengesellschaften gegründet, um durch die Beteiligung vieler Einzelner an der Gesellschaft Ersparnisse zu bündeln und für den gemeinsamen wirtschaftlichen Zweck einzusetzen, der für das Individuum wegen der Höhe des erforderlichen Kapitals sonst nicht realisierbar wäre. Konkret wird der Aufschwung der Aktiengesellschaft häufig mit dem Beginn des Baus von Eisenbahnen in Verbindung gebracht.[3] Als Folge des aufkommenden Bedürfnisses, eine große Zahl potentieller Anleger zu erreichen und so möglichst viel Kapital einsammeln zu können und gleichzeitig bestehende Beteiligungen zu handeln, formten sich rasch Handelsplätze, an denen Gesellschaftsbeteiligungen erworben und weiterveräußert werden konnten – die ersten Börsen waren geboren. Eine erste rechtliche Grundlage für das Börsenwesen in Deutschland bildete das Börsengesetz vom 22. Juni 1896.[4]

Auch heute besteht bei großen Aktiengesellschaften eine zentrale Funktion unverändert darin, durch Veräußerung von Gesellschaftsanteilen an ein breites Anlegerpublikum Eigenkapital zu generieren. Die Börse als Handelsplattform ermöglicht es Emittenten dabei, über eine zentrale Stelle im Rahmen eines *„Initial Public Offering"* (*„IPO"*) und späterer Kapitalmaßnahmen eine große Anlegerallgemeinheit zu erreichen und ihre Anteile effektiv zu platzieren. Zwar erreichte die Zahl der IPOs in Deutschland bei weitem nie mehr das Niveau der Boom-Zeiten des Neuen Marktes mit über 400 Börsengängen von 1998 bis 2000.[5] Jedoch wagten nach der Finanzmarktkrise, in deren Verlauf es im Jahr 2009 zu einem Tief mit nur einer einzigen Neuemission kam, in den Jahren 2015 bis 2017 erneut 39 Emittenten den Schritt allein in den regulierten Markt der größten deutschen Börse – der Frankfurter Wertpapierbörse.[6]

---

1 Vgl. hierzu und zum Folgenden *Habersack*, in: MüKo-AktG, Einleitung Rn. 5; *Bachmann*, in: GroßKomm-AktG, § 1 Rn. 71.

2 *K. Schmidt*, in: Schmidt/Lutter, AktG, Einleitung Rn. 3.

3 Vgl. *Habersack*, in: MüKo-AktG, Einleitung Rn. 14.

4 Vgl. *Groß*, Kapitalmarktrecht, 6 Rn. 1.

5 Vgl. *Rudolf*, in: Unternehmensfinanzierung am Kapitalmarkt, 1. Aufl., 2005, 15.

6 Vgl. Primärmarktstatistik der Frankfurter Wertpapierbörse (Stand 11. April 2018), abrufbar unter http://www.deutsche-boerse-cash-market.com/dbcm-de/instrumente-statistiken/statistiken/primaermarktstatistiken, zuletzt besucht am 11. April 2018.

Während für den Emittenten in erster Linie der Primärmarkt, an dem er selbst oder regelmäßig ein zwischengeschalteter Finanzdienstleister Anteile zur Zeichnung anbietet und so Eigenkapital generiert, von unmittelbarer Relevanz ist, ermöglicht die Börse als Handelsplattform daneben auch einen ebenso bedeutsamen Sekundärmarkt für den Handel mit Aktien als standardisiertes Handelsgut.[7] Angebot und Nachfrage werden effektiv und zentralisiert zusammengeführt und Transaktionskosten durch umfassende Informationen gesenkt. Anleger erhalten neben dem festgestellten Aktienkurs durch zahlreiche Transparenzvorschriften für den Emittenten weitreichenden Einblick zur persönlichen Bewertung ihres Investments, der sie in die Lage versetzt, informierte Entscheidungen über das Ob und den Zeitpunkt von *In*vestition und *Des*investition treffen zu können.[8]

Neben der Partizipation an der Unternehmensentwicklung über Dividenden wird den Anlegern durch die Börse grundsätzlich die Möglichkeit einer schnellen und einfachen Auflösung ihres Investments und der unmittelbaren Realisierung von Kursgewinnen verschafft. Diese Funktion der Börse als Sekundärmarkt ist nicht nur für die Anleger, sondern mittelbar auch für den Emittenten von erheblicher Bedeutung, da durch eine spätere effektive und kurzfristige Desinvestitionsmöglichkeit regelmäßig erst die Voraussetzungen für die initiale Anlagebereitschaft während des Börsengangs der Emittenten geschaffen werden.[9]

Auch für Unternehmen gilt jedoch die Börsenweisheit *„die Börse ist keine Einbahnstraße“*[10]: Rückzüge von der Börse sind – wenn auch in der Regel weniger im Fokus der Öffentlichkeit als die prestigeträchtigen Börsengänge – in Deutschland gerade in der jüngeren Vergangenheit keine Seltenheit. Herauszustellen ist eine regelrechte Börsenflucht zwischen dem 8. Oktober 2013 und dem 7. September 2015, als insgesamt 74 Emittenten einen Antrag auf Widerruf der Börsenzulassung ankündigten.[11] Dieses Phänomen ist als Reaktion auf eine Rechtsprechungsänderung zu verstehen, die es den Emittenten zwischenzeitlich erlaubte, besonders kostengünstig die Börse zu verlassen, bevor es Ende 2015 erneut zu einer Änderung

---

7 Vgl. *C. Fischer/Rudolph*, in: Obst/Hintner, Geld-, Bank- und Börsenwesen, 378.

8 Vgl. *Oulds*, in: Bank- und Kapitalmarktrecht, Rn. 14.151.

9 Vgl. *C. Fischer/Rudolph*, in: Obst/Hintner, Geld-, Bank- und Börsenwesen, 378 f.; *Oulds*, in: Bank- und Kapitalmarktrecht, Rn. 14.148.

10 *Cord Gebhardt*, Geschäftsführer der Frankfurter Börse, zitiert in: *Reimann/Bergermann/Schwerdtfeger*, WiWo Online vom 4. Juli 2014.

11 Vgl. *Doumet/Limbach/Theissen*, ZfbF 2016, 253, 255; insgesamt lassen sich aufgrund von Unterschieden in den zugrunde gelegten Definitionen und Filtern bei der Einbeziehung von Rückzugs-Vorgängen Abweichungen zwischen den exakten Zahlen einzelner Quellen feststellen. Insgesamt lässt sich für den betreffenden Zeitraum jedoch stets ein deutlicher Anstieg verzeichnen; von einer *„Delisting-Welle“* spricht insofern auch *Mülbert*, in: GroßKomm-AktG, § 119 Rn. 147.

der rechtlichen Rahmenbedingungen kam.[12] Im Anschluss an dieses Zeitfenster waren erwartungsgemäß zunächst deutlich weniger Börsenrückzüge zu verzeichnen, da davon ausgegangen werden kann, dass die meisten potentiellen Rückzugskandidaten die günstige Gelegenheit zuvor bereits genutzt hatten. Doch auch in den Jahren 2016 und 2017 waren weiterhin Abschiede aus den verschiedenen Handelssegmenten der Börse zu beobachten, wenngleich den regulierten Markt in dieser Zeit aus den dargelegten Gründen insgesamt nur sieben Emittenten verließen.[13]

Für den Emittenten, der sich zu einem Rückzug von der Börse entschließt, kann dieser Schritt verschiedenste Gründe haben; an dieser Stelle seien exemplarisch lediglich die mit der Börsennotierung verbundende Kostenlast sowie der Wegfall des Bedarfs an Eigenkapitalaufnahme über den Primärmarkt genannt.[14] Auf der Gegenseite bedeutet der Börsenrückzug des Emittenten für Anleger den Verlust der Börse als Handelsplattform des Sekundärmarktes. Daneben fallen mit dem Verlust der Börsenzulassung zahlreiche besondere Schutz- und Transparenzvorschriften weg, auf die gerade kleinere Anleger, die mit ihrer Beteiligung lediglich finanzielle Interessen verfolgen, zwingend angewiesen sind, um die Informationen zu erlangen, die notwendig sind, um rationale Entscheidungen betreffend ihre Beteiligung zu ermöglichen und ein Mindestmaß an Kontrolle der Unternehmensleitung und eines vorhandenen Großaktionärs zu gewährleisten. Der regelmäßig enger mit der Geschäftsführung verbundene Großaktionär, der überwiegend strategische Ziele mit seinem Engagement verfolgt, ist demgegenüber meist weder auf die Funktion der Börse als Handelsplatz noch auf den Aspekt der höheren Informationsdichte aufgrund der Börsenzulassung angewiesen.

In den späten 90er-Jahren begann aufgrund dieser widerstreitenden Interessen eine Diskussion über den Anlegerschutz im Rahmen eines Börsenrückzugs. Diese gipfelte zunächst im Jahr 2002 in einer rechtsfortbildenden Rechtsprechung des Bundesgerichtshofs, die seitdem die rechtlichen Voraussetzungen des Anlegerschutzes verbindlich absteckte. Nach über zehn Jahren wurde diese Rechtsprechung im Jahr 2013 durch den Bundesgerichtshof als Reaktion auf ein Urteil des Bundesverfassungsgerichts aufgegeben und die Debatte um einen angemessenen Anlegerschutz beim Widerruf der Börsenzulassung auf Antrag des Emittenten nahm nicht nur in der juristischen Literatur erneut rasant an Geschwindigkeit auf. Diese Entwicklung führte letztlich dazu, dass sich der Gesetzgeber der Thematik annahm und Ende 2015 einen neuen gesetzlichen Rahmen für den Widerruf der Börsenzulassung auf Antrag des Emittenten schuf.

---

12 Der Wandel der rechtlichen Rahmenbedingungen durch Änderungen in der höchstrichterlichen Rechtsprechung sowie des Börsengesetzes bilden einen zentralen Gegenstand der vorliegenden Arbeit.

13 Vgl. Statistik der Schutzgemeinschaft der Kapitalanleger e. V., abrufbar unter http://www.sdk.org/veroeffentlichungen/statistiken/, zuletzt besucht am 26. Juni 2018.

14 Vgl. zu den Motiven für das Delisting näher unten A.II.

Die vorliegende Arbeit nimmt diese Entwicklung zum Anlass, sich kritisch mit den einschneidenden Änderungen des Anlegerschutzes beim Börsenrückzug in der Vergangenheit sowie der darauf bezogenen Diskussion in Wissenschaft und Praxis auseinander zu setzen. Diverse Argumentationsstränge und Feststellungen in diesem Zusammenhang können auch für die Bewertung der heute geltenden Rechtslage im Anschluss bei der umfassenden wertenden Betrachtung der geltenden Rechtslage nutzbar gemacht werden. Die Arbeit hat es schließlich zum Ziel, auf diesem Wege einen Beitrag zur gesetzlichen Ausgestaltung einer interessengerechten Regelung zu leisten.

I. Begrifflichkeiten und verschiedene Wege des Börsenrückzugs

Bereits die Terminologie rund um den Börsenrückzug ist vielfältig und häufig wenig trennscharf. So bezeichnen verschiedene Autoren den Rückzug von der Börse als *„Delisting“*, *„Börsenaustritt“*[15], *„Going Private“*[16] oder *„P2P“* (*„Public to Private“*), wobei diese Begriffe teilweise als Synonyme, teilweise für die Beschreibung verschiedener Wege, die Börse zu verlassen, verwendet werden.[17] Es soll deshalb zunächst eine kurze Erläuterung des in der Literatur vorherrschenden und auch hier verwendeten Begriffs des *„Delistings“* gegeben werden, woran sich eine Darstellung der verschiedenen Gestaltungsformen des Börsenrückzugs und der für die jeweilige Form verwendeten Begrifflichkeiten anschließt.

1. Der Begriff des Delistings

Der Begriff *„Delisting“* stammt von dem englischen Wort *„Listing“* ab, welches im deutschen Sprachgebrauch für die Zulassung zum Börsenhandel gemäß § 32 BörsG verwandt wird.[18] *„De-Listing“* bezeichnet folglich den umgekehrten Vorgang, also den Wegfall der Börsenzulassung oder der Börsennotierung.[19] Der Gesetzgeber verwendet den Begriff *„Delisting“* in der Gesetzesbegründung zum *Dritten Finanzmarktförderungsgesetz* für die Beendigung der Zulassung zum Börsenhandel.[20] Mit Blick auf die umfangreichen Zulassungsfolgepflichten, die durch

15 *Vollmer/Grupp*, ZGR 1995, 459, 471.

16 *Land/Hasselbach*, DB 2000, 557; *Richard/Weinheimer*, BB 1999, 1613; *Steck*, AG 1998, 460.

17 Vgl. *Groß*, Kapitalmarktrecht, § 39 BörsG Rn. 11.

18 Vgl. *Thomas*, Delisting und Aktienrecht, 32.

19 Wird hier teilweise pauschal von einem *„actus contrarius“* gesprochen, so ist dies zumindest missverständlich, denn die Beendigung der Börsenzulassung kann auch *„ipso iure“*, mithin ohne einen Gegenakt in Form des Widerrufs oder der Rücknahme der Börsenzulassung, erfolgen.

20 Vgl. Regierungsentwurf zum Dritten Finanzmarktförderungsgesetz, BT-Drucks. 13/8933, 74.

die Börsenzulassung, und nicht etwa durch die Notierung, bedingt werden, ist die Anknüpfung an die Beendigung der Zulassung zu begrüßen.[21] Diese kann danach allgemein als Delisting bezeichnet werden, unabhängig davon, ob sie auf Antrag des Emittenten oder auf anderem Wege eingeleitet wird und ob eine Zulassung zum Freiverkehr verbleibt.[22] Da jedoch mit der Zulassung auch die Börsennotierung endet, kann für die Folgen des Delisting daneben auch auf diese abgestellt werden.

2. Erscheinungsformen des Delisting

Zunächst kann es ohne Antrag oder Initiative des Emittenten zu einem Delisting durch den Widerruf der Börsenzulassung nach § 39 Abs. 1 BörsG kommen.[23] Man spricht insoweit von einem *„Zwangsdelisting“*.[24]

Daneben kann aus Sicht des Emittenten eine erstrebte Beendigung der Zulassung auf verschiedenen Wegen erreicht werden. Neben dem *„regulären“* (oder *„echten“*) Delisting auf Antrag des Emittenten nach § 39 Abs. 2 BörsG[25] und dem *„kalten“* (auch *„unechten“* oder *„cold“*) Delisting durch gesellschaftsrechtliche Umstrukturierungen[26] besteht für den Emittenten die theoretische Möglichkeit, absichtlich ein Delisting von Amts wegen nach § 39 Abs. 1 Fall 3 BörsG herbeizuführen. Man spricht insofern auch von einem *„provozierten Zwangsdelisting“*.[27] Schließlich wurde früher teilweise eine Beendigung der Börsenzulassung im Wege des Verzichts durch den Emittenten erwogen.[28]

a) Zwangsdelisting

Beim sogenannten *„Zwangsdelisting“* kann die Zulassung zum regulierten Markt als Verwaltungsakt ohne Zutun des Emittenten nach allgemeinem Verwaltungsrecht, §§ 48, 49 LVwVfG, widerrufen bzw. zurückgenommen werden, § 39 Abs. 1 Fall 1 BörsG. Daneben bestehen zwei börsenrechtsspezifische Ausprägungen des Zwangsdelisting durch einen Zulassungswiderruf von Amts wegen. Die Börsengeschäftsführung kann zum einen auf die Situation reagieren, dass ein ordnungsgemäßer Börsenhandel auf Dauer nicht mehr gewährleistet ist und die Notierung

21 Vgl. *Groß*, Kapitalmarktrecht, § 39 BörsG Rn. 11.

22 Vgl. *Thomas*, Delisting und Aktienrecht, 32.

23 Vgl. *Habersack*, in: Unternehmensfinanzierung am Kapitalmarkt, § 40 Rn. 2; *Heidelbach*, in: Schwark/Zimmer, Kapitalmarktrecht, § 39 BörsG Rn. 4.

24 Vgl. *v. Rosen*, in: Handbuch des Kapitalanlagerechts, § 2 Rn. 92.

25 Vgl. *Walz*, in: MAH Aktienrecht, § 50 Rn. 11.

26 Vgl. *Drescher*, in: Spindler/Stilz, AktG, § 1 SpruchG Rn. 18; *Heidelbach*, in: Schwark/Zimmer, Kapitalmarktrecht, § 39 BörsG Rn. 41.

27 Vgl. *Maas*, Zwangsdelisting und Anlegerschutz, 219.

28 Vgl. *Eickhoff*, WM 1988, 1713, 1716; *Fluck*, WM 1995, 553, 558 ff.; *Radtke*, Delisting, 45 ff.; im Ergebnis ablehnend *Klenke*, WM 1995, 1089, 1096 f.

im regulierten Markt eingestellt wurde, § 39 Abs. 1 2. Alt. BörsG, zum anderen auf diejenige, dass der Emittent seine aus der Zulassung resultierenden Pflichten auch nach einer angemessenen Frist nicht erfüllt, § 39 Abs. 1 Fall 3 BörsG.

In einigen Fällen sind die Grenzen zu den Erscheinungsformen des kalten Delistings fließend, wenn aufgrund gesellschaftsrechtlicher Umstrukturierung ein ordnungsgemäßer Börsenhandel nicht mehr gewährleistet ist und die Börsenaufsicht aufgrund dessen die Zulassung zum regulierten Markt nach § 39 Abs. 1 2. Alt. BörsG widerruft. Diese Fälle werden im Rahmen der Ausführungen zum kalten Delisting näher behandelt.[29]

b) Delisting auf Initiative des Emittenten

aa) Reguläres Delisting

Das *„reguläre Delisting"* ist in § 39 Abs. 2 BörsG börsenrechtlich geregelt. Es beschreibt den auf Antrag des Emittenten erfolgenden öffentlich-rechtlichen Widerruf der Zulassung zum regulierten Markt durch die Börsengeschäftsführung (§ 15 Abs. 1 BörsG).[30] Die Widerrufsentscheidung der Geschäftsführung stellte jedenfalls bis zur gesetzlichen Neuregelung im November 2015[31] nach ganz herrschender Meinung eine Ermessensentscheidung dar und darf dem Schutz der Anleger gemäß § 39 Abs. 2 Satz 2 BörsG nicht widersprechen.[32] Genaueres regeln Abs. 2 Satz 3 und die Absätze 3 bis 6. Der Widerruf ist als *„actus contrarius"* zur Zulassung wie diese als Verwaltungsakt zu qualifizieren; er beendet das durch die Zulassung begründete öffentlich-rechtliche Nutzungsverhältnis zwischen der Börse und dem Emittenten.[33]

bb) Kaltes Delisting

Als *„kaltes Delisting"* wird die Beendigung der Zulassung zum regulierten Markt aufgrund gesellschaftsrechtlicher Umstrukturierungen bezeichnet.[34] Diese vollzieht sich entweder durch das Erlöschen der Börsenzulassung nach § 43 Abs. 2 LVwVfG kraft Gesetz oder durch den Widerruf der Zulassung nach § 39 Abs. 1

---

29 Vgl. zum kalten Delisting sogleich unter A.I.2.b)bb).

30 *Habersack*, in: Unternehmensfinanzierung am Kapitalmarkt, § 40 Rn. 1; *Heidel/Lochner*, in: Heidel, AktG, Vor § 327a ff. Rn. 16; *Kumpan*, in: Baumbach/Hopt, HGB, § 39 BörsG Rn. 2.

31 Vgl. zur Neuregelung ausführlich unten F.

32 Vgl. *Heidelbach*, in: Schwark/Zimmer, Kapitalmarktrecht, § 39 BörsG Rn. 12; *Kleindiek*, in: FS Bezzenberger, 653, 654; *Seiffert*, in: Bank- und Kapitalmarktrecht, Rn. 4.466.

33 Vgl. *Groß*, Kapitalmarktrecht, § 39 BörsG Rn. 14.

34 Vgl. *Habersack*, in: Unternehmensfinanzierung am Kapitalmarkt, § 40 Rn. 1; *Heidel/Lochner*, in: Heidel, AktG, Vor § 327a ff. Rn. 16; *Lohner*, in: Die börsennotierte Aktiengesellschaft, § 16 Rn. 12.

BörsG ohne das Erfordernis eines Antrages des Emittenten.[35] Zu unterscheiden sind dabei wiederum verschiedene Gestaltungsmöglichkeiten des kalten Delistings.

(1) Formwechsel

Wechselt eine Aktiengesellschaft in eine Gesellschaft anderer Rechtsform, so führt dies mit Eintragung der neuen Rechtsform in das Register nach § 202 Abs. 1 Nr. 1 UmwG dazu, dass der formwechselnde Rechtsträger in der neuen Rechtsform weiterbesteht. Zwar bleibt die Beteiligung der Anteilsinhaber trotz des Formwechsels bestehen, jedoch richtet sich diese nun nach den für die neue Rechtsform geltenden Vorschriften.[36] Die Aktien als Form der Mitgliedschaft bestehen damit nicht mehr und der Verwaltungsakt der Zulassung dieser zum regulierten Markt erledigt sich nach § 43 Abs. 2 LVwVfG.[37] Das Erlöschen der Börsenzulassung tritt folglich *ipso iure* ein.[38]

(2) Verschmelzung

Ferner kann eine börsennotierte Aktiengesellschaft nach den §§ 2 ff. UmwG auf eine nicht börsennotierte Gesellschaft verschmolzen und dadurch die Beendigung der Zulassung herbeigeführt werden. Der Verschmelzungsvertrag wird dabei nur wirksam, wenn die Anteilsinhaber der beteiligten Rechtsträger ihm durch Beschluss mit einer Mehrheit, die mindestens drei Viertel des bei der Beschlussfassung vertretenen Grundkapitals umfasst, zustimmen, § 13 Abs. 1 UmwG i. V. m. § 65 Abs. 1 UmwG. Die Verschmelzung einer Gesellschaft auf eine andere führt mit der Eintragung in das Register des Sitzes des übernehmenden Rechtsträgers gemäß § 20 Abs. 1 Nr. 1 Satz 1 UmwG zum Erlöschen des übertragenen Rechtsträgers. Dies hat gleichzeitig den Untergang der Anteile am übertragenden Rechtsträger zur Folge.[39] Wie im Falle des Formwechsels erledigt sich in diesem Fall die Börsenzulassung der untergehenden Anteile nach § 43 Abs. 2 LVwVfG und erlischt *ipso iure.*[40]

---

35 Vgl. *Heidel/Lochner*, in: Heidel, AktG, Vor §§ 327a ff. Rn. 17; *Pluskat*, BKR 2007, 54, 55; *Habersack*, in: Unternehmensfinanzierung am Kapitalmarkt, § 40 Rn. 1.

36 Vgl. *Leonard*, in: Semler/Stengel, UmwG, § 202 Rn. 18; *Stratz*, in: Schmitt/Hörtnagl/Stratz, UmwG, § 202 Rn. 8.

37 Vgl. *Groß*, Kapitalmarktrecht, § 39 BörsG Rn. 12.

38 Vgl. *Göckeler*, in: Beck'sches Handbuch der AG, § 28 Rn. 54; *Schiemzik*, Segmentwechsel börsenaktiver Unternehmen, 86 f.

39 Vgl. *Groß*, Kapitalmarktrecht, § 39 BörsG Rn. 12a; *Stratz*, in: Schmitt/Hörtnagl/Stratz, UmwG, § 20 Rn. 16.

40 Vgl. *Both*, Delisting, 20; *Göckeler*, in: Beck'sches Handbuch der AG, § 28 Rn. 52.

(3) Aufspaltung

Ein weiterer Fall des kalten Delistings ist in der Aufspaltung einer börsennotierten Aktiengesellschaft in nicht börsennotierte Gesellschaften nach § 123 Abs. 1 UmwG zu erblicken. Mit Eintragung der Aufspaltung kommt es nach § 131 Abs. 1 Nr. 2 UmwG zum Erlöschen des aufgespaltenen Rechtsträgers und damit ebenfalls zum Untergang der Mitgliedschaftsrechte an diesem.[41] Bei einer börsennotierten Aktiengesellschaft führt das Erlöschen der Mitgliedschaftsrechte in Form der Aktien dazu, dass die Zulassung gegenstandslos wird und die Erledigung nach § 43 Abs. 2 LVwVfG eintritt, ohne dass dafür eine Entscheidung der Börsenaufsicht erforderlich wäre.[42]

(4) Mehrheitseingliederung

Ebenso kann die Mehrheitseingliederung gemäß § 320 Abs. 1 AktG als Variante des kalten Delistings ausgestaltet werden, indem eine börsennotierte Aktiengesellschaft in eine nicht börsennotierte Aktiengesellschaft eingegliedert wird. Erforderlich für die Mehrheitseingliederung ist, dass 95 % des Grundkapitals der einzugliedernden Gesellschaft in der Hand der zukünftigen inländischen Hauptgesellschaft vereinigt sind.[43] Zusätzlich bedarf es eines zustimmenden Hauptversammlungsbeschlusses der einzugliedernden Gesellschaft, für den eine einfache Stimmenmehrheit benötigt wird.[44] Mit der Eintragung der Eingliederung gehen gemäß § 320a AktG die Aktien der außenstehenden Aktionäre auf die Hauptgesellschaft über.[45] Dadurch ist ein Handel der Aktien an der Börse nicht mehr gewährleistet. Zwar kommt es anders als in den zuvor behandelten Fällen nicht zu einem Erlöschen der Börsenzulassung *ipso iure* nach § 43 Abs. 2 LVwVfG[46], da Hauptgesellschaft und Hauptaktionär die Aktien jederzeit ohne Einschränkung veräußern können und damit von dem Verwaltungsakt der Zulassung weiterhin Rechtswirkungen ausgehen, die einer Erledigung entgegenstehen.[47] Die Zulassung ist jedoch regelmäßig von Amts wegen gemäß § 39 Abs. 1 BörsG durch die Börsengeschäftsführung zu widerrufen,

---

41 Vgl. *Göckeler*, in: Beck'sches Handbuch der AG, § 28 Rn. 55; *Teichmann*, in: Lutter, UmwG, § 131 Rn. 87.

42 Vgl. *Groß*, ZHR 165 (2001), 141, 149 f.; *Mülbert*, ZHR 165 (2001), 104, 105.

43 Vgl. *Koppensteiner*, in: KK-AktG, § 320 Rn. 3; *Ziemons*, in: Schmidt/Lutter, AktG, § 320 Rn. 3.

44 Vgl. *Koch*, in: Hüffer/Koch, AktG, § 320 Rn. 4; für einen Hauptversammlungsbeschluss mit einer Stimmenmehrheit von 95%: *Koppensteiner*, in: KK-AktG, § 320 Rn. 7.

45 Vgl. *Jaursch*, in: Heidel, AktG, § 320a Rn. 2; *Leuering/Goertz*, in: Hölters, AktG, § 320a Rn. 2.

46 Für ein Erlöschen *ipso iure* aber *de Vries*, Delisting, 135; *Land/Hasselbach*, DB 2000, 557, 560.

47 Vgl. *Groß*, in: Ebenroth/Boujong/Joost/Strohn, HGB, § 39 BörsG Rn. IX 364; *Habersack*, in: Unternehmensfinanzierung am Kapitalmarkt, § 40 Rn. 27; *Heidelbach*, in: Schwark/Zimmer, Kapitalmarktrecht, § 39 Rn. 43 f.

da ein ordnungsgemäßer Börsenhandel auf Dauer nicht mehr gewährleistet ist und die Geschäftsführung die Notierung im regulierten Markt einstellt.[48]

(5) Squeeze-out

Den in der Vergangenheit am häufigsten beschrittenen Weg eines kalten Delistings stellt die Durchführung eines aktienrechtlichen Squeeze-outs nach den §§ 327a ff. AktG dar, bei dem die Aktionärsminderheit durch den Mehrheitsgesellschafter ausgeschlossen wird.[49] Dieser kann nach § 327a Abs. 1 Satz 1 AktG bei einer Beteiligung am Grundkapital von mindestens 95 % die Hauptversammlung auf sein Verlangen mit einfacher Mehrheit der abgegebenen Stimmen die Übertragung der Aktien der übrigen Aktionäre auf ihn beschließen lassen.[50] Ähnlich wie die Mehrheitseingliederung führt der Squeeze-out nach § 327e Abs. 3 Satz 1 AktG dazu, dass sich alle Aktien der Gesellschaft in der Hand des Hauptaktionärs vereinigen. Wie bei der Eingliederung hat dies das Erliegen des Börsenhandels der Aktien zur Folge, so dass die Börsengeschäftsführung die Zulassung gemäß § 39 Abs. 1 BörsG von Amts wegen widerruft.[51] Eine Erledigung der Börsenzulassung nach § 43 Abs. 2 LVwVfG liegt mit Blick auf die theoretische Möglichkeit des Hauptaktionärs, die Aktien zu veräußern, wiederum nicht vor.[52]

Im Ergebnis Gleiches gilt auch für den übernahmerechtlichen Squeeze-out nach § 39a WpÜG. Dieser eröffnet dem Hauptaktionär nach Durchführung eines Übernahme- oder Pflichtangebots die Möglichkeit, noch verbliebene Aktionäre gegen eine angemessene Abfindung auf Antrag auszuschließen, wenn ihm Aktien in Höhe von 95 % des Grundkapitals der Zielgesellschaft gehören.[53] Die im Rahmen des Übernahme- oder Pflichtangebots gewährte Gegenleistung ist gemäß § 39a Abs. 3 Satz 3 WpÜG als angemessene Abfindung anzusehen, wenn der Bieter auf Grund des Angebots Aktien in Höhe von mindestens 90 Prozent des vom Angebot betroffenen Grundkapitals erworben hat. Kommt es zur Übertragung der

---

48 Vgl. *Groß*, Kapitalmarktrecht, § 39 BörsG Rn. 13; *Habersack*, in: Unternehmensfinanzierung am Kapitalmarkt, § 40 Rn. 27; *Heidelbach*, in: Schwark/Zimmer, Kapitalmarktrecht, § 39 BörsG Rn. 43; *Hohn*, Going Private, 53.

49 Vgl. *Eckhold*, in: Handbuch börsennotierte AG, § 61 Rn. 89 ff.; *Grunewald*, ZIP 2004, 542.

50 Vgl. *Grzimek*, in: Angerer/Geibel/Süßmann, WpÜG, § 327a AktG Rn. 34; *Singhof*, in: Spindler/Stilz, AktG, § 327a Rn. 1.

51 Vgl. *Groß*, Kapitalmarktrecht, § 39 BörsG Rn. 13; *Habersack*, in: Unternehmensfinanzierung am Kapitalmarkt, § 40 Rn. 27; *Heidelbach*, in: Schwark/Zimmer, Kapitalmarktrecht, § 39 BörsG Rn. 44.

52 Vgl. *Heidelbach*, in: Schwark/Zimmer, Kapitalmarktrecht, § 39 BörsG Rn. 44; *Picot*, Die Rechte der Aktionäre beim Delisting, 148; *Eckhold*, in: Handbuch börsennotierte AG, § 61 Rn. 89.

53 Vgl. *Grunewald*, in: MüKo-AktG, § 39a WpÜG Rn. 1.

restlichen Aktien, so erlischt die Börsenzulassung zwar nicht *ipso iure*, jedoch ist der Widerruf der Zulassung nach § 39 Abs. 1 BörsG von Amts wegen zu erwarten.

cc) Provoziertes Zwangsdelisting

Eine Möglichkeit für den Emittenten zur Beendigung der Börsenzulassung stellt in der Theorie auch das sogenannte *„provozierte Zwangsdelisting"* dar. Dabei kommt der Emittent seinen Zulassungsfolgepflichten absichtlich nicht nach, um so einen Widerruf der Zulassung nach § 39 Abs. 1 Fall 3 BörsG zu erreichen.[54] Da eine solche Verletzung von Zulassungsfolgepflichten in den meisten Fällen als Ordnungswidrigkeit geahndet wird und nicht selten auch zivilrechtliche Haftungsansprüche nach sich zieht, ist diese Möglichkeit in der Praxis seit Einführung des Widerrufs auf Antrag des Emittenten nach § 39 Abs. 2 BörsG jedoch ohne Relevanz[55] und soll deshalb in der vorliegenden Arbeit nicht näher behandelt werden.

dd) Delisting durch Verzicht

Vor Einführung der Möglichkeit des Zulassungswiderrufs auf Antrag des Emittenten war streitig, ob dieser eine Beendigung der Zulassung auch durch einseitigen Verzicht herbeiführen könnte.[56] Teilweise wurde dies mit dem Argument bejaht, dass aus der Belastung mit erheblichen Publikations-, Mitteilungs- und Mitwirkungspflichten, die für die börsennotierte Gesellschaft erhebliche Kosten verursachen, geschlossen werden müsse, dass es für den Emittenten eine Möglichkeit geben müsse, aus dem begründeten Leistungsverhältnis wieder entlassen zu werden.[57] Da nach der Einführung eines gesetzlichen Marktentlassungsverfahrens durch den Gesetzgeber im heutigen § 39 Abs. 2 BörsG eine solche Möglichkeit ausdrücklich vorgesehen ist, ist neben dem Börsenrückzug durch Stellung eines Antrages auf Widerruf der Börsenzulassung ein ungeordneter Rückzug durch einseitigen Verzicht ohne Mitwirkungs- und Kontrollrechte der Geschäftsführung oder des Zulassungsausschusses weder notwendig noch zulässig.[58]

---

54 Vgl. *Groß*, Kapitalmarktrecht, § 39 BörsG Rn. 8; *Maas*, Zwangsdelisting und Anlegerschutz, 219; noch zu § 44d BörsG (a. F.): *Radtke*, Delisting, 40; *Schlitt*, ZIP 2004, 533, 540.

55 Vgl. *Groß*, Kapitalmarktrecht, § 39 BörsG Rn. 8; *Radtke*, Delisting, 41, dort auch zur negativen öffentlichen Wirkung eines solchen Verhaltens; *Thomas*, Delisting und Aktienrecht, 116.

56 Vgl. bejahend *Eickhoff*, WM 1988, 1713, 1716; *Fluck*, WM 1995, 553, 558 ff.; *Radtke*, Delisting, 45 ff.; ablehnend *Grupp*, Börseneintritt und Börsenaustritt, 174 f.; *Vollmer/-Grupp*, ZGR 1995, 459, 478; im Ergebnis auch *Klenke*, WM 1995, 1089, 1096 f.

57 Vgl. *Klenke*, WM 1995, 1089, 1096 f., der sich im Ergebnis jedoch für ein geordnetes Marktentlassungsverfahren ausspricht.

58 Vgl. *Groß*, Kapitalmarktrecht, § 39 BörsG Rn. 26; *ders.*, ZHR 165 (2001), 141, 159 f.; *Probst*, Rechtsfragen des regulären Börsenrückzugs, 37; *Heidelbach*, in: Schwark/Zimmer, Kapitalmarktrecht, § 39 BörsG Rn. 48; *Kumpan*, in: Baumbach/Hopt, HGB,

c) *Partielles Delisting und Downlisting*

Bezogen auf seinen Umfang kann zwischen dem *„vollständigen Delisting"* und dem *„partiellen Delisting"* unterschieden werden. Der Begriff des vollständigen Delistings (auch *„Going Private"*[59]) wird dabei verwendet, um den kompletten Rückzug von allen in- und ausländischen organisierten Märkten im Sinne des § 2 Abs. 11 WpHG zu beschreiben.[60] Bleibt hingegen nach Beendigung der Zulassung an einem Börsenplatz mindestens eine Börsenzulassung im In- oder Ausland bestehen, so liegt ein partielles Delisting (auch *„Börsenpräsenzreduktion"*[61] oder *„Teil-Delisting"*[62]) vor.[63]

Zu unterscheiden ist weiterhin der vollständige Rückzug vom Markt von dem Wechsel in ein niedrigeres Marktsegment oder an einen Handelsplatz mit weniger strenger Regulierung, der als *„Downlisting"* (teilweise auch als *„Downgrading"*) bezeichnet wird.[64] Hierbei muss wiederum zwischen dem Wechsel innerhalb des regulierten Marktes[65] und dem Wechsel aus dem regulierten Markt der §§ 32 ff. BörsG in den qualifizierten oder einfachen Freiverkehr des § 48 BörsG unterschieden werden. Nur der letztgenannte Fall stellt einen Fall des Delistings dar, da nur in diesem die Zulassung zum regulierten Markt endet.[66] Kein Fall des Delistings im eigentlichen Sinne liegt mangels Beendigung der Zulassung am regulierten Markt auch bei einem Segmentwechsel innerhalb des Freiverkehrs und beim Verlassen des Freiverkehrs vor, mögen die Auswirkungen auch teilweise mit denen eines Delistings vergleichbar sein.

---

§ 39 BörsG Rn. 6; *Geyrhalter/Zirngibl*, DStR 2004, 1048, 1049; *Kümpel*, in: Bank- und Kapitalmarktrecht, 3. Aufl., 2004, Rn. 17.748; für ein geordnetes Marktentlassungsverfahren anstelle der Verzichtslösung argumentierend bereits *Klenke*, WM 1995, 1089, 1096 ff.

59 Vgl. *Heidelbach*, in: Schwark/Zimmer, Kapitalmarktrecht, § 39 BörsG Rn. 11; *Walz*, in: MAH Aktienrecht, § 50 Rn. 2.

60 Vgl. *Göckeler*, in: Beck'sches Handbuch der AG, § 28 Rn. 1; *Picot*, Die Rechte der Aktionäre beim Delisting, 10; *Thomas*, Delisting und Aktienrecht, 32 f.

61 Vgl. *Heidelbach*, in: Schwark/Zimmer, Kapitalmarktrecht, § 39 BörsG Rn. 11; *Stöber*, BB 2014, 9; *Walz*, in: MAH Aktienrecht, § 50 Rn. 4.

62 Vgl. *Groß*, Kapitalmarktrecht, § 39 BörsG Rn. 16; *Walz*, in: MAH Aktienrecht, § 50 Rn. 4.

63 Vgl. *Kubis*, in: MüKo-AktG, § 119 Rn. 86; *Thomas*, Delisting und Aktienrecht, 33.

64 Vgl. *Emmerich*, in: Emmerich/Habersack, Aktien- und GmbH-Konzernrecht, § 305 AktG Rn. 10; *Groß*, Kapitalmarktrecht, § 39 BörsG Rn. 16; *Klöhn*, NZG 2012, 1041, 1042.

65 Hierunter fällt beispielsweise ein Wechsel aus dem *„Prime Standard"* in den *„General Standard"* an der Frankfurter Wertpapierbörse.

66 Vgl. *Groß*, Kapitalmarktrecht, § 39 BörsG Rn. 16.

II. Klassische Motive für den Börsenrückzug

1. Vor- und Nachteile der Börsennotierung

a) Gründe für einen Börsengang

aa) Finanzierung

So vielfältig sich die Erscheinungsformen des Delistings darstellen, so sind es auch die Motive, aus denen sich das Management einer Aktiengesellschaft für den Schritt weg von der Börse entscheidet. Zu beachten ist dabei, dass meist nicht ein einzelner Aspekt den Ausschlag gegen eine weitere Börsennotierung gibt, sondern vielmehr nach den konkreten Verhältnissen einer Gesellschaft abzuwägende Faktoren in ihrem Zusammenspiel die Entscheidung für das Delisting tragen.

Um zu verstehen, welche Faktoren typischerweise eine solche Delisting-Entscheidung beeinflussen, muss man daher nicht nur die Nachteile der Börsennotierung betrachten, sondern sich zunächst vor Augen führen, warum eine Gesellschaft ursprünglich den Schritt an die Börse vollzieht. Im Vordergrund steht bei der Entscheidung für den Börsengang in der Regel die Verbreiterung der Eigenkapital- und Liquiditätsbasis.[67] Neben der regelmäßig unmittelbar mit dem Börsengang verbundenen Eigenkapitalaufnahme durch eine Kapitalerhöhung eröffnet die Börsennotierung der Gesellschaft auch in der Folge weitere effiziente Wege der Finanzierung. So entsteht mit der Börsennotierung auch für die Zukunft ein vereinfachter Zugang zu Eigenkapital in Form der Durchführung einer erneuten Kapitalerhöhung mit einer Platzierung im Kapitalmarkt.[68] Durch die Börsennotierung können dabei die grundsätzlich divergierenden Interessen von Investoren und Gesellschaft hinsichtlich der Dauer einer Investition zusammengeführt werden. Während für die Gesellschaft regelmäßig eine langfristige Finanzierung im Vordergrund steht, ist für Investoren naturgemäß eine kurzfristige Kapitalbindung von Interesse. Durch die Börsennotierung wird beiden Seiten Rechnung getragen: Anleger können ihr Investment in der Regel aufgrund der effektiven Zusammenführung von Angebot und Nachfrage über die Plattform Börse zu transparenten Preisen jederzeit veräußern, während die durch die Kapitalerhöhung gewonnene Kapitalbasis der Gesellschaft unangetastet bleibt.[69]

---

67 Vgl. *Harrer*, in: Beck'sches Handbuch der AG, § 20 Rn. 12; *Lorenz*, in: Die börsennotierte Aktiengesellschaft, § 4 Rn. 1 f.; *Singhof/Weber*, in: Unternehmensfinanzierung am Kapitalmarkt, § 4 Rn. 1.

68 Vgl. *Harrer*, in: Beck'sches Handbuch der AG, § 20 Rn. 13; *Schanz*, Börseneinführung, § 2 Rn. 4.

69 Vgl. *Schanz*, Börseneinführung, § 2 Rn. 6; *Meyer*, in: Handbuch börsennotierte AG, § 7 Rn. 7.8.

Zusätzlich zu dieser Möglichkeit kann die börsennotierte Gesellschaft zur Kapitalgewinnung effektiver auf die Ausgabe weiterer Finanzinstrumente wie Options-, Gewinn- oder Wandelanleihen gemäß § 221 Abs. 1 AktG zurückgreifen, deren Inhaber die Möglichkeit haben, erworbene Aktien über die Börse zu veräußern.[70]

Häufig steht auch der vor dem Börsengang unter Umständen noch versperrte Weg zu weiterem Fremdkapital in Form der Kreditaufnahme nach der Gewinnung von zusätzlichem Eigenkapital über die Börse und der damit einhergehenden Steigerung der Kreditwürdigkeit der Gesellschaft wieder offen.[71] Dieser Aspekt wird noch verstärkt durch die erhöhte Transparenz einer börsennotierten Gesellschaft[72], die eine leichtere Bewertung des Kreditrisikos durch potentielle Kreditgeber ermöglicht und so oftmals zur Steigerung der Kreditwürdigkeit beiträgt.[73]

bb) Schaffung einer Akquisitionswährung

Eine Börsennotierung eröffnet insbesondere für Wachstumsunternehmen daneben die Möglichkeit, Anteile effektiv als attraktive Akquisitionswährung einzusetzen. Auf diesem Wege können sich bietende Akquisitionschancen ergriffen werden, auch wenn die für eine Bar-Transaktion sonst erforderliche Liquidität fehlt.[74] Man bezeichnet die Verwendung eigener Aktien zum Zwecke des Erwerbs von Unternehmensbeteiligungen als *„Stock-for-Stock-Akquisition"*.[75] Regelmäßig wird eine solche Stock-for-Stock-Akquisition aufgrund der besonders hohen Flexibilität für den Vorstand über die Ausnutzung von genehmigten Kapital mit Sacheinlage gemäß § 205 AktG vollzogen, wobei sich ein negativer Einfluss auf die Liquidität der erwerbenden Gesellschaft verhindern oder zumindest minimieren lässt.[76] Daneben bestehen zahlreiche weitere Ausgestaltungsmöglichkeiten einer Stock-for-Stock-Akquisition wie beispielsweise die ordentliche Kapitalerhöhung mit Sacheinlage gemäß § 183 AktG oder die Verwendung bestehender eigener Aktien als Gegenleistung.[77] Unabhängig von der konkreten Ausgestaltung ist für

---

70 *Schanz*, Börseneinführung, § 2 Rn. 4; *Thomas*, Delisting und Aktienrecht, 40.

71 Vgl. *Harrer*, in: Beck'sches Handbuch der AG, § 20 Rn. 14; *Schanz*, Börseneinführung, § 2 Rn. 4.

72 Zu der erhöhten Transparenz aufgrund der zahlreichen Zulassungsfolgepflichten noch unten A.IV.2.

73 Vgl. *Schanz*, Börseneinführung, § 2 Rn. 10.

74 Vgl. *Harrer*, in: Beck'sches Handbuch der AG, § 20 Rn. 14; *Kossmann*, AG 2005, 9; *Schanz*, Börseneinführung, § 2 Rn. 5; *Wieneke*, NZG 2004, 61; ausführlich zu den Vorteilen eines solchen Vorgehens: *D. Schmitz*, in: Die Übernahme börsennotierter Unternehmen, 313, 319 f.

75 Vgl. stellvertretend *Reger/Wieneke*, GWR 2013, 195; zum Teil findet sich in der Literatur in diesem Zusammenhang auch die Bezeichnung *„Share-for-Share"*.

76 Vgl. *Kossmann*, AG 2005, 9; unter Verweis auf Beispiele aus der Praxis: *Bücker*, CFL 2010, 177, 178.

77 Vgl. ausführlich zu den verschiedenen Gestaltungsmöglichkeiten: *Bücker*, CFL 2010, 177, 178 ff.

die Attraktivität der Aktien als Gegenleistung regelmäßig deren Börsenzulassung von erheblicher Bedeutung.

cc) Exit-Möglichkeit für Investoren und Altaktionäre

Auch für Gesellschafter und Investoren, die während der Aufbauphase eines Unternehmens Aufwand und Kapital in die Gesellschaft investiert haben, kann ein Börsengang von großem Interesse sein. Wenn das Unternehmen bereits in der Rechtsform der Aktiengesellschaft besteht, kann dieser unmittelbar, andernfalls nach der Umwandlung in eine Aktiengesellschaft stattfinden. Über die vereinfachten Veräußerungsmöglichkeiten der Börse können *„die Früchte der Arbeit der Vergangenheit"* geerntet und gegebenenfalls eine Vermögendiversifizierung vorgenommen werden.[78] Letztere ist unter dem Gesichtspunkt der Risikostreuung besonders wünschenswert, wenn (beinahe) das gesamte Kapital eines Gründers oder eines frühen Investors im Unternehmen gebunden ist und seine Vermögenssituation deshalb vollständig vom Erfolg des Unternehmens abhängt.

dd) Steigerung des Images und Bekanntheitsgrades

Bereits mit Ankündigung des Börsengangs wächst auch das mediale Interesse an einer Gesellschaft regelmäßig erheblich. Da der Börse in der wirtschaftlich geprägten Medienlandschaft, aber auch vermehrt in den Breitenmedien, eine hohe Aufmerksamkeit zukommt, steigt in der Folge eines Börsengangs der Bekanntheitsgrad der Gesellschaft sowohl bei Anlegern als auch bei Kunden und Lieferanten.[79] Darüber hinaus vermittelt eine Börsennotierung noch immer ein gewisses Image von Solidität, welches für die Gesellschaft einen Vertrauensvorschuss von Kooperationspartnern bedeutet und gelegentlich sogar zur Gewährung von besonders günstigen Konditionen führen kann.[80]

Daneben können auch die erhöhten Veröffentlichungs- und Publizitätspflichten und die durch diese geschaffene Transparenz der börsennotierten Gesellschaft[81] zu einer Verbesserung des Images und des Bekanntheitsgrades beitragen.[82] Für die Gesellschaft bedeutet der Schritt an die Börse oftmals auch den Schritt in das Licht der Öffentlichkeit.

---

78 Vgl. *Harrer*, in: Beck'sches Handbuch der AG, § 20 Rn. 19 f.; *Lorenz*, in: Die Börsennotierte Aktiengesellschaft, § 4 Rn. 3; *Meyer*, in: Handbuch börsennotierte AG, § 7 Rn. 7.8; *Schanz*, Börseneinführung, § 2 Rn. 8.

79 Vgl. *Thomas*, Delisting und Aktienrecht, 51.

80 Vgl. *Schanz*, Börseneinführung, § 2 Rn. 9.

81 Zu den negativen Auswirkungen dieser Zulassungsfolgepflichten sogleich unter A.II.1.b)aa).

82 Vgl. *Grupp*, Börseneintritt und Börsenaustritt, 44; *Thomas*, Delisting und Aktienrecht, 52.

Schließlich geht mit dem Börsengang und der damit verbundenen Reputation häufig auch eine Steigerung der Strahlkraft des Unternehmens und der Attraktivität für hochqualifizierte Führungskräfte einher.[83] Zum Teil können durch die mit dem Börsengang gestiegene Bekanntheit sogar völlig neue Arbeitsmärkte erschlossen werden, auf denen das Unternehmen bisher nahezu unbekannt war.[84]

ee) Mitarbeiterbeteiligungen

Mit der börsennotierten Aktie steht dem Emittenten ferner ein hochattraktives und flexibles Vergütungselement zur Verfügung, durch das sich die persönlichen Gewinne von Vorstandsmitgliedern und Mitarbeitern mit dem Erfolg der Gesellschaft verknüpfen und so deren Motivation steigern lassen.[85] Diese Verknüpfung wird dabei durch eine Beteiligung der Mitarbeiter am Kursgewinn erreicht, welcher bei einem funktionierenden Kapitalmarkt die positive Entwicklung der Aktiengesellschaft widerspiegelt.[86] In bestimmten Branchen sind Spitzenkräfte nur durch eine solche Beteiligung an der Unternehmensentwicklung zu gewinnen, von der diese sich eine Vervielfältigung ihrer Basisvergütung versprechen.[87] Die Mitarbeiterbeteiligung kann dabei auf verschiedenen Wegen, etwa durch Belegschaftsaktien oder insbesondere bei Führungskräften durch Aktienoptionen,[88] erfolgen.[89]

ff) Nachfolgeregelungen

Schließlich bietet die Börse für den deutschen Mittelstand eine elegante Handhabe zur Regelung der Unternehmensnachfolge unter gleichzeitiger Sicherung der Unabhängigkeit des Unternehmens. So kommt es im Erbfall häufig vor, dass einzelne Erben aus persönlichen Erwägungen der Unternehmensbeteiligung eine Auszahlung vorziehen. Durch die Börsennotierung kann der betreffende Erbe problemlos über die Börse abgefunden werden, ohne dass es dafür eines Erwerbs seiner Anteile durch die Mitgesellschafter bedürfte. Dieser Vorteil in Bezug auf die Finanzierung einer fälligen Abfindung lässt sich auf das Ausscheiden eines Gesellschafters insgesamt übertragen. Einem Einflussverlust einer unter Umständen

---

83 Vgl. *W. Koch*, Praktiker-Handbuch Due Diligence, 18; *Grupp*, Börseneintritt und Börsenaustritt, 44 f.

84 Vgl. mit Beispielen für eine zusätzliche Notiz an der japanischen Börse: *Grupp*, Börseneintritt und Börsenaustritt, 44 f.

85 Vgl. *Ferres*, in: Börseneinführung mit Erfolg, 25; *Hüffer*, ZHR 161 (1997), 214, 216; *Verannemann*, in: Die börsennotierte Aktiengesellschaft, § 9 Rn. 25.

86 Vgl. *Sudmeyer*, in: MAH Aktienrecht, § 47 Rn. 7

87 Vgl. *Ferres*, in: Börseneinführung mit Erfolg, 25.

88 Vgl. mit kurzer Begriffserläuterung: *Verannemann*, in: Die börsennotierte Aktiengesellschaft, § 9 Rn. 1 ff., 25 ff.

89 Vgl. zu den verschiedenen Arten der Kapitalbeteiligung *DAI*, Mitarbeiterbeteiligung mit Aktien, 12; *Singhof/Weber*, in: Unternehmensfinanzierung am Kapitalmarkt, § 4 Rn. 19 ff.

bestimmenden Unternehmerfamilie bei dem Verkauf über die Börse kann mit der Ausgestaltung der Anteile als stimmrechtslose Vorzugsaktien im Sinne des § 139 Abs. 1 AktG oder der Wahl der Rechtsform der KGaA im Sinne des § 278 AktG entgegengewirkt werden.[90]

Auch die Nachfolge in die Unternehmensleitung lässt sich im Rahmen einer börsennotierten Aktiengesellschaft leichter bewerkstelligen. Möchten sich beispielsweise die Gründungsgesellschafter aus dem operativen Geschäft zurückziehen, jedoch trotzdem an der Gesellschaft beteiligt bleiben, können leichter extern hochqualifizierte Führungskräfte für die Unternehmensleitung gewonnen werden.[91]

b) Nachteile der Börsennotierung für die Gesellschaft

aa) Transparenzpflichten

Von der Unternehmensführung müssen im Rahmen der Entscheidung über ein Delisting bei der Bewertung der Börsennotierung die genannten Vorteile mit verschiedenen Nachteilen der Börsennotierung für die Gesellschaft abgewogen werden.[92] Bei und nach der Börsenzulassung ergeben sich aus verschiedenen kapitalmarkt- und handelsrechtlichen Vorschriften für die Gesellschaft erhöhte Publizitäts- und Berichtspflichten, deren Erfüllung zwar für die Anleger grundsätzlich von Vorteil ist und zu einer Verringerung der Transaktionskosten führt, jedoch für die Gesellschaft auch mit einigen Nachteilen verbunden sein kann. Insbesondere wird die Gesellschaft dadurch für Geschäftspartner und Konkurrenten weitgehend gläsern. Neben der verschärften Regelpublizität trifft die börsennotierte Gesellschaft gemäß Art. 17 Abs. 1 MAR die Pflicht zur Ad-hoc-Publizität, nach der Insiderinformationen im Sinne von Art. 7 MAR, die den Emittenten unmittelbar betreffen, grundsätzlich unverzüglich zu veröffentlichen sind.[93]

---

90 Vgl. *Schanz*, Börseneinführung, § 2 Rn. 14; zu den Voraussetzungen der nachträglichen Umwandlung in stimmrechtslose Vorzugsaktien: BGHZ 70, 117, 122 = NJW 1978, 540; *Liebscher*, in: Henssler/Strohn, Gesellschaftsrecht, § 139 AktG Rn. 3; vgl. zu den kautelarjuristischen Möglichkeiten bei der KGaA *Koch*, in: Hüffer/Koch, AktG, § 278 Rn. 2.

91 Vgl. zur gesteigerten Attraktivität börsennotierter Unternehmen für Führungskräfte bereits oben A.II.1.a)dd).

92 Vgl. *Lorenz*, in: Die Börsennotierte Aktiengesellschaft, § 4 Rn. 4 ff.; *Schanz*, Börseneinführung, § 2 Rn. 15 ff.

93 Vgl. ausführlich zur Ad-hoc-Publizität nach MAR auch im Vergleich zur Rechtslage nach WpHG *Söhner*, BB 2017, 259; vgl. ausführlich zu Art. 17 MAR die Kommentierung von *Klöhn*, in: Klöhn, MAR, Art. 17 sowie *Veil/Brüggemeier*, in: Handbuch zum Marktmissbrauchsrecht, § 10; noch zum WpHG die Kommentierung von *Royé/Fischer zu Cramburg*, in: Heidel, AktG, § 15 WpHG; vgl. zur Regelpublizität als spezifische Auswirkung der Börsenzulassung *Klawitter/Schlitt*, in: Unternehmensfinanzierung am Kapitalmarkt, § 38 Rn. 82 ff.

Eine weitere Pflicht, die zwar nicht die Gesellschaft unmittelbar selbst trifft, jedoch Rückschlüsse auf ihre Struktur und die Intentionen ihrer Anteilseigner zulässt, findet sich in den §§ 33 ff. WpHG. Nach § 33 Abs. 1 Satz 1 WpHG hat ein Anleger, welcher durch Erwerb, Veräußerung oder auf sonstige Weise die Beteiligungsschwellen von 3, 5, 10, 15, 20, 25, 30, 50 oder 75 % der Stimmrechte an einer börsennotierten Gesellschaft erreicht, über- oder unterschreitet, dies unverzüglich sowohl dem Emittenten selbst als auch der BaFin mitzuteilen.[94]

Darüber hinaus bestehen gemäß Art. 19 MAR Mitteilungs- und Veröffentlichungspflichten in Bezug auf sogenannte *„Managers' Transactions"*, früher *„Directors' Dealings"*. Personen, die bei einem Emittenten Führungsaufgaben wahrnehmen, haben danach jedes Eigengeschäft mit Anteilen oder Schuldtiteln des Emittenten oder damit verbundenen Derivaten oder anderen damit verbundenen Finanzinstrumenten dem Emittenten und der BaFin spätestens innerhalb von drei Arbeitstagen mitzuteilen, Art 19 Abs. 1 Satz 1, Abs. 2 MAR. Nach Art. 19 Abs. 3 MAR ist diese Information dann wiederrum von der Gesellschaft selbst zu veröffentlichen, woraus Rückschlüsse auf die Absichten und Erwartungen (der Führungskräfte) der Gesellschaft gezogen werden können.[95]

Einen nicht zu unterschlagenden Beitrag zur Transparenz einer börsennotierten Gesellschaft leistet auch § 161 AktG. Danach haben Vorstand und Aufsichtsrat jeweils ein Mal im Jahr zu erklären, ob und inwieweit den im Bundesanzeiger bekannt gemachten Empfehlungen der *„Regierungskommission Deutscher Corporate Governance Kodex"* entsprochen wurde und wird. Darüber hinaus ist mit einer Begründung gegebenenfalls anzugeben, welche Empfehlungen nicht angewendet wurden oder werden. Diese *„Entsprechenserklärung"* ist sodann nach Absatz 2 der Vorschrift dauerhaft auf der Internetseite der Gesellschaft öffentlich zugänglich zu machen.[96]

Ferner ist ein Inlandsemittent i. S. v. § 2 Abs. 14 WpHG gemäß § 41 Abs. 1 Satz 1 WpHG dazu verpflichtet, bei einer Zu- oder Abnahme von Stimmrechten die Gesamtzahl der Stimmrechte und das Datum der Wirksamkeit der Zu- oder Abnahme unverzüglich, spätestens innerhalb von zwei Handelstagen zu veröffentlichen. Er hat ferner die Informationspflichten für die Wahrnehmung von Rechten aus Wertpapieren gemäß den §§ 48 ff. WpHG zu erfüllen.[97]

---

94 Vgl. zu Einzelfragen den §§ 33 ff. WpHG, die Kommentierung der im Wesentlichen inhaltsgleichen Vorgängervorschriften der §§ 21 WpHG ff. von *Kumpan*, in: Baumbach/Hopt, HGB, 37. Aufl., 2016, §§ 21 WpHG ff.

95 Vgl. instruktiv zur Rechtslage nach Art. 19 MAR im Vergleich zur alten Rechtslage nach § 15a WpHG *Hitzer/Wasmann*, DB 2016, 1483; noch zur Vorgängervorschrift des § 15a WpHG konkret als Auswirkung der Börsenzulassung *Klawitter/Schlitt*, in: Unternehmensfinanzierung am Kapitalmarkt, § 38 Rn. 152 ff.

96 Vgl. zum Inhalt der Erklärung ausführlich *Koch*, in: Hüffer/Koch, AktG, § 161 Rn. 14 ff.

97 Vgl. ausführlich zur im Wesentlichen inhaltsgleichen Vorgängervorschriften der §§ 30a ff. WpHG (a. F.): *Klawitter/Schlitt*, in: Unternehmensfinanzierung am Kapitalmarkt, § 38 Rn. 151, 175 ff.

Schließlich sind durch die börsennotierte Gesellschaft nach den §§ 115 ff. WpHG Halbjahresfinanzberichte, Zahlungsberichte unter entsprechender Anwendung der §§ 341r bis 341v HGB sowie gegebenenfalls Konzernabschlüsse zu erstellen und zu veröffentlichen, wodurch die Zahlungsströme und wirtschaftliche Lage der Gesellschaft für Außenstehende noch durchsichtiger werden.

Zu der durch die genannten Vorschriften bedingten Transparenz der börsennotierten Gesellschaft tritt die gesteigerte mediale Aufmerksamkeit,[98] so dass insgesamt der Ertrags- und Rentabilitätsdruck auf die Gesellschaft und insbesondere deren Leitung im Lichte der Öffentlichkeit erheblich wächst.[99] Im ungünstigsten Fall kann sich die ständige kritische Beobachtung der Unternehmensführung in der Hemmung zwar risikobehafteter, jedoch unternehmerisch sinnvoller Entscheidungen manifestieren und eine niedrigere Rentabilität des Unternehmens zur Folge haben.

In der Vergangenheit hat sich außerdem gezeigt, dass sich eine in der Öffentlichkeit stehende börsennotierte Aktiengesellschaft häufiger Klagen von Minderheitsgesellschaftern gegenüber sieht als dies bei einer nicht notierten Gesellschaft der Fall ist.[100] Haben diese Klagen auch nur in wenigen Fällen Erfolg, so ist ihnen doch häufig ein hoher Lästigkeitswert immanent, der für die Gesellschaft hohen Zeit- und Kostenaufwand bedeuten kann.[101]

Als Gegenstück zu der oben bereits angesprochenen Verbesserung des Images und des Bekanntheitsgrades der Gesellschaft durch deren Börsennotierung kann es bei einer negativen Entwicklung eines im Lichte der Öffentlichkeit stehenden und den Publizitätsvorschriften unterworfenen Unternehmens schneller zu einem Imageschaden und den damit verbundenen Nachteilen kommen. Handelspartnern, Kreditgebern und Wettbewerbern der börsennotierten Gesellschaft stehen aufgrund der Publizitätsvorschriften zahlreiche Informationen über diese zur Verfügung, an deren Offenlegung weder die Gesellschaft noch ihre Aktionäre generell ein Interesse haben.[102] So kann durch die mit der Börsenzulassung einhergehende Transparenz beispielsweise eine negative wirtschaftliche Entwicklung des Unternehmens leichter von etwaigen Kreditgebern und Handelspartnern erkannt werden, was sich regelmäßig in ungünstigen Konditionen für die betroffene Gesellschaft niederschlägt. Auch tragen die Zulassungsfolgepflichten dazu

98 Vgl. zu den positiven Effekten des öffentlichen Interesses bereits oben A.II.1.a)dd).

99 Vgl. *Anders/Pfüller*, NZG 2003, 459, 461.

100 Vgl. *Schanz*, Börseneinführung, § 2 Rn. 18.

101 Vgl. zu der Gefahr *„aktivistischer Aktinonäre"* für börsennotierte Unternehmen am aktuellen Beispiel der thyssenkrupp AG *Slomka*, FAZ Online vom 19. Juli 2018; zu vermeintlichen Auswirkungen des Anlegerschutzes im Rahmen eines Delistings auf das Betätigungsfeld der sogenannten *„aktivistischen Aktionäre"* unten E.II.

102 Vgl. *Sudmeyer*, in: MAH Aktienrecht, § 47 Rn. 11.

bei, dass Handelspartner und Wettbewerber des Unternehmens Einblicke in dessen Kostenstrukturen erhalten und darauf entsprechend reagieren können.[103]

Zuletzt kann es für das Unternehmen ebenfalls von Interesse sein, auch gegenüber seiner eigenen Belegschaft nicht uneingeschränkt transparent zu sein. Nur so lassen sich teilweise in wirtschaftlich günstigen Perioden durch eine eher zurückhaltende Informationsstrategie etwaige an dem (unter Umständen kurzfristigen) Erfolg der Gesellschaft ausgerichtete übertriebene Begehrlichkeiten der Belegschaft und in wirtschaftlich schlechteren Zeiten eine mögliche unangemessen negative Stimmung verhindern.[104]

bb) Übernahmegefahr über die Börse

Ebenfalls kann die durch die gesteigerten Publizitätspflichten erhöhte Transparenz der börsennotierten Gesellschaft die Gefahr einer Übernahme über die Börse verstärken, indem die Gesellschaft als Zielobjekt mit wesentlich geringerem Aufwand genau erfasst und bewertet werden kann, was verringerte Transaktionskosten zur Folge hat. In Verbindung mit der Möglichkeit, bei börsennotierten Unternehmen ein Übernahmeangebot nach dem WpÜG an die außenstehenden Aktionäre zu richten, führt dies potentiell zu einer erheblichen Erleichterung der Unternehmensübernahme und gerade bei einem niedrigen Kursstand und gleichzeitigem hohen Streubesitz zu einer hohen Übernahmegefahr.[105]

cc) Kosten und personeller Aufwand

Nicht nur der Börsengang, dessen Kosten bei der Entscheidung über den Verbleib an der Börse nicht mehr zu berücksichtigen sind, sondern auch die Aufrechterhaltung der Börsennotierung ist für die Gesellschaft mit erheblichen Kosten verbunden. Diese laufenden Folgekosten werden schon bei kleinen und mittleren Unternehmen in der Literatur auf insgesamt bis zu 600.000,00 € pro Jahr beziffert.[106]

(1) Notierungsgebühren

Zunächst sind die von den einzelnen Börsen erhobenen Notierungsgebühren bei den Kosten einer Börsennotierung zu berücksichtigen. Die Frankfurter Wertpapierbörse beispielsweise erhebt solche Gebühren jährlich für die Notierung

103 Vgl. den Verweis bei *Anders/Pfüller*, NZG 2003, 459, 461, auf Zulieferindustrien, wo grundsätzlich ein Interesse der Lieferanten an der Geheimhaltung ihrer Kostenstrukturen gegenüber den Handelspartnern besteht.

104 Vgl. *Schanz*, Börseneinführung, § 2 Rn. 16.

105 Vgl. insgesamt zu diesem Absatz *Gutte*, Das reguläre Delisting von Aktien, 33; *Lorenz*, in: Die börsennotierte Aktiengesellschaft, § 4 Rn. 4; *Anders/Pfüller*, NZG 2003, 459, 461.

106 Vgl. *Richard*, in: Handbuch Going Private, 30; *Krolop*, Der Rückzug vom organisierten Kapitalmarkt, 9.

von Wertpapieren, deren Laufzeit nicht bestimmt ist, gemäß § 1 Abs. 1 Nr. 5 in Verbindung mit § 15 Abs. 1 ihrer Gebührenordnung. Diese fallen jedoch mit ca. 12.000,00 €[107] pro Jahr in der Gesamtbetrachtung kaum ins Gewicht.

(2) Öffentlichkeitsarbeit

Weiter sind unter Kostengesichtspunkten die Vorbereitung und die Durchführung von Hauptversammlungen zu nennen. Zwar fallen diese grundsätzlich auch bei einer nicht börsennotierten Aktiengesellschaft an, jedoch sind größere, öffentlichkeitswirksame Hauptversammlungen von börsennotierten Aktiengesellschaften in der Regel um einiges kostenintensiver und werden in ähnlicher Weise wie Pressekonferenzen zu Marketingzwecken genutzt.[108]

Daneben entfällt ein Anteil der indirekt durch die Börsennotierung bedingten Kosten auf die Pflege von Investor-Relations, die dazu dient, Aktionäre längerfristig zu binden oder neue potentielle Eigenkapitalgeber für zukünftige Kapitalerhöhungen zu gewinnen.[109] Dabei fallen Ausgaben beispielsweise für die Zusammenstellung und den Druck von (Hochglanz-)Informationsbroschüren und die Durchführung von Road-Shows bei Investoren an.

(3) Kosten für die Erfüllung von Zulassungsfolgepflichten

Von größter Bedeutung ist im Zusammenhang mit den durch die Börsenzulassung bedingten Kosten die Erfüllung der verschiedenen Zulassungsfolgepflichten durch die Gesellschaft.[110] Hierunter fallen beispielsweise die Kosten für die bereits oben erläuterte Erstellung und Veröffentlichung von Ad-hoc-Mitteilungen oder der finanzielle Aufwand für die Bekanntmachung von detaillierten Finanzdaten.[111] Schließlich fällt auch der (finanzielle) Aufwand für die Erstellung zahlreicher besonderer Rechnungslegungs- und Prüfungspflichten bei börsennotierten Gesellschaften deutlich stärker ins Gewicht als bei Gesellschaften, deren Anteil nicht an einem organisierten Markt zugelassen sind, sodass darin ein beachtlicher Wettbewerbsnachteil aufgrund der Börsennotierung zu erblicken ist.[112]

---

107 Vgl. Tabelle VIII zur Notierungsgebühr gemäß § 15 Abs. 1 der Gebührenordnung für die Frankfurter Wertpapierbörse, abrufbar unter http://www.xetra.com/blob/1668966/b38b5fbb0ce688dff51f843e66540b43/data/2016-11-21_Gebuehrenordnung.pdf, zuletzt besucht am 15. Juni 2018.

108 Vgl. *Probst*, Rechtsfragen des regulären Börsenrückzugs, 37; vgl. zu den gesteigerten Kosten der Hauptversammlung als Marketinginstrument: *Korts/Korts*, Der Weg zur börsennotierten Aktiengesellschaft, 197.

109 Vgl. *Streit*, ZIP 2002, 1279, 1280.

110 Vgl. *Holzborn/Hilpert*, WM 2010, 1347, 1348 f.

111 Vgl. zu den zu erfüllenden Zulassungsfolgepflichten bereits oben A.II.1.b)aa).

112 Vgl. zu der Mehrbelastung börsennotierter Gesellschaften im Rahmen von Rechnungslegungs- und Prüfungspflichten *Pasch/Schmeling/Starke*, CF 2015, 259, 265 f.;

(4) Kosten für Bankendienstleistungen

Schließlich fallen für bestimmte, aufgrund der Börsennotierung notwendige, Dienstleistungen von Banken weitere Kosten an. So erhalten diese beispielsweise als sogenannte *„Zahlstellen"* eine Provision für die Übernahme der kompletten Geldverrechnung bei Ausschüttungen oder Fälligkeiten zwischen dem Anleger und der Gesellschaft. Weiter werden Bankenprovisionen beispielsweise für die Übernahme der sogenannten *„Designated-Sponsor-Funktion"* ausgezahlt.[113] Deren Erfüllung sorgt durch das Stellen verbindlicher Kauf- und Verkaufskurse für weniger gehandelte Werte auf der elektronischen Handelsplattform Xetra für eine gewisse Liquidität am Markt, die eine Grundvoraussetzung für die marktgerechte Bewertung von Aktien darstellt.

(5) Personelle Belastung

In Bezug auf das durch die Börsenzulassung und -notierung gebundene Personal bedeutet die Notierung neben den erheblichen Personalkosten auch eine erhebliche Mehrbelastung der Mitarbeiter des Unternehmens, insbesondere seiner Geschäftsführung. So können mit der Börsennotierung unmittelbar oder mittelbar zusammenhängende Tätigkeiten wie die aufwendige Vorbereitung und Durchführung großer Hauptversammlungen, die Pflege des Aktienkurses oder die Öffentlichkeitsarbeit laut Vorständen börsennotierter Unternehmen bis zur Hälfte ihrer gesamten Arbeitszeit in Anspruch nehmen, wodurch für die Kernaufgaben der Leitung der Gesellschaft weniger Kapazitäten zur Verfügung stehen und die Rentabilität der Gesellschaft sinken kann.[114]

2. Spezielle Motive für ein kaltes Delisting

Bei den verschiedenen Varianten des kalten Delistings lässt sich zunächst überwiegend die Konstellation beobachten, dass die vollzogene Strukturmaßnahme im Vordergrund steht, die ein kaltes Delisting lediglich als in Kauf genommene Nebenfolge nach sich zieht. In diesen Konstellationen besteht insofern keine Delisting-spezifische Motivation, sondern vielmehr geben die verschiedenen Gründe für die jeweilige Strukturmaßnahme den Ausschlag für das kalte Delisting. So sei beispielsweise lediglich die Konstellation genannt, dass aufgrund der Trennung von Eigentum und Unternehmensleitung in der (börsennotierten) Aktiengesellschaft unüberwindbare *„Principal-Agent"*-Konflikte entstehen,[115] denen mit einem

---

vgl. auch die Übersicht bei *Förschle/K. Hoffmann*, in: Ellrott/Förschle/Budde/Clemm, HGB, § 264d Rn. 4.

113 Vgl. *Harrer*, in: Beck'sches Handbuch der AG, § 20 Rn. 52.

114 Vgl. *Richard*, in: Handbuch Going Private, 30; *Krolop*, Der Rückzug vom organisierten Kapitalmarkt, 9.

115 Vgl. *Plaut*, FAZ vom 5. Juni 2000, 40.

Rechtsformwechsel begegnet wird, der seinerseits zum Erlöschen der Börsenzulassung *ipso iure* führt. Ferner sei exemplarisch auf die Möglichkeit hingewiesen, dass ein (neuer) Mehrheitsaktionär versucht, auch die restlichen Anteile an der Gesellschaft im Wege des Squeeze-outs zu erlangen und es erst danach zu einem Delisting aufgrund fehlenden Handels gemäß § 39 Abs. 1 BörsG kommt.

Genau wie das kalte Delisting grundsätzlich in all seinen Varianten nur Nebenfolge einer angestrebten Strukturmaßnahme sein kann, so kann umgekehrt jedoch auch die Strukturmaßnahme nur das Mittel der Wahl zum Erreichen des Delistings sein, so dass (überwiegend) Motive außerhalb der Strukturmaßnahme die Entscheidung tragen, die Börse zu verlassen.[116] Die Delisting-spezifischen Motive unterscheiden sich dann nicht von denen für ein reguläres Delisting.

3. Delisting-spezifische Motive

Bei der Entscheidung über ein reguläres Delisting, bei dem die Börse unabhängig von etwaigen Strukturmaßnahmen verlassen wird, kommt es allein auf die Beurteilung der Börsenzulassung beziehungsweise -notierung an. Deren oben genannten Nachteile werden sich, vereinfacht ausgedrückt, in der Regel in den Fällen zur Motivation zu einem Delisting verdichten, in denen die Vorteile und mit der Börsennotierung verfolgten Ziele für die Gesellschaft an Bedeutung verlieren, gar komplett wegfallen oder die ihnen gegenüberstehenden Nachteile für die Gesellschaft immer schwerer wiegen. Selbstredend ist für die Entscheidung, die Börse zu verlassen, regelmäßig nicht eine einzelne isoliert zu betrachtende Veränderung eines Aspektes entscheidend, sondern ein Zusammenspiel der Entwicklungen maßgeblich.[117]

a) Wegfall der Finanzierungsfunktion als Hauptmotiv

Der mit Abstand bedeutendste Aspekt einer das Delisting begünstigenden Entscheidung ist der Wegfall der Hauptfunktion der Börsennotierung für die Gesellschaft – ihrer Finanzierungsfunktion.[118] Dass diese Funktion nicht mehr erfüllt wird, kann seinerseits verschiedene Gründe haben. Denkbar ist zunächst, dass die Gesellschaft schlicht nicht mehr auf die Kapitalaufnahme über die Börse angewiesen ist. Diese Konstellation tritt etwa ein, wenn die Gesellschaft nicht mehr auf Wachstum ausgerichtet ist oder eine anderweitige Finanzierung, beispielsweise

---

116 In der Praxis wird häufig, auch wenn das durch die Strukturmaßnahme erreichte kalte Delisting im Vordergrund steht, eine Strukturmaßnahme gewählt werden, die ihrerseits Vorteile mit sich bringt.

117 Vgl. zu den vielfältigen Motiven auch *Radtke*, Delisting, 21 ff.; *Arnold/Rothenburg*, DStR 2014, 150, 155; *Stöber*, BB 2014, 9, 10; *Beermann/Masucci*, FB 2000, 705; *Bayer*, ZfPW 2015, 163, 166.

118 Vgl. zur Finanzierungsfunktion der Börsennotierung bereits oben A.II.1.a)aa); ausführlich auch *Thomas*, Delisting und Aktienrecht, 71 ff.

durch einen Investor außerhalb der Börse, sichergestellt ist oder eine Fremdfinanzierung gerade in Zeiten von Niedrigzinsen lohnenswerter erscheint.[119] Die oben bereits dargestellten Nachteile der Börsennotierung können in diesen Konstellationen dann regelmäßig nicht mehr durch ihren zentralen Finanzierungszweck aufgewogen werden, so dass es in der Regel im Interesse der Gesellschaft liegt, ein Delisting herbeizuführen. Der praktisch häufigere Fall des Wegfalls der Finanzierungsfunktion der Börse besteht jedoch nicht darin, dass die Gesellschaft keine Kapitalaufnahme über die Börse mehr *benötigen* würde, sondern sich eine solche effektiv nicht mehr realisieren lässt. Dies ist insbesondere der Fall bei Gesellschaften, deren Aktien nur noch gelegentlich zu stark schwankenden Preisen gehandelt werden oder dauerhaft unterbewertet sind, so dass eine effektive Kapitalaufnahme durch die Durchführung von Kapitalerhöhungen mit der Ausgabe neuer Aktien kaum mehr möglich ist.[120]

Besonders mit Blick auf die operativen Nachteile[121] durch die mit der Börsennotierung einhergehende große Kostenlast, die in Krisenzeiten als besonders erdrückend empfunden wird, und die durch die Transparenz des Unternehmens entstehenden Wettbewerbsnachteile stellt sich die Entscheidung zum Delisting in einer solchen Situation häufig aus dem Blickwinkel der Gesellschaft als wirtschaftlich alternativlos dar.

b) Weitere Faktoren

Hinzu kommen weitere Aspekte, die in einigen Fällen die Motivation für ein Delisting aufgrund des Wegfalls der Finanzierungsfunktion verstärken und in anderen Fällen selbst treibende Motive für einen Börsenrückzug sind. Die häufig durch die Börsennotierung erhoffte Verbesserung des Images der Gesellschaft kann sich gerade in Krisenzeiten in das Gegenteil verkehren: Niedrige Kurse sowie durch eine negative wirtschaftliche Entwicklung erforderlich werdende Sparmaßnahmen können das Bild der Gesellschaft in der Öffentlichkeit und deren Bewertung durch (potentielle) Geschäftspartner und Kreditgeber verschlechtern.[122] Auch die zuvor noch positiv bewertete Möglichkeit der Mitarbeiterbeteiligung verliert ihren Anreiz in Zeiten dauerhaft niedriger Kurse, die sich möglicherweise nicht einmal durch eine positive Entwicklung beeinflussen lassen.[123] Hinzu kommt bei einer chronischen Unterbewertung der Gesellschaft ein Anstieg der Gefahr der Übernahme über die Börse. Für Übernahmen oder Fusionen durch die Gesellschaft

---

119 Vgl. *Plaut*, FAZ vom 5. Juni 2000, 40.

120 Vgl. *Probst*, Rechtsfragen des regulären Börsenrückzugs, 19; *Süßmann*, BKR 2003, 253, 257; *Thomas*, Delisting und Aktienrecht, 72.

121 Vgl. zur Unterteilung der Motive für ein Delisting in die drei Gruppen *„Funktionslose Börsennotiz"*, *„Unausgeschöpfte Wertpotentiale"* und *„Operative Nachteile"* stellvertretend *Richard* in: Handbuch Going Private, 25 ff.

122 Vgl. oben A.II.1.b)aa).

123 Vgl. *Thomas*, Delisting und Aktienrecht, 83.

selbst hingegen können die eigenen Aktien nicht mehr effektiv als Akquisitionswährung eingesetzt werden.[124] Durch den Börsenrückzug können auch teils unabhängig von Strukturmaßnahmen Wertpotenziale nutzbar gemacht werden. Solche können etwa da entstehen, wo auf sinnvolle Maßnahmen innerhalb des Unternehmens verzichtet wird, da diese nach außen, insbesondere gegenüber einer Masse von Kleinanlegern, schwer kommunizierbar sind. So kommt es mitunter zu quartalsbericht-getriebener Unternehmenspolitik, mit der die Unternehmensführung dem Druck der Öffentlichkeit nachgibt und die zu einer langfristig wenig rentablen „*Kurzfristpolitik*" führt.[125] Durch das Delisting rückt das Unternehmen regelmäßig aus dem Fokus der Öffentlichkeit, sodass bei Entscheidungen wieder mehr die Geschicke der Gesellschaft im Vordergrund stehen können. Eng mit dem letztgenannten Punkt hängt darüber hinaus die Erwägung eines Delistings zur Erleichterung einer unternehmerischen Neuausrichtung oder Sanierung des Unternehmens außerhalb der mit der Börsennotierung verbundenen Öffentlichkeit zusammen.[126] Insbesondere in den Fällen der Sanierung kommt dabei auch der bereits erwähnten Einsparung der mit der Börsennotierung einhergehenden Kosten besondere Bedeutung zu. Schließlich ist oftmals konzernpolitisch eine ausschließliche Notierung der Muttergesellschaft, nicht aber der Tochtergesellschaft beabsichtigt, sodass nach dem Erwerb einer börsennotierten Tochtergesellschaft deren Delisting angestrebt wird.[127]

III. Delisting als strategisches Mittel

Schließlich kann das Delisting in Abhängigkeit von den bestehenden Anlegerschutzregelungen als strategisches Mittel eingesetzt werden, um die Aktionärsstruktur nach den Vorstellungen des Großaktionärs zu beeinflussen: Anstelle oder zur Vorbereitung eines abfindungspflichtigen Squeeze-out können Minderheitsaktionäre – jedenfalls ohne ausreichenden Anlegerschutz – über ein Delisting der Gesellschaft zur Veräußerung ihrer Anteile bewegt werden.[128] Aufgrund der Aussicht, ihre Anteile nun nicht mehr über einen organisierten Markt veräußern zu können, werden die Aktionäre, denen ihre Beteiligung als bloße Geldanlage dient, daran interessiert sein, eine sich ihnen im Angebot des Großaktionärs bietende Desinvestitionsmöglichkeit wahrzunehmen, solange diese besteht. Dabei ist davon auszugehen, dass insbesondere bei Fehlen eines gerichtlich überprüfbaren obligatorischen Abfindungsangebots auch niedrigere Kaufofferten angenommen

---

124 Vgl. *Link/Plessow*, Handelsblatt vom 26. April 2001, 4; *Plaut*, in: FAZ vom 5. Juni 2000, 40.

125 *Richard*, in: Handbuch Going Private, 28.

126 *Anders/Pfüller*, NZG 2003, 459, 462; *Probst*, Rechtsfragen des regulären Börsenrückzugs, 20.

127 *Anders/Pfüller*, NZG 2003, 459, 462.

128 Dazu und zum Folgenden ausführlich unten E.I.1. sowie F.II.1.a).

werden, was das Delisting für den Mehrheitsaktionär als lohnenswerte Alternative zum Squeeze-out erscheinen lässt.

Zusätzlich zu diesem wirtschaftlichen Verkaufsdruck kann ferner ein rechtlicher Verkaufsdruck durch ein Delisting erzeugt werden, um ungeliebte institutionelle Anleger aus der Gesellschaft zu drängen. Denn viele große Investmentfonds sind in ihren Statuten dazu verpflichtet, nur in Aktien börsennotierter Gesellschaften zu investieren. Kommt es nun also zu einem Delisting, so sind diese Fonds regelmäßig rechtlich dazu verpflichtet, ihre Anteile abzustoßen und aus der Gesellschaft auszuscheiden.[129]

Auf demselben Weg lassen sich für den Mehrheitsaktionär durch den geschickten Einsatz eines Delistings in Abhängigkeit von der Intensität und der Kohärenz des bestehenden Anlegerschutzes möglicherweise die Kosten einer nachfolgenden Strukturmaßnahme verringern.[130] So ging die Literatur in einem Zeitpunkt, zu dem nur ein rudimentärer Anlegerschutz bestand und für diesen bereits eine Wirksamkeitsfrist für den Zulassungswiderruf als ausreichend angesehen wurde, davon aus, dass von der Möglichkeit des Delistings verstärkt im Vorfeld von abfindungspflichtigen Strukturmaßnahmen, insbesondere vor einem Squeeze-out, Gebrauch gemacht werden würde, um nur eine möglichst niedrige Abfindung zahlen zu müssen.[131]

Erinnert sei bereits hier an die *„DAT/Altana“*-Entscheidung[132] vom 27. April 1999, in der das BVerfG entschied, dass der Börsenwert einer Aktie regelmäßig eine nach Art. 14 Abs. 1 GG gebotene Untergrenze für die Bemessung der Angemessenheit eines Abfindungsangebots und eines Ausgleichs beim Abschluss eines Beherrschungs- und/oder Gewinnabführungsvertrages nach den §§ 304, 305 AktG und in den Fällen der Mehrheitseingliederung nach § 320b AktG darstellt. In seiner *„Stollwerck“*-Entscheidung[133] vom 19. Juli 2010 wich der BGH von seiner ursprünglichen Auffassung[134] ab, wonach zur Ermittlung des maßgeblichen Börsenkurses ein (um außergewöhnliche und kurzfristige Ausschläge bereinigtes) Mittel der Börsenkurse der letzten drei Monate *vor dem Beschluss der Hauptversammlung* über die Strukturmaßnahme herangezogen werden musste. Zur Vermeidung von Abfindungsspekulationen nach der Ankündigung der betreffenden Strukturmaßnahme verlagerte der Gerichtshof den maßgeblichen Zeitraum stattdessen auf drei Monate *vor Bekanntgabe* der Maßnahme nach vorne.[135] Ohne einen entsprechenden

129 Dazu ausführlich unten E.I.1.e).

130 Dazu ausführlich erneut unten E.I.1.

131 Vgl. *Arnold/Rothenburg*, DStR 2014, 150, 155; *Mense/Klie*, GWR 2013, 505, 508; *Wasmann/Glock*, DB 2014, 105, 108 f.; ausführlich zu dieser Thematik: *Bungert/Leyendecker-Langner*, BB 2014, 521.

132 BVerfGE 100, 289 = NJW 1999, 3769.

133 BGHZ 186, 229 = NJW 2010, 2657.

134 Vgl. BGHZ 147, 108, 118 = NJW 2001, 2080, 2082.

135 Vgl. zu den Spekulationen auf eine erhöhte Abfindung zuvor *Stange*, Zwangsausschluss von Aktionären, 182 f., 190 f., 359 ff.

Anlegerschutz bestünde durch das Delisting die Möglichkeit, die Zulassung zum regulierten Markt willkürlich entfallen zu lassen, so dass der Börsenkurs nicht weiter als Untergrenze für ein Abfindungsangebot herangezogen werden könnte, sondern es in der Folge allein auf den Ertragswert pro Aktie ankäme.

Ein Delisting könnte folglich immer dann in Betracht gezogen werden, wenn der ansonsten als Untergrenze maßgebliche Börsenkurs oberhalb des Ertragswertes der Aktien liegt, um so die verfassungsrechtlich geprägte Börsenkurs-Rechtsprechung zu unterlaufen und bei der zu gewährenden Abfindung zulasten der betroffenen Aktionäre lediglich Letzteren zu Grunde legen zu müssen.

IV. Die Bedeutung des Delistings für die Anleger

Das von der Gesellschaft angestrebte Delisting hat für den Anleger weitreichende Folgen. Zunächst ist jedoch zu konstatieren, dass diese auch für die Anleger nicht per se negativ sind, da schließlich der Vorstand verpflichtet ist, zum Wohle der Gesellschaft zu handeln, nach deren Wert sich auch, jedenfalls mittelbar, der Wert des Anteils der Beteiligung des Anlegers bemisst. Auch finden sich vereinzelt andere Vorteile für den Anleger, die mit dem Delisting verbunden sind. So sei hier lediglich exemplarisch auf die Möglichkeit des vereinfachten Bezugsrechtsausschlusses zu Lasten der Aktionäre im Rahmen einer Kapitalerhöhung nach § 186 Abs. 3 Satz 4 AktG bei einer börsennotierten Gesellschaft hingewiesen; nach einem Delisting bedarf es hierzu einer entsprechenden Rechtfertigung.[136]

Gleichwohl überwiegen in der Regel die negativen Auswirkungen für den (Klein-)Aktionär als Anleger. Dass sich der Börsenrückzug regelmäßig im Ergebnis auch in finanzieller Hinsicht durch Kursverluste nach der Ankündigung eines Delistings manifestiert, ist dabei als logische Konsequenz der negativen Bewertung der einzelnen im Folgenden aufgezeigten Aspekte durch den Markt zu verstehen und wird noch an späterer Stelle unter Bezugnahme auf empirische Untersuchungen untermauert.[137]

1. Auswirkungen auf die Desinvestitionsmöglichkeit des Kleinaktionärs

Aus Sicht des Minderheitsaktionärs, dessen Engagement bei der Gesellschaft lediglich in der Wahrnehmung von Anlegerinteressen besteht[138], liegt die oftmals bedeutendste Folge des Delistings in dem Entfallen eines staatlich organisierten

---

136 Vgl. *Thomas*, Delisting und Aktienrecht, 86.

137 Vgl. unten C.I.2.

138 Vgl. *Escher-Weingart*, Reform durch Deregulierung im Kapitalgesellschaftsrecht, 25 ff.; zu abweichenden Zielen der Beteiligung und der daraus resultierenden unterschiedlichen Bedeutung der Börsennotierung für Klein- und Großaktionäre vgl. *Thomas*, Delisting und Aktienrecht, 62 f.

Marktes im Sinne des § 2 Abs. 11 WpHG für die Aktien der Gesellschaft und in den damit verbundenen potentiellen negativen Auswirkungen für seine Desinvestitionsentscheidung.[139] Ziel seiner Beteiligung ist neben einer Teilnahme am Bilanzgewinn durch die Auszahlung der Dividende nach § 58 Abs. 4 AktG regelmäßig in erster Linie die Partizipation an einer positiven Entwicklung des Unternehmens durch einen Verkauf seiner Aktie zu einem gestiegenen Preis. Bei der Realisierung dieses Kursgewinns ist für ihn die Börse in mehrerlei Hinsicht von entscheidender Bedeutung.

Der offensichtlichste und gleichzeitig wichtigste Aspekt der Börsennotierung in diesem Zusammenhang liegt in der effektiven Zusammenführung von Angebot und Nachfrage, also in der Funktion als Handelsplattform.[140] Erst durch eine solche Zusammenführung entsteht eine größere Liquidierbarkeit[141], ohne die die wenigsten Anleger überhaupt zu ihrer ursprünglichen Investition in Aktien bereit wären.[142] Ohne eine effektive Handelsplattform stünde der Anleger vor der Situation, dass er zum Zwecke der Desinvestition *„potentielle Käufer mühselig, etwa durch Zeitungsanzeigen, ausfindig machen müsse und alsbald auf den Mehrheitsaktionär treffen werde“*.[143] Neben den durch den Aufwand erhöhten Transaktionskosten besteht in einer solchen Konstellation häufig ein Verhandlungsungleichgewicht zu Gunsten des Mehrheitsaktionärs, so dass der verkaufende Kleinaktionär in der Folge regelmäßig nur einen unangemessen niedrigen Verkaufspreis wird erzielen können.[144]

Darüber hinaus werden durch die Börse grundsätzlich stetig Preise für die Aktien einer Gesellschaft festgestellt, § 24 BörsG. Der verkaufswillige Aktionär muss so nicht aufwändig selbst den angemessenen Preis für seine Anteile ermitteln, sondern kann jeweils auf den aktuellen Börsenkurs abstellen. Dies senkt im Vergleich zu einer selbstständigen Feststellung eines angemessenen Preises unter Berücksichtigung und Bewertung verschiedenster Faktoren wiederum die Transaktionskosten und führt so zu einer effektiveren Desinvestitionsmöglichkeit.

---

139 Vgl. BGHZ 153, 47, 54 = NJW 2003, 1032, 1034 = NZG 2003, 280, 282; *Göckeler*, in: Beck'sches Handbuch der AG, § 28 Rn. 5; *Picot*, Die Rechte der Aktionäre beim Delisting, 18; *Habersack*, in: Unternehmensfinanzierung am Kapitalmarkt, § 40 Rn. 4.

140 Vgl. *C. Fischer/Rudolph*, in: Geld-, Bank- und Börsenwesen, 387 ff.; *Bamberger*, in: Deutsches und europäisches Bank- und Kapitalmarktrecht, Bd. 1, 19.

141 Siehe zum Begriff der Liquidierbarkeit *Ruda*, Ziele privater Kapitalanleger, 20.

142 Vgl. *C. Fischer/Rudolph*, in: Geld-, Bank- und Börsenwesen, 378 ff.

143 Vgl. II. Zivilsenat des BGH, Stellungnahme zu der Verfassungsbeschwerde 1 BvR 1569/08 (n. v.), nur teilweise zitiert in Rn. 34 der Entscheidung des BVerfG vom 11. Juli 2012, nur abrufbar über juris, veröffentlicht i. Ü. in BVerfGE 132, 99 = NJW 2012, 3081 = NZG 2012, 826.

144 Vgl. zu dem in dieser Sitaution vorhandenen Verkaufsdruck unten E.I.1.d) sowie bezogen auf die Höhe eines den Anlegern zu unterbreitenden Angebots unten F.II.4.b)aa).

Letztendlich trägt auch die gesteigerte Transparenz einer börsennotierten Gesellschaft zu einer Verringerung dieser Transaktionskosten bei. Die aufgrund der Börsenzulassung für die betreffende Gesellschaft geltenden Publizitäts- und Zulassungsfolgepflichten führen dazu, dass für die Bewertung der Aktien als Transaktionsgegenstand zahlreiche und leicht zugängliche Unternehmensdaten vorliegen. Der Käufer kann dadurch bei der Entscheidung über den Kauf der Aktien seinen Kosten- und Zeitaufwand verringern, indem er anstelle einer aufwändigen Recherche auf diese Daten zurückgreift. Es besteht für ihn ferner durch die so hergestellte Transparenz eine erheblich geringere Gefahr eines Informationsungleichgewichts, welches sich bei der Veräußerung seiner Beteiligung zu seinen Lasten auswirken würde.

Dies zugrunde gelegt entsteht dem Minderheitsaktionär, dem seine Beteiligung an der Gesellschaft ganz überwiegend als Geldanlage dient, nach einem Delisting ein entscheidender Nachteil: Er kann an den Vorteilen, die sich die Unternehmensleitung von dem Delisting verspricht, nur in den wenigsten Fällen durch Desinvestition tatsächlich effektiv partizipieren.

2. Wegfall der Publizität und Kontrolle

Durch den Wegfall der Börsenzulassung, an der die verschiedenen Publizitäts- und weitere Zulassungsfolgepflichten anknüpfen, fallen ferner zahlreiche Informationsquellen weg, was insbesondere für Kleinanleger gegenüber einem vorhandenen Großaktionär auch unabhängig von der unmittelbaren Veräußerungssituation einen wesentlichen Nachteil darstellt. Nicht umsonst wird im Zusammenhang mit einem Delisting häufig der Ausdruck *„Going Dark“*[145] verwendet.

Insgesamt findet sich der Minderheitsaktionär nach einem Börsenrückzug oftmals in einer Situation wieder, in der ihm insbesondere die hinreichende Kontrolle des Managements nicht mehr ohne Weiteres möglich ist. Er hat daher speziell bei Einflussnahme eines Großaktionärs auf das Management der Gesellschaft mit für ihn nicht nachvollziehbaren Entscheidungen zu seinen Lasten zu rechnen. Selbst wenn gegen solche grundsätzlich im Rahmen von Minderheitsrechten eine rechtliche Handhabe besteht, ist Voraussetzung für die gerichtliche Durchsetzung der Interessen des Minderheitsaktionärs regelmäßig ein hinreichendes Informationsfundament über die betreffenden Vorgänge, welches sich wesentlich leichter auf Grundlage der gesteigerten Publizität bei einer börsennotierten Gesellschaft erlangen lässt.

V. Potentieller Interessenkonflikt

Im Ergebnis steht damit häufig der bereits eingangs erwähnte Interessenkonflikt zwischen Großaktionär und den übrigen Anteilseignern im Raum, der den

145 Vgl. zu diesem Begriff *Wackerbarth*, WM 2012, 2077.

Ausgangspunkt für die Diskussion um einen Anlegerschutz beim Delisting darstellt. Der Großaktionär verfolgt mit seiner Beteiligung regelmäßig unmittelbar nicht bloß finanzielle, sondern zumeist auch strategische Ziele.[146] Eine kurzfristige Veräußerungsmöglichkeit seiner Anteile über die Börse ist für ihn anders als für kleinere Aktionäre kaum von Relevanz. Veräußerung und Erwerb von für ihn relevanten Aktienpaketen erfolgen in der Regel außerbörslich.[147] Die Interessen des Großaktionärs sind denen der übrigen Aktionäre in Bezug auf das Delisting auch insofern entgegengesetzt, als er die der Anlegerschaft dienenden kapitalmarktrechtlichen Publizitätspflichten börsennotierter Gesellschaften nicht benötigt, da er regelmäßig aus anderen Quellen gut über die Geschicke der Gesellschaft informiert ist.[148] Für ihn sind die an der Börsenzulassung anknüpfenden Vorschriften des WpHG und des WpÜG eher hemmend und er ist an einer Kostensenkung durch das Delisting besonders interessiert.[149]

146 Vgl. *Bayer*, ZfPW 2015, 163, 167.
147 Vgl. *Grupp*, Börseneintritt und Börsenaustritt, 52; *Kastl*, Der Rückzug kapitalmarktfähiger Unternehmen von der Börse, 72;
148 Vgl. *Clauß*, Abfindungsanspruch beim Wechsel vom regulierten Markt in den Freiverkehr, 150 ff., 153.
149 Vgl. *Wackerbarth*, WM 2012, 2077, 2079.

B. Von „*Macrotron*" zu „*Frosta*" – Wandel des gesellschaftsrechtlichen Anlegerschutzes beim regulären Delisting

I. Die aufkommende Diskussion über die Möglichkeit und die Voraussetzungen eines Börsenrückzugs

Bevor Ende der 90er-Jahre mit dem Dritten Finanzmarktförderungsgesetz[150] für den Emittenten ein gesetzlich geregelter Weg in § 43 Abs. 4 BörsG (a. F.) eingeführt wurde, die Börse auf eigenen Antrag zu verlassen, war umstritten, *ob* und wenn ja *auf welchem Wege* der Emittent den Börsenrückzug auf eigene Initiative durchführen könnte. Man war sich dabei weitgehend einig, dass der Emittent nicht auf ewig in der Börsennotierung festgehalten werden könne und während als gangbarer Weg zum Teil ein einseitiger Verzicht durch den Emittenten diskutiert wurde, wurde dagegen überzeugend ein geordnetes Marktentlassungsverfahren gefordert, in dem die Interessen der beteiligten Akteure angemessen Berücksichtigung finden sollten.[151] Dieser Interessenausgleich fand in der Folge auch in der erstmaligen gesetzlichen Regelung des § 43 Abs. 4 BörsG (a. F.) Niederschlag, in der festgelegt wurde, dass ein Widerruf der Börsenzulassung nur dann erfolgen dürfte, wenn nicht der Schutz der Anleger entgegenstünde. Mit der näheren Ausgestaltung des Anlegerschutzes wurden die Börsenordnungen betraut. Nachdem die ersten Emittenten von der neu eröffneten Möglichkeit Gebrauch gemacht hatten, fand sich in der Literatur vermehrt die Forderung nach einem gesellschaftsrechtlichen Anlegerschutz, insbesondere nach dem Erfordernis eines Hauptversammlungsbeschlusses sowie einem obligatorischen Abfindungsangebot im Falle des Delistings.[152] Nachdem die meisten Börsenordnungen diesen Anforderungen zunächst

---

150 Gesetz zur weiteren Fortentwicklung des Finanzplatzes Deutschland (Drittes Finanzmarktförderungsgesetz), BGBl. I 1998, 529.

151 Noch für die Möglichkeit eines Verzichts *Eickhoff*, WM 1988, 1713, 1716; *Fluck*, WM 1995, 553, 558 ff.; *Radtke*, Delisting, 45 ff.; überzeugend für ein geordnetes Austrittsverfahren hingegen *Grupp*, Börseneintritt und Börsenaustritt, 174 f.; *Vollmer/Grupp*, ZGR 1995, 459, 478; *Klenke*, WM 1995, 1089, 1096 f.

152 Vgl. stellvertretend für die ausführliche Diskussion in der Literatur *Bungert*, BB 2000, 53; *Groß*, ZHR 165 (2001), 141; *Hellwig*, ZGR 1999, 781, 798 ff.; *Hopt*, in: FS Drobnig, 525, 534 ff.; *Hopt*, in: Baumbach/Hopt, HGB, 30. Aufl., 2000, § 43 BörsG Rn. 3; *Hüffer*, AktG, 5. Aufl., 2002, § 119 Rn. 21 ff.; *Kleindiek*, in: FS Bezzenberger, 653; *Lutter*, in: FS Zöllner, Bd. I, 363, 376 ff.; *Lutter/Leinekugel*, ZIP 1998, 805; *Kruse*, BB 2000, 2271; *Mülbert*, ZHR 165 (2001), 104, 137 ff.; *Schwark/Geiser*, ZHR 161 (1997), 739, 758 ff.; *Wirth/Arnold*, ZIP 2000, 111; *Zetzsche*, NZG 2000, 1065.

gerecht wurden, gab letztlich die Änderung der Börsenordnung der mit Abstand größten deutschen Börse – der Frankfurter Wertpapierbörse (FWB) – im Jahre 2002 den Anstoß für die im Zentrum dieser Arbeit stehende Rechtsprechungsentwicklung: Es sollte nach der damaligen Fassung der Börsenordnung der FWB zum Schutz der Anleger gegen eine Benachteiligung durch das Delisting in Zukunft ausreichen, wenn lediglich eine Frist zwischen dem Antrag und dem Widerruf der Zulassung vorgesehen ist, um den Anlegern Gelegenheit zu bieten, ihre Aktien noch rechtzeitig zu verkaufen.

II. Die „*Macrotron*“-Entscheidung des BGH

1. Sachverhalt und Verfahrensgang

Mit dem „*Macrotron*“-Urteil des BGH vom 25. November 2002[153] lag erstmals eine höchstrichterliche Entscheidung zum Anlegerschutz beim regulären Delisting vor, in der der Gerichtshof einen umfassenden gesellschaftsrechtlichen Schutz der Aktionäre entwickelte. Die börsennotierte „*Macrotron*“-AG, die zu den führenden Elektronikhandelskonzernen Europas gehörte, verfügte über ein Grundkapital von 11 Mio. DM, das je zur Hälfte aus Stammaktien und aus stimmrechtslosen Vorzugsaktien bestand.[154] Mehrheitsaktionär der „*Macrotron*“-AG war die amerikanische Gesellschaft Ingram Micro Inc. Nur noch 1,07% der Stammaktien und 8,5% der Vorzugsaktien befanden sich im Streubesitz. Am 21. Mai 1999 beschloss die Hauptversammlung der „*Macrotron*“-AG mit 108.954 Ja-Stimmen zu 190 Nein-Stimmen bei einer Präsenz des Grundkapitals von 95,88 %, den Vorstand zu ermächtigen, ein reguläres Delisting zu beantragen. Den Minderheitsaktionären wurde dabei vom Mehrheitsaktionär ein Abfindungsangebot unterbreitet.

Trotzdem wurde dieser Beschluss von einigen Minderheitsaktionären angefochten, gestützt darauf, dass er entgegen der Vorschrift des § 43 Abs. 4 BörsG (a. F.) den Anlegerschutz nicht ausreichend berücksichtigte und weder eine Befristung noch eine sachliche Rechtfertigung vorlägen. Weiter monierten die Anfechtungskläger, das Delisting stelle eine Grundlagenentscheidung für die „*Macrotron*“-AG dar, die die Vorlage eines schriftlichen Berichtes im Zeitpunkt der Veröffentlichung der Tagesordnung erforderlich mache. Die Geschäftsführung der „*Macrotron*“-AG hingegen verwies auf den erheblichen Kostenaufwand, der mit der Zulassung einhergehe, sowie auf sprunghafte Kursveränderungen, die das Resultat des geringen Aktienhandels seien und der Gesellschaft schaden würden. Anders als die

153 Vgl. die im Folgenden referierte Entscheidung BGHZ 153, 47 = NJW 2003, 1032 = NZG 2003, 280.

154 Vgl. die umfassende Darstellung von *Bayer*, in: Fleischer/Thiessen, Gesellschaftsrechts-Geschichten, 505 ff.

Vorinstanzen[155] gab der BGH den Klägern teilweise Recht und entwickelte in seiner Entscheidung ein umfassendes aktienrechtliches Schutzkonzept.

2. Ungeschriebene Hauptversammlungskompetenz

Nach Auffassung des BGH sollte ein Mindestschutz der Anleger im Falle des regulären Delistings auf aktienrechtlicher Ebene zunächst durch die Beteiligung der Aktionäre an der Entscheidung über den Antrag auf Zulassungswiderruf gewährleistet werden. Im Ergebnis übereinstimmend mit den Vorinstanzen stellte der BGH daher fest, dass das reguläre Delisting eines mit einfacher Mehrheit gefassten Beschlusses der Hauptversammlung bedürfe.

Dabei betonte der Gerichtshof jedoch, dass die Zuständigkeit der Hauptversammlung für die Entscheidung über das reguläre Delisting nicht daraus hergeleitet werden könne, dass mit ihr in die Innenstruktur der Aktiengesellschaft oder in die Mitverwaltungsrechte der Aktionäre eingegriffen würde. Denn es werde, wie bereits zuvor in der Literatur vertreten worden war[156], dadurch, dass sich die Gesellschaft von der Börse zurückzieht, weder deren innere Struktur verändert noch der Bestand der Mitgliedschaftsrechte berührt oder der Vermögenswert der Beteiligung verwässert[157] beziehungsweise ausgezehrt.[158] Eine Begründung der ungeschriebenen Hauptversammlungskompetenz nach den „*Holzmüller*“-Grundsätzen[159], die noch durch das LG München eher beiläufig und durch das OLG München dann ausdrücklich herangezogen worden waren, lehnte der BGH mit Blick auf die fehlende Schwächung der mitgliedschaftlichen Stellung des Aktionärs durch Mediatisierung seiner Mitwirkungsrechte explizit ab.

Trotzdem hielt der BGH die Kompetenz der Hauptversammlung für geboten: Für die Minderheitsaktionäre, deren Engagement bei einer Aktiengesellschaft allein in der Wahrnehmung von Anlageinteressen besteht, führe der Wegfall des Markts durch das Delisting anders als für den Großaktionär oder für Paketbesitzer zu wirtschaftlich gravierenden Nachteilen. In diesem Zusammenhang sei die Rechtsprechung des BVerfG zu berücksichtigen, wonach eine dem Aktionär nach Abschluss eines Unternehmensvertrags im Sinne des § 291 AktG oder nach Vornahme einer Eingliederung im Sinne der §§ 319 ff. AktG zustehende Abfindung so bemessen sein muss, dass die Minderheitsaktionäre nicht weniger erhalten, als sie bei einer freien Desinvestitionsentscheidung in dem maßgebenden Zeitpunkt

155 Vgl. LG München NZG 2000, 273 = ZIP 1999, 2017; OLG München WM 2002, 662 = NZG 2001, 519.

156 Vgl. die vom BGH zitierten Aufsätze von *Wirth/Arnold*, ZIP 2000, 111, 114 f.; *Streit*, ZIP 2002, 1279, 1287.

157 Vgl. grundlegend zur Verwässerung im Rahmen eines Bezugsrechtsausschlusses BGHZ 71, 40 = NJW 1978, 1316.

158 Vgl. zur Auszehrung des Vermögenswertes BGHZ 135, 374, 378 f. = NJW 1997, 2242, 2243.

159 Vgl. BGHZ 83, 129, 136 ff. = NJW 1982, 1703, 1705.

hätten erzielen können.[160] Daraus folgerte der BGH, dass der Verkehrswert und die jederzeitige Möglichkeit seiner Realisierung Eigenschaften des Aktieneigentums seien, die wie das Aktieneigentum selbst den verfassungsrechtlichen Schutz des Art 14 Abs. 1 GG genießen. Dieser müsse im Rahmen des vermögensrechtlichen Schutzes des Aktieneigentums auch im Verhältnis der Gesellschaft zu den Aktionären berücksichtigt werden. Da der Schutz des mitgliedschaftlichen Vermögenswertes nicht in den Händen der Geschäftsleitung, sondern der Hauptversammlung liege, sei für Entscheidungen darüber auch die Hauptversammlung zuständig.

3. Abfindungsangebot und Spruchverfahren

Allein die Zuständigkeit der Hauptversammlung für die Entscheidung über das Delisting reichte nach den Ausführungen des BGH in der „*Macrotron*"-Entscheidung jedoch nicht aus, um das gebotene Schutzniveau für die Minderheitsaktionäre zu garantieren. Ein solches sei nur dann gewährleistet, wenn ihnen mit dem Beschlussantrag ein Pflichtangebot über den Kauf ihrer Aktien durch die Gesellschaft oder durch einen Großaktionär vorgelegt werde. Dieses müsse dann entsprechend der Rechtsprechung des BVerfG[161] vom Minderheitsaktionär in einem Spruchverfahren daraufhin überprüft werden können, ob der ihm erstattete Betrag dem tatsächlichen Wert des Anteils entspricht. Die Regelungen des Unternehmensvertrags- und des Umwandlungsrechts zur Eröffnung des Spruchverfahrens seien analog auf den Fall des regulären Delistings anzuwenden.

An der Erforderlichkeit dieser zusätzlichen Schutzmechanismen würden auch die bestehenden kapitalmarktrechtlichen Regelungen zum Delisting nichts ändern. Zwar war auch nach § 43 Abs. 4 BörsG (a. F.) bei der Entscheidung der Geschäftsführung über den Widerruf der Zulassung der Schutz der Anleger zu berücksichtigen, dessen nähere Ausgestaltung den einzelnen Börsenordnungen überlassen war. Zum einen seien jedoch jene Börsenordnungen jederzeit abänderbar, zum anderen verlangten nicht alle Börsenordnungen zwingend die Erstattung des vollen Wertes der Aktien, die jedoch nach der Rechtsprechung des BVerfG erforderlich sei.

Explizit äußerte sich der BGH in diesem Zusammenhang zu der gemäß § 54a Abs. 1 Nr. 2 (a. F.) der Börsenordnung der Frankfurter Wertpapierbörse geltenden Fristenlösung, nach der den Anlegern nach Ankündigung des Delistings ausreichend Zeit bleiben muss, um die vom Widerruf betroffenen Aktien über die Börse zu veräußern. Der BGH merkte an, eine solche Regelung könne keinen hinreichenden Anlegerschutz gewähren, da es unmittelbar nach dem Bekanntwerden

160 Vgl. BVerfGE 100, 289 = NJW 1999, 3769; BVerfG NJW 2001, 279 = NZG 2000, 1117 = ZIP 2000, 1670; zum variablen Ausgleich vgl. BVerfG NJW-RR 2000, 842 = NZG 2000, 28 = ZIP 1999, 1804; zum Abfindungsanspruch bei Abschluss eines Unternehmensvertrags vgl. bereits BGHZ 135, 374, 377 ff. = NJW 1997, 2242, 2243.

161 Vgl. BVerfG NJW 2001, 279 = NZG 2000, 1117 = ZIP 2000, 1670.

des Delistings zu einem Kursverfall kommen würde, der es dem Anleger unmöglich mache, die investierten Vermögenswerte zu realisieren.

4. Keine sachliche Rechtfertigung oder zeitliche Befristung

Keinen Erfolg hatten die Kläger hingegen mit ihrem Einwand, der Beschluss der Hauptversammlung bedürfe wie die Entscheidung über einen Bezugsrechtsausschluss[162] einer sachlichen Rechtfertigung.[163] Bereits die Vorinstanzen hatten diese Beanstandung zurückgewiesen: Zum einen ergebe sich dieses Ergebnis aus einem Vergleich zum Beschluss über die Liquidation der Gesellschaft, der trotz tiefgreifenderem Eingriff gegenüber den Minderheitsaktionären keiner sachlichen Rechtfertigung bedürfe.[164] Zum anderen sei aufgrund der kapitalmarktrechtlichen Regelungen und der Ausgestaltung in den Börsenordnungen kein weiterer gesellschaftsrechtlicher Schutz erforderlich. Der wirtschaftliche Nachteil, der für die Minderheitsaktionäre infolge des Delistings entstehe, nämlich die eingeschränkte Handelbarkeit der Aktien, werde durch das Abfindungsangebot der Mehrheitsaktionäre ausgeglichen, sodass sich der Beschluss auch nicht als rechtsmissbräuchlich darstelle.[165]

Der BGH dagegen argumentierte im Hinblick auf die Entbehrlichkeit einer sachlichen Rechtfertigung, die Entscheidung über das Delisting habe unternehmerischen Charakter, sodass es im Ermessen der Mehrheit der Aktionäre stehe, zu beurteilen, ob ein Delisting im Interesse der Gesellschaft zweckmäßig und geboten erscheine. Etwaige Schutzlücken entstünden den Minderheitsaktionären durch das Erfordernis eines im Spruchverfahren überprüfbaren Abfindungsangebots nicht.

Auch hielt es der BGH nicht für erforderlich, die Ermächtigung zur Beantragung des Delistings zeitlich zu befristen. Schließlich stehe es der Hauptversammlung frei, über das Fortbestehen der Ermächtigung zu entscheiden, sodass eine regelmäßige Kontrolle bereits durch die jährliche Berichtspflicht nach § 175 Abs. 1 AktG gewährleistet sei.

III. Die Entwicklung im Anschluss an die „*Macrotron*"-Entscheidung in Literatur und Rechtsprechung

Auch im Anschluss an die „*Macrotron*"-Entscheidung des BGH dauerte die Diskussion über die Voraussetzungen des regulären Delistings in der Literatur und der Rechtsprechung zunächst weiter an. Zum einen wurde die Entscheidung in

162 Vgl. BGHZ 71, 40 = NJW 1978, 1316; BGHZ 83, 319 = NJW 1982, 2444; BGHZ 125, 239 = NJW 1994, 1353.

163 So auch *Hüffer*, AktG, 10. Aufl., 2012, § 119 Rn. 24; *Hellwig*, ZGR 1999, 781, 800; *Zetzsche*, NZG 2000, 1065, 1067; **a. A.**: *Lutter*, in: FS Zöllner, Bd. I, 363, 381.

164 So das LG München NZG 2000, 273, 275 = ZIP 1999, 2017, 2020.

165 Vgl. OLG München WM 2002, 662, 666 = NZG 2001, 519, 521.

der Literatur generell unterschiedlich beurteilt, zum anderen waren auch bei allgemeiner Anerkennung der „*Macrotron*"-Grundsätze deren Herleitung sowie zahlreiche Einzelfragen umstritten. In der Literatur traf die „*Macrotron*"-Entscheidung des BGH zu Beginn großteils auf Zustimmung[166], teilweise aber auch auf Ablehnung[167]. Während das Urteil von den Einen als „*rechtspolitisch überzeugend*"[168], „*mutig*"[169] und im „*Grundsatz richtige Leitentscheidung*"[170] gewürdigt wurde, wurde es von den Anderen als „*Arbeitsbeschaffungsmaßnahme für beratende Juristen und Gerichte*"[171] und wenig wünschenswertes „*Marktzugangshemmnis*" beim Börsengang[172] bezeichnet. Die Instanzgerichte schlossen sich in der Folge dessen ungeachtet erwartungsgemäß dem BGH an und dieser selbst bestätigte über knapp zehn Jahre hinweg immer wieder seine „*Macrotron*"-Rechtsprechung für das reguläre Delisting jedenfalls inzident.[173] Namentlich entschied er aus Anlass eines Delistings zu den Darlegungsanforderungen zur Aktionärsstellung innerhalb der Anspruchsbegründungsfrist[174], über die Frage der Erforderlichkeit eines Vorstandsberichts und der Prüfung des Abfindungsangebots durch einen sachverständigen Prüfer als Voraussetzungen des Hauptversammlungsbeschlusses beim regulären Delisting[175] und die zur Referenzperiode für den einer angemessenen Abfindung zu Grunde zu legenden Börsenwert.[176]

1. Teilweise Ablehnung der verfassungsrechtlichen Herleitung

Hauptsächlicher Ansatzpunkt für die Kritik an den in der „*Macrotron*"-Entscheidung entwickelten gesellschaftsrechtlichen Voraussetzungen, die an ein reguläres Delisting zu stellen seien, war deren verfassungsrechtliche Begründung durch den BGH.[177] So fanden sich vermehrt Stimmen in der Literatur, die der Auffassung

---

166 Vgl. *Heidel*, DB 2003, 544, 548; *Hofmann*, Minderheitenschutz im Gesellschaftsrecht, 568; *Lutter*, JZ 2003, 684, 686; *Kubis*, in: MüKo-AktG, 2. Aufl., 2004, § 119 Rn. 84 ff.; *K. Schmidt*, NZG 2003, 601, 603; *Streit*, ZIP 2003, 392, 393; *Thomas*, Delisting und Aktienrecht, 262 ff.; *Wilsing/Kruse*, WM 2003, 1110, 1112.

167 Vgl. stellvertretend Theiß, FAZ vom 5. März 2003, 19; hinsichtlich der Hauptversammlungskompetenz *Habersack*, AG 2005, 137, 141.

168 *K. Schmidt*, NZG 2003, 601, 603.

169 *Heidel*, DB 2003, 544, 548.

170 *Streit*, ZIP 2003, 392, 395.

171 *Ekkenga*, ZGR 2003, 878, 910.

172 *Holzborn*, WM 2003, 1105, 1109.

173 Vgl. aus der instanzgerichtlichen Rechtsprechung OLG Frankfurt NZG 2010, 307, 308 = ZIP 2010, 370, 371; KG Berlin AG 2008, 295, 296 = ZIP 2007, 2352, 2353; OLG Stuttgart AG 2009, 124 = ZIP 2008, 2315; BayObLGZ 2004, 346, 352 = NZG 2005, 312, 315.

174 Vgl. BGHZ 177, 131 = NJW-RR 2008, 1355 = NZG 2008, 658.

175 Vgl. BGH NZG 2010, 618 = AG 2010, 453 = ZIP 2010, 622.

176 Vgl. BGH AG 2011, 590 = ZIP 2011, 1708.

177 Vgl. BGHZ 153, 47, 55 = NJW 2003, 1032, 1034 = NZG 2003, 280, 282 f.

waren, die gesellschaftsrechtlichen Anforderungen an das Delisting könnten nicht auf Art. 14 Abs. 1 GG gestützt werden.[178] Aus der vom BGH herangezogenen *„DAT/ Altana“*-Entscheidung des BVerfG ließe sich keine Aussage über die verfassungsrechtliche Relevanz des Delistings ableiten. Es sei nämlich eine strikte Trennung zwischen dem *Ob* der Beeinträchtigung des Aktieneigentums und der nachgelagerten Frage des *Wie* der Kompensation einer solchen geboten.[179] In der angeführten Entscheidung des BVerfG könne in dem Abschluss eines Beherrschungs- und Gewinnabführungsvertrages ein eindeutiger Eingriff in das von Art. 14 Abs. 1 GG geschützte Aktieneigentum festgestellt werden, da durch einen solchen die Mitgliedschaftsrechte des Aktionärs wesentlich beeinträchtigt werden. Erst auf der nachgelagerten Ebene der an die zuvor festgestellte Beeinträchtigung anknüpfenden Rechtsfolgen müsse sodann nach der Rechtsprechung des BVerfG im Rahmen der Bemessung der Abfindung die Börsennotierung Berücksichtigung finden.[180] Das Delisting erfülle jedoch bereits auf der ersten Stufe die tatbestandlichen Voraussetzungen eines Eingriffs in die Eigentumsgarantie nicht, sondern betreffe vielmehr lediglich eine nicht geschützte Marktchance.[181] Der Wegfall der Veräußerungsmöglichkeit über die Börse sei daher als Marktrisiko von allen Aktionären gleichermaßen zu tragen.[182] In diesem Zusammenhang wurde ebenfalls vereinzelt vertreten, dass eine Abfindung jedenfalls nicht zum *„vollen Anteilswert“* zu erfolgen habe; stattdessen sei allein auf den Börsenkurs abzustellen, da den betroffenen Aktionären allein die Veräußerungsmöglichkeit zum Börsenkurs verloren gehe.[183] Zu beachten sei ferner, dass die jederzeitige Veräußerungsmöglichkeit nicht allein von der Zulassung zum Börsenhandel, sondern auch von der Liquidität des Marktes abhänge und daher sich das Liquiditätsrisiko unabhängig von einem Delisting realisieren könne.[184]

---

178 Vgl. *Adolff/Tieves*, BB 2003, 797, 798 ff.; *Beck/Hedtmann*, BKR 2003, 190, 191 f.; *Benecke*, WM 2004, 1122, 1123 f.; *Bürgers*, NJW 2003, 1642, 1644; *Ekkenga*, ZGR 2003, 878, 883 f.; *Krämer/Theiß*, AG 2003, 225, 229 f.; *Mülbert/Leuschner*, ZHR 170 (2006), 615; *Picot*, Die Rechte der Aktionäre beim Delisting, 42 ff.; *Probst*, Rechtsfragen des regulären Börsenrückzugs, 88 ff., 96 ff.; *Schlitt*, ZIP 2004, 533, 535; **a. A.**: *Kubis*, in: MüKo-AktG, 2. Aufl., 2004, § 119 Rn. 84; *Liebscher*, ZGR 2005, 1, 19; *Lutter*, JZ 2003, 684, 686; *K. Schmidt*, NZG 2003, 601, 603; *Thomas*, Delisting und Aktienrecht, 196 ff.; vgl. ferner Nachweise bei *Bayer*, ZfPW 2015, 163, 183 Fn. 178.

179 Vgl. *Picot*, Die Rechte der Aktionäre beim Delisting, 44.

180 Diese Unterscheidung herausarbeitend: *Adolff/Tieves*, BB 2003, 797, 799 f.; *Ekkenga*, ZGR 2003, 878, 883 f.; *Klöhn*, ZBB 2003, 208, 214; *Krämer/Theiss*, AG 2003, 225, 229 f.; *Probst*, Rechtsfragen des regulären Börsenrückzugs, 88 ff.

181 Vgl. *Krämer/Theiß*, AG 2003, 225, 230.

182 Vgl. *Ekkenga*, ZGR 2003, 878, 883.

183 Vgl. *Bürgers*, NJW 2003, 1642, 1644; *Streit*, ZIP 2003, 392; *Schlitt*, ZIP 2004, 533, 536; zur kritischen Würdigung der entsprechenden Neuregelung aus dem Jahr 2015 ausführlich unten F.II.

184 So *Adolff/Tieves*, BB 2003, 797, 799.

Es wurde schließlich teilweise auch bezweifelt, dass selbst wenn man im Delisting einen Eingriff in das verfassungsrechtlich geschützte (Aktien-)Eigentum erblicke, sich daraus unmittelbar die Zuständigkeit der Hauptversammlung und das vom BGH geforderte Pflichtangebot herleiten lasse; es bedürfe vielmehr einer einfachgesetzlichen Anknüpfung, die der BGH in seiner Entscheidung nicht liefere.[185]

2. Abschließender Schutz durch kapitalmarktrechtliche Regelungen

Ein anderes Einfallstor für die Kritik an der „*Macrotron*“-Entscheidung waren die bereits vorhandenen kapitalmarktrechtlichen Regelungen zum Schutz der Anleger in § 38 Abs. 4 BörsG (a. F.). Die Entscheidung des BGH, zusätzliche aktienrechtliche Anforderungen an das reguläre Delisting zu stellen, liefe der gesetzgeberischen Intention zuwider, den Schutz der Anleger kapitalmarktrechtlich auszugestalten, dessen Einhaltung im verwaltungsgerichtlichen Verfahren sicherzustellen sei.[186] Dies führe im Ergebnis zu einem völligen Leerlauf der vom Gesetzgeber mit der Einführung des § 38 Abs. 4 BörsG (a. F.) kapitalmarktrechtlich eröffneten Möglichkeiten zum Delisting und gerade im internationalen Wettbewerb der Kapitalmärkte zu kritisch zu beurteilenden höheren Marktaustrittsschranken.[187]

3. Keine einfachgesetzliche Anknüpfung

Schließlich erschien die neue „*Macrotron*“-Rechtsprechung des BGH auch hinsichtlich der dogmatischen Grundlagen der aufgestellten Grundsätze angreifbar. Statt in Bezug auf die Zuständigkeit der Hauptversammlung auf seine „*Holzmüller*“-Rechtsprechung[188] abzustellen und im Rahmen der verfassungskonformen Auslegung des § 119 Abs. 2 AktG eine Ermessensreduzierung auf Null zum Schutze des Aktionärsvermögens vor einem Fungibilitätsverlust anzunehmen[189] oder eine klare Analogie zu einfachgesetzlichen Vorschriften zu begründen, begnügte sich der BGH in seiner „*Macrotron*“-Entscheidung mit der Feststellung, der Schutz des von der Eigentumsgarantie des Art. 14 Abs. 1 GG umfassten mitgliedschaftlichen

185 Vgl. *Adolff/Tieves*, BB 2003, 797, 800 f.; zur später gebotenen einfachgesetzlichen Begründung unten C.III.2.c).

186 Vgl. *Krämer/Theiß*, AG 2003, 225, 235; kritisch auch *Süßmann*, BKR 2003, 253, 258; *Holzborn*, WM 2003, 1105, 1109; bereits vertreten durch LG München NZG 2000, 273, 275 = ZIP 1999, 2017, 2020; **a. A.**: *Lutter*, JZ 2003, 684, 686; *Benecke*, WM 2004, 1122, 1126; *Hopt*, in: Baumbach/Hopt, HGB, 31. Aufl., 2003, § 38 BörsG Rn. 4; *Heidelbach*, in: Schwark/Zimmer, Kapitalmarktrecht, 3. Aufl., 2004, § 38 BörsG Rn. 33 ff.

187 Auf diesen Aspekt hinweisend *Holzborn*, WM 2003, 1105, 1109.

188 Vgl. BGHZ 83, 129, 136 ff. = NJW 1982, 1703, 1705; so auch noch die Vorinstanz der „*Macrotron*“-Entscheidung OLG München WM 2002, 662, 664 f. = NZG 2001, 519, 520 f.

189 Diesen Weg favorisierten *Adolff/Tieves*, BB 2003, 797, 800.

Vermögenswertes liege nicht in den Händen der Geschäftsleitung, sondern in denen der Hauptversammlung. Es wurde teilweise befürchtet, dass es mangels einschränkender und präzisierender Kriterien zu einer erheblichen Rechtsunsicherheit im Hinblick auf die Kompetenzen der Hauptversammlung kommen würde.[190]

Auch die dogmatische Herleitung des Pflichtangebots im Sinne der *„Macrotron"*-Rechtsprechung betreffend wurde in der Literatur moniert, der BGH äußere sich nur *„höchst kryptisch"*, sodass dessen Rechtsgrundlage im Dunkeln bleibe und die *„Phantasie und die Konzept-Baukunst der Gesellschaftsrechtswissenschaftler"* herausgefordert werde.[191]

4. Folgeprobleme und Einzelfragen

Auch diejenigen Stimmen, die die oben aufgezeigte Kritik in der Literatur nicht teilten und die aktienrechtliche Ausgestaltung des Anlegerschutzes in den Fällen des regulären Delistings generell begrüßten, sahen sich auch nach der *„Macrotron"*-Entscheidung zahlreichen Einzelproblemen und ungeklärten Folgefragen gegenüber. So stellte die *„Macrotron"*-Entscheidung bereits aus der damaligen Perspektive erst den Anfang und nicht das Ende der Rechtsfolgendiskussion dar.[192]

a) Einzelfragen in Bezug auf den Hauptversammlungsbeschluss

Mit Blick auf das durch den BGH aufgestellte Erfordernis eines Hauptversammlungsbeschlusses waren neben dessen dogmatischer Herleitung insbesondere die erforderliche Mehrheit für den Beschluss über das reguläre Delisting sowie die inhaltlichen Anforderungen an den Beschluss Ausgangspunkt für weiterer Diskussionen.

aa) Dogmatische Herleitung

Breite Zustimmung[193] erhielt die Auffassung des BGH, dass das reguläre Delisting keine Strukturmaßnahme im Sinne der *„Holzmüller"*-Grundsätze darstelle. Es fehle dafür an der Beeinträchtigung der Mitgliedschaft der Aktionäre, die weder im verbands- noch im vermögensrechtlichen Sinne berührt werde; stattdessen seien durch den Wegfall der Möglichkeit des Anteilsverkaufs über einen organisierten,

---

190 So ausdrücklich *Benecke*, WM 2004, 1122, 1124.

191 So *Klöhn*, ZBB 2003, 208, 211 f. und *Krämer/Theiß*, AG 2003, 225, 239; vgl. ähnlich auch *Benecke*, WM 2004, 1122, 1124.

192 So zutreffend die Einschätzung von *K. Schmidt*, NZG 2003, 601, 602 ff. und *Klöhn*, ZBB 2003, 208, 210, im Anschluss an die *„Macrotron"*-Entscheidung.

193 Vgl. *Adolff/Tieves*, BB 2003, 797, 798; *Beck/Hedtmann*, BKR 2003, 190, 191; *Hopt*, in: Baumbach/Hopt, HGB, 31. Aufl., 2003, § 38 BörsG Rn. 5; *Krämer/Theiß*, AG 2003, 225, 235 ff.; *Schlitt*, ZIP 2004, 533, 535.

staatlicher Kontrolle unterworfenen Markt lediglich dessen Vermögensinteressen tangiert.[194]

Wie bei der ursprünglichen dogmatischen Herleitung der „*Holzmüller*“-Grundsätze wurde jedoch in der Literatur vermehrt auch für das reguläre Delisting eine Ermessenreduzierung des Vorstandes bei der Entscheidung über eine Vorlage an die Hauptversammlung im Sinne von § 119 Abs. 2 AktG angenommen.[195] *K. Schmidt* erinnerte in diesem Zusammenhang an die Kritik, die im Anschluss an die „*Holzmüller*“-Entscheidung laut geworden war und sich gerade auf die Herleitung der Grundsätze über eine Ermessenreduzierung im Rahmen von § 119 Abs. 2 AktG bezog.[196] Statt eine solche auch für das Delisting zu bejahen, schlug er deshalb vor, es bei der Feststellung zu belassen, dass es sich bei der Entscheidung des BGH um eine verfassungskonforme Auslegung des Aktienrechts handele.[197]

Wie ebenfalls schon für die Herleitung der „*Holzmüller*“-Grundsätze[198] wurde auch im Anschluss an die „*Macrotron*“-Entscheidung vertreten, die Rechtsgrundlage für den Hauptversammlungsbeschluss sei in einer Gesamtanalogie zu sonstigen Strukturmaßnahmen zu erblicken, deren Vorteil in der Flexibilität in Bezug auf Einzelprobleme wie die vom BGH geforderte lediglich einfache Mehrheit und die Frage nach der Erforderlichkeit eines Vorstandsberichts liege.[199]

Schließlich wurde die Hauptversammlungskompetenz vereinzelt mit einer entsprechenden Anwendung der Vorschrift über die nachträgliche Vinkulierung von Namensaktien begründet.[200] Das Delisting habe wie die Vinkulierung negativen Einfluss auf die Fungibilität der Aktien der betroffenen Aktionäre und betreffe daher deren Desinvestitionsinteresse, sodass eine entsprechende Anwendung des § 180 Abs. 2 AktG gerechtfertigt erscheine.

---

194 Auf diesen Aspekt ausdrücklich abstellend *Adolff/Tieves*, BB 2003, 797, 798; *Schlitt*, ZIP 2004, 533, 535.

195 Vgl. *Adolff/Thieves*, BB 2003, 797, 800; *Hüffer*, AktG, 6. Aufl., 2004, § 119 Rn. 24; *Schlitt*, ZIP 2004, 533, 535; *Streit*, ZIP 2003, 392, 393.

196 Vgl. *K. Schmidt*, NZG 2003, 601, 603 mit Verweis auf die Kritik von *Beusch*, in: FS Werner, 1 ff.; *Heinsius*, ZGR 1984, 383, 393; *Martens*, ZHR 147 (1983), 377, 380 ff.; *Werner*, ZHR 147 (1983), 429, 437 ff.; *Westermann*, ZGR 1984, 352, 364 ff.; vgl. in Bezug auf das Delisting die kritische Anmerkung von *Marsch-Barner*, LMK 2003, 108, 109.

197 Vgl. *K. Schmidt*, NZG 2003, 601, 603.

198 Vgl. stellvertretend *Mülbert*, in: GroßKomm-AktG, 4. Aufl., 2008, § 119 Rn. 21 ff. m. w. N.

199 Vgl. OLG Frankfurt NZG 2010, 307, 308 = ZIP 2010, 370, 371; KG Berlin AG 2008, 295, 296 = ZIP 2007, 2352, 2353; *Benecke*, WM 2004, 1122, 1124 f.; gegen die Gesamtanalogie jedoch OLG Stuttgart AG 2009, 124 = ZIP 2008, 2315.

200 Vgl. für die Analogie zu den Vinkulierungsvorschriften *Reichert*, AG 2005, 150, 155; *Schiemzik*, Segmentwechsel börsenaktiver Unternehmen, 323.

bb) Beschlussmehrheit

Anders als zur Frage der dogmatischen Herleitung der Hauptversammlungszuständigkeit hatte sich der BGH in seinem „*Macrotron*"-Urteil ausdrücklich zur erforderlichen Mehrheit geäußert. Im Unterschied zu Beschlüssen über Strukturmaßnahmen und bei Sachverhalten im Sinne der „*Holzmüller*"-Grundsätze sollte für die Fälle des regulären Delistings eine einfache Mehrheit genügen.[201] Gerade von denjenigen Stimmen, die die Hauptversammlungskompetenz aus § 119 Abs. 2 AktG herleiteten, erhielt dieses Ergebnis Beifall.[202] Denn bei einer Begründung über die Ermessensschrumpfung im Rahmen von § 119 Abs. 2 AktG folge die geringe Anforderung der einfachen Mehrheit bereits unmittelbar aus § 133 Abs. 1 AktG.[203]

Eine andere Strömung in der Literatur kritisierte hingegen das Erfordernis einer nur einfachen Mehrheit und forderte eine qualifizierte.[204] Zum Teil wurde angemerkt, es sei aufgrund der fehlenden Strukturänderung konsistent nur eine einfache Mehrheit zu fordern,[205] jedoch mit Blick auf den vom BGH bejahten verfassungsrechtlichen Schutz über Art. 14 Abs. 1 GG widersprüchlich.[206] Ein verfassungsrechtlich gebotener effektiver Schutz der Minderheitsaktionäre könne durch solch niedrige Anforderungen an die Mehrheit im Wege der Zuständigkeit der Hauptversammlung nicht gewährleistet werden. So komme dieser Hürde in der Praxis nur äußerst geringe Bedeutung zu, da die Mehrheit in Delisting-Situationen typischerweise von einem Großaktionär erreicht werde.[207] Dies gelte umso mehr, wenn man sich die Regelungen der §§ 29 Abs. 2, 35 WpÜG vor Augen führt, bei denen der Gesetzgeber selbst davon ausgeht, dass aufgrund einer Hauptversammlungspräsenz von unter 60 % bereits ein Aktionär mit 30 % der Stimmen die Gesellschaft kontrolliert.[208] Der Hauptversammlungsbeschluss stelle daher mit der

---

201 Vgl. BGHZ 153, 47, 53 f. = NJW 2003, 1032, 1034 = NZG 2003, 280, 282.

202 Vgl. *Adolff/Thieves*, BB 2003, 797, 800; *Hopt*, in: Baumbach/Hopt, HGB, 31. Aufl., 2003, § 38 BörsG Rn. 5; *Hüffer*, AktG, 6. Aufl., 2004, § 119 Rn. 24; *Streit*, ZIP 2003, 392, 394.

203 So ausdrücklich *Adolff/Thieves*, BB 2003, 797, 800.

204 Vgl. *Benecke*, WM 2004, 1122, 1123 f.; *Bürgers*, NJW 2003, 1642, 1643; *Eßers/Weisner/Schlienkamp*, DStR 2003, 985, 987; *Heidel*, DB 2003, 544, 548 f.; *Kubis*, in: MüKo-AktG, 2. Aufl., 2004, § 119 Rn. 85; *Lutter*, JZ 2003, 684, 686; *K. Schmidt*, NZG 2003, 601, 603; *Spindler*, in: Schmidt/Lutter, AktG, 1. Aufl., 2008, § 119 Rn. 52.

205 *Bürgers*, NJW 2003, 1642, 1643; vgl. dazu *K. Schmidt*, NZG 2003, 601, 603 Fn. 31, der diese Einschränkung als inkonsequent bezeichnet.

206 Vgl. *Benecke*, WM 2004, 1122, 1123 f.; *Bürgers*, NJW 2003, 1642, 1643; *Kubis*, in: MüKo-AktG, 2. Aufl., 2004, § 119 Rn. 85; *Spindler*, in: Schmidt/Lutter, 1. Aufl., 2008, AktG, § 119 Rn. 52.

207 Vgl. *Benecke*, WM 2004, 1122, 1123 f.; *Eßers/Weisner/Schlienkamp*, DStR 2003, 985, 987; *Groß*, Kapitalmarktrecht, 3. Aufl., 2006, § 38 Rn. 28; *Heidel*, DB 2003, 544, 548 f.; *Süßmann*, BKR 2003, 253, 258; dazu auch in Bezug auf die heutige Rechtslage noch unten.

208 Darauf weist *Heidel*, DB 2003, 544, 548 f., hin.

vom BGH geforderten einfachen Mehrheit im Ergebnis eine überflüssige „*Förmelei*“, „*bloße Legitimationskosmetik*“ und ein nur „*vermeintlich erforderliches Vehikel*“ dar.[209]

Vertreten wurde in diesem Zusammenhang jedoch auch, dass die mit der niedrigen Hürde der einfachen Mehrheit einhergehende Gefahr des nicht ausreichenden Anlegerschutzes über die Abfindung der Minderheitsaktionäre ausreichend aufgefangen werde.[210] Jedenfalls, so weitere Stimmen aus der Literatur, habe auch der mit einfacher Mehrheit zu treffende Hauptversammlungsbeschluss über das Delisting als erforderliches Vehikel für den im Spruchverfahren überprüfbaren Abfindungsanspruch der Aktionäre seine Daseinsberechtigung.[211]

cc) Keine sachliche Rechtfertigung

Anlass für weitere Diskussionen im Anschluss an die „*Macrotron*“-Entscheidung bot der Aspekt der sachlichen Rechtfertigung des Hauptversammlungsbeschlusses. Die ganz überwiegende Auffassung schloss sich dem „*Macrotron*“-Urteil des BGH an, in dem dieser entschied, dass der Hauptversammlungsbeschluss nicht gerichtlich daraufhin zu überprüfen sei, ob selbiger im Gesellschaftsinteresse zur Erreichung des angestrebten Zweckes geeignet und erforderlich sei und die Verhältnismäßigkeit wahre, da es sich bei der Entscheidung zum Börsenrückzug um eine unternehmerische Entscheidung handele.[212]

Vereinzelt wurde diese Ansicht mit dem Argument angegriffen, es handele sich auch bei der Entscheidung über den Bezugsrechtsausschluss nach § 186 Abs. 3 AktG um eine solche unternehmerischen Charakters, was nichts an dem Erfordernis der sachlichen Rechtfertigung ändere.[213] Dass der Hauptversammlungsbeschluss keiner sachlichen Rechtfertigung bedürfe, wurde schließlich erneut auch mit dem ausreichenden Schutz der Minderheitsaktionäre über die Vorschriften des BörsG sowie auf gesellschaftsrechtlicher Ebene, insbesondere durch die im Spruchverfahren überprüfbare Abfindung, begründet.[214]

---

209 So die Formulierungen bei *Habersack*, AG 2005, 137, 141 und *K. Schmidt*, NZG 2003, 601, 603.

210 Vgl. *Wilsing/Kruse*, WM 2003, 1110, 1111.

211 Vgl. *Hüffer*, AktG, 6. Aufl., 2004, § 119 Rn. 23; *Streit*, ZIP 2003, 392, 393 f.

212 Vgl. *Hüffer*, AktG, 6. Aufl., 2004, § 119 Rn. 24; *Kubis*, in: MüKo-AktG, 2. Aufl., 2004, § 119 Rn. 86; *Picot*, Die Rechte der Aktionäre beim Delisting, 101 ff.; *K. Schmidt*, NZG 2003, 601, 603; *Wilsing/Kruse*, WM 2003, 1110, 1114.

213 Vgl. *Lutter*, JZ 2003, 684, 686.

214 Vgl. in diese Richtung argumentierend *Kubis*, in: MüKo-AktG, 2. Aufl., 2004, § 119 Rn. 86; *Thomas*, Delisting und Aktienrecht, 235 f.; *Wilsing/Kruse*, WM 2003, 1110, 1114; im Ergebnis zustimmend auch *K. Schmidt*, NZG 2003, 601, 603; kritisch demgegenüber hingegen *Ekkenga*, ZGR 2003, 878, 901.

dd) Vorstandsbericht entsprechend §§ 186 Abs. 4 Satz 2, 293a AktG oder § 8 UmwG

Weiterhin umstritten war auch die Frage, inwieweit den Vorstand im Zusammenhang mit dem beabsichtigten Delisting besondere Berichtspflichten trafen. Weite Teile des Schrifttums schlossen sich der Auffassung des BGH an, nach welcher dem Informationsbedürfnis der Anleger bereits durch die analoge Anwendung des § 124 Abs. 2 Satz 2, 2. Alt. AktG (a. F., entspricht heute Satz 3) Genüge getan werde.[215] Danach genüge die Bekanntgabe der Details des Widerrufsantrages sowie der Höhe des Abfindungsangebotes zusammen mit der Tagesordnung bei Einberufung der Hauptversammlung, ohne dass es der Angabe von Gründen für die Entscheidung zum Delisting bedürfe. Dies wurde von den Anhängern dieser Ansicht vielfach als einzige konsequente Lösung angesehen: Wenn man mit dem BGH im Delisting keine Strukturänderung erblicke, so bestehe auch kein Anlass, besondere Berichtspflichten aus der analogen Anwendung solcher Vorschriften herzuleiten, die die Berichtspflichten des Vorstandes in den Fällen strukturändernder Maßnahmen regeln.[216]

Ein anderer Meinungsstrang dagegen hielt einen gesonderten Vorstandsbericht für zwingend geboten.[217] Dessen Erforderlichkeit ergebe sich bereits aus der vom BGH angestrengten verfassungsrechtlichen Begründung der Hauptversammlungskompetenz: Wenn man auf der einen Seite aus Art. 14 Abs. 1 GG die Notwendigkeit eines Hauptversammlungsbeschlusses im Interesse des Minderheitenschutzes herleite, so sei es wenig konsequent, auf der anderen Seite dessen Voraussetzungen im Vergleich zu anderen abfindungspflichtigen Maßnahmen zu reduzieren.[218] Die teilweise aus der „*Macrotron*"-Entscheidung des BGH gefolgerte Pflicht zur ausführlichen Erläuterung der Gründe für das Delisting in der Hauptversammlung selbst[219] sei insofern nicht ausreichend um das Informationsinteresse der Aktionäre zu bedienen, als durch diese weder eine ausreichende Vorbereitung auf die

---

215 Vgl. *Adolff/Tieves*, BB 2003, 799, 800; *Eßers/Weisner/Schlienkamp*, DStR 2003, 985, 987; *Geyrhalter/Gänßler*, NZG 2003, 313, 315; *Groß*, Kapitalmarktrecht, 3. Aufl., 2006, § 38 BörsG Rn. 29; *Habersack*, in: Unternehmensfinanzierung am Kapitalmarkt, § 40 Rn. 8; *Heidel*, DB 2003, 544, 549; *Henze*, in: FS Raiser, 145, 152; *Hopt*, in: Baumbach/Hopt, HGB, 31. Aufl., 2003, § 38 BörsG Rn. 5; *Hüffer*, AktG, 6. Aufl., 2004, § 119 Rn. 24; *Kubis*, in: MüKo-AktG, 2. Aufl., 2004, § 119 Rn. 87, der einen Vorstandsbericht jedoch im Hinblick auf eine vernünftige Aktienkultur für empfehlenswert hielt.

216 Darauf abstellend *Eßers/Weisner/Schlienkamp*, DStR 2003, 985, 987; *Groß*, Kapitalmarktrecht, 3. Aufl., 2006, § 38 BörsG Rn. 29; so auch grds. *Streit*, ZIP 2003, 392, 394.

217 Vgl. *Bürgers*, NJW 2003, 1642, 1643; *Streit*, ZIP 2003, 392, 394; *Wilsing/Kruse*, WM 2003, 1110, 1113; gleichzeitig vor zu hohen Anforderungen an den Inhalt des Berichts warnend *Schlitt*, ZIP 2004, 533, 536.

218 Vgl. *Bürgers*, NJW 2003, 1642, 1643; *Wilsing/Kruse*, WM 2003, 1110, 1112 f.

219 Vgl. *Göckeler*, in: Beck'sches Handbuch der AG, 1. Aufl., 2004, § 26 Rn. 31.

Hauptversammlung noch eine Entscheidung über die Teilnahme dieser ermöglicht werde.[220]

Auch mit Blick auf die Bewertung des Kaufangebotes und dessen Überprüfung im Spruchverfahren sei eine Berichtspflicht des Vorstandes aus § 186 Abs. 4 Satz 2 AktG, § 293a AktG oder § 8 UmwG für die betroffenen Minderheitsaktionäre wünschenswert gewesen.[221] Dieser Funktion eines detaillierten Vorstandsberichts komme aufgrund der Antragsbegründungspflicht im Spruchverfahren besonderes Gewicht zu, da die Minderheitsaktionäre dieser nur mit Hilfe ausreichender Informationen über die rechtlichen und wirtschaftlichen Hintergründe des Delistings nachkommen könnten.[222] Dem wurde entgegnet, ein effektiver Rechtsschutz der Anleger sei nicht über einen solchen Bericht des Vorstandes zu erreichen, sondern vielmehr über die Stärkung des Spruchverfahrens und geringere Anforderungen an die Darlegungs- und Beweislast der Aktionäre.[223]

b) Einzelfragen in Bezug auf die Abfindung

aa) Dogmatische Herleitung

Nicht weniger umstritten als die Einzelheiten im Zusammenhang mit dem Hauptversammlungsbeschluss über das Delisting waren nach der „*Macrotron*“-Entscheidung auch weiterhin zahlreiche Detailfragen der vom BGH verlangten Abfindung. Genau wie für den Hauptversammlungsbeschluss nannte der BGH in seiner „*Macrotron*“-Entscheidung keine konkrete Rechtsgrundlage für die den Minderheitsaktionären zu gewährende Abfindung. Zwar stützte der Gerichtshof die Überprüfbarkeit des Abfindungsangebots im Spruchverfahren auf eine analoge Anwendung des § 306 AktG und der §§ 305 ff. UmwG. Diese Analogie betraf jedoch ausdrücklich mit der Überprüfbarkeit der Angemessenheit der angebotenen Abfindung nur die Rechtsfolgenseite, sodass in der Literatur eine rege Diskussion über die dogmatische Herleitung des vorgelagerten Abfindungsanspruchs aufkam.

Obwohl in der Entscheidung des BGH lediglich Art. 14 Abs. 1 GG zur Begründung der Abfindung ins Feld geführt wird, war man sich im Schrifttum überwiegend darüber einig, dass die Abfindungsverpflichtung nicht unmittelbar aus dem Verfassungsrecht abgeleitet werden könne.[224] Statt der unmittelbaren Herleitung aus Art. 14 Abs. 1 GG wurden Einzel- oder Gesamtanalogien zu verschiedenen konzern- und umwandlungsrechtlichen Vorschriften herangezogen, um

220 So *Schlitt*, ZIP 2004, 533, 536.

221 Vgl. *Streit*, ZIP 2003, 392, 394; *Wilsing/Kruse*, WM 2003, 1110, 1112 f.

222 *Wilsing/Kruse*, WM 2003, 1110, 1113.

223 Vgl. *Heidel*, DB 2003, 544, 549; *Eßers/Weisner/Schlienkamp*, DStR 2003, 985, 987; vgl. zu der von dem Umfang der zur Verfügung stehenden Informationen abhängigen Begründungspflicht *Kubis*, in: MüKo-AktG, § 4 SpruchG Rn. 19.

224 Vgl. ausdrücklich *Adolff/Thieves*, BB 2003, 797, 800; *Picot*, Die Rechte der Aktionäre beim Delisting, 61; *Thomas*, Delisting und Aktienrecht, 281.

die – zumindest nach der „*Macrotron*"-Entscheidung – verfassungsrechtlich gebotene Abfindung der Minderheitsaktionäre einfachgesetzlich anzuknüpfen.[225]

So wurde vermehrt die Brücke zu den Vorschriften über den Formwechsel (§ 207 UmwG) oder eine Verschmelzung, bei der die Anteile an dem übernehmenden Rechtsträger Verfügungsbeschränkungen unterworfen sind (§ 29 Abs. 1 Satz 2 UmwG), geschlagen, da die nachhaltige Beeinträchtigung der Fungibilität durch das Delisting mit den von Rechts wegen bestehenden Verfügungsbeschränkungen oder Formzwängen mit ähnlicher Wirkung, wie § 15 Abs. 3 bis 5 GmbHG, vergleichbar sei, die durch eine Verschmelzung oder einen Formwechsel zur Geltung gelangen könnten.[226] Gerade mit Blick auf die vom BGH erwähnte Abfindung durch den Großaktionär wurde daneben auch auf die entsprechende Anwendung des § 305 AktG abgestellt, der die Pflicht der Obergesellschaft statuiert, auf Verlangen eines außenstehenden Aktionärs dessen Aktien gegen eine angemessene Abfindung zu erwerben.[227] Die Situation sei insofern mit dem Delisting vergleichbar, als sich die rechtlichen oder wirtschaftlichen Bedingungen, unter denen die Minderheitsaktionäre aus ihrer Eigentümerstellung finanziellen Nutzen ziehen können, wesentlich veränderten.[228] Schließlich wurde die Gesamtanalogie zum Teil noch um die Vorschrift des § 327b AktG erweitert, die die Abfindungspflicht des Hauptaktionärs gegenüber den Minderheitsaktionären in den Fällen des Squeeze-outs regelt.[229] Begründet wurde dies damit, dass beim Squeeze-out wie beim Delisting und im Gegensatz zu den anderen für die Gesamtanalogie herangezogenen Vorschriften nicht die Rechtsstellung der Gesellschaft sondern lediglich die des einzelnen Minderheitsaktionärs betroffen sei.[230] Für eine Analogie zu § 35 WpÜG, an die aufgrund der vom BGH gewählten Terminologie des *„Pflichtangebots"* gedacht werden könne, bestanden hingegen nach einheitlicher Auffassung keine Anhaltspunkte.[231]

---

225 Vgl. *Adolff/Thieves*, BB 2003, 797, 802 f.; *Benecke*, WM 2004, 1122, 1125; *Hüffer*, AktG, 6. Aufl., 2004, § 119 Rn. 25; *Picot*, Die Rechte der Aktionäre beim Delisting, 67; *Schlitt*, ZIP 2004, 533, 536; *Streit*, ZIP 2003, 392, 394; ablehnend hingegen *Klöhn*, ZBB 2003, 208, 212 f.; *Krämer/Theiß*, AG 2003, 225, 240.

226 Vgl. diesen Weg einschlagend BayObLGZ 2004, 346, 352 = NZG 2005, 312, 315; *Hopt*, in: Baumbach/Hopt, HGB, 34. Aufl., 2010, § 39 BörsG Rn. 4; *Drygala/Staake/Szalai*, Kapitalgesellschaftsrecht, § 21 Rn. 212 f.; *Land/Behnke*, DB 2003, 2531, 2533; *Hüffer*, AktG, 9. Aufl., 2010, § 119 Rn. 25; *Spindler*, in: Schmidt/Lutter, 1. Aufl., 2008, AktG, § 119 Rn. 53; ablehnend *Klöhn*, ZBB 2003, 208, 212 f.; *Krämer/Theiß*, AG 2003, 225, 240.

227 Vgl. BayObLGZ 2004, 346, 352 = NZG 2005, 312, 315; *Adolff/Thieves*, BB 2003, 797, 803; *Land/Behnke*, DB 2003, 2531, 2533; *Schlitt*, ZIP 2004, 533, 536.

228 Vgl. *Adolff/Thieves*, BB 2003, 797, 802.

229 So etwa *Benecke*, WM 2004, 1122, 1125; *Land/Behnke*, DB 2003, 2531, 2533; *Langenbucher*, Aktien- und Kapitalmarktrecht, 2. Aufl., 2010, § 20 Rn. 16.

230 Vgl. ausdrücklich *Benecke*, WM 2004, 1122, 1125.

231 Vgl. explizit *Benecke*, WM 2004, 1122, 1125; *Eßers/Weisner/Schlienkamp*, DStR 2003, 985, 986 f.; *Krämer/Theiß*, AG 2003, 225, 239 ff.

bb) Verhältnis zum WpÜG

Auch wenn eine dogmatische Herleitung der Abfindung über eine Analogie zum WpÜG einheitlich abgelehnt wurde, so drängte sich in der Folge doch die Frage nach der Geltung des WpÜG für das vom BGH geforderte Abfindungsangebot auf, da der BGH in seiner „*Macrotron*"-Entscheidung von einem „*Pflichtangebot*"[232] sprach und sich damit vermeintlich der Terminologie des WpÜG bediente.

Große Einigkeit bestand im Schrifttum jedoch auch schnell darüber, dass es sich bei dem Angebot nach den „*Macrotron*"-Grundsätzen weder um ein freiwilliges Übernahmeangebot noch um ein Pflichtangebot im Sinne von § 35 WpÜG handeln könne, da einerseits aufgrund der richterlichen Verpflichtung weder Freiwilligkeit vorliege noch eine Pflicht im Sinne des § 35 WpÜG aufgrund von Kontrollerlangung bestehe und andererseits eine übernahmerechtliche Qualifikation nicht mit der gesellschaftsrechtlichen Herleitung des Anspruchs vereinbar sei.[233]

cc) Anspruchs- oder Bedingungslösung

Ungeklärt waren neben den bisher dargestellten Fragen der dogmatischen Herleitung der Abfindung auch weiterhin die Folgen des Fehlens eines Erwerbsangebots bei einem Delisting. Ein Teil der Literatur vertrat die Auffassung, dass das im Spruchverfahren überprüfbare Kaufangebot an die Minderheitsaktionäre Voraussetzung eines wirksamen Hauptversammlungsbeschlusses über das geplante Delisting sei.[234] Über diese „*Bedingungslösung*" ließen sich Schwierigkeiten in Bezug auf die Bestimmung des Großaktionärs als richtigen Antragsgegner im Spruchverfahren und die Beschränkung des Erwerbs eigener Aktien für die Gesellschaft gem. den §§ 71 f. AktG vermeiden[235]: Werde ein Angebot unterbreitet, so ergebe sich aus der entsprechenden Anwendung des § 5 SpruchG, dass der jeweilige Bieter Antragsgegner sei.[236] Im Falle des vollständigen Fehlens eines Abfindungsangebotes seien die Minderheitsaktionäre auf den Primärrechtsschutz im Wege der Anfechtungsklage verwiesen, sodass sich weder die Frage nach der Passivlegitimation noch

232 BGHZ 153, 47, 57 f. = NJW 2003, 1032, 1035 = NZG 2003, 280, 283.

233 Vgl. *Land/Behnke*, DB 2003, 2531; *Schlitt*, ZIP 2004, 533, 538; *Adolff/Thieves*, BB 2003, 797, 804 f.; *Eßers/Weisner/Schlienkamp*, DStR 2003, 985, 987 ff.; *Anders/Pfüller*, NZG 2003, 459, 464; *Krämer/Theiß*, AG 2003, 225, 239; **a. A.**: *Süßmann*, BKR 2003, 253, 258, der ein freiwilliges Übernahmeangebot in der Abfindungszahlung sieht.

234 Vgl. *Heidel*, DB 2003, 544, 549; *Hoffmann*, in: Spindler/Stilz, AktG, 1. Aufl., 2007, § 119 Rn. 43; *Krolop*, NZG 2005, 546 f.; *Kubis*, in: MüKo-AktG, 2. Aufl., 2004, § 119 Rn. 88; *Heidelbach*, in: Schwark/Zimmer, Kapitalmarktrecht, 3. Aufl., 2004, § 38 BörsG Rn. 35.

235 Vgl. *Hoffmann*, in: Spindler/Stilz, AktG, 1. Aufl., 2007, § 119 Rn. 43; *Ekkenga*, ZGR 2003, 878, 891; *Krolop*, NZG 2005, 546, 547; zur Würdigung der gesetzlichen Neuregelung aus dem Jahr 2015 im Sinne einer Bedingungslösung und zur Frage nach dem Angebotsverpflichteten vgl. noch unten F.I.2.a) sowie B.III.4.b)dd).

236 Vgl. *Krolop*, NZG 2005, 546, 547.

das Problem der Beschränkung des Erwerbs eigener Aktien stelle. Auch der BGH habe in seiner „*Macrotron*"-Entscheidung den Begriff „*Anspruch*" vermieden und spreche stattdessen davon, dass ein adäquater Schutz nur durch Vorlage eines Pflichtangebots mit dem Beschlussantrag erreicht werden könne; ohne die Vorlage scheide der Beschluss daher aus.[237]

Wie auch die Rechtsprechung[238] vertrat jedoch die wohl überwiegende Literatur[239] ungeachtet dieser Einwände die sogenannte „*Anspruchslösung*". Nach dieser genügte bereits ein Hauptversammlungsbeschluss über das Delisting für dessen Zulässigkeit, der dann, unabhängig davon, ob mit diesem ein Angebot vorgelegt wurde, einen Anspruch des Aktionärs auf Barabfindung begründete. Diese Sichtweise gründete vor allem auf der herangezogenen Analogie zu den einfachgesetzlichen Anspruchsgrundlagen wie § 29 Abs. 1 Satz 2, § 207 UmwG, § 305 AktG[240], bei denen ebenfalls der Hauptversammlungsbeschluss bereits den Abfindungsanspruch begründet, jedoch ein Abfindungsangebot keine Voraussetzung für die Wirksamkeit der Maßnahme darstellt.

dd) Angebotsverpflichteter

Eine weitere Konsequenz der Diskussion über die dogmatische Herleitung der Abfindungspflicht und der nicht eindeutigen Ausführungen des BGH in diesem Zusammenhang waren Meinungsverschiedenheiten darüber, wer den vom Delisting betroffenen Minderheitsaktionären das vom BGH verlangte Kaufangebot zu unterbreiten habe. Im „*Macrotron*"-Urteil heißt es dazu, ein adäquater Schutz der Minderheitsaktionäre könne nur dadurch erreicht werden, dass ihnen mit dem Beschlussantrag ein Pflichtangebot über den Kauf ihrer Aktien „*durch die Gesellschaft oder durch den Großaktionär*" vorgelegt werde.[241] Ausführungen dazu, in welchem Verhältnis die Verpflichtung der Gesellschaft und die des Großaktionärs zueinander standen, suchte man in der Entscheidung des BGH vergeblich.

Wie bereits bei der Frage, ob der sogenannten Anspruchs- oder der Bedingungslösung gefolgt werden sollte, richtete sich die Bestimmung eines etwaigen richtigen Abfindungsverpflichteten in erster Linie danach, wie die Ausgleichspflicht hergeleitet wurde. Wie schon oben angedeutet, bereitete es den Anhängern der Bedingungslösung die wenigsten Probleme, zu entscheiden, wer im Spruchverfahren

---

237 Vgl. *Heidel*, DB 2003, 544, 549.

238 Vgl. LG München NZG 2004, 193, 194 = AG 2004, 395, 396; BayObLGZ 2004, 346, 352 = NZG 2005, 312, 315 f.

239 Vgl. *Adolff/Thieves*, BB 2003, 797, 801 f.; *Geyrhalter/Zirngibl*, DStR 2004, 1048, 1052; *Schlitt*, ZIP 2004, 533, 536; *Spindler*, in: Schmidt/Lutter, AktG, 1. Aufl., 2008, § 119 Rn. 53; *Benecke*, WM 2004, 1122, 1125; *Dreier/Fritzsche/Verfürth*, 1. Aufl., 2004, SpruchG, § 1 Rn. 102; *Habersack*, AG 2005, 137, 141.

240 Vgl. LG München NZG 2004, 193, 194 f. = AG 2004, 395, 396; *Adolff/Thieves*, BB 2003, 797, 803; *Schlitt*, ZIP 2004, 533, 536.

241 BGHZ 153, 47 = NJW 2003, 1032, 1035 = NZG 2003, 280, 283.

der richtige Antragsgegner sei: Wenn kein Angebot im Rahmen des Hauptversammlungsbeschlusses unterbreitet wurde, so sei auch das Spruchverfahren nicht eröffnet und stattdessen im Wege der Anfechtungsklage vorzugehen.[242] In den Fällen, in denen jedoch ein Angebot unterbreitet wurde, sei der jeweilige Bieter richtiger Anspruchsgegner.[243] Diejenigen, die der Anspruchslösung folgten und den Anspruch der betroffenen Aktionäre aus einer Analogie zu einfachgesetzlichen Abfindungsvorschriften herleiteten, suchten die Antwort auf die Frage nach dem oder den richtigen Anspruchsgegner/n mehrheitlich in den herangezogenen Vorschriften. So wurden etwa – um einen effektiven Schutz der Minderheitsaktionäre zu gewährleisten – neben der Abfindungsverpflichtung der Gesellschaft Analogien zu den §§ 305 und 327a ff. AktG gebildet und darauf gestützt ein Anspruch auch gegen den dem Delisting zustimmenden Großaktionär begründet.[244] Notwendig sei die Gesamtschuldnerschaft von Gesellschaft und Großaktionär mit Blick auf die von der Gesellschaft einzuhaltenden Grenzen des Erwerbs eigener Aktien nach § 71 AktG.[245] In dem seltenen Fall, dass die Gesellschaft mehrere wesentlich beteiligte, jedoch nicht kontrollierende Aktionäre aufweise, die für das Delisting stimmten, habe es hingegen bei der alleinigen Verpflichtung der Gesellschaft zu bleiben.[246] Teilweise wurden daneben auch eine Verpflichtung der Gesellschaft und ein *„Ablösungsrecht"* des Großaktionärs angenommen.[247] Der Problematik der Beschränkungen für den Erwerb eigener Aktien wurde in den Fällen, in denen das Angebot der Gesellschaft an den Grenzen von § 71 AktG scheiterte, dadurch entgegengetreten, dass sich das Ablösungsrecht in eine *„Ablösungspflicht"* wandeln sollte.[248]

Schließlich war damit jedoch noch nicht die Frage geklärt, wer überhaupt als Großaktionär im Sinne der „*Macrotron*"-Entscheidung gelten solle, zumal diese Terminologie dem Aktienrecht auch damals fremd war.[249]

---

242 Vgl. dazu bereits oben B.III.4.b)cc).

243 Vgl. *Krolop*, NZG 2005, 546, 547.

244 Vgl. *Adolff/Thieves*, BB 2003, 797, 803; *Benecke*, WM 2004, 1122, 1126; *Heidelbach*, in: Schwark/Zimmer, Kapitalmarktrecht, 3. Aufl., 2004, § 38 BörsG Rn. 35; *Schlitt*, ZIP 2004, 533, 537.

245 Vgl. *Adolff/Thieves*, BB 2003, 797, 803; *Dreier/Fritzsche/Verfürth*, SpruchG, 1. Aufl., 2004, § 5 Rn. 9; *Schlitt*, ZIP 2004, 533, 537.

246 *Schlitt*, ZIP 2004, 533, 537.

247 Vgl. *Henze*, NZG 2003, 649, 651 f.; *Klöhn*, ZBB 2003, 208, 211; *Lutter*, JZ 2003, 684, 686.

248 So *Klöhn*, ZBB 2003, 208, 211; vgl. auch *Henze*, NZG 2003, 649, 651 f.

249 Vgl. dazu *Benecke*, WM 2004, 1122, 1126; *Klöhn*, ZBB 2003, 208, 211 f.; *Krolop*, NZG 2005, 546, 547; *Schäfer/Eckhold*, in: Handbuch börsennotierte AG, 1. Aufl., 2005, § 62 Rn. 61.

ee) Bemessung der Abfindung

Auch wenn man sich im Anschluss an die „*Macrotron*"-Entscheidung in weiten Teilen der Literatur einig war, *dass* im Falle des Delistings eine Abfindung zu zahlen sei, bestand weiterhin Uneinigkeit hinsichtlich der Frage, wie *die Höhe* einer solchen zu bestimmen sei. Zwar pflichtete der überwiegende Teil der Literatur[250] dem BGH in dessen Einschätzung bei, dass die Abfindung in Anlehnung an die „*DAT/Altana*"-Rechtsprechung des BVerfG[251] nach dem vollen Wert der Anteile zu bemessen sei, doch traten dem auch Stimmen entgegen, die die Höhe der Abfindung allein anhand des Börsenkurses bestimmen wollten.[252]

Die Kritik an der Auffassung des BGH wurde vermehrt damit begründet, dass den Aktionären durch das Delisting, anders als in den Fällen des Squeeze-out, des Beherrschungs- und Gewinnabführungsvertrages oder der Mehrheitseingliederung, ihre Verwaltungs- und Vermögensrechte verblieben und einzig die Veräußerungsmöglichkeit über die Börse entfiele.[253] Dies rechtfertige es, die Höhe der Abfindung für diesen Verlust allein am Börsenkurs zu orientieren, der gerade dasjenige widerspiegele, was die Aktionäre verlören.[254] Maßgeblich sei dabei auf den Börsenkurs der letzten drei Monate vor Bekanntgabe des Delisting-Entschlusses abzustellen.[255]

Mit Blick auf eine möglicherweise schon vor der Ankündigung des Delistings bestehende Marktenge wurde teilweise auch gefordert, es sei lediglich ein Fungibilitätsausgleich für den Verlust der Veräußerungsmöglichkeit über die Börse zu gewähren, der bei bereits zuvor fehlender Liquidität des Börsenhandels folglich entfiele.[256]

Diesen Argumenten wurde von Verfechtern der Orientierung am Unternehmenswert (und des Verkehrswertes als Untergrenze) entgegengehalten, dass dem Verlust der Aktionäre zwar grundsätzlich der Börsenwert entsprechen möge, jedoch über den Börsenkurs bei typischerweise unterbewerteten

250 *Adolff/Tieves*, BB 2003, 797, 804; *Hopt*, in: Baumbach/Hopt, HGB, 31. Aufl., 2003, § 38 BörsG Rn. 6; *Benecke*, WM 2004, 1122, 1126; *Eßers/Weisner/Schlienkamp*, DStR 2003, 985, 989; *Geyrhalter/Gänßler*, NZG 2003, 313, 315; *Heidel*, DB 2003, 544, 550; *Holzborn*, WM 2003, 1105, 1108; *Lutter*, JZ 2003, 684, 686; *Wilsing/Kruse*, WM 2003, 1110, 1112.

251 BVerfGE 100, 289, 306 = NJW 1999, 3769, 3771.

252 Vgl. *Bürgers*, NJW 2003, 1642, 1644; *Schlitt*, ZIP 2004, 533, 536; *Streit*, ZIP 2003, 392, 394; *Süßmann*, BKR 2003, 253, 258; zur heute zentralen Diskussion ausführlich unten F.II.4.b).

253 Vgl. *Bürgers*, NJW 2003, 1642, 1644; *Schlitt*, ZIP 2004, 533, 536; *Streit*, ZIP 2003, 392, 394; *Süßmann*, BKR 2003, 253, 258.

254 So *Bürgers*, NJW 2003, 1642, 1644.

255 Vgl. *Schlitt*, ZIP 2004, 533, 536; so auch für die Berechnung des maßgeblichen Börsenkurses lediglich als Untergrenze der Abfindung *Eßers/Weisner/Schlienkamp*, DStR 2003, 985, 989; *Heidel*, DB 2003, 544, 550.

256 Vgl. *Süßmann*, BKR 2003, 253, 258.

Börsenrückzugskandidaten kein ausreichender Anlegerschutz gewährt werden könne.[257] Zudem sei der Fungibilitätsverlust durch das Delisting nur *Anlass* für die Entstehung des Abfindungsanspruchs des Aktionärs. Nehme er das Abfindungsangebot jedoch an, so verliere er das vollständige Eigentum an der Aktie, sodass sich die Abfindung für den Verlust am vollen Wert der Aktie zu orientieren habe.[258]

ff) Gerichtliche Überprüfung

Noch größeren Zuspruch als bei der Frage nach der richtigen Bemessung der an die Minderheitsaktionäre zu zahlenden Abfindung erhielt der BGH für seine Entscheidung, die gerichtliche Überprüfbarkeit der Angemessenheit der angebotenen Abfindung in Analogie zu den Regelungen des Unternehmensvertragsrechts (§§ 304 Abs. 3 Satz 3, 305 Abs. 5 Satz 2 AktG) und des Umwandlungsrechts (§§ 15 Abs. 1 Satz 2, 34 Satz 1, 196 Satz 2, 212 UmwG) ins Spruchverfahren zu verlagern.[259]

Wenn die Abfindung in den Fällen des regulären Delistings, wie vom BGH entschieden, zum vollen Anteilswert zu erfolgen habe, so sei der Weg in das Spruchverfahren konsequent und sachgerecht.[260] Dies gelte sogar in den Fällen, in denen überhaupt kein Abfindungsangebot vorgelegt werde.[261] Im Gegensatz zum Anfechtungsverfahren könne so eine Blockade des Börsenrückzugs verhindert werden und gleichzeitig – trotz der mitunter langen Verfahrensdauern – eine effektive Überprüfung der Abfindung gewährleistet werden.[262] Die günstige prozessuale Ausgestaltung durch den im Spruchverfahren geltenden Amtsermittlungsgrundsatz sowie die für die Minderheitsaktionäre vorteilhaften Kostenregelungen bildeten eine tragende Säule des vom BGH geforderten Minderheitenschutz beim Delisting.[263]

Als weiterer Vorteil des Spruchverfahrens wurde auf die Allgemeinverbindlichkeit der spruchgerichtlichen Entscheidung zur Angemessenheit der Abfindung hingewiesen, durch die einer Welle von Einzelklagen zuvorgekommen werden

---

257 So zutreffend *Benecke*, WM 2004, 1122, 1126; *Wilsing/Kruse*, WM 2003, 1110, 1112; vgl. dazu auch im Hinblick auf die heutige Rechtslage unten F.II.4.b)aa).

258 So *Adolff/Tieves*, BB 2003, 797, 804 Fn. 115; dieser Gedanke gilt für die heute geltende gesetzliche Regelung ebenso, vgl. unten F.II.4.b)aa).

259 BGHZ 153, 47, 56 ff. = NJW 2003, 1032, 1035 = NZG 2003, 280, 283 f.

260 So *Adolff/Thieves*, BB 2003, 797, 801; *Bürgers*, NJW 2003, 1642, 1644; *Büschel*, NZG 2003, 793, 794; *Geyrhalter/Gänßler*, NZG 2003, 313, 315; *Häuser/Thomas*, WuB II A. § 119 AktG 1.03, 519, 522; *Heidel*, DB 2003, 544, 550 f.; *Hopt*, in: Baumbach/Hopt, HGB, 31. Aufl., 2003, § 38 BörsG Rn. 6; *Klöhn*, ZBB 2003, 208, 217; *Lutter*, JZ 2003, 684, 686 f.; *Streit*, ZIP 2003, 392, 395.

261 Vgl. *Adolff/Thieves*, BB 2003, 797, 804.

262 So *Adolff/Thieves*, BB 2003, 797, 801; *Streit*, ZIP 2003, 392, 395.

263 Vgl. *Heidel*, DB 2003, 544, 551; *Klöhn*, ZBB 2003, 208, 217; im Hinblick auf die Rechtslage nach der Neuregelung in § 39 BörsG aus dem Jahr 2015 noch ausführlich unten F.II.5.

könnte.[264] Schließlich sei ein etwaiges Anfechtungsverfahren anstelle des Spruchverfahrens wenig zielführend: Auch nach Jahren des Streits über die Höhe der Abfindung in einem etwaigen Anfechtungsprozess stünde auch bei einer erfolgreichen Klage die Kassation des Delisting-Beschlusses und nicht die eigentlich begehrte und interessengerechte Erhöhung der Abfindung.[265] Möglichen Bedenken zu einer Analogie zu den prozessualen Normen des Spruchverfahrens wurde spätestens nach Inkrafttreten des Spruchverfahrensgesetzes (SpruchG)[266] am 1. September 2003 unter Verweis auf das Gesetzgebungsverfahren entschieden entgegengetreten. Der Gesetzgeber hatte in den Gesetzgebungsmaterialien klargestellt, dass die enumerative Aufzählung nicht als abschließend zu verstehen sei.[267]

Lediglich ganz vereinzelt wurde das Spruchverfahren zur Überprüfung der Angemessenheit der Abfindung komplett abgelehnt, da es (auch) im Hinblick auf diese prozessuale Ausgestaltung des Delistings an einer planwidrigen Regelungslücke fehle und eine Analogie die Grenzen der richterlichen Rechtsfortbildung überschreite.[268] Teilweise wurde die breite Befürwortung des Spruchverfahrens jedoch dahingehend eingeschränkt, dass, wenn man allein den Börsenkurs bei der Bemessung der angemessenen Abfindungshöhe zur Grunde legen würde, das Spruchverfahren aufgrund der klaren und einfacheren Berechnungsmethode nicht notwendig sei.[269]

c) Wertungswidersprüche in Bezug auf Fälle des kaltes Delistings

Eine Folgefrage, mit der sich der BGH in seiner „*Macrotron*“-Entscheidung nicht auseinander gesetzt hatte, betraf die durch das Urteil entstandenen Wertungswidersprüche zu anderen Fällen, in denen die Aktionäre den regulierten Markt als Handelsplattform verlieren. Für alle Tatbestände des kalten Delistings forderte das Gesetz bereits zur Zeit der „*Macrotron*“-Entscheidung

264 Vgl. *Geyrhalter/Gänßler*, NZG 2003, 313, 315; vgl. in dieselbe Richtung hinsichtlich der gesetzlichen Neuregelung unten F.II.5.b).

265 Darauf weisen zu Recht hin: *Geyrhalter/Gänßler*, NZG 2003, 313, 315; *Lutter*, JZ 2003, 684, 686 f.

266 Gesetz über das Gesellschaftsrechtliche Spruchverfahren, Inkrafttreten gemäß Art. 7 des Gesetzes zur Neuordnung des gesellschaftsrechtlichen Spruchverfahrens (Spruchverfahrensneuordnungsgesetz), BR–Drucks. 272/03 (Gesetzesbeschluss).

267 Vgl. *Wasmann*, in: KK-AktG, § 1 SpruchG Rn. 18; *Klöhn*, ZBB 2003, 208, 217, jeweils unter Verweis auf Beschlussempfehlung und Bericht des Rechtsausschusses zum Spruchverfahrensneuordnungsgesetz, BT-Drucks. 15/838, 16, worin es heißt, dass die Regelungen über das Spruchverfahren über den in § 1 „*ausdrücklich genannten Anwendungsbereich hinaus auch für andere Fälle analog angewendet werden können.*“ Vgl. bereits zuvor ohne Bezug auf das neue SpruchG *Lutter*, JZ 2003, 684, 687.

268 So *Krämer/Theiß*, AG 2003, 225, 240; *Wilsing/Kruse*, WM 2003, 1110, 1113 f.

269 Vgl. *Bürgers*, NJW 2003, 1642, 1644.

einen Hauptversammlungsbeschluss.[270] Um Wertungswidersprüche zu vermeiden, wurde überwiegend gefordert, dass in Bezug auf etwaige Abfindungsansprüche teilweise Anpassungen zu erfolgen hätten.[271] Während nämlich in den Fällen des kalten Delistings durch Formwechsel gemäß § 207 Abs. 1 UmwG und durch Verschmelzung gemäß § 29 Abs. 1 Satz 1 UmwG bereits *de lege lata* ein Barabfindungsanspruch bestand und das Gesetz auch im Falle eines Squeeze-outs nach § 327a Abs. 1 Satz 1 AktG eine Barabfindung vorschrieb, war dies weder bei der Mehrheitseingliederung noch bei der Aufspaltung noch zunächst bei der Verschmelzung einer börsennotierten auf eine nicht börsennotierte Aktiengesellschaft der Fall.[272] Nach § 320b Abs. 1 Satz 1 AktG war – wie auch heute – im Falle der Eingliederung in eine nicht konzernabhängige Hauptgesellschaft lediglich eine Abfindung in Form von Aktien derselben zu gewähren, unabhängig davon, ob die Fungibilität der Anteile durch eine Börsennotierung gewährleistet war. Da ein Fungibilitätsverlust gerade ausschlaggebender Grund für einen Barabfindungsanspruch im Falle des regulären Delistings sei, müsse eine solche Einbuße auch im Falle der Mehrheitseingliederung durch einen (alternativen) Anspruch auf Barabfindung nach den „*Macrotron*“-Grundsätzen kompensiert werden.[273] Das Gleiche gelte für den Fall der Aufspaltung einer börsennotierten Aktiengesellschaft in zwei nichtbörsennotierte Gesellschaften, sowie die Verschmelzung einer börsennotierten

---

270 Vgl. § 193 Abs. 1 UmwG (Formwechsel); § 65 Abs. 1 i. V. m. § 13 Abs. 1 UmwG (Umwandlung); § 319 Abs. 1 AktG (Eingliederung); § 327a Abs. 1 AktG (Squeeze-out).

271 Vgl. OLG Düsseldorf NZG 2005, 317, 318 = ZIP 2005, 300, 301; in der Vorinstanz bereits LG Köln ZIP 2004, 220, 222 = EWiR 2004, 879 f.; OLG Düsseldorf AG 2005, 480 = ZIP 2006, 340; LG Hanau AG 2003, 534 f. = DB 2002, 2261; *Adolff/Tieves*, BB 2003, 797, 805; *Grunewald*, ZIP 2004, 542, 543 f.; *ders.*, in: Lutter, UmwG, 3. Aufl., 2004, § 29 Rn. 9; *Hommelhoff/Witt*, in: Haarmann/Schüppen, WpÜG, 2. Aufl., 2005, § 35 Rn. 54; *Hopt*, in: Baumbach/Hopt, HGB, 31. Aufl., 2003, § 38 BörsG Rn. 15; *Hüffer*, AktG, 6. Aufl., 2004, § 119 Rn. 26; *Kalss*, in: Semler/Stengel, UmwG, 1. Aufl., 2003, § 29 Rn. 16; *Kruse*, Das „*kalte*“ Delisting börsennotierter Aktiengesellschaften, 121 ff.; *Kubis*, in: MüKo-AktG, 2. Aufl., 2004, § 119 Rn. 89; *Marsch-Barner*, LMK 2003, 108, 109; *ders.*, in: Kallmeyer, UmwG, 3. Aufl., 2006, § 29 Rn. 6; *Pluskat*, BKR 2007, 54, 59 f.; *dies.*, EWiR 2005, 275, 276; *Schäfer/Eckhold*, in: Handbuch börsennotierte AG, 1. Aufl., 2005, § 63 Rn. 22 ff.; *Süßmann*, BKR 253, 259; *Hoffmann*, in: Spindler/Stilz, AktG, 2. Aufl., 2010, § 119 Rn. 45; **a. A.**: *Göckeler*, in: Beck'sches Handbuch der AG, 1. Aufl., 2004, § 26 Rn. 59; *Heidelbach*, in: Schwark/Zimmer, Kapitalmarktrecht, 3. Aufl., 2004, § 38 BörsG Rn. 50 ff.; wohl auch *Krämer/Theiß*, AG 2003, 225, 240; offener, tendenziell aber ebenfalls kritisch mit Verweis auf die möglicherweise fehlende planwidrigen Regelungslücke: *Schlitt*, ZIP 2004, 533,540.

272 Vgl. zur späteren Einführung des § 29 Abs. 1 Satz 1 Halbs. 1 2. Alt. UmwG sogleich unten B.IV.

273 Vgl. *Grunewald*, ZIP 2004, 542,543 f.

Aktiengesellschaft auf eine nicht börsennotierte.[274] Es mache nämlich insofern keinen Unterschied, ob der für die Barabfindung ausschlaggebende Fungibilitätsverlust im Wege des regulären oder kalten Delistings eintrete; dies gelte umso mehr, wenn man die verfassungsrechtliche Begründung des BGH teile, jedoch im Interesse einer stimmigen Rechtsordnung auch, wenn man diese ablehne.[275]

d) Downlisting

Neben den zahlreichen verschiedenen Einzel- und Folgeproblemen im Anschluss an die „*Macrotron*"-Entscheidung stellte sich vor allem die Frage, inwieweit die gefundenen Ergebnisse auf die Fälle des Downlistings Anwendung finden sollten. Zu beachten ist bei der Analyse des Meinungsstandes im Anschluss an das Urteil des BGH, dass beispielsweise erst im Jahr 2005 die qualifizierten Freiverkehrsbereiche „*Entry Standard des Freiverkehrs (Open Market)*" der Frankfurter Wertpapierbörse und „*m: access*" der Börse München eröffnet wurden, die sich dem regulierten Markt immer weiter annäherten.[276] Die Diskussion unmittelbar im Anschluss an die „*Macrotron*"-Entscheidung bezog sich daher zunächst allein auf den Wechsel in einen einfachen Freiverkehr.

Der BGH war in seiner „*Macrotron*"-Entscheidung pauschal davon ausgegangen, dass jedweder Rückzug aus dem amtlichen Handel und dem geregelten Markt an allen Börsen die Anwendung der in der Entscheidung entwickelten aktienrechtlichen Schutzmechanismen nach sich ziehe; die mit dem Delisting einhergehenden wirtschaftlichen Nachteile könnten nicht durch eine Notierung im Freiverkehr kompensiert werden.[277]

Ein Teil der rechtswissenschaftlichen Literatur schloss sich in der Folge diesem Verständnis des BGH an.[278] Ein Wechsel aus dem amtlichen oder geregelten (heute: regulierten) Markt in den privatrechtlich organisierten Freiverkehr bedeute die Beendigung der (öffentlich-rechtlichen) Zulassung und stelle damit einen Unterfall des Delistings dar, der zur Anwendung der vom BGH entwickelten „*Macrotron*"-Grundsätze führe.[279] Darüber hinaus könne der Wegfall der Notierung im amtlichen oder geregelten Markt nicht durch eine Notierung im Freiverkehr kompensiert werden, da in diesem aufgrund weniger strenger Transparenz- und

---

274 Vgl. dazu OLG Düsseldorf NZG 2005, 317, 318 = ZIP 2005, 300, 301; in der Vorinstanz bereits LG Köln ZIP 2004, 220 = EWiR 2004, 879; *Kubis*, in: MüKo-AktG, 2. Aufl., 2004, § 119 Rn. 89.

275 Vgl. zutreffend *Grunewald*, ZIP 2004, 542, 544.

276 Vgl. dazu *Bungert/Wettich*, DB 2012, 2265, 2266.

277 So ausdrücklich BGHZ 153, 47, 54 = NJW 2003, 1032, 1034 = NZG 2003, 280, 282.

278 Vgl. *Groß*, Kapitalmarktrecht, 3. Aufl., 2006, § 38 BörsG Rn. 22; *Heidel*, DB 2003, 544, 548; *Heidelbach*, in: Schwark/Zimmer, Kapitalmarktrecht, 3. Aufl., 2004, § 38 BörsG Rn. 30; *Kubis*, in: MüKo-AktG, 3. Aufl., 2013, § 119 Rn. 93.

279 Vgl. zutreffend *Groß*, Kapitalmarktrecht, 3. Aufl., 2006, § 38 BörsG Rn. 22; vgl. auch die Bewertung der gesetzlichen Neuregelung unten F.II.4.a)aa).

Publizitätsvorschriften keine vergleichbaren Rahmenbedingungen für die Aktionäre geschaffen werden könnten.[280]

Doch bereits bevor die Börsen qualifizierte Freiverkehrssegmente mit strengeren Transparenzanforderungen errichteten, fanden sich ebenfalls Stimmen, die eine Fungibilitätseinbuße im Sinne des „*Macrotron*“-Urteils bei einem Wechsel in den (einfachen) Freiverkehr nicht als gegeben ansahen und daher die Anwendung der „*Macrotron*“-Grundsätze auf das Downlisting ablehnten: Zwar unterliege die betreffende Gesellschaft im Freiverkehr nur noch eingeschränkten Folgepflichten, entscheidend für die Anwendung der „*Macrotron*“-Grundsätze sei jedoch die Fungibilität der Aktien, die auch im Freiverkehr noch in einem ausreichenden Maße gewährleistet sei.[281] Auch dass den Aktionären nach einem Downlisting unter Umständen weniger Informationen über den Emittenten zur Verfügung stehen könnten, rechtfertige für sich genommen nicht die Anwendung der anlegerschützenden „*Macrotron*“-Grundsätze.[282]

Dieser Auffassung folgten später in Bezug auf einen Wechsel in den qualifizierten Freiverkehr mit weitreichenden Folgepflichten die Fachgerichte[283] und die überwiegende Literatur[284], da auch die Notierung in einem qualifizierten Segment des Freiverkehrs einen ausreichenden Handel gewährleiste. Es bestehe trotz des Rückzugs vom regulierten Markt in den qualifizierten Freiverkehr eine insbesondere im Hinblick auf Transparenz- und Publizitätsanforderungen an den regulierten Markt angenäherte funktionierende Handelsplattform, die in die öffentlich-rechtliche Organisation der Börse integriert sei.[285] Es handele sich daher beim Wechsel in den qualifizierten Freiverkehr nicht um einen Delisting-Tatbestand, der die Anwendung der „*Macrotron*“-Grundsätze auslöse. Um ein stufenweises vollständiges Delisting unter Umgehung der „*Macrotron*“-Grundsätze (gestuftes Delisting) zu verhindern, sollten diese auch in den Fällen des ansonsten ohne weiteres möglichen nachfolgenden Rückzugs aus dem Freiverkehr Anwendung finden.[286]

280 So die Argumentation von *Heidelbach*, in: Schwark/Zimmer, Kapitalmarktrecht, 3. Aufl., 2004, § 38 BörsG Rn. 30.

281 Vgl. *Eßers/Weisner/Schlienkamp*, DStR 2003, 985, 986; *Schlitt*, ZIP 2004, 533, 541.

282 So *Süßmann*, BKR 2003, 253, 259.

283 Vgl. OLG München AG 2008, 674 ff. = NZG 2008, 755, 756 f.; KG Berlin NZG 2009, 752, 753 f. = AG 2009, 697, 698; anders für den Wechsel in den *einfachen* Freiverkehr OLG Frankfurt AG 2012, 330, 331 = ZIP 2012, 371, 373; LG Köln AG 2009, 835, 836 = GWR 2009, 324.

284 Vgl. *Feldhaus*, BB 2008, 1303, 1305; *Goslar*, EWiR 2008, 461, 462; *Holzborn/Hilpert*, WM 2010, 1347, 1350 f.; *Marsch-Barner*, in: Kallmeyer, UmwG, 4. Aufl., 2010, § 29 Rn. 4b; *Schwichtenberg*, AG 2005, 911, 915 f.; *Seibt/Wollenschläger*, AG 2009, 807, 824; *Simons*, in: Hölters, AktG, 1. Aufl., 2011, § 1 SpruchG Rn. 13; **a. A.**: *Habersack*, in: Unternehmensfinanzierung am Kapitalmarkt, 1. Aufl., 2005, § 28 Rn. 3; *Kubis*, in: MüKo-AktG, 3. Aufl., 2013, § 119 Rn. 93.

285 Vgl. *Schwichtenberg*, AG 2005, 911, 914 ff.

286 Vgl. KG Berlin NZG 2009, 752, 753 = AG 2009, 697, 698; *Schwichtenberg*, AG 2005, 911, 916.

IV. Einführung des § 29 Abs. 1 Satz 1 Halbs. 1 2. Alt. UmwG

Ein wichtiges Datum für die Diskussion über die einfachgesetzliche Herleitung des Anlegerschutzes bei einem regulären Delisting stellt die Einführung des § 29 Abs. 1 Satz 1 Halbs. 1 2. Alt. UmwG durch das zweite Gesetz zur Änderung des UmwG vom 19.4.2007 dar.[287] Der Gesetzgeber hat darin einen Abfindungsanspruch der Aktionäre für den Fall der Verschmelzung einer börsennotierten Aktiengesellschaft auf eine nicht-börsennotierte Aktiengesellschaft eingeführt. Für die Delisting-Diskussion wurde hieraus gefolgert, dass Anknüpfungspunkt für die Abfindung anders als im Falle der Mischverschmelzung nach § 29 Abs. 1 Satz 1 Halbs. 1 Fall 1 UmwG nicht der mit der Verschmelzung einhergehende Formwechsel sein könne, der zu einem Eingriff in die Mitgliedschaftsrechte des Anteilseigners führt. Auch ziehe der Verschmelzungsvorgang an sich keinen Abfindungsanspruch des Anteilsinhabers nach sich, sodass als Anknüpfungspunkt für diesen in § 29 Abs. 1 Satz 1 Halbs. 1 2. Alt. UmwG folglich allein das Erlöschen der Börsenzulassung – das (kalte) Delisting – und die damit einhergehende Einbuße der Fungibilität der Aktien der Gesellschaft übrig bleibe.[288]

Ob dies jedoch eine auf die Fälle des regulären Delistings übertragbare gesetzgeberische Wertung darstellte, wurde in der Literatur im Hinblick auf die Entstehungsgeschichte der Norm uneinheitlich beantwortet. Zum Teil wurde argumentiert, die Einführung des § 29 Abs. 1 Satz 1 Halbs. 1 2. Alt. UmwG stelle lediglich eine Reaktion des Gesetzgebers auf die „*Macrotron*"-Entscheidung dar und keine eigene gesetzgeberische Wertung, auf die die „*Macrotron*"-Grundsätze gestützt werden könnten.[289] Während diese Überlegungen zunächst wegen der ohnehin angenommenen verfassungsrechtlichen Begründung eher geringe Beachtung fanden, sollte ihnen später, bedingt durch die Entwicklung der Rechtsprechung des BVerfG, wesentliche Bedeutung zukommen.[290]

V. Die „*Delisting*"-Entscheidung des BVerfG

Trotz teilweiser Kritik an der gesellschaftsrechtlichen Ausgestaltung des Anlegerschutzes in den Fällen des regulären Delistings zu Beginn und zahlreicher umstrittener Einzelfragen war die Geltung der „*Macrotron*"-Grundsätze bis ins Jahr 2012 weitestgehend anerkannt und diese wurden sowohl in der Praxis beachtet als auch höchstrichterlich durch den BGH fortgeführt.[291] Doch knapp zehn Jahre nach dem

287 Vgl. BGBl. I 2007, 542.
288 Vgl. *Grunewald*, in: Lutter, UmwG, 4. Aufl., 2009, § 29 Rn. 3; *Marsch-Barner*, in: Kallmeyer, UmwG, § 29 Rn. 4a.
289 Vgl. dazu noch ausführlich unten B.VI.3.b).
290 Dazu sogleich unter C.III.2.c).
291 Vgl. BGHZ 177, 131 = NJW-RR 2008, 1355 = NZG 2008, 658; BGH NZG 2010, 618 = AG 2010, 453 = ZIP 2010, 622.

Urteil des BGH sorgte eine Entscheidung des BVerfG vom 11. Juli 2012[292] dafür, dass die Diskussion über das Bestehen und die grundsätzliche Berechtigung eines aktienrechtlichen Anlegerschutzes beim Börsenrückzug quasi über Nacht neu entflammte.

1. Sachverhalt und Verfahrensgang

Das BVerfG hatte über zwei Verfassungsbeschwerden zu entscheiden. In dem Verfahren *1 BvR 1569/08* rügte die Beschwerdeführerin eine Verletzung ihrer Eigentumsfreiheit aus Art. 14 Abs. 1 GG sowie ihres Grundrechts auf effektiven Rechtsschutz durch die Fachgerichte. Die Beschwerdeführerin war Aktionärin der Lindner Holding KGaA, Mehrheitsaktionärin war eine GmbH, die nach eigenen Angaben ursprünglich mehr als 95% der Anteile hielt. Die restlichen Aktien befanden sich im Streubesitz. Ohne einen entsprechenden Hauptversammlungsbeschluss und ohne ein Abfindungsangebot an die Minderheitsaktionäre stellte die Lindner Holding KGaA einen Antrag auf Widerruf der Zulassung zum amtlichen Handel bei der Münchener Börse, dem im April 2006 entsprochen wurde. Die Aktien der KGaA wurden fortan im qualifizierten Freiverkehrssegment der Münchener Börse „*m: access*" und im Freiverkehr der Börse Stuttgart gehandelt, der Widerruf der Börsenzulassung also als Downlisting ausgestaltet. Im Spruchverfahren beantragte die Beschwerdeführerin unter Berufung auf die „*Macrotron*"-Grundsätze die Festsetzung einer angemessenen Barabfindung. Antragsgegner waren sowohl die Mehrheitsaktionärin als auch die Gesellschaft selbst. Mit der Verfassungsbeschwerde rügte die Beschwerdeführerin die Verletzung ihres Eigentumsgrundrechts sowie ihres Grundrechts auf effektiven Rechtsschutz durch das LG und das OLG, die für den streitgegenständlichen Fall des Downlistings vom regulierten Markt in den qualifizierten Freiverkehr die Durchführung eines Spruchverfahrens zur Bestimmung einer angemessenen Barabfindung als unzulässig verworfen hatten.[293]

Im zweiten Verfahren (*1 BvR 3142/07*) trat ein Großaktionär der MVS Miete Vertrieb Service AG auf, der sich gegen die in der „*Macrotron*"-Entscheidung entwickelten Grundsätze des Anlegerschutzes zur Wehr setzte. Nach einem entsprechenden Hauptversammlungsbeschluss war im Oktober 2004 die Zulassung zum damaligen amtlichen Markt auf Antrag der Gesellschaft widerrufen worden. Der das Delisting anstrebende Hauptaktionär hatte den anderen Anteilseignern für den Fall des Delistings ein Abfindungsangebot in Höhe von 1,70 € pro Aktie unterbreitet, das einige Aktionäre im Wege des Spruchverfahrens überprüfen lassen wollten. Das zuständige LG erklärte das Spruchverfahren daraufhin in einer Zwischenentscheidung für zulässig, wogegen der Großaktionär der MVS Miete Vertrieb Service AG

---

292 Vgl. BVerfGE 132, 99 = NJW 2012, 3081 = NZG 2012, 826.

293 Vgl. LG München I NZG 2007, 951 = ZIP 2007, 2143; OLG München AG 2008, 674 = NZG 2008, 755.

sofortige Beschwerde einlegte, die das KG jedoch zurückwies.[294] Nach einer Divergenzvorlage des KG erachtetet der BGH die Anträge weiterer Aktionäre ebenfalls für zulässig.[295]

Sowohl die mit der Verfassungsbeschwerde angegriffene Entscheidung des LG als auch die des KG stützten sich auf die „*Macrotron*"-Rechtsprechung des BGH. Der Beschwerdeführer rügte in diesem Zusammenhang die Überschreitung der verfassungsrechtlichen Grenzen zulässiger Rechtsfortbildung durch die Gerichte, die einen Abfindungsanspruch der Minderheitsaktionäre im Wege einer Gesamtanalogie zu den Vorschriften der §§ 305, 320b, 327b AktG und der §§ 29, 207 UmwG hergeleitet hatten.[296] Das BVerfG wies beide Verfassungsbeschwerden als unbegründet zurück.

2. Schutzbereich des Art. 14 Abs. 1 GG nicht durch Delisting berührt

Hinsichtlich der gerügten Verletzung der Eigentumsfreiheit stellte der I. Senat fest, dass der Rückzug von der Börse, entgegen der vom BGH in dessen „*Macrotron*"-Entscheidung vertretenen Auffassung, den Schutzbereich von Art. 14 Abs. 1 GG unberührt lasse.[297] Die Börsenzulassung, die bloß tatsächliche und nicht rechtliche Auswirkung auf die Handelbarkeit einer Aktie habe, stelle als wertbildender Faktor der Aktie eine verfassungsrechtlich nicht geschützte Marktchance dar.[298] Das mitgliedschaftsrechtliche Element des Aktieneigentums werde durch das Delisting nicht berührt, da sich letzteres weder auf den Bestand des Mitgliedschaftsrechts noch auf die mitgliedschaftsrechtliche Stellung des Aktionärs, beispielsweise durch eine Mediatisierung seiner Mitwirkungsrechte, auswirke.

Ebenso wenig seien die rechtlichen Rahmenbedingungen, die mit der Börsennotierung einhergehen, verfassungsrechtlich geschützte Elemente des privatnützigen Eigentums. Diese dienten zwar mittelbar auch den Vermögens- und Mitgliedschaftsinteressen des einzelnen Aktionärs, kämen ihm jedoch lediglich als Rechtsreflex zugute, sodass auch diese für ihn vorteilhaften Regelungen nicht vom Schutz des Aktieneigentums durch Art. 14 Abs. 1 GG erfasst seien.[299]

Schließlich sah das BVerfG auch eine Verletzung des Aktieneigentums in seinem vermögensrechtlichen Element durch eine Beeinträchtigung der wirtschaftlichen Substanz nicht als gegeben an.[300] Ob ein regelmäßiger Kursverfall nach der

294 KG Berlin AG 2008, 295 = ZIP 2007, 2352.

295 Vgl. BGHZ 177, 131 = NJW-RR 2008, 1355 = NZG 2008, 658.

296 Vgl. dazu LG Berlin, Beschl. vom 17. Januar 2006, 102 O 186/04, n. v.; KG Berlin AG 2008, 295, 297 = ZIP 2007, 2352, 2354.

297 BVerfGE 132, 99, 118 = NJW 2012, 3081, 3082 = NZG 2012, 826, 828.

298 BVerfGE 132, 99, 122 = NJW 2012, 3081, 3083 = NZG 2012, 826, 829.

299 BVerfGE 132, 99, 124 f. = NJW 2012, 3081, 3084 = NZG 2012, 826, 830.

300 BVerfGE 132, 99, 125 f. = NJW 2012, 3081, 3084 = NZG 2012, 826, 830.

Ankündigung eines Delistings eine andere verfassungsrechtliche Bewertung erfordere, ließ das Gericht dabei mit Blick auf eine Studie des DAI (Deutsches Aktieninstitut) offen, in der regelmäßige Kursverluste im Zeitraum zwischen 2004 und 2012 nicht nachgewiesen werden konnten.[301] Eine Beeinträchtigung des über Art. 14 Abs. 1 GG geschützten Aktieneigentums liege nach alledem bei einem Delisting nicht vor.

Diese verfassungsrechtliche Würdigung stehe auch im Einklang mit der bisherigen Rechtsprechung des BVerfG, namentlich der „*DAT/Altana*“-Entscheidung. Nach dieser sei die Verkehrsfähigkeit als wertbildender Faktor zwar nachgelagert bei der Bemessung der Höhe einer wegen der Verletzung von Art. 14 Abs. 1 GG gebotenen angemessenen Abfindung zu berücksichtigen,[302] jedoch bedürfe es für die Frage nach der Höhe der Abfindung zunächst überhaupt eines Eingriffs in das Aktieneigentum, beispielsweise durch den Abschluss eines Beherrschungs- und Gewinnabführungsvertrages.[303]

3. Keine Überschreitung der verfassungsrechtlichen Grenzen richterlicher Rechtsfortbildung

Gleichzeitig erblickten die Richter jedoch auch in der in dem Verfahren *BvR 3142/07* gerügten Gesamtanalogie zur Begründung des Anlegerschutzes bei einem Delisting durch den BGH keine Überschreitung der verfassungsrechtlichen Grenzen zulässiger Rechtsfortbildung. Nach der Rechtsprechung des BVerfG sei eine Rechtsfortbildung dann nicht zu beanstanden, wenn sie den erkennbaren Willen des Gesetzgebers nicht durch eine autark getroffene Interessenabwägung ersetze. Der Gesetzgeber habe den obersten Gerichten die Aufgabe der Rechtsfortbildung ausdrücklich in § 132 Abs. 4 GVG und § 543 Abs. 1 Satz 1 Nr. 2 ZPO zugewiesen. Die Kontrolle des BVerfG beschränke sich daher lediglich auf die Beachtung der gesetzgeberischen Grundentscheidung und deren Ziele sowie auf die Anwendung der anerkannten Methoden der Auslegung und Analogiebildung durch die Fachgerichte.[304]

Der Annahme einer Regelungslücke, die sodann von den Fachgerichten über die Gesamtanalogie gefüllt wurde, stehe die kapitalmarktrechtliche Anlegerschutzbestimmung des § 39 Abs. 2 BörsG (a.F.) nicht entgegen. Denn auch die Beurteilung

---

301 Vgl. *DAI*, Stellungnahme zu Delisting und Spruchverfahren – Anfrage des Bundesverfassungsgerichtes, 1 BvR 3142/07.

302 Vgl. dazu die vom BGH wohl anders interpretierte „*DAT/Altana*“-Entscheidung, BVerfGE 100, 289 = NJW 1999, 3769. Ein solches Verständnis der „*DAT/Altana*“-Entscheidung bereits schon zuvor zugrunde legend *Adolff/Tieves*, BB 2003, 797, 799 f.; *Ekkenga*, ZGR 2003, 878, 883 f.; *Henze*, in: FS Ulmer, 211, 240 f.; *Klöhn*, ZBB 2003, 208, 214.

303 BVerfGE 132, 99, 123 = NJW 2012, 3081, 3083 = NZG 2012, 826, 829.

304 BVerfGE 132, 99, 127 f. = NJW 2012, 3081, 3085 = NZG 2012, 826, 830.

des Bestehens eines Regelungsbedürfnisses obliege in erster Linie den Fachgerichten; ein entgegenstehender Wille des Gesetzgebers im Sinne einer abschließenden Regelung des Anlegerschutzes lasse sich entgegen zum Teil anderslautenden Stimmen in der Literatur[305] weder der Gesetzeshistorie noch der Gesetzessystematik entnehmen.

Zwar möge auch die Vergleichbarkeit der Interessenlage in den Fällen anderer abfindungspflichtiger Maßnahmen und den Fällen des regulären Delistings fachrechtlich anders beurteilt werden können, jedoch lasse sich gerade mit Blick auf einen nicht auszuschließenden Kursverfall durch den Wegfall des regulierten Marktes eine entsprechende Schutzwürdigkeit der Minderheitsaktionäre vertretbar annehmen. Die Heranziehung der Wertungen in §§ 305, 320b, 327b AktG, §§ 29, 207 UmwG stehe nicht in einem krassen Widerspruch zum erkennbaren Willen des Gesetzgebers und lasse auch sonst keine richterliche Eigenmacht feststellen. Überdies sei der Gesetzgeber der „*Macrotron*"-Rechtsprechung trotz mehrfacher Gelegenheiten nicht entgegengetreten, sondern habe bei der Einführung des § 29 Abs. 1 Satz 1 Halbs. 1 2. Alt. UmwG im Jahre 2007 die Wertung der „*Macrotron*"-Rechtsprechung übernommen, nach der dem Aktionär für den Verlust zwar nicht der rechtlichen, doch aber der faktischen Veräußerungsmöglichkeit seiner Anteile eine Abfindung zu gewähren ist.[306]

Sei unter den genannten Gesichtspunkten die Gesamtanalogie hinsichtlich des materiell-rechtlichen Abfindungsangebots verfassungsrechtlich nicht zu beanstanden, so habe dies auch für die Analogie zu den Vorschriften über die Anwendung des Spruchverfahrens zu gelten, so die Begründung der Entscheidung weiter. Die Anwendung des Prozessrechts zur Überprüfung der Angemessenheit des Abfindungsangebotes sei insofern wie die Analogie zu den materiellen Abfindungsvorschriften zu bewerten, deren Durchsetzung sie dient.[307]

4. Unmittelbare Auswirkungen

Zwar halten sich die vom BGH in dessen „*Macrotron*"-Entscheidung aufgestellten Grundsätze zum Delisting danach im verfassungsrechtlich vorgefassten Rahmen zulässiger Rechtsfortbildung, jedoch konnten die Fachgerichte nach der Entscheidung des BVerfG weder die Erforderlichkeit eines Abfindungsangebots noch das eines etwaigen Hauptversammlungsbeschlusses für die Beantragung des Widerrufs der Zulassung auf Art. 14 Abs. 1 GG stützen. Dies ergibt sich aus der Bindungswirkung der Entscheidung des BVerfG nach § 31 Abs. 1 BVerfGG, die sich nicht nur auf den Tenor der Entscheidung, sondern auch auf die wesentlichen

305 Vgl. dazu bereits oben B.III.2.
306 Vgl. Regierungsentwurf zum Zweiten Gesetzes zur Änderung des Umwandlungsgesetzes, BT-Drucks. 16/2919, 13, 23, 28.
307 Vgl. ähnlich bereits vor der Entscheidung des BVerfG *Lutter*, JZ 2003, 684, 687; *Wiedemann*, ZGR 1999, 857, 866 f.

Entscheidungsgründe – und damit die nicht vorliegende Beeinträchtigung von Art. 14 Abs. 1 GG durch das Delisting – bezieht.[308] Das Bundesverfassungsgericht hatte dadurch den Ball den Fachgerichten zugespielt: Es hatte ihnen zwar die Möglichkeit der verfassungsrechtlichen Begründung der „*Macrotron*“-Grundsätze über Art. 14 Abs. 1 GG genommen, jedoch gleichzeitig den Weg über eine Gesamtanalogie ausdrücklich offen gelassen und dem BGH so eine „*carte blanche*“ zum Erhalt seiner „*Macrotron*“-Grundsätze auf einfachgesetzlicher Grundlage erteilt.[309]

VI. Entwicklung im Anschluss an die Entscheidung des BVerfG

Darüber, wie mit der Vorlage des BVerfG umgegangen werden sollte, entstand in der Literatur in der Folge schnell ein breit gefächertes Meinungsspektrum. Während sich die Einen gegen die Entscheidung stellten und weiterhin eine Beeinträchtigung der Eigentumsgarantie annahmen, wurden von Anderen verschiedene einfachgesetzliche Vorschriften herangezogen, die das nunmehr bröckelnde Fundament des Anlegerschutzes in den Fällen des regulären Delistings stabilisieren sollten. Ein dritter Meinungsstrang erachtete die „*Macrotron*“-Grundsätze nach der Entscheidung des BVerfG als nicht länger haltbar und wollte den Anlegerschutz allein über § 39 Abs. 2 BörsG und die jeweiligen Ausgestaltungen der Börsenordnungen realisiert wissen.

1. Kritik in der Literatur

Obschon die Rechtsprechung sowie die zuvor wohl herrschende Literatur die verfassungsrechtliche Begründung des BGH in der „*Macrotron*“-Entscheidung für etwa zehn Jahre geteilt oder zumindest gebilligt hatten, erhielt das Urteil des BVerfG in Sachen Delisting überwiegend Zustimmung.[310]

Anders als bei Strukturmaßnahmen, die Art. 14 Abs. 1 GG berühren, habe das Delisting, wie auch vom BVerfG entschieden, keinen Einfluss auf die mitgliedschaftliche Stellung des Aktionärs.[311] Durch das Delisting werde nur die faktische Verkehrsfähigkeit der betroffenen Aktien eingeschränkt, dies sei jedoch vom

308 Vgl. zur Bindungswirkung von Entscheidungen des BVerfG *Bethge*, in: Maunz/Schmidt-Bleibtreu, BVerfGG, § 31 Rn. 94 ff. (Juni 2018).

309 So *Habersack*, JZ 2014, 147, 148; die Entscheidung des BVerfG als „*Einladung*“ bezeichnend *Breyer*, FuS 2014, 40, 41.

310 Vgl. *Auer*, JZ 2015, 71, 73; *Bayer*, ZfPW, 2015, 163, 213 ff.; *Brellochs*, AG 2014, 633, 635 f.; *Bungert/Wettich*, DB 2012, 2265, 2267; *Habersack*, ZHR 176 (2012), 463, 467 f.; *Heldt/Royé*, AG 2012, 660, 661 ff.; *Klöhn*, NZG 2012, 1041, 1044; *Königshausen*, BB 2012, 2014, 2015; *Reger/Schilha*, NJW 2012, 3066; *Schatz*, EWiR 2012, 483, 484; *Sanders*, JZ 2012, 1070, 1071; *Wackerbarth*, WM 2012, 2077, 2078.

311 Vgl. *Heldt/Royé*, AG 2012, 660, 662.

BVerfG richtigerweise als bloße Marktchance qualifiziert worden.[312] Im Wegfall der Börsennotierung und der Verschlechterung der faktischen Verkehrsfähigkeit realisiere sich lediglich das sogenannte Liquiditätsrisiko, also das Risiko, seine Investition nicht mehr jederzeit ohne größere Preisabschläge wieder auflösen zu können. Dieses werde aber von den Anlegern typischerweise gegen die Renditechance einer Investition abgewogen.[313] Anders als bei einer Vinkulierung werde darüber hinaus die (rechtliche) Verkehrsfähigkeit auch nicht völlig aufgehoben, sondern es käme allenfalls zu (faktischen) Einbußen, die auch in anderen Situationen denkbar wären.[314] Insgesamt liege die Entscheidung auf einer Linie mit der Rechtsprechung des BVerfG in anderen Zusammenhängen, insbesondere mit der Glykol-Wein-Entscheidung des BVerfG[315], in der das Gericht entschied, dass die rechtliche Befugnis, Sachen zu veräußern, zwar zum erworbenen und über Art. 14 Abs. 1 GG geschützten Eigentum zu zählen sei, jedoch die tatsächliche Absatzmöglichkeit nicht den verfassungsrechtlichen Schutz von Art. 14 Abs. 1 GG genieße.[316] Besonders positiv wurde von den Befürwortern der BVerfG-Entscheidung hervorgehoben, dass sich das BVerfG bei seiner Entscheidung unter Heranziehung sachkundiger Dritter detailliert mit den tatsächlichen Auswirkungen einer Delisting-Ankündigung auf den Börsenkurs seit der *„Macrotron“*-Entscheidung befasst habe.[317]

Die in Bezug genommenen empirischen Untersuchungen blieben jedoch in der Folge ihrerseits nicht unumstritten und waren ein Ansatzpunkt für die Kritik an der Entscheidung des BVerfG und der sich anschließenden des BGH.[318] Auch wurde moniert, die Entscheidung des BVerfG stehe im Widerspruch zur bisherigen Rechtsprechung des Gerichts in Sachen *„DAT/Altana“* und *„Moto Meter“*. Anders als es das BVerfG in seinem Urteil zum Delisting dargestellt hatte[319], bezögen sich die Ausführungen darin, in denen die Bedeutung der Verkehrsfähigkeit für das Aktieneigentum unterstrichen wird, allgemein auf den sachlichen Schutzbereich der Eigentumsgarantie und nicht bloß auf die Bemessung einer angemessenen Kompensation für einen Eingriff.[320] Ferner wurde neben der Einbuße der jederzeitigen Desinvestitionsmöglichkeit durch das Delisting auf den Wegfall der Eigenschaft der Aktie als im Sinne von § 3 Abs. 2 AktG börsennotiert abgestellt, was dazu führe, dass eine ganze Reihe staatlicher Schutzvorschriften nicht mehr eingreife. Dies müsse aufgrund der besonderen normativen Prägung des Aktieneigentums

---

312 Vgl. *Königshausen*, BB 2012, 2014, 2015.
313 So *Heldt/Royé*, AG 2012, 660, 662; *Königshausen*, BB 2012, 2014, 2015.
314 Vgl. in diese Richtung *Habersack*, ZHR 176 (2012), 463, 467; *Heldt/Royé*, AG 2012, 660, 662.
315 Vgl. BVerfGE 105, 252, 277 f. = NJW 2002, 2621, 2625.
316 Vgl. *Schatz*, EWiR 2012, 483, 484.
317 Vgl. *Bungert/Wettich*, DB 2012, 2265, 2267; *Thomale*, ZGR 2013, 686, 709 f.
318 Vgl. *Bayer/Hoffmann*, AG 2013, R371; ausführlich zur Fehlerhaftigkeit der DAI-Studie noch unten C.I.1.
319 BVerfGE 132, 99, 123 = NJW 2012, 3081, 3083 = NZG 2012, 826, 829.
320 So *Thomale*, ZGR 2013, 686, 692 ff.

zwingend dazu führen, dass das Delisting als Eingriff in Art. 14 Abs. 1 GG zu verstehen sei.[321]

2. Alternative Begründungsansätze für die Beibehaltung der „*Macrotron*“-Grundsätze

a) *Analogie zu §§ 193, 207 UmwG (Formwechsel)*

Die meiste Energie wurde im Anschluss an die Entscheidung des BVerfG von der wissenschaftlichen Literatur jedoch darauf verwendet, unter Zugrundelegung der neuen verfassungsrechtlichen Ausgangslage eine einfachgesetzliche Grundlage für die bekannten „*Macrotron*“-Grundsätze zu entwickeln. Mit Blick auf die zahlreichen Sondervorschriften[322], die an der Börsennotierung einer Aktiengesellschaft anknüpfen, und die daher verschiedenen rechtlichen Rahmenbedingungen für börsennotierte auf der einen und für nicht börsennotierte Aktiengesellschaften auf der anderen Seite, zogen Einige Parallelen zum Formwechsel.[323] Das Erfordernis eines Hauptversammlungsbeschlusses ergäbe sich bei einer entsprechenden Heranziehung des Umwandlungsrechts aus § 193 Abs. 1 Satz 1 UmwG analog. Anders als noch nach der ursprünglichen „*Macrotron*“-Entscheidung des BGH bedürfte es nach einer Analogie zu § 240 Abs. 1 UmwG einer qualifizierten Mehrheit von drei Vierteln des vertretenen Grundkapitals, was jedoch weniger als Schwäche und mehr als Stärke des Konzepts verstanden wurde.[324] Ohnehin war bereits nach dem „*Macrotron*“-Urteil des BGH von einigen Stimmen das Erfordernis einer qualifizierten Mehrheit gefordert worden.[325] Analog §§ 207 ff. i. V. m. § 30 UmwG stehe den Aktionären ein Abfindungsanspruch zu, der jedoch – ebenfalls im Widerspruch zur ursprünglichen „*Macrotron*“-Entscheidung des BGH – nur gegen die Gesellschaft und nicht gegen einen etwaigen Großaktionär bestehe.[326] Der Anspruch

---

321 *Heidel/Lochner*, AG 2012, 169, 170 ff.

322 Vgl. zu den unterschiedlichen rechtlichen Rahmenbedingungen für börsennotierte und für nicht börsennotierte AG aus verfassungsrechtlicher Sicht *Heidel/Lochner*, AG 2012, 169, 170 ff.; für die Einordnung der börsennotierten AG als AG eigener Art *Bayer*, in: FS Hopt, 373 ff.; *Albach/Lutter*, Deregulierung des Aktienrechts, 15, 36 ff.

323 Vgl. *Drygala/Staake*, ZIP 2013, 905, 908 ff.; *Herrler*, in: Grigoleit, AktG, § 119 Rn. 32 mit Verweis auch auf § 29 UmwG; bereits vor der Entscheidung des BVerfG *Drygala/Staake/Szalai*, Kapitalgesellschaftsrecht, § 21 Rn. 212 f.

324 Vgl. *Drygala/Staake*, ZIP 2013, 905, 912.

325 Vgl. zur Kritik an dem Erfordernis einer nur einfachen Mehrheit bereits im Anschluss an „*Macrotron*“: *Benecke*, WM 2004, 1122, 1123 f.; *Bürgers*, NJW 2003, 1642, 1643; *Eßers/Weisner/Schlienkamp*, DStR 2003, 985, 987; *Heidel*, DB 2003, 544, 548 f.; *Kubis*, in: MüKo-AktG, 2. Aufl., 2004, § 119 Rn. 85; *Lutter*, JZ 2003, 684, 686; *K. Schmidt*, NZG 2003, 601, 603; *Spindler*, in: Schmidt/Lutter, AktG, 1. Aufl., 2008, § 119 Rn. 52.

326 Vgl. *Drygala/Staake*, ZIP 2013, 905, 912.

entstehe mit der Beendigung der Börsenzulassung, da die Börsennotierung nicht im Handelsregister eingetragen werde und daher nicht wie in den Fällen der direkten Anwendung des Umwandlungsrechts nach § 202 UmwG an eine Eintragung im Handelsregister angeknüpft werden könne.[327] Da gerade diejenigen Aktionäre geschützt werden sollten, die mit ihrer Beteiligung lediglich Anlagezwecke verfolgten und regelmäßig nicht an der Willensbildung in der Hauptversammlung teilnähmen, sei auch auf das Erfordernis einer aktiven Teilnahme an der Hauptversammlung im Sinne eines Widerspruchs gemäß § 207 Abs. 1 Satz 1 UmwG als Voraussetzung des Anspruchs zu verzichten.[328]

b) Antrag ohne Zustimmung als Treupflichtverletzung im Sinne von § 93 Abs. 1 AktG; Abfindung gemäß § 243 Abs. 2 Satz 2 AktG als Ausgleich für Sondervorteil

Ein anderer Ansatz, der nach der Entscheidung des BVerfG das Erfordernis eines Hauptversammlungsbeschlusses einfachgesetzlich stützen sollte, fand seinen Ausgangspunkt in § 93 Abs. 1 AktG. So vertrat *Wackerbarth*, ein Antrag auf Widerruf der Börsenzulassung nach § 39 Abs. 2 BörsG (a.F.) stelle stets eine Pflichtverletzung im Sinne von § 93 Abs. 1 AktG dar.[329] Der Vorstand dürfe nämlich nicht im Wege der Entscheidung für ein Delisting eigenverantwortlich über die für ihn geltenden Regelungen entscheiden. Durch den Antrag auf Widerruf der Börsennotierung trete aber gerade diese Konstellation ein, da beispielsweise die Strafbarkeit des Vorstandes nach § 404 Abs. 1 AktG, die strengeren Regeln für dessen Vergütung nach § 87 Abs. 1 Satz 2 AktG und die zehnjährige Verjährung von Haftungsansprüchen gegen ihn nach § 93 Abs. 6 AktG entfielen, wenn die Börsennotierung endet. Der Vorstand habe jedoch die Möglichkeit dieser Haftung gemäß § 93 Abs. 4 Satz 1 AktG zu entgehen, indem er nach § 119 Abs. 2 AktG die Hauptversammlung mit der Entscheidung über das Delisting befasst.[330] Es bestehe zwar keine gesetzliche Zuständigkeitsanordnung zugunsten der Hauptversammlung, jedoch ergebe sich auf diesem Wege ein praktisches Erfordernis der Beteiligung der Hauptversammlung, welches einen Alleingang des Vorstandes verhindere. Handele der Vorstand eigenmächtig, so sei er gegenüber den Aktionären verpflichtet, dass Delisting rückgängig zu machen, indem er ein erneutes Listing herbeiführt.[331]

Der daher praktisch erforderliche Hauptversammlungsbeschluss sei allerdings nur geeignet, den potentiellen Konflikt zwischen Aktionären und Vorstand zu entschärfen und könne nicht etwaige gegenläufige Interessen eines Großaktionärs und der Minderheitsaktionäre in Ausgleich bringen. Die Lösung für einen solchen

---

327 So *Drygala/Staake*, ZIP 2013, 905, 913.
328 Vgl. *Drygala/Staake*, ZIP 2013, 905, 913.
329 *Wackerbarth*, WM 2012, 2077, 2079.
330 Vgl. *Wackerbarth*, WM 2012, 2077, 2079.
331 Vgl. *Wackerbarth*, WM 2012, 2077, 2080 f.

Interessenkonflikt finde sich in der Vorschrift des § 243 Abs. 2 AktG.[332] Die mit dem Verlust der Börsennotierung einhergehende Publizitätseinbuße stelle für die Minderheitsaktionäre einen Schaden im Sinne des § 243 Abs. 2 Satz 1 AktG dar. Demgegenüber erlange der Großaktionär durch das Delisting einen Sondervorteil dergestalt, dass für ihn der Wegfall der Publizität keine negativen Auswirkungen habe und er daher – anders als die Minderheitsgesellschafter – ausschließlich von den Kosteneinsparungen durch das Delisting profitiere.[333] Ein Hauptversammlungsbeschluss sei daher nur dann nicht anfechtbar, wenn den Minderheitsaktionären in Form eines überprüfbaren Angebots ein angemessener Ausgleich für diesen Sondervorteil durch den Großaktionär im Sinne von § 243 Abs. 2 Satz 2 AktG gewährt werde. So sei bereits die „*Macrotron*"-Entscheidung zu lesen, in der der BGH lediglich die Anforderungen an einen angemessenen Ausgleich im Sinne des § 243 Abs. 2 Satz 2 AktG konkretisiert habe. Fehle ein im Spruchverfahren überprüfbares Abfindungsangebot, so sei der Hauptversammlungsbeschluss mit der Anfechtungsklage anzugreifen.[334]

c) Gesamtanalogie zu §§ 304 f., 320a f., 327a f. AktG, §§ 29, 207 UmwG

Auch die bereits erwähnte Gesamtanalogie zu den verschiedenen Regelungen des AktG und des UmwG betreffend Strukturmaßnahmen wurde nach der Entscheidung des BVerfG weiter zur einfachgesetzlichen Herleitung des Abfindungsangebotes und des Erfordernisses eines Hauptversammlungsbeschlusses im Sinne der „*Macrotron*"-Grundsätze bemüht.[335] Die tatbestandlichen Voraussetzungen für die Anwendung der Grundsätze könnten über eine flexible Gesamtanalogie im Rahmen eines allgemeinen Rechtsschutzkonzepts mit Blick auf die kapitalmarktrechtlichen Besonderheiten weiterentwickelt werden.[336] Aktivlegitimiert hinsichtlich der Abfindung seien alle Aktionäre unabhängig von einem Widerspruch bei der Abstimmung über das Delisting-Vorhaben in der Hauptversammlung, auch wenn ein Widerspruch bei strenger Anwendung der Vorschriften der §§ 29, 207 UmwG erforderlich wäre.[337] Dies ergebe sich aus dem kapitalmarktrechtlichen Bezug des Delistings: Um auch nach der Ankündigung desselben einen Börsenhandel weiterhin aufrecht zu erhalten, dürfe für die handelnden Aktionäre keine Unsicherheit

---

332 Vgl. *Wackerbarth*, WM 2012, 2077, 2079; *Clauß*, Abfindungsanspruch beim Wechsel vom regulierten Markt in den Freiverkehr, 150 ff., 153.

333 Vgl. zu den unterschiedlichen Interessen von Großaktionär und Minderheitsaktionär mit Blick auf die Börsennotierung bereits oben A.V.

334 *Wackerbarth*, WM 2012, 2077, 2080.

335 Vgl. *Eckhold*, in: Handbuch börsennotierte AG, 3. Aufl., 2014, § 61 Rn. 32; *Kumpan*, in: Baumbach/Hopt, HGB, § 39 BörsG Rn. 3 f.; zur dogmatischen Herleitung der „*Macrotron*"-Grundsätze bereits oben B.III.4.a)aa).

336 So *Eckhold*, in: Handbuch börsennotierte AG, 3. Aufl., 2014, § 61 Rn. 32.

337 Vgl. *Eckhold*, in: Handbuch börsennotierte AG, 3. Aufl., 2014, § 61 Rn. 33.

dahingehend bestehen, dass sie möglicherweise vom Abfindungsangebot ausgeschlossen sein könnten.[338]

d) Analogie zu §§ 29 Abs. 1 Satz 1 Halbs. 1 2. Alt., 13, 65 UmwG (Rechtsformwahrende Verschmelzung)

Wohl die meisten Verfechter in der Literatur fand im Anschluss an die Entscheidung des BVerfG eine Analogie zu dem im Jahre 2007 neu gefassten § 29 Abs. 1 Satz 1 Halbs. 1 2. Alt. UmwG als einfachgesetzlichen Anknüpfungspunkt für die „*Macrotron*“-Grundsätze.[339] Einigkeit bestand innerhalb dieses Meinungsstroms mit Blick auf die Herleitung eines Abfindungsanspruchs über die analoge Anwendung des § 29 Abs. 1 Satz 1 Halbs. 1 2. Alt. UmwG.[340] Zunächst sei festzustellen, dass § 39 Abs. 2 BörsG keine abschließende Regelung des Anlegerschutzes beim regulären Delisting enthalte, die eine Analogie von vornherein ausschließen würde. Die Norm solle nach Wortlaut, systematischem Standort und Entstehungsgeschichte den einseitigen Rückzug der Gesellschaften von der Börse zugunsten eines Marktentlassungsverfahrens verhindern; das Börsenrecht könne jedoch keine Regelung über die interne Willensbildung in der Aktiengesellschaft und ein etwaiges Abfindungsangebot im Fall eines regulären Delistings treffen.[341] Auch das BVerfG stellte wie zuvor schon der BGH fest, dass weder die Gesetzeshistorie noch die Gesetzessystematik verlässliche Anhaltspunkte für eine abschließende Regelung enthielten.[342] Es bestehe daher weiterhin Platz für eine Analogie zur Bestimmung der gesellschaftsrechtlichen Voraussetzungen eines regulären Delistings.[343] Eine planwidrige Regelungslücke sei durch den nicht vorhersehbaren Wegfall der „*Macrotron*“-Rechtsprechung entstanden; der Gesetzgeber habe den Anlegerschutz beim Delisting nicht willentlich auf den in § 29 UmwG geregelten Fall des kalten Delistings beschränken wollen, sondern sei vielmehr von dem Fortbestand der richterrechtlichen „*Macrotron*“-Grundsätze in den Fällen des regulären Delistings

338 Vgl. *Eckhold*, in: Handbuch börsennotierte AG, 3. Aufl., 2014, § 61 Rn. 33.

339 Vgl. zur Änderung der Vorschrift des § 29 UmwG bereits oben B.IV.

340 Vgl. *Habersack*, ZHR 176 (2012), 463, 464 f.; *Herrler*, in: Grigoleit, AktG, § 119 Rn. 32, mit Verweis auch auf § 207 UmwG; *Hüffer*, AktG, 10. Aufl., 2012, § 119 Rn. 25; *Klöhn*, NZG 2012, 1041, 1045 f.; *Kubis*, in: MüKo-AktG, 3. Aufl., 2013, § 119 Rn. 92; zurückhaltender *Bungert/Wettich*, DB 2012, 2265, 2267 f.

341 Vgl. *Hüffer*, AktG, 10. Aufl., 2012, § 119 Rn. 23.

342 Vgl. BVerfGE 132, 99, 129 = NJW 2012, 3081, 3085 = NZG 2012, 826, 831; vgl. bereits zuvor auch die Ausführungen des BGH in dessen „*Macrotron*“-Entscheidung BGHZ 153, 47, 56 f. = NJW 2003, 1032, 1034 f. = NZG 2003, 280, 283.

343 So *Habersack*, ZHR 176 (2012), 463, 464 f.; *Klöhn*, NZG 2012, 1041, 1042; *Kubis*, in: MüKo-AktG, 3. Aufl., 2013, § 119 Rn. 87; bereits zuvor schon *Adolff/Thieves*, BB 2003, 797, 798; *Fleischer*, ZIP 2006, 451, 455 f.; *Hüffer*, AktG, 10. Aufl., 2012, § 119 Rn. 23; kritisch im Anschluss an die Entscheidung des BVerfG *Kiefner/Gillessen*, AG 2012, 645, 654.

ausgegangen.[344] Auch die für eine Analogie erforderliche vergleichbare Interessenlage liege vor: Die Vorschrift des § 29 UmwG enthalte erstmals die Wertung, dass der Verlust der Börsennotierung selbst abfindungsauslösendes Element sei.[345] Da die formwahrende Verschmelzung grundsätzlich abfindungsfrei ist, könne der Grund für die Abfindung im Fall der Verschmelzung einer börsennotierten auf eine nicht börsennotierte Aktiengesellschaft nicht in einer etwaigen mit jedem Verschmelzungsvorgang einhergehenden Strukturveränderung gesehen werden. Als abfindungsauslösendes Element bleibe so allein die Einschränkung der faktischen Veräußerbarkeit der betroffenen Aktien in den Fällen des § 29 Abs. 1 Satz 1 Halbs. 1 2. Alt. UmwG übrig.[346] Dieser Nachteil für die Aktionäre sei bei einem regulären Delisting ebenso gegeben wie bei dem in § 29 Abs. 1 Satz 1 Halbs. 1 2. Alt. UmwG geregelten kalten Delisting, sodass die Wertung, wonach ihnen eine Abfindung zu gewähren ist, auch auf das reguläre Delisting zu übertragen sei.[347] Dass die Interessenlage in beiden Fällen vergleichbar sei, werde umso deutlicher, wenn man bedenke, dass es sich beim kalten Delisting im Sinne des § 29 Abs. 1 Satz 1 Halbs. 1 2. Alt. UmwG und dem regulären Delisting aus der Sicht der Gestaltungspraxis um austauschbare Instrumente handele.[348] Schließlich stehe auch der Wegfall des verfassungsrechtlichen Fundaments der „*Macrotron*“-Rechtsprechung durch das Urteil des BVerfG der Analogiefähigkeit des neu gefassten § 29 UmwG nicht entgegen.[349] Der Gesetzgeber habe sich zwar die Argumentation des BGH grundsätzlich zu eigen gemacht, jedoch einen Rückgriff auf das Verfassungsrecht in der Gesetzesbegründung vermieden, sodass nicht von einem nachträglichen Wegfall der verfassungsrechtlichen „*Geschäftsgrundlage*“ des neu gefassten § 29 UmwG durch das Urteil des BVerfG gesprochen werden könne.[350]

Aus der Analogie zu § 29 Abs. 1 Satz 1 Halbs. 1 2. Alt. UmwG ergebe sich gleichzeitig, dass Verpflichteter des kraft Gesetzes entstehenden Anspruchs allein die Gesellschaft selbst sei, die gemäß und im Rahmen des § 71 Abs. 1 Nr. 3 AktG analog zum Erwerb eigener Anteile befugt sei.[351] Ob die Herleitung eines

---

344 Vgl. *Klöhn*, NZG 2012, 1041, 1045; vgl. auch *Kiefner/Gillessen*, AG 2012, 645, 655 ff., die jedoch eine Analogie aus anderen Gründen ablehnen; **a. A.**: wohl *Wasmann*, in: KK-AktG, 3. Aufl., 2013, § 1 SpruchG Rn. 25; vgl. auch bereits vor der Entscheidung des BVerfG OLG München AG 2008, 674, 677 = NZG 2008, 755, 758.

345 Vgl. *Klöhn*, NZG 2012, 1041, 1045.

346 Vgl. Regierungsentwurf zum Zweiten Gesetz zur Änderung des Umwandlungsgesetzes, BT-Drucks. 16/2919, 13; *Grunewald*, in: Lutter, UmwG, 5. Aufl., 2014, § 29 Rn. 3; *Marsch-Barner*, in: Kallmeyer, UmwG, 5. Aufl., 2013, § 29 Rn. 4a.

347 Vgl. *Klöhn*, NZG 2012, 1041, 1045.

348 Vgl. *Habersack*, ZHR 176 (2012), 463, 465.

349 Vgl. zu den Bedenken gegen die Analogiefähigkeit der Vorschrift aufgrund eines etwaigen Zirkelschlusses *Kiefner/Gillessen*, AG 2012, 645, 656 f.; *Thomale*, ZGR 2013, 686, 704, dazu noch unten C.III.2.c)bb).

350 So *Habersack*, ZHR 176 (2012), 463, 465; vgl. differenzierend *Thomale*, ZGR 2013, 686, 705 Fn. 106.

351 Vgl. *Klöhn*, NZG 2012, 1041, 1045.

Abfindungsanspruches der Anlegeraktionäre über die analoge Anwendung des § 29 Abs. 1 Satz 1 Halbs. 1 2. Alt. UmwG auch die Erforderlichkeit eines Hauptversammlungsbeschlusses für die Entscheidung über die Durchführung eines regulären Delistings nach sich ziehe, wurde indes unterschiedlich beurteilt. Teilweise wurde dies bejaht:[352] Das Erfordernis eines Hauptversammlungsbeschlusses mit einer ¾-Mehrheit ergebe sich aus einer Analogie zu §§ 13, 65 UmwG und bedürfe keiner sachlichen Rechtfertigung. Zu beachten sei jedoch, dass solche Normen *nicht* analog angewendet werden dürften, die verschmelzungsspezifische Regelungen enthalten und von dem abfindungsauslösenden Vorgang des Delistings unabhängig seien. Der Gesetzgeber knüpfe zwar an einen jeden Verschmelzungsvorgang das Erfordernis eines Hauptversammlungsbeschlusses, sodass anders als bei der Abfindungsregelung in § 29 Abs. 1 Satz 1 Halbs. 1 2. Alt. UmwG den §§ 13, 65 UmwG nicht entnommen werden könne, dass der Wegfall der Börsennotierung das treibende Moment sei.[353] Jedoch bestehe grundsätzlich in allen gesetzlichen Fällen eines Abfindungsanspruchs nach einer Strukturmaßnahme auch das Erfordernis eines Hauptversammlungsbeschlusses, sodass eine *„abfindungsakzessorische“* Hauptversammlungskompetenz auch für den Fall des regulären Delisting einleuchte.[354] Einen Hauptversammlungsbeschluss zu fordern, überzeuge darüber hinaus unter praktischen Gesichtspunkten: Um frühzeitig absehen zu können, wie vielen Aktionären eine Abfindung zu gewähren sei, sei ein Hauptversammlungsbeschluss geeignet, bei dem die Anteilseigner ihren etwaigen Widerspruch zu Protokoll erklären müssten.[355]

Andere überzeugte zwar grundsätzlich die Begründung einer Abfindung über die Analogie zu § 29 Abs. 1 Satz 1 Halbs. 1 2. Alt. UmwG; ein daraus resultierendes Erfordernis eines Hauptversammlungsbeschlusses jedoch wiesen sie zurück.[356] Gerade mit Blick auf die geringen Anforderungen, die der BGH in seiner *„Macrotron“*-Rechtsprechung an den Hauptversammlungsbeschluss stellte, liege das Hauptaugenmerk auf der (finanziellen) Kompensation der Fungibilitätseinbuße, die mit dem Delisting einhergehe.[357] Um diese Kompensation effektiv auszugestalten,

---

352 Vgl. *Klöhn*, NZG 2012, 1041, 1046; dort auch zu den folgenden Punkten.

353 Vgl. *Klöhn*, NZG 2012, 1041, 1046; darauf hinweisend auch *Habersack*, ZHR 176 (2012), 463, 468.

354 *Klöhn*, NZG 2012, 1041, 1046.

355 Mit Blick auf die §§ 71 ff. AktG *Klöhn*, NZG 2012, 1041, 1046.

356 Vgl. insofern einschränkend *Habersack*, ZHR 176 (2012), 463, 468 f.; auch *Kiefner/Gillessen*, AG 2012, 645, 654, die eine Analogie zu § 29 Abs. 1 Satz 1 Halbs. 1 2. Alt. UmwG grundsätzlich als überzeugend erachten, jedoch aufgrund eines von ihnen angenommenen Zirkelschlusses nicht bejahen (dazu unten), lehnen eine abfindungsakzessorische Hauptversammlungskompetenz von vornherein ab; vgl. auch *Thomale*, ZGR 2013, 686, 704, nach dem eine etwaige Analogie zu § 29 Abs. 1 Satz 1 Halbs. 1 2. Alt. UmwG schon nach dessen Inhalt keine Begründung einer Hauptversammlungskompetenz für das Delisting stütze.

357 Vgl. *Habersack*, ZHR 176 (2012), 463, 468.

bedürfe es jedoch keines Hauptversammlungsbeschlusses, da ein Spruchverfahren zur Überprüfung der Angemessenheit eines Abfindungsangebots der Gesellschaft auch ohne Hauptversammlungsbeschluss durchgeführt werden könne.[358]

3. Kein gesellschaftsrechtlicher Anlegerschutz nach Wegfall der verfassungsrechtlichen Begründung

a) Kritik an der Entscheidung des BVerfG hinsichtlich der Grenzen richterlicher Rechtsfortbildung

Neben den zahlreichen Versuchen, die „*Macrotron*“-Grundsätze nach Wegfall des verfassungsrechtlichen Fundamentes einfachgesetzlich zu stützen, fanden sich auch Stimmen, die eine vollständige Aufgabe des gesellschaftsrechtlichen Anlegerschutzes beim Delisting befürworteten.[359] Während die meiste Aufmerksamkeit der Ablehnung der einzelnen vorgeschlagenen Analogien zuteil wurde, setzten einige Stimmen bereits an der durch das BVerfG eröffneten Möglichkeit einer richterrechtlichen Lösung an.[360] Sie kritisierten im Hinblick auf die zu dem Zeitpunkt der Entscheidung des BVerfG bestehenden kapitalmarktrechtlichen Regelungen dessen Auffassung, nach der sich die Ausbildung der „*Macrotron*“-Grundsätze durch die Rechtsprechung in den verfassungsrechtlichen Grenzen der richterlichen Rechtsfortbildung halte und in deren Konsequenz es den Fachgerichten offen stand, die „*Macrotron*“-Grundsätze, nun gestützt auf Wertungen des einfachen Rechts, aufrecht zu erhalten.

b) Ablehnung der vorgeschlagenen Analogien

Oftmals detailliert wurde auf die vorgeschlagenen Lösungsansätze über eine Analogie zu einfachgesetzlichen Vorschriften[361] kritisch eingegangen, über die auch nach der Entscheidung des BVerfG die „*Macrotron*“-Grundsätze (zumindest teilweise) aufrechterhalten werden sollten. Allgemein gegen eine Weiterführung der

---

358 Vgl. *Habersack*, ZHR 176 (2012), 463, 468; **a. A.**: bereits vor der Entscheidung des BVerfG *Hüffer*, AktG, 10. Aufl., 2012, § 119 Rn. 23.

359 Vgl. *Heldt/Royé*, AG 2012, 660, 671; *Bungert/Wettich*, DB 2012, 2265, 2268; *Reger/Schilha*, NJW 2012, 3066, 3069; *Thomale*, ZGR 2013, 686, 694; *Goetz*, BB 2012, 2767, 2768 ff.; kritisch auch hinsichtlich einer befürchteten Rechtsunsicherheit *Wasmann*, in: KK-AktG, 3. Aufl., 2013, § 1 SpruchG Rn. 26 ff.

360 So *Thomale*, ZGR 2013, 686, 694; *Goetz*, BB 2012, 2767, 2768 ff.; kritisch auch *Klöhn*, NZG 2012, 1041, 1044, der im Ergebnis trotzdem eine Analogie zur Abfindung bei einer formwahrenden Verschmelzung unter Verlust der Börsennotierung favorisiert; die Kritik einfachgesetzlich anknüpfend vgl. *Kiefner/Gillessen*, AG 2012, 645, 654; *Wasmann*, in: KK-AktG, 3. Aufl., 2013, § 1 SpruchG Rn. 25.

361 Vgl. zu den einzelnen dogmatischen Ansätzen ausführlich bereits oben B.VI.2.

„*Macrotron*"-Grundsätze sprächen die vom BVerfG mit Verweis auf die Studie des DAI angeführten nicht nachweisbaren negativen Auswirkungen des Delistings für den Wert der Aktien.[362] Hinzu komme, dass ein etwaiger Liquiditätsengpass nicht zwingend auf dem Delisting beruhe, sondern insbesondere in einer Krisensituation, die häufig zu einem Börsenrückzug führe, bereits zuvor eine Marktenge bestehen könne.[363] Schließlich sei generell gegen die Aufrechterhaltung der „*Macrotron*"-Grundsätze auf die zahlreichen ungeklärten Detailfragen und Folgeprobleme hinzuweisen, die im Anschluss an die „*Macrotron*"-Entscheidung kontrovers diskutiert wurden und aus Gründen der Rechtssicherheit zu vermeiden seien.[364]

Die vorgeschlagenen Analogien wurden daneben zum Teil mit dem Argument verworfen, es liege aufgrund der börsenrechtlichen Regelung in § 39 Abs. 2 BörsG schon keine planwidrige Regelungslücke als Grundvoraussetzung einer Analogie vor.[365] Nach dem vom Gesetzgeber an den Tag gelegten spezifischen Regelungswillen sei der Anlegerschutz beim Delisting nämlich ursprünglich allein im BörsG und den Börsenordnungen zu realisieren.[366] So sei dort auch insbesondere die Frage nach einer Abfindung im Falle des Delistings zu regeln. Durch das Delisting würden die Anteilseigner nämlich nicht in ihrer Aktionärsstellung, sondern allein in ihrer Eigenschaft als Anleger betroffen, sodass ihr Schutz keine Sache des Aktienrechts, sondern allein des Kapitalmarktrechts sei.[367]

Jedoch auch bei Annahme einer planwidrigen Regelungslücke wurden die verschiedenen Analogien zu einfachgesetzlichen Vorschriften vielfach abgelehnt. So seien die „*Macrotron*"-Grundsätze nicht über eine Gesamtanalogie zu den §§ 304 f., 320a f., 327a f. AktG, §§ 29, 207 UmwG aufrecht zu erhalten. Im Unterschied zum Delisting hätten die in den zitierten Vorschriften geregelten Maßnahmen einen Eingriff in den Schutzbereich des Art. 14 Abs. 1 GG gemein: Sowohl beim Beherrschungs- und Gewinnabführungsvertrag als auch bei der Eingliederung, der Verschmelzung und dem Formwechsel komme es zu einer inhaltlichen Umgestaltung, im Fall des Squeeze-outs sogar zu einem Totalentzug des verfassungsrechtlich geschützten Aktieneigentums.[368] Eine ähnliche organisationsrechtliche Dimension gebe es beim Delisting nicht.[369] Zu bedenken seien ferner die Konsequenzen der

362 Vgl. *Heldt/Royé*, AG 2012, 660, 671; in diese Richtung *Bungert/Wettich*, DB 2012, 2265, 2268; vgl. jedoch bereits die frühe Kritik von *Bayer/Hoffmann*, AG 2013, R371.

363 Vgl. *Reger/Schilha*, NJW 2012, 3066, 3069.

364 Vgl. *Wasmann*, in: KK-AktG, 3. Aufl., 2013, § 1 SpruchG Rn. 26 ff.

365 Vgl. *Goetz*, BB 2012, 2767, 2769 f.; *Kiefner/Gillessen*, AG 2012, 645, 654; *Wasmann*, in: KK-AktG, 3. Aufl., 2013, § 1 SpruchG Rn. 25.

366 Vgl. *Goetz*, BB 2012, 2767, 2769; *Wasmann*, in: KK-AktG, 3. Aufl., 2013, § 1 SpruchG Rn. 25.

367 Vgl. *Kiefner/Gillessen*, AG 2012, 645, 654.

368 Vgl. *Goetz*, BB 2012, 2767, 2771 f.; *Kiefner/Gillessen*, AG 2012, 645, 652; *Thomale*, ZGR 2013, 686, 708; ähnlich auch *Wackerbarth*, WM 2012, 2077, 2078 f.

369 Vgl. *Wackerbarth*, WM 2012, 2077, 2079 mit Verweis auf die „*Macrotron*"-Entscheidung BGHZ 153, 47 = NJW 2003, 1032 = NZG 2003, 280.

Annahme einer Hauptversammlungszuständigkeit unter den unklaren Voraussetzungen einer Gesamtanalogie für die Diskussion über ungeschriebene Hauptversammlungskompetenzen; auch mit anderen allein die Vermögensinteressen der Aktionäre betreffenden Geschäftsführungsmaßnahmen müsste möglicherweise die Hauptversammlung befasst werden. Die klaren Grenzen, die mit Blick auf das Enumerationsprinzip in § 119 AktG für ungeschriebene Hauptversammlungskompetenzen durch die „*Gelatine*"-Entscheidung gezogen wurden, würden ohne Not wieder aufgeweicht.[370] Ähnliches wurde in Bezug auf eine Begründung der Hauptversammlungskompetenz über eine Ermessensreduzierung auf Null im Rahmen von § 119 Abs. 2 AktG vertreten: Eine solche sei aufgrund des Enumerationsprinzips nur in zwingenden Fällen, beispielsweise bei einer abzuwendenden Verletzung von Art 14 Abs. 1 GG geboten.[371]

Auch eine Begründung der Hauptversammlungskompetenz und des Abfindungsanspruchs über eine entsprechende Anwendung der Vorschriften zum Formwechsel komme nicht in Frage. Das Umwandlungsrecht unterscheide in den §§ 191, 3 Abs. 1 Nr. 2 UmwG nicht zwischen einer Rechtsform der börsennotierten und einer der nicht-börsennotierten Aktiengesellschaft. Zwar gebe es zahlreiche großteils anlegerorientierte aktien-, kapitalmarkt- und bilanzrechtliche Sonderregelungen betreffend die börsennotierte Aktiengesellschaft. Jedoch habe sich der Gesetzgeber bewusst für eine einheitliche Rechtsform der Aktiengesellschaft entschieden und die Börsennotierung quasi als eine mögliche Ausgestaltung innerhalb der Rechtsform „*Aktiengesellschaft*" angesehen.[372] Es fehle darüber hinaus beim Delisting an einer mit dem Formwechsel auch nur vergleichbaren Änderung der Organisationsstruktur der Gesellschaft sowie der rechtlichen Ausgestaltung der Mitgliedschaft der Aktionäre.[373] Es bedürfe anders als beim Formwechsel auch keiner Satzungsänderung: „*Die AG kann AG bleiben und die Satzung kann bleiben wie sie ist.*"[374] Eine Analogie zu den Vorschriften über den Formwechsel scheide daher aus.

Die größte Beachtung fand allerdings in der Literatur schließlich die einfachgesetzliche Herleitung der „*Macrotron*"-Grundsätze über eine Heranziehung der Vorschriften zur Verschmelzung, die über den neu gefassten § 29 Abs. 1 Satz 1 Halbs. 1 2. Alt. UmwG erstmals eine Abfindung für die formwahrende Verschmelzung einer

370 Vgl. *Kiefner/Gillessen*, AG 2012, 645, 650, 652.

371 Vgl. *Paschos/Klaaßen*, ZIP 2013, 154, 158; *Kiefner/Gillessen*, AG 2012, 645, 653.

372 Vgl. *Thomale*, ZGR 2013, 686, 707, der auf die Ausführungen im Gesetzesentwurf der Fraktionen der CDU/CSU und F.D.P. für ein „*Gesetz für kleine Aktiengesellschaften und zur Deregulierung des Aktienrechts*" vom 2. August 1994, BGBl. I 1994, 1961 f. in BT-Drucks. 12/6721, 5 verweist.

373 Vgl. mit Verweis auf BVerfGE 132, 99, 121 = NJW 2012, 3081, 3083 = NZG 2012, 826; 828 f.; *Kiefner/Gillessen*, AG 2012, 645, 653; ähnlich auch *Goetz*, BB 2012, 2767, 2772; *Koch*, in: Hüffer/Koch, AktG, 11. Aufl., 2014, § 119 Rn. 37; *Thomale*, ZGR 2013, 686, 707.

374 *Wackerbarth*, WM 2012, 2077, 2078.

börsennotierten auf eine nicht börsennotierten Gesellschaft vorschrieben. Einerseits wurde vertreten, dass sich auch dem neu gefassten § 29 UmwG keine Wertung für einen isolierten Börsenrückzug im Wege des regulären Delistings entnehmen ließe.[375] Die Regelung trage vielmehr allein der Sondersituation des Zusammenfallens des Erlöschens des alten Rechtsträgers durch die Verschmelzung mit dem Verlust der Börsennotierung Rechnung. Allein für diese Sonderkonstellation ließe sich daher die Wertung entnehmen, dass eine Abfindung zu gewähren sei. Andererseits erkannten einige Autoren zwar den mit diesem Vorgang einhergehenden Verlust der Börsennotierung als Triebfeder des Abfindungsanspruchs und bejahten daher die Vergleichbarkeit der Interessenlage bei einem regulären Delisting, lehnten einen Analogieschluss jedoch aus anderen Gründen ab, die sich unter dem Schlagwort *„Zirkelschluss"* zusammenfassen lassen.[376] Abgestellt wurde auf die Entstehungsgeschichte der Norm, die einer Heranziehung zur einfachgesetzlichen Begründung der *„Macrotron"*-Grundsätze entgegenstehe: Sowohl im Referentenentwurf[377] als auch im Regierungsentwurf[378] zu § 29 Abs. 1 Satz 1 Halbs. 1 2. Alt. UmwG wird zur Begründung der Abfindung darauf verwiesen, dass *„der Verlust der Börsennotierung zwar nicht rechtlich, aber faktisch die Veräußerungsmöglichkeit der Anteile erschwert"*. In den Leitsätzen des *„Macrotron"*-Urteils findet sich eine Formulierung, die dieser ähnelt: *„Das reguläre Delisting beeinträchtigt wegen der damit verbundenen erheblichen Beeinträchtigung der Verkehrsfähigkeit der Aktien das Aktieneigentum."*[379] Aus dieser teilweisen Übereinstimmung der Formulierungen lasse sich entnehmen, dass der Gesetzgeber keinen eigenen delistingspezifischen Regelungswillen gehabt habe, sondern lediglich in Anlehnung an die *„Macrotron"*-Rechtsprechung (und in der irrigen Annahme eines bestehenden Verfassungsauftrags aus Art. 14 Abs. 1 GG) eine ergänzende klarstellende Regelung treffen wollte.[380] Für ein solches Verständnis spreche weiterhin, dass der Gesetzgeber zur Diskussion in Wissenschaft und Praxis über das Delisting ausweislich der Gesetzesbegründung *„keine vorschnelle Antwort [...] geben"* wollte[381], also mit der

375 So insbesondere *Goetz*, BB 2012, 2767, 2772 f.

376 Vgl. *Kiefner/Gillessen*, AG 2012, 645, 657; *Thomale*, ZGR 2013, 686, 704; vgl. auch *Paschos/Klaaßen*, ZIP 2013, 154, 158; lediglich in der Begründung anders *Goetz*, BB 2012, 2767, 2772, der wie dargestellt bereits die vergleichbare Interessenlage verneint.

377 Referentenentwurf vom 13. Februar 2006, abrufbar unter http://www.gesmat.bundesgerichtshof.de/gesetzesmaterialien/16_wp/umwandlungsg/refe_13_02_06.pdf, zuletzt besucht am 12. Juni 2018.

378 Regierungsentwurf zum Zweiten Gesetz zur Änderung des Umwandlungsgesetzes, BT-Drucks. 16/2919.

379 Vgl. BGHZ 153, 47 = NJW 2003, 1032 = NZG 2003, 280.

380 *Kiefner/Gillessen*, AG 2012, 645, 656 f.; *Thomale*, ZGR 2013, 686, 705; zurückhaltender *Paschos/Klaaßen*, ZIP 2013, 154, 158.

381 Vgl. Regierungsentwurf zum Zweiten Gesetzes zur Änderung des Umwandlungsgesetzes, BT-Drucks. 16/2919, 28.

Neufassung des § 29 Abs. 1 Satz 1 Halbs. 1 2. Alt. UmwG nicht beabsichtigte, eine allgemeingültige Wertung für das reguläre Delisting zu treffen.[382] Es stelle daher einen unzulässigen Zirkelschluss dar, wenn man die „*Macrotron*“-Grundsätze über eine Vorschrift aufrechterhalte, die als deklaratorische Reaktion auf die nunmehr verfassungsrechtlich nicht mehr begründbare Rechtsprechung selbst zu verstehen sei.[383]

Hinsichtlich des Erfordernisses eines Hauptversammlungsbeschlusses für ein Delisting vertraten, wie teilweise sogar die Befürworter einer Analogie zu § 29 Abs. 1 Satz 1 Halbs. 1 2. Alt. UmwG, einige Autoren, dass dieses von Anfang an nicht von einer etwaigen Analogie zum Verschmelzungsrecht gedeckt werden könne.[384] Anders als bei der Frage der Abfindung enthalte nämlich das Verschmelzungsrecht keine Wertung dahingehend, dass allein der Verlust der Börsennotierung eine Befassung der Hauptversammlung zwingend erforderlich mache. Verwiesen wurde insbesondere darauf, dass es auch zur Verschmelzung zweier börsennotierter Aktiengesellschaften gemäß § 65 Abs. 1 i. V. m. § 13 Abs. 1 Satz 1 UmwG eines Verschmelzungsbeschlusses bedarf.[385] Das Erfordernis eines Hauptversammlungsbeschlusses knüpfe an dem Verschmelzungsvorgang als solchen an und sei daher unabhängig von einem Wegfall der Börsennotierung. Dem Verschmelzungsrecht sei demnach nicht zu entnehmen, dass die betroffenen Aktionäre in der Hauptversammlung mit dem geplanten Delisting befasst werden müssten. An diesem Ergebnis vermöge auch die etwaige Annahme eines Abfindungsangebots über eine Analogie zu § 29 Abs. 1 Satz 1 Halbs. 1 2. Alt. UmwG nichts zu ändern: Eine teilweise befürwortete „*abfindungsakzessorische*“ Hauptversammlungskompetenz sei weder der Konzeption des Aktienrechts zwingend zu entnehmen noch erforderlich.[386] Als Beispiel für die Möglichkeit eines Abfindungsanspruchs auch ohne Hauptversammlungsbeschluss wurde die Regelung über den kapitalmarktrechtlichen Squeeze-out in § 39a Abs. 1 Satz 1 WpÜG angeführt, wonach eine Barabfindung per Gesetzbeschluss zugesprochen wird.[387] Hinzu komme, dass mit dem Enumerationsprinzip des § 119 AktG für die Forderung nach einer ungeschriebenen Hauptversammlungskompetenz höhere Hürden zu überwinden seien als für die Annahme eines Abfindungsanspruchs, sodass ein Gleichlauf zwischen Hauptversammlungsbeschluss und Abfindung schon aufgrund der unterschiedlichen

---

382 Vgl. darauf verweisend *Thomale*, ZGR 2013, 686, 705.

383 Vgl. *Kiefner/Gillessen*, AG 2012, 645, 657.

384 Vgl. *Kiefner/Gillessen*, AG 2012, 645, 652 f.; *Thomale*, ZGR 2013, 686, 703 f.; ebenso, jedoch eine Analogie zu § 29 Abs. 1 Satz 1 Halbs. 1 2. Alt. UmwG für den Abfindungsanspruch bejahend *Habersack*, ZHR 176 (2012), 463, 468 f.

385 So *Kiefner/Gillessen*, AG 2012, 645, 652 f.; *Thomale*, ZGR 2013, 686, 704.

386 Vgl. *Kiefner/Gillessen*, AG 2012, 645, 654; *Thomale*, ZGR 2013, 686, 704 f.; ebenso, aber den Abfindungsanspruch bejahend *Habersack*, ZHR 176 (2012), 463, 468 f.; **a. A.**: *Klöhn*, NZG 2012, 1041, 1046.

387 Vgl. *Thomale*, ZGR 2013, 686, 704.

Ausgangslage nicht überzeuge.[388] Schließlich vermöge ein akzessorisches Hauptversammlungserfordernis auch nicht zu überzeugen, da ein Hauptversammlungsbeschluss der übertragenden Gesellschaft notwendig wäre, während die übernehmende Gesellschaft abfindungsverpflichtet sei.[389]

4. Meinungsstand zum Downlisting

Neben der Frage nach dem Schicksal des Anlegerschutzes beim regulären Delisting erhielt auch die Diskussion über die Folgen eines Downlistings in den qualifizierten oder einfachen Freiverkehr mit der Entscheidung des BVerfG neuen Schwung. Insbesondere eine erstmalige Stellungnahme des BGH[390] im Rahmen des Verfahrens vor dem BVerfG führte zu einer Renaissance des Themas in der Literatur. In dieser Stellungnahme ging der für das Gesellschaftsrecht zuständige II. Zivilsenat des BGH auf die „*Macrotron*"-Entscheidung aus dem Jahre 2002 ein und erklärte, dass dieser der Gedanke zugrunde gelegen habe, den Minderheitsaktionär davor zu schützen, dass ihm durch das Delisting ein Handelsplatz genommen werde, auf dem er seine Aktie an beliebige Interessenten nach den Regeln von Angebot und Nachfrage veräußern könne. Dies führe ohne einen interessengerechten Anlegerschutz dazu, dass der Minderheitsaktionär *„potentielle Käufer mühselig, etwa durch Zeitungsanzeigen, ausfindig machen müsse und alsbald auf den Mehrheitsaktionär treffen werde"*[391], der aufgrund der schwierigen Verkaufssituation nach dem Delisting in der Lage sei, den Kaufpreis praktisch einseitig zu diktieren. Diese Erwägungen, die einst die Schaffung der „*Macrotron*"-Grundsätze trugen, seien jedoch nicht einschlägig, wenn eine Aktiengesellschaft von einem öffentlich geregelten in einen privatrechtlichen Regeln unterworfenen Markt wechsele, auf dem eine ähnliche Fungibilität gewährleistet sei wie auf dem ersteren. Da der Minderheitsaktionär in diesem Fall nicht auf den Verkauf an den Großaktionär faktisch angewiesen sei, sollten die entwickelten Mechanismen des Anlegerschutzes in diesem Fall des Downlistings nicht eingreifen.

388 Auf diesen Unterschied weisen *Kiefner/Gillessen*, AG 2012, 645, 654, hin.

389 Vgl. *Thomale*, ZGR 2013, 686, 704.

390 Vgl. II. Zivilsenat des BGH, Stellungnahme zu der Verfassungsbeschwerde 1 BvR 1569/08 (n. v.), nur teilweise zitiert in Rn. 34 der Entscheidung des BVerfG vom 11. Juli 2012, nur abrufbar über juris, veröffentlicht i. Ü. in BVerfGE 132, 99 = NJW 2012, 3081 = NZG 2012, 826..

391 II. Zivilsenat des BGH, Stellungnahme zu der Verfassungsbeschwerde 1 BvR 1569/08 (n. v.), nur teilweise zitiert in Rn. 34 der Entscheidung des BVerfG vom 11. Juli 2012, nur abrufbar über juris, veröffentlicht i. Ü. in BVerfGE 132, 99 = NJW 2012, 3081 = NZG 2012, 826.

Dem folgte insbesondere für den Wechsel in den qualifizierten Freiverkehr die Rechtsprechung[392] und die ganz überwiegende Literatur.[393] Soweit nach der BVerfG-Entscheidung überhaupt noch ein Hauptversammlungsbeschluss und ein Abfindungsanspruch gefordert würde, so gelte dies aufgrund der Annäherung der qualifizierten Freiverkehrssegmente an den regulierten Markt nicht für das Downlisting in eben diese.[394] Denn auch in Form des qualifizierten Freiverkehrs bestünde eine Handelsplattform, die die entscheidende Fungibilität der gehandelten Aktien im konkreten Fall gewährleisten könne.[395] Sichergestellt werde dies durch eine erhöhte Transparenz und ein dadurch gegenüber dem einfachen Freiverkehr verringertes Investitionsrisiko, die durch eine stärkere Überwachung und Regulierung des Börsensegments bewirkt würden.[396] Teilweise forderten Stimmen in der Literatur auch einen Gleichlauf zwischen einem Downlisting in den qualifizierten und einem solchen in den einfachen Freiverkehr, da es nach der Stellungnahme des BGH allein auf den Bestand eines funktionierenden Handelsplatzes ankomme, den grundsätzlich auch der einfache Freiverkehr bieten könne.[397]

Da das zentrale Begründungselement für den Abfindungsanspruch auch gemäß § 29 Abs. 1 Satz 1 Halbs. 1 2. Alt. UmwG (analog) im Falle des Delistings die Beeinträchtigung der faktischen Veräußerbarkeit der betroffenen Aktien sei[398], schlug *Klöhn* vor, die Unterscheidung zwischen einem vollständigen Börsenrückzug und dem Rückzug in den (qualifizierten) Freiverkehr mittels eines funktionalen Verständnisses des Begriffs der „*Börsennotierung*" in § 29 Abs. 1 Satz 1 Halbs. 1 2. Alt. UmwG dogmatisch zu begründen.[399] Anders als in § 3 Abs. 2 AktG sei dieser

---

392 Vgl. OLG Bremen NZG 2013, 749, 750 = AG 2013, 597, 598; LG Berlin ZIP 2013, 1531, 1532 = AG 2013, 846.

393 Vgl. *Klöhn*, NZG 2012, 1041, 1045 f.; *Liebscher*, in: Henssler/Strohn, Gesellschaftsrecht, 2. Aufl., 2014, § 119 Rn. 17; *Mennicke*, in: Lutter, UmwG, § 1 SpruchG Rn. 14; *Schnaittacher/Westerheide/Stindt*, WM 2012, 2225, 2228; *Paschos/Klaaßen*, ZIP 2013, 154, 158 f.; *Königshausen*, BB 2012, 2014, 2015; *Bungert/Wettich*, DB 2012, 2265, 2269; *Reger/Schilha*, NJW 2012, 3066, 3069; *Krenek*, in: Handbuch Gesellschaftsrechtliche Streitigkeiten, 1. Aufl., 2013, § 97 Rn. 6; *Wasmann*, in: KK-AktG, 3. Aufl., 2013, § 1 SpruchG Rn. 25.

394 Vgl. *Bungert/Wettich*, DB 2012, 2265, 2266; bereits oben B.III.4.d).

395 Vgl. OLG Bremen NZG 2013, 749, 750 = AG 2013, 597, 598; *Schnaittacher/Westerheide/Stindt*, WM 2012, 2225, 2228.

396 So *Königshausen*, BB 2012, 2014, 2015.

397 Vgl. *Heldt/Royé*, AG 2012, 660, 671; *Mennicke*, in: Lutter, UmwG, § 1 SpruchG Rn. 14; *Schnaittacher/Westerheide/Stindt*, WM 2012, 2225, 2229 f.; wohl auch *Bungert/Wettich*, DB 2012, 2265, 2269; **a. A.**: mit Verweis auf niedrigeres Schutzniveau im einfachen Freiverkehr *Krenek*, in: Handbuch Gesellschaftsrechtliche Streitigkeiten, 1. Aufl., 2013, § 97 Rn. 6.

398 Vgl. Regierungsentwurf zum Zweiten Gesetz zur Änderung des Umwandlungsgesetzes, BT-Drucks. 16/2919, 13; zur Begründung der Analogie in der Literatur bereits ausführlich oben B.VI.2.d) und zustimmend noch unten C.III.2.c).

399 So *Klöhn*, NZG 2012, 1041, 1046.

allein im Sinne des Bestehens einer effektiven Veräußerungsmöglichkeit für den Anleger zu verstehen. Bestehe also auch nach dem Rückzug in den Freiverkehr weiterhin eine ausreichende Handelbarkeit der betroffenen Aktien, so sei eine analoge Anwendung der §§ 29 Abs. 1 Satz 1 Halbs. 1 2. Alt., 13, 65 UmwG mangels Verlust der *„Börsennotierung"* in diesem funktionalen Sinne nicht geboten.

Problematisch war auch nach der Entscheidung des BVerfG und der Stellungnahme des BGH in dessen Rahmen die Beantwortung der sich anschließenden Frage, wie mit der Konstellation des Rückzugs aus dem qualifizierten Freiverkehr und dem Wechsel aus diesem in den einfachen Freiverkehr umzugehen sei.[400] Überwiegend wurde gefordert, dass bei einem Wechsel in den qualifizierten Freiverkehr ohne besondere Anforderungen des Minderheitenschutzes dann jedenfalls der anschließende Rückzug aus diesem von der Fortgeltung der *„Macrotron"*-Grundsätze erfasst seien müsse, allein um eine Umgehung der Schutzmechanismen zu verhindern.[401] Nicht zuletzt aufgrund dieser Erwägungen wurde zum Teil auch gefordert, dass eine klare Grenze beim Rückzug aus dem regulierten Markt zu ziehen sei, bei deren Überschreitung die *„Macrotron"*-Grundsätze in jedem Fall weiter gelten sollten.[402] Auch das Downlisting in den qualifizierten Freiverkehr sei danach schon allein aus Rechtssicherheitsgründen als Delisting im Sinne dieser Grundsätze zu verstehen.[403] Darüber hinaus bestehe auch bei einer Notierung im qualifizierten Freiverkehr zumindest noch ein Regelungsgefälle, das die Anwendung der minderheitsschützenden Grundsätze rechtfertige; verwiesen wurde dabei auf den aktienrechtlichen Begriff der Börsennotierung, an den zahlreiche Vorschriften anknüpften, die §§ 21 ff. WpHG (a. F.) sowie die Vorschriften des WpÜG, die für Freiverkehrswerte nicht galten.[404] Zudem entstünden bei einer Unterscheidung zwischen qualifiziertem und einfachem Freiverkehr weitere Abgrenzungsprobleme, die nur durch die scharfe Trennlinie zwischen dem öffentlich-rechtlich organisierten regulierten Markt einerseits und dem privat-rechtlich organisierten Freiverkehr andererseits vermieden werden könnten.[405]

---

400 Vgl. darstellend *Paschos/Klaaßen*, ZIP 2013, 154, 159.

401 Vgl. *Bungert/Wettich*, DB 2012, 2265, 2269; *Reger/Schilha*, NJW 2012, 3066, 3069; *Paschos/Klaaßen*, ZIP 2013, 154, 159; im Ergebnis auch *Klöhn*, NZG 2012, 1041, 1044, 1045 f.; auf diese Problematik hinweisend *Schatz*, EWiR 2014, 483, 484; vgl. zur Argumentation mit der Gefahr eines *„gestuften Delistings"* bereits im Anschluss an die *„Macrotron"*-Entscheidung des BGH oben B.III.4.d).

402 Vgl. *Drygala/Staake*, ZIP 2013, 905, 912; *Eckhold*, in: Handbuch börsennotierte AG, 3. Aufl., 2014, § 61 Rn. 30; *Habersack*, ZHR 176 (2012), 463, 465 f.; *Wackerbarth*, WM 2012, 2077, 2082.

403 Vgl. den Aspekt der Rechtssicherheit betonend *Eckhold*, in: Handbuch börsennotierte AG, 3. Aufl., 2014, § 61 Rn. 30.

404 Vgl. *Habersack*, ZHR 176 (2012), 463, 465 f.; *Eckhold*, in: Handbuch börsennotierte AG, 3. Aufl., 2014, § 61 Rn. 30; *Wackerbarth*, WM 2012, 2077, 2082.

405 Vgl. *Eckhold*, in: Handbuch börsennotierte AG, 3. Auf., 2014, § 61 Rn. 30.

VII. Die „*Frosta*“-Entscheidung des BGH

Am 8. Oktober 2013 entschied sich der BGH in seiner „*Frosta*“-Entscheidung offenbar unter dem Eindruck des vorangegangenen BVerfG-Urteils zu einer 180-Grad-Kehrtwende und gab die von ihm vor mehr als zehn Jahren in echter Rechtsfortbildung geschaffenen „*Macrotron*“-Grundsätze ohne Not und für viele überraschend[406] komplett auf.[407]

1. Sachverhalt und Verfahrensgang

In dem Verfahren setzten sich Aktionäre der „*Frosta*“-AG gegen deren Downlisting vom regulierten Markt der Berliner Wertpapierbörse in den qualifizierten Freiverkehr (Entry Standard) der Frankfurter Wertpapierbörse zur Wehr. Das Downlisting war vom Vorstand mit Zustimmung des Aufsichtsrats beschlossen worden und mit einer Ad-hoc-Meldung vom 11. Februar 2011 bekannt gegeben worden. Weder wurden die Aktionäre im Rahmen der Hauptversammlung mit der Entscheidung befasst noch wurde ihnen ein Abfindungsangebot unterbreitet. Nachdem am 16. Februar 2011 der Widerruf der Zulassung am regulierten Markt wirksam geworden war, beantragten verschiedene Aktionäre ein Spruchverfahren zur Bestimmung einer angemessenen Barabfindung. Das LG Bremen wies die Anträge als unzulässig zurück und verwies darauf, dass der Wechsel in den qualifizierten Freiverkehr nicht zu einer Beeinträchtigung der Handelbarkeit der betroffenen Aktien führe, die nach den „*Macrotron*“-Grundsätzen eine Abfindung nach sich ziehe. Das Spruchverfahrensgesetz sei somit nicht anwendbar.[408] Die Beschwerden der Minderheitsaktionäre vor dem OLG Bremen blieben ebenfalls erfolglos.[409] Die Entscheidungen der Bremer Gerichte lagen damit auf einer Linie mit denen des OLG München vom 21. Mai 2008[410] und des KG Berlin vom 30. April 2009[411] sowie der wohl herrschenden Auffassung in der Literatur[412], nach der bei einem Wechsel in den qualifizierten Freiverkehr die „*Macrotron*“-Grundsätze nicht anwendbar sein sollten. Dagegen richteten sich die Rechtsbeschwerden der Minderheitsaktionäre.

---

406 Vgl. *Königshausen*, BB 2013, 3020, 3025; *K. Schmidt*, JuS 2014, 174, 176; *Thomale*, DStR 2013, 2529.

407 Vgl. BGH NJW 2014, 146 = NZG 2013, 1342.

408 Vgl. LG Bremen, Urt. vom 6. Januar 2012, 13 O 128/11, n. v.

409 Vgl. OLG Bremen NZG 2013, 749 = AG 2013, 597.

410 Vgl. OLG München AG 2008, 674 = NZG 2008, 755.

411 Vgl. KG Berlin NZG 2009, 752 = AG 2009, 697.

412 Vgl. oben B.III.4.d).

2. Weder Abfindung noch Hauptversammlungsbeschluss auch beim regulären Delisting

Der BGH teilte die Auffassung der Bremer Gerichte zum qualifizierten Delisting und äußerte sich darüber hinaus ohne Not auch zu den Fällen des regulären Delistings. Anstatt die *Carte blanche* des BVerfG zu nutzen, das die „*Macrotron*"-Grundsätze als verfassungskonforme echte Rechtsfortbildung gebilligt hatte, verwarf der Gerichtshof seine Grundsätze zum Anlegerschutz bei einem regulären Delisting sowohl hinsichtlich eines Hauptversammlungsbeschlusses als auch hinsichtlich einer Abfindung bei dieser Gelegenheit gänzlich. In den Entscheidungsgründen ging der BGH hauptsächlich auf die vorgeschlagenen alternativen Begründungsansätze[413] ein und lehnte diese ausnahmslos ab.[414]

a) Kein Anlegerschutz gestützt auf Art. 14 Abs. 1 GG

Zunächst kam der BGH im Rahmen seines Beschlusses kurz auf die Entscheidung des BVerfG zu sprechen, nach der der Widerruf der Zulassung zum Handel im regulierten Markt auf Antrag des Emittenten nicht zu einer Beeinträchtigung von Art. 14 Abs. 1 GG führe. Dies habe der „*Macrotron*"-Entscheidung ihre ursprüngliche Grundlage entzogen.[415]

b) Keine entsprechende Anwendung von § 207 UmwG

Eine Abfindung ließe sich auch nicht über eine Analogie zu § 207 UmwG begründen[416]: Dagegen spreche bereits, dass das UmwG für den Formwechsel einer AG in eine KGaA oder umgekehrt nach § 250 UmwG keine Abfindung vorsehe und daher selbst bei einem Verständnis des Delistings als Formwechsel der AG das UmwG keine Wertung dahingehend enthalte, dass ein solcher Formwechsel immer eine Abfindung erforderlich mache. Darüber hinaus bestehe auch keine Vergleichbarkeit von Delisting und Formwechsel. Zwar knüpften zahlreiche (Schutz-)Vorschriften an der Börsennotierung an, jedoch werde dadurch weder die Beteiligungsstruktur noch die Organisationsstruktur der Gesellschaft verändert wie dies bei einem Formwechsel der Fall ist. Schließlich wies der BGH darauf hin, dass ein Widerruf der Börsenzulassung auch von Amts wegen nach § 39 Abs. 1 BörsG beispielweise bei einem zu geringen Handelsumsatz erfolgen könne, was nicht in die Systematik der §§ 190 ff. UmwG passe, denen ein zwangsweiser Formwechsel unbekannt sei.

---

413 Vgl. oben B.VI.2.
414 Vgl. BGH NJW 2014, 146, 147 ff. = NZG 2013, 1342 ff.
415 Vgl. BGH NJW 2014, 146, 147 = NZG 2013, 1342.
416 Vgl. BGH NJW 2014, 146, 147 = NZG 2013, 1342.

c) *Antrag ohne Zustimmung keine Treupflichtverletzung im Sinne von § 93 Abs. 1 AktG; kein Ausgleich für Sondervorteil gemäß § 243 Abs. 2 Satz 2 AktG*

Entgegen einer von *Wackerbarth* vertretenen Auffassung[417] ergebe sich das Erfordernis eines Pflichtangebots ferner nicht aus § 243 Abs. 2 Satz 2 UmwG, da diese Regelung nicht auf den Fall des Delistings übertragbar sei.[418] Dagegen spreche in erster Linie bereits, dass für das Delisting nach § 119 Abs. 1 AktG gar kein Hauptversammlungsbeschluss vorgesehen sei und sich ein solcher auch nicht daraus ergebe, dass der Vorstand durch den Antrag auf Widerruf der Börsenzulassung ansonsten über die für ihn selbst geltenden Regeln bestimmen könnte und seine eigenmächtige Entscheidung deshalb stets eine Pflichtverletzung im Sinne des § 93 Abs. 1 AktG darstelle. Dass der Vorstand von einer Geschäftsführungsmaßnahme indirekt betroffen werde, ändere nichts an seiner Geschäftsführungsbefugnis. Berufen zur Kontrolle des Vorstandes sei überdies nach der Konzeption des Aktienrechts nicht die Hauptversammlung, sondern allein der Aufsichtsrat (§ 111 Abs. 1, 4 AktG). Schließlich stellte der BGH klar, dass selbst bei Annahme einer Hauptversammlungskompetenz für das reguläre Delisting die Regelung des § 243 Abs. 2 Satz 2 AktG nicht zielführend wäre: Erstens sei der Verlust der Börsennotierung nicht in allen Fällen als Sondervorteil eines Großaktionärs anzusehen. Zweitens gewähre § 243 Abs. 2 Satz 2 AktG für einen Sondervorteil lediglich einen angemessenen Ausgleich und keine Abfindung für die gehaltenen Aktien und drittens führe das Fehlen eines solchen Ausgleichs nicht zu einem Spruchverfahren, sondern nach § 243 Abs. 1 und Abs. 2 Satz 1 AktG zur Nichtigkeit des den Sondervorteil begründenden Beschlusses.

d) *Keine Analogie zu § 29 Abs. 1 Satz 1 Halbs. 1 2. Alt. UmwG*

Hinsichtlich der von einigen Autoren befürworteten Analogie zu § 29 Abs. 1 Satz 1 Halbs. 1 2. Alt. UmwG[419] sah auch der BGH den Grund für die gesetzlich vorgeschriebene Abfindung in dem Verlust der Börsennotierung durch die formwahrende Verschmelzung einer börsennotierten auf eine nicht börsennotierte Aktiengesellschaft.[420] Jedoch lehnten die Karlsruher Richter es ab, daraus eine allgemeine Wertung abzuleiten und darauf den Anlegerschutz beim Delisting zu stützen. Dem stehe nämlich entgegen, dass es auch andere Fälle des kalten Delistings (wie beispielsweise die Eingliederung in eine nicht börsennotierte AG) gebe, die keine Barabfindung nach sich zögen. Darüber hinaus sei der Schutz der Aktionäre beim nun in § 29 Abs. 1 Satz 1 Halbs. 1 2. Alt. UmwG geregelten Fall des kalten

---

417 Vgl. *Wackerbarth*, WM 2012, 2077, 2079 f., dazu auch bereits oben B.VI.2.b).
418 Vgl. BGH NJW 2014, 146, 147 = NZG 2013, 1342 f.
419 Vgl. oben B.VI.2.d).
420 Vgl. BGH NJW 2014, 146, 147 f. = NZG 2013, 1342, 1343.

Delistings vor Einführung der Regelung auch nicht bereits über § 39 Abs. 2 BörsG gewährleistet gewesen, so dass sich schon die rechtliche Ausgangslage beider Konstellationen nicht vergleichen lasse.[421]

Zuletzt stellte der BGH wie bereits zuvor Teile der Literatur auf die Gesetzgebungsgeschichte des zweiten Gesetzes zur Änderung des UmwG ab, durch das die Vorschrift des § 29 Abs. 1 Satz 1 Halbs. 1 2. Alt. UmwG eingeführt wurde.[422] Die Bundesregierung habe eine Bitte des Bundesrates, das Delisting in den Katalog des § 1 SpruchG aufzunehmen, abgelehnt, um stattdessen die Diskussion Wissenschaft und Praxis zu überlassen. Der Gesetzgeber habe mithin keinen allgemeinen Rechtsgrundsatz schaffen wollen, der von da an auch auf das reguläre Delisting zu übertragen sein sollte.

e) Keine Gesamtanalogie

Schließlich verwarf der BGH auch die insbesondere vor dem Urteil des BVerfG vertretene Gesamtanalogie zu verschiedenen gesetzlich geregelten Strukturmaßnahmen (§§ 304 f., 320a f., 327a f. AktG, §§ 29, 207 UmwG).[423] Entscheidend sei insoweit, dass das Delisting weder eine Strukturmaßnahme darstelle, noch mit einer solchen vergleichbar sei. Der Wegfall der aktienrechtlichen Regelungen, die an die Börsennotierung anknüpfen, führe nicht zu einer Veränderung des rechtlichen Rahmens der Mitgliedschaft, wie dies bei einer klassischen Strukturmaßnahme der Fall sei. Zwar hätte die Unanwendbarkeit der kapitalmarktrechtlichen Vorschriften einen bedeutenderen Effekt auf die Interessen der Anleger, so der BGH weiter, jedoch ließen auch diese Veränderungen die Binnenstruktur der Gesellschaft unberührt. Die Unterschiede hinsichtlich des Anlegerschutzes bei einer nicht börsennotierten Gesellschaft im Vergleich zu einer börsennotierten seien ferner bei Lichte betrachtet weitgehend zu vernachlässigen. Allein die Informationen durch die Ad-hoc-Publizitätspflicht gemäß § 15 Abs. 1 WpHG (a. F.)[424] gingen den Aktionären durch ein Delisting tatsächlich verloren. Dies rechtfertige jedoch keine aktienrechtlichen Schutzmechanismen, sondern allenfalls einen kapitalmarktrechtlichen Schutz, wie er in § 39 Abs. 2 BörsG bestehe. Dass dieser Schutz unzureichend sei, dafür ließe nach dem Wegfall der grundrechtlichen Begründung über Art. 14 Abs. 1 GG keine Anhaltspunkte finden. Insbesondere die Fristenlösung einiger Börsenordnungen, wonach die Wirksamkeit des Widerrufs bis zu sechs Monate aufgeschoben wird[425], erachtete der BGH als ebenso effektiven Schutz wie ein Barabfindungsangebot. Es

421 Vgl. BGH NJW 2014, 146, 147 f. = NZG 2013, 1342, 1343.

422 Vgl. BGH NJW 2014, 146, 148 = NZG 2013, 1342, 1343, vgl. zuvor bereits kritisch *Kiefner/Gillessen*, AG 2012, 645, 656 f.; *Thomale*, ZGR 2013, 686, 704.

423 Vgl. BGH NJW 2014, 146, 148 f. = NZG 2013, 1342, 1343 f.

424 Entspricht im Wesentlichen der Vorschrift des heutigen Art. 17 Abs. 1 MAR.

425 Zu den Bestimmungen der einzelnen Börsenordnungen nach der „*Frosta*"-Entscheidung noch unten D.III.1.b).

verbleibe den Aktionären in diesem Zeitraum die Möglichkeit der Desinvestition über den regulierten Markt zum aktuellen Börsenkurs. Da sich ein Kursverlust nach der Ankündigung des Delistings nicht feststellen lasse[426], stehe der Anleger nach Auffassung des BGH „*im wirtschaftlichen Ergebnis nicht anders als bei einem Barabfindungsangebot*“. Selbst bei einem Downlisting in den (qualifizierten) Freiverkehr, für das die Börsenordnungen häufig keine besonderen Schutzmechanismen vorsehen, stehe dies nicht notwendig dem Schutz der Anleger entgegen. Denn auch für den Fall des Downlistings lasse sich kein regelmäßiger Kursverlust feststellen.

Zum Ende seines Beschlusses ging der BGH schließlich auf die Frage ein, wie sich die Anleger nach Wegfall der „*Macrotron*“-Grundsätze gegen eine nicht ausreichende Berücksichtigung ihrer Interessen im Rahmen des Widerrufs der Börsenzulassung gerichtlich zur Wehr setzen könnten. Der BGH verwies dazu auf eine Stellungnahme des BVerwG im Verfahren vor dem BVerfG.[427] Das BVerwG stellte darin fest, dass unabhängig von einer Beeinträchtigung des Art. 14 Abs. 1 GG die „*Bestimmungen des Börsengesetzes [...] ausreichende Ansatzpunkte für einen angemessenen, mit Widerspruch und Anfechtungsklage gegen den Widerruf der Zulassung durchsetzbaren Schutz der betroffenen (Minderheits-)Aktionäre*“ biete. § 39 Abs. 2 Satz 2 BörsG diene zumindest auch dem Schutz der betroffenen Aktionäre, die daher im verwaltungsgerichtlichen Verfahren gemäß § 42 Abs. 2 VwGO klagebefugt seien. Darauf, dass dieser Auffassung in der Zwischenzeit das VG Frankfurt a.M. in einer Entscheidung vom 25. März 2013 widersprochen und die drittschützende Wirkung des § 39 Abs. 2 Satz 2 BörsG verneint hatte[428], ging der BGH indes nicht ein.

---

426 Vgl. zu den empirischen Grundlagen dieser Feststellung kritisch unten C.I.

427 Vgl. 8. Revisionssenat des BVerwG, Stellungnahme vom 9. August 2010 zu der Verfassungsbeschwerde 1 BvR 1569/08, 6 (n. v.), nur teilweise zitiert in Rn. 35 f. der Entscheidung des BVerfG vom 11. Juli 2012, nur abrufbar über juris, veröffentlicht i. Ü. in BVerfGE 132, 99 = NJW 2012, 3081 = NZG 2012, 826.

428 Vgl. VG Frankfurt AG 2013, 847 = ZIP 2013, 1886.

C. Rechtliche Würdigung der Entscheidung des BVerfG und des „*Frosta*"-Beschlusses des BGH

I. Empirie

1. Bezugnahme auf fehlerhafte Feststellungen des DAI

Sowohl das BVerfG als auch im Anschluss an dessen Entscheidung der BGH berlefen sich in ihren jüngsten Entscheidungen zum Delisting auf den angeblich nicht nachweisbaren Kursverlust nach der Ankündigung eines Delistings.[429] So lasse sich laut BVerfG für den Zeitraum von 2004 bis zu seiner Entscheidung nach keiner der eingeholten Stellungnahmen sachkundiger Dritter, insbesondere des DAI[430], hinreichend belegen, dass nach der Ankündigung eines Delistings ein regelmäßiger Kursverfall eingetreten sei. Daher könne offen bleiben, ob der verfassungsrechtlich zu gewährleistende Schutz des Aktieneigentums in seinem vermögensrechtlichen Element eine andere Beurteilung rechtfertigen könnte, wenn mit dem Widerruf regelmäßig ein Kursverfall einträte und das Aktieneigentum wirtschaftlich ausgezehrt würde.[431] Auch der BGH sprang auf diesen Zug auf und erachtete den rudimentären Schutz der Anleger allein über § 39 Abs. 2 BörsG (a. F.) und die Börsenordnungen mit Blick auf eine fehlende negative Kursentwicklung im Anschluss an die Ankündigung eines Delistings für ausreichend. So verweist der Gerichtshof auf die Fristenlösung einiger Börsenordnungen, unter deren Geltung die Anleger noch genügend Zeit hätten, ihre Anteile zu einem Kurs zu veräußern, der mangels zu erwartender Kursverluste nicht niedriger sei als ohne die Ankündigung des Delistings; wirtschaftlich stünden die betroffenen Anleger daher ohnehin durch diese Fristenlösungen nicht anders als bei einem Barabfindungsangebot.[432] Der BGH ging sogar noch einen Schritt weiter: Aufgrund des fehlenden Kursverfalls widerspreche es selbst dann nicht zwingend dem in § 39 Abs. 2 BörsG (a. F.) verlangten „*Schutz der Anleger*", wenn ein Delisting ohne ein Kaufangebot an die Anleger *sofort* wirksam werde.[433]

---

429 Vgl. anders noch die Annahme des BGH in seiner „*Macrotron*"-Entscheidung BGHZ 153, 47, 53 ff. = NJW 2003, 1032, 1035 = NZG 2003, 280, 282.

430 Vgl. *DAI*, Stellungnahme zu Delisting und Spruchverfahren – Anfrage des Bundesverfassungsgerichtes, 1 BvR 3142/07.

431 Vgl. BVerfGE 132, 99, 125 f. = NJW 2012, 3081, 3084 = NZG 2012, 826, 830.

432 Vgl. BGH NJW 2014, 146, 149 = NZG 2014, 1342, 1344.

433 Vgl. BGH NJW 2014, 146, 149 = NZG 2014, 1342, 1344.

Bereits der empirische Ausgangspunkt all dieser Überlegungen ist äußerst fraglich: In der in Bezug genommenen Studie des DAI selbst gesteht das Institut ein, dass es mit erheblichen Schwierigkeiten verbunden sei, die Effekte des Börsenrückzugs auf die Kursentwicklung zu untersuchen und dass insbesondere die zum Zeitpunkt der untersuchten Delistingfälle geltenden rechtlichen Rahmenbedingungen möglicherweise selbst Kurseffekte ausgelöst haben könnten.[434] Dies wird – insoweit zutreffend – dahingehend präzisiert, dass den Anlegern in allen untersuchten Fällen unter der Geltung der „*Macrotron*"-Rechtsprechung Abfindungsangebote unterbreitet wurden und die zum Teil festgestellten sogar positiven Kursentwicklungen (auch) mit der begründeten Hoffnung der Anleger auf ein Abfindungsangebot zu erklären seien.[435] Soll jedoch eine Aussage über Kursentwicklungen im Anschluss an die Ankündigung eines Delistings *ohne* ein Abfindungsangebot getroffen werden, kann darüber selbstredend keine Aussage aufgrund von durch ein solches Abfindungsangebot selbst gestützten Kursen in der Vergangenheit getroffen werden. In der Literatur wurde dieser logische Zirkelschluss zu Recht massiv kritisiert.[436] *Bayer/Hoffmann* lassen darüber hinaus sogar mit der Bezeichnung des DAI *„als Interessenvertreterin deutscher Aktiengesellschaften"* Zweifel an dessen Unbefangenheit anklingen.[437] Dass die von der Studie aufgrund dieses logischen Fehlers festgestellten fehlenden Kursverluste danach jedenfalls nicht den Grund für das Absehen von einem (verfassungsrechtlichen) Anlegerschutz liefern konnten, liegt auf der Hand, wenn die festgestellten (zum Teil sogar positiven) Kursentwicklungen doch gerade als Folge dieses Schutzes aufzufassen waren. In diesem Lichte vermag das Ergebnis der Studie des DAI, dass die Ankündigung des Börsenrückzuges regelmäßig sogar zu einem Kursanstieg geführt haben soll, nun weniger zu überraschen, auch wenn es nach allgemeinem Verständnis doch grundsätzlich den Gesetzen des Marktes entspricht, dass der Preis für ein Handelsgut regelmäßig sinkt, wenn die wesentliche Absatzmöglichkeit wegfällt.[438]

---

434 Vgl. *DAI*, Stellungnahme zu Delisting und Spruchverfahren – Anfrage des Bundesverfassungsgerichtes, 1 BvR 3142/07, 18.

435 Vgl. *DAI*, Stellungnahme zu Delisting und Spruchverfahren – Anfrage des Bundesverfassungsgerichtes, 1 BvR 3142/07, 18.

436 Vgl. *Bayer/Hoffmann*, AG 2013, R371, R372 f.; *Bayer/Hoffmann*, AG 2014, R3; vgl. *Benger/Brenscheid*, platow.de-Kolumne vom 25. April 2014; *Drygala*, Legal Tribune Online vom 10. Februar 2015; *Glienke/Röder*, BB 2014, 899, 903; *Habersack*, JZ 2014, 147, 148; *Mohr*, FAZ Online vom 31. Oktober 2014; *Cabras*, Focus Money vom 11. Dezember 2013, 56; *Solventis Wertpapierhandelsbank*, Studie vom 12. Dezember 2014, 4 (n. v.); umfassende Kritik an der Studie des DAI üben auch *Karami/Cserna/Schuster*, Bewertung im Recht, Working Paper 2015; vgl. ferner *Börse Düsseldorf*, Pressemitteilung vom 7. April 2014; **a. A.**: die Mitarbeiterinnen des DAI *Heldt/Royé*, AG 2012, 660; unkritisch auch *Arnold/Rothenburg*, DStR 2014, 150, 154.

437 Vgl. *Bayer/Hoffmann*, AG 2013, R371.

438 Vgl. daher bereits früh erhebliche Kursverluste erwartend *Habersack*, JZ 2014, 147, 148; *Benger/Brenscheid*, platow.de-Kolumne vom 25. April 2014; *Wackerbarth*, Fernuni-Hagen-Blog vom 5. Oktober 2012; ähnlich auch *Königshausen*, BB 2014, 3020,

2. Tatsächlicher Kursverlust

a) *Ausschreibung einer empirischen Studie zu den Auswirkungen der Ankündigung eines Delistings*

Nachdem seit der „*Frosta*"-Entscheidung bereits knapp eineinhalb Jahre verstrichen waren und es zu einem massiven Anstieg der Zahl der Delisting-Fälle kam, erfolgte im Februar 2015 eine erste Reaktion des Finanzministeriums und es wurde eine Studie mit dem Titel *„Untersuchung der Kursverläufe von Aktien beim Rückzug von der Börse nach der ‚Frosta'-Entscheidung des BGH unter dem Aspekt des Anlegerschutzes"* ausgeschrieben.[439] Bereits am 7. April 2014 hatte die Börse Düsseldorf in einer Pressemitteilung auf einen Fall hingewiesen, in dem ein Emittent veröffentlicht hatte, ein vollständiges Delisting ohne Kaufangebot durchführen zu wollen. Der Preis der Aktie habe nach der Veröffentlichung der Delisting-Absicht um ca. 10 Prozent nachgegeben, da der Kurs anders als in früheren Fällen vor der „*Frosta*"-Entscheidung nicht mehr durch das nach der alten Rechtsprechung obligatorisch abzugebende Kaufangebot gestützt worden sei.[440] Nachdem auch in Presseartikeln im Anschluss an die „*Frosta*"-Entscheidung ganz überwiegend angenommen wurde, die Ankündigung des Delistings seit der Änderung der Rechtsprechung gehe regelmäßig mit erheblichen Kursrückgängen einher[441], sollte durch die Studie eine Grundlage für die Bewertung der Angemessenheit des börsenrechtlichen Anlegerschutzes nach dem Wegfall der Abfindungspflicht und die gesetzgeberische Befassung mit der Thematik geschaffen werden. Es sollte daher empirisch untersucht werden, wie sich der Handel der Aktien bei der Ankündigung eines Delistings seit der Änderung der Rechtsprechung entwickelt hatte – insbesondere im Hinblick auf Kursverläufe, Handelsumsätze, -intensität und -möglichkeiten. Den Zuschlag erhielten die Ökonomen *Doumet*, *Limbach* und *Theissen*, woraus die im Folgenden dargestellte Studie entstand.

3025; bereits früher *Schwark/Geiser*, ZHR 161 (1997), 739, 762; *Röhricht*, VGR 2003, 1, 34; *Henze*, in: FS Raiser, 145, 153; *Wicke*, DNotZ 2015, 488, 492 f.; **a. A.**: *Wieneke*, NZG 2014, 22, 23 f.; kritisch auch *Paschos*, FAZ vom 3. Dezember 2014, 16.

439 Ausschreibung mit der ID 10446292 auf der Internetseite der Deutsche Auftragsdienst AG, abrufbar unter https://www.dtad.de/details/Untersuchung_der_Kursverlaeufe_von_Aktien_beim_Rueckzug_von_der_Boerse_10117_Berlin-10446292_1, zuletzt am 12. Juni 2018.

440 Vgl. *Börse Düsseldorf*, Pressemitteilung vom 7. April 2014.

441 Vgl. *Lang*, €uro am Sonntag Online vom 28. Juni 2014; *Cabras*, Focus Money vom 11. Dezember 2013, 56.

b) *Die Studie von* Doumet/Limbach/Theissen

Die Ereignis-Studie von *Doumet/Limbach/Theissen* weist mit 31 Unternehmen eine der größten Stichproben auf. Die Autoren stellen in ihrer Studie eine kumulierte abnormale Aktienrendite von −7,45 % im Zeitraum von einem Tag vor bis einem Tag nach der Ankündigung eines Delistings fest. Bei vollständigen Delistings – gemeint sind solche ohne verbleibende Zulassung im Freiverkehr – wird im gleichen Zeitraum sogar eine durchschnittliche abnormale Rendite von −11,7 % ausgewiesen. Dabei konnten in 19 von 21 Fällen des vollständigen Delistings negative Kursreaktionen beobachtet werden. In den untersuchten Fällen des Downlistings, in denen also eine Notierung im Freiverkehr verblieb, ließ sich zwar kein signifikanter Kursrückgang feststellen, jedoch war ein deutlicher Rückgang der Aktienliquidität zu verzeichnen. Erwähnenswert scheint schließlich, dass laut der Studie in 71 % der untersuchten Fälle des Börsenrückzugs ein Großaktionär mit mindestens 75 % der Stimmanteile und sogar in 81 % mit mindestens 50 % der Stimmanteile vorhanden war.[442]

c) *Weitere Studien*

Auch weitere Studien zu den von vielen erwarteten Kursverlusten in Folge der Ankündigung eines Delistings ohne Abfindungsangebot ließen im Nachgang der „*Frosta*"-Entscheidung und insbesondere der damit beschlossenen Abkehr von dem Erfordernis eines Abfindungsanspruchs der betroffenen Anleger nicht lange auf sich warten.

Als eine der ersten Studien erschien die der *Solventis Handelsbank* auf der Bildfläche. Nach dieser ließ sich für den Zeitraum von Oktober 2013 bis Dezember 2014 für Delistings ohne Insolvenzen und freiwillige Abfindungsangebote ein durchschnittlicher Kursverlust von --9,6 % am Tag nach der Delisting-Ankündigung im Vergleich zum Tag vor der Ankündigung feststellen; zum Zeitpunkt des Endes der Studie weist diese gar durchschnittliche Kursabschläge von −23,7 % im Vergleich zum Dreimonatsdurchschnitt vor Ankündigung eines Delistings aus.[443]

Kurverluste infolge eines Delistings bestätigt im Grundsatz ebenfalls eine Studie der Ökonomen *Karami/Cserna/Schuster.*[444] Sie gelangen nach eigenen Untersuchungen abfindungsfreier Rückzüge aus dem regulierten Markt und dem Freiverkehr im Zeitraum vom 1. Januar 2013 bis zum 28. Februar 2015 zu dem Ergebnis, dass sich die größten Kursverluste in den Fällen des Rückzugs aus dem qualifizierten Freiverkehr beobachten lassen. So weist die Studie eine durchschnittliche abnormale Rendite von −14,65 % innerhalb des Zeitraums von fünf

---

442 Vgl. *Doumet/Limbach/Theissen*, ZfbF 2016, 253, 367, Tab. 3, Panel C.

443 Vgl. *Solventis Wertpapierhandelsbank*, Studie vom 12. Dezember 2014, 5 (n. v.), zur teilweise berechtigten Kritik an Methodik und Terminologie der Studie vgl. *Bayer/Hoffmann*, AG 2015, R55 ff.; *Brellochs*, in: BZ vom 9. Mai 2015, 13.

444 Vgl. *Karami/Cserna/Schuster*, Bewertung im Recht, Working Paper 2015.

Tagen vor bis vier Tagen nach der Ankündigung des Zulassungswiderrufs aus. Für die 37 von ihnen beobachteten Fälle des Downlistings aus dem regulierten Markt in den (qualifizierten) Freiverkehr ließe sich für diesen Zeitraum hingegen nur ein statistisch nicht signifikanter Kursverlust von −3,82 % feststellen. Auch für die lediglich acht ausgewerteten Totalrückzüge aus dem regulierten Markt ergibt sich aus der Studie lediglich eine durchschnittliche abnormale Rendite von −4,51 %, die ebenfalls unterhalb der statistischen Signifikanz liege, was jedoch mit Blick auf die geringe Stichprobengröße nicht überbewertet werden sollte.

Eine weitere Studie zu den Kurseffekten im Zusammenhang mit einem Delisting veröffentlichten *Anders/Muxfeld/Lill*.[445] Nach Bereinigung ihrer Stichprobe um Verzerrungen, etwa durch von Beherrschungs- und Gewinnabführungsverträgen und durch andere abfindungspflichtige Strukturmaßnahmen gestützte Kurse, kommen sie zu dem Ergebnis, dass sich bereits am Tag der Ankündigung eine kumulative durchschnittliche abnormale Rendite von −7,1 % feststellen ließ. Im weiteren Nachgang der Ankündigung beträgt dieser Wert laut der Studie für den Zeitraum bis 20 Tage nach der Ankündigung sogar −9,4 % abnormale Rendite. Dabei unterscheiden *Anders/Muxfeld/Lill* jedoch nicht zwischen den verschiedenen Arten der Börsenrückzüge, sondern fassen alle Fälle unter dem Oberbegriff *„Delisting“* zusammen.

Auch die Studie von *Pilsl/Knoll* stützt für den kompletten Rückzug aus dem regulierten Markt ohne verbleibende Notierung im Freiverkehr im Wesentlichen die eingangs dargestellten Ergebnisse der Studie von *Doumet/Limbach/Theissen*.[446] Nach Bereinigung der Stichprobe konnte eine kumulierte durchschnittliche abnormale Rendite von −12,96 % im Ereignisfenster von drei Tagen vor bis drei Tage nach der Ankündigung eines vollständigen Delisting festgestellt werden.[447] Selbst bei Ausnahme eines Ausreißers mit einer abnormalen Rendite von −75,73 % aus der Stichprobe von 12 Fällen bleibt es bei einer durchschnittlichen abnormalen Rendite von 7,91 % in diesem Zeitraum. Negative Kurseffekte für die Fälle des Downlistings weist auch diese Studie nicht aus.

Zu ganz ähnlichen Ergebnissen gelangt auch die Studie von *Wessels/Röder* aus dem Jahr 2016. Auf Grundlage einer Stichprobe von 22 Fällen des vollständigen Delistings weist die Studie für das Intervall von einem Tag vor der Ankündigung des Delistings bis zum darauffolgenden Tag eine kumulative durchschnittliche abnormale Rendite von −13,18 % auf.[448] Gesonderte Aussagen zu den Effekten eines Downlistings trifft die Studie demgegenüber nicht.

Schließlich lässt auch die von *Thomale/Walter* durchgeführte Ereignisstudie regelmäßige Kursverluste im Anschluss an die Ankündigung eines regulären Delistings erkennen. Wenngleich diese bei einer vergleichbar kleinen Stichprobe von zwölf Fällen mit einer kumulierten durchschnittlichen abnormalen Rendite

445 Vgl. *Anders/Muxfeld/Lill*, CF 2015, 389.
446 Vgl. *Pilsl/Knoll*, DB 2016, 181.
447 Vgl. *Pilsl/Knoll*, DB 2016, 181, 184 f.
448 Vgl. *Wessels/Röder*, CF 2016, 357, 362, Tab. 4.

von −5,13 % geringer ausfällt als bei der anfangs dargestellten Studie von *Doumet/ Limbach/Theissen* stimmen die empirischen Grundaussagen der Studien überein:[449] Die Ankündigung eines regulären Delistings zieht regelmäßig negative Kurseffekte nach sich. Die Ankündigung des bloßen Downlistings aus dem regulierten Markt in den Freiverkehr zieht hingegen auch nach der Studie von *Thomale/Walter* regelmäßig keine negativen Kurseffekte nach sich.[450]

d) Zusammenfassung

Insgesamt lässt sich entgegen der Auffassung des BGH und des BVerfG und im Einklang mit den allgemeinen Marktgesetzen zweifelsfrei zusammenfassen, dass ein echtes Delisting regelmäßig deutliche Kursverluste nach sich zieht. So konnte im Zeitraum unmittelbar um die Ankündigung eines vollständigen Delistings herum überwiegend eine durchschnittliche abnormale Rendite in der Größenordnung von etwa −10% beobachtet werden. Bloße Downlistings hingegen führten nicht zu signifikanten Kursverlusten, jedoch zogen sie regelmäßig Liquiditätseinbußen nach sich.

Teilweise auftretende – geringe – Differenzen bei den Ergebnissen der verschiedenen Studien lassen sich zum einen auf eine nicht immer einheitliche Terminologie und zum anderen auf die Selektion der einbezogenen Stichproben und deren Größe zurückführen. Daneben lassen sie sich ferner dadurch erklären, dass teilweise auch solche Emittenten in die Statistiken aufgenommen wurden, die einem Beherrschungs- und Gewinnabführungsvertrag unterlagen oder in der Folge bekanntermaßen Gegenstand einer Strukturmaßnahme mit Abfindung geworden sind, sodass der Kurs durch weiterhin bestehende Formen des finanziellen Ausgleichs gestützt wurde.[451]

---

449 Vgl. *Thomale/Walter*, ZGR 2016, 679, 712, 715, die die Unterschiede zu den Ergebnissen der Studie von *Doumet/Limbach/Theissen*, ZfbF 2016, 253, selbst mit der Auswahl der Stichprobe erklären; kritisch hinsichtlich der Aussagekraft der Kursentwicklung bei lediglich 12 untersuchten Delistings *Bayer/Hoffmann*, AG 2016, R367, 368.

450 *Thomale/Walter*, ZGR 2016, 679, 709 f.

451 Vgl. *Anders/Muxfeld/Lill*, CF 2015, 389, 395; *Thomale/Walter*, ZGR 2016, 679, 712, 715; *Morell*, ZBB 2016, 67, 80.

II. Verfassungsrechtliche Würdigung der Entscheidung des BVerfG im Hinblick auf Art. 14 Abs. 1 GG

1. Keine Beeinträchtigung der mitgliedschaftsrechtlichen Substanz des Aktieneigentums

Wie bereits dargestellt, erfuhr die Entscheidung des BVerfG vom 11. Juli 2012[452] zum Teil Kritik in der Literatur, auch wenn der Großteil der Autoren dem Gericht in dessen Einschätzung folgte, dass der Rückzug von der Börse den Schutzbereich von Art. 14 Abs. 1 GG unberührt lasse.

Es ist allgemein anerkannt, dass das Aktieneigentum als solches dem Schutzbereich von Art. 14 Abs. 1 GG unterfällt.[453] Geschützt wird dabei zunächst die mitgliedschaftliche Stellung des Aktionärs, aus der dem Aktionär Mitbestimmungsrechte einerseits und vermögensrechtliche Ansprüche, wie beispielsweise der Anspruch auf Teilhabe am Gewinn der Gesellschaft, andererseits erwachsen.[454]

Das BVerfG hatte in seinem Urteil vom 11. Juli 2012 ausgesprochen, dass durch das Delisting weder der Bestand des Mitgliedschaftsrechts noch die aus der Mitgliedschaft fließenden relativen Beteiligungsrechte berührt werden.[455] Dem ist uneingeschränkt zuzustimmen: Die Innenstruktur der Aktiengesellschaft bleibt bei einem regulären Delisting unangetastet, das Verhältnis zwischen Aktionär und Gesellschaft ändert sich nicht. Ferner kommt es nicht zu einer Schwächung der Mitbestimmungsrechte des Aktionärs. Auch der BGH ging bereits in seiner „*Macrotron*"-Entscheidung zu Recht davon aus, dass durch das reguläre Delisting nicht in die Innenstruktur der Aktiengesellschaft oder in die Mitverwaltungsrechte der Aktionäre eingegriffen würde.[456] Durch das Delisting wird die rechtliche Verfassung der AG nicht berührt.[457] Daran vermag auch der Umstand nichts zu ändern, dass für die börsennotierte Aktiengesellschaft eine Reihe von Sondervorschriften im Aktien- und Kapitalmarktrecht bestehen.[458] Diese dienen unmittelbar nicht dem

---

452 BVerfGE 132, 99 = NJW 2012, 3081 = NZG 2012, 826.

453 Vgl. BVerfGE 100, 289, 301 = NJW 1999, 3769, 3770; BVerfG NJW 2007, 3265 = NZG 2007, 631; BVerfG NJW 2001, 279 = NZG 2000, 1117, 1118; *Papier*, in: Maunz/Dürig, GG, Art. 14 Rn. 195 (September 2017).

454 Vgl. BVerfGE 14, 263, 276 f. = NJW 1962, 1667; vgl. BVerfGE 100, 289, 302 = NJW 1999, 3769, 3770; *Bryde*, in: v. Münch/Kunig, GG, Art. 14 Rn. 22; *Depenheuer*, in: v. Mangoldt/Klein/Starck, GG, Art. 14 Rn. 142.

455 Vgl. BVerfGE 132, 99, 120 = NJW 2012, 3081, 3083 = NZG 2012, 826, 828.

456 Vgl. BGHZ 153, 47, 54 = NJW 2003, 1032, 1034 = NZG 2003, 280, 282; zustimmend *Kumpan*, in: Baumbach/Hopt, HGB, § 39 BörsG Rn. 9.

457 Vgl. zutreffend OLG Frankfurt a.M. AG 2012, 330 = ZIP 2012, 371, 372; *Eckhold*, in: Handbuch börsennotierte AG, § 62 Rn. 32; *Kiefner/Gillessen*, AG 2012, 645, 650 f.; *Streit*, ZIP 2002, 1279, 1287; *Wirth/Arnold*, ZIP 2000, 111, 114.

458 Vgl. dem BVerfG zustimmend auch *Brellochs*, AG 2014, 633, 636.

Anlegerschutz und haben keinen rechtlichen Einfluss auf die Ausgestaltung der Mitgliedschaft des Aktionärs,[459] was auch das BVerfG so in seinem Urteil andeutete.[460] Eine Veränderung innerhalb der Beziehungen des Aktionärs zu der Gesellschaft, also der Mitgliedschaft des Aktionärs, tritt nicht ein. Allein Umstände außerhalb der unveränderten Mitgliedschaft, nämlich deren faktische Veräußerbarkeit und deren Bedingungen, können sich durch das Delisting ändern.

Damit stellt sich die Situation bei einem Delisting grundlegend anders dar als bei Strukturmaßnahmen, die allesamt aufgrund eines Eingriffs in die über Art. 14 Abs. 1 GG geschützten Mitgliedschaftsrechte der Aktionäre eine Abfindung nach sich ziehen müssen: Sowohl bei der Eingliederung nach § 320 AktG als auch im Falle des Squeeze-out nach § 327a AktG kommt es zum vollständigen Verlust der Mitgliedschaft des Minderheitsaktionärs, sodass eine Abfindung über Art. 14 Abs. 1 GG verfassungsrechtlich geboten ist.[461] Ebenso wird durch den Abschluss eines Beherrschungs- oder Gewinnabführungsvertrages nach § 291 Abs. 1 AktG in die Mitgliedschaftsrechte des außenstehenden Aktionärs eingegriffen. Zwar bleibt hier die Mitgliedschaft als solche bestehen. Jedoch führen die völlige Ausrichtung auf das herrschende Unternehmen und der Übergang der Leitungsmacht auf dieses nach § 308 AktG zu einer weitgehenden Einbuße der Mitverwaltungsrechte des außenstehenden Aktionärs.[462] Anders als im Falle des regulären Delistings ist durch diesen Eingriff das durch Art. 14 Abs. 1 GG geschützte Aktieneigentum beeinträchtigt und eine Abfindung aus verfassungsrechtlicher Sicht erforderlich.[463] Schließlich ist auch bei einer Mischverschmelzung im Sinne des § 29 Abs. 1 Satz 1 Halbs. 1 Fall 1 UmwG und einem Formwechsel nach § 207 UmwG der Abfindungsanspruch verfassungsrechtlich determiniert, da das Substrat der Mitgliedschaft betroffen ist.[464] Der Aktionär kann nicht gezwungen werden, zu durch den Formwechsel (möglicherweise zu seinen Lasten) wesentlich veränderten rechtlichen Bedingungen seiner Mitgliedschaft an dieser festzuhalten.[465] Es lässt sich also zusammenfassen, dass die in den §§ 305, 320b, 327b AktG und den §§ 29, 207 UmwG geregelten Fälle eines Abfindungsanspruchs allesamt an

---

459 Vgl. *Kiefner/Gillessen*, AG 2012, 645, 650; vgl. zur Frage nach dem besonderen Regelungsregime für eine börsennotierte Gesellschaft als Schutzgegenstand von Art. 14 Abs. 1 GG sogleich unten C.II.2.

460 Vgl. BVerfGE 132, 99, 123 f. = NJW 2012, 3081, 3084 = NZG 2012, 826, 829.

461 Vgl. BVerfGK 11, 253, 257 = BVerfG NJW 2007, 3268, 3270; *Grunewald*, in: MüKo-AktG, § 327b Rn. 2; *Müller-Michaels*, in: Hölters, AktG, § 327b Rn. 1; *Singhof*, in: Spindler/Stilz, AktG, § 320b Rn. 2.

462 Vgl. *Emmerich*, in: Emmerich/Habersack, Aktien- und GmbH-Konzernrecht, § 305 Rn. 1.

463 Vgl. zur verfassungsrechtlichen Begründung BVerfGE 100, 289, 306 = BVerfG NJW 1999, 3769, 3771; *Meilicke/Kleinertz*, in: Heidel, AktG, § 304 Rn. 2; *Paulsen*, in: MüKo-AktG, § 305 Rn. 9.

464 Vgl. *Klöhn*, Delisting, 98 ff.

465 Vgl. *Hoffmann-Becking*, ZGR 1990, 482, 487; *Simon*, in: KK-UmwG, § 29 Rn. 11.

einen beim regulären Delisting fehlenden Eingriff in die Mitgliedschaftsrechte des anspruchsberechtigten Aktionärs durch gesellschaftsrechtliche Umstrukturierung anknüpfen und das verfassungsrechtlich geschützte Aktieneigentum berühren. Es wird hier besonders deutlich, dass das reguläre Delisting eine verfassungsrechtlich abweichend zu bewertende Konstellation darstellt.

2. Besonderes Regelungsregime kein Bestandteil des über Art. 14 Abs. 1 GG geschützten Aktieneigentums

Zu untersuchen ist jedoch weiterhin, ob den Aktionären durch die zahlreichen an der Börsennotierung anknüpfenden Sonderregelungen eine privatnützige Rechtsposition im eigentumsrechtlichen Sinne individuell zugeordnet wird, die durch ein Delisting betroffen würde, was das BVerfG in seiner Entscheidung ebenfalls verneint.[466] Naheliegend wird teilweise auf die großen Unterschiede der geltenden Regelungen für börsennotierte und für nicht börsennotierte Gesellschaften hingewiesen, die zumindest mittelbar einen Einfluss auf die Aktionäre entfalten.[467] So sei an dieser Stelle allein auf die börsenrechtlichen Schutzstandards in Form der Befugnisse der Börsenaufsicht in § 3 Abs. 3 BörsG sowie der Zulassungsfolgepflichten[468] und die zahlreichen an der Börsennotierung anknüpfenden Vorschriften des AktG verwiesen[469].

Solch, allein mittelbare, faktische Vorteile, die durch dieses besondere Regelungsregime den Aktionären zuteil werden, führen jedoch gerade nicht dazu, dass die Geltung dieser Sondervorschriften zugunsten der Aktionäre zwangsläufig dem verfassungsrechtlichen Schutz des Eigentums unterfiele. Vielmehr ist zu berücksichtigen, dass die (kapitalmarktrechtlichen) Sondervorschriften für börsennotierte Gesellschaften in ihrer Gesamtheit nicht dem einzelnen Aktionär eine Rechtsposition verschaffen, sondern dem öffentlichen Interesse an der Transparenz, der Qualität und der Funktionsfähigkeit des Kapitalmarktes dienen.[470] Es überzeugt daher, die durch die Sondervorschriften nur mittelbar den Aktionären zukommenden Vorteile lediglich als für den verfassungsrechtlichen Eigentumsschutz unbeachtliche Rechtsreflexe zu qualifizieren.[471]

---

466 Vgl. BVerfGE 132, 99, 123 = NJW 2012, 3081, 3084 = NZG 2012, 826, 829.

467 Vgl. dazu ausführlich *Heidel/Lochner*, AG 2012, 169, 171 ff.; vgl. die anschauliche Darstellung der Publizitäts- und Transparenzpflichten in den unterschiedlichen Börsensegmenten bzw. Teilbereichen bei *Seibt/Wollenschläger*, AG 2009, 807, 812.

468 Vgl. hierzu oben A.II.1.b)aa).

469 Vgl. §§ 87 Abs. 1; 93 Abs. 6; 100 Abs. 3 Nr. 4; 110 Abs. 3; 121 ff.; 130; 149; 161; 248a AktG.

470 Vgl. allgemein zum verfassungsrechtlichen Maßstab *Jarass*, in: Jarass/Pieroth, GG, Art. 14 Rn. 10; diesen Maßstab legt auch das BVerfG an, vgl. BVerfGE 132, 99, 123 = NJW 2012, 3081, 3084 = NZG 2012, 826, 829; vgl. ferner *Zimmer*, in: Schwark/Zimmer, Kapitalmarktrecht, § 1 WpHG Rn. 4 ff.; *Kumpan*, in: Baumbach/Hopt, HGB, § 3 BörsG Rn. 5.

471 Zustimmend ebenfalls *Heldt/Royé*, AG 2012, 660, 666.

3. Gesteigerte tatsächliche Verkehrsfähigkeit kein Schutzgut von Art. 14 Abs. 1 GG

Anders als die rechtliche Verkehrsfähigkeit unterfällt auch die tatsächliche Verkehrsfähigkeit von Aktien, die durch ein Delisting beeinträchtigt wird, nicht dem Schutzbereich von Art. 14 Abs. 1 GG. Sie ist als in der Zukunft liegende Chance und Verdienstmöglichkeit keine Rechtsposition im Sinne des Art. 14 Abs. 1 GG, die einem Rechtssubjekt bereits zusteht und eine bestehende Vermögensposition darstellt.[472] Dieses Verständnis liegt auf der Linie der verfassungsgerichtlichen Rechtsprechung und stellt keine Besonderheit oder gar Benachteiligung des Aktieneigentums dar: Bereits in seiner bekannten Glykol-Wein-Entscheidung hatte das BVerfG festgestellt, dass eine tatsächliche Absatzmöglichkeit nicht über Art. 14 Abs. 1 GG geschützt werde.[473] Das BVerfG sah darin durch die Veröffentlichung einer Liste glykolhaltiger Weine unter Nennung der betroffenen Abfüllbetriebe die Kellereien nicht in ihrem Eigentumsgrundrecht beeinträchtigt. Während die rechtliche Befugnis, Sachen zum Verkauf anzubieten, zum Erworbenen und damit zum über Art. 14 Abs. 1 GG geschützten Bestand zu rechnen sei, gehöre die tatsächliche Absatzmöglichkeit nicht zu dem bereits Erworbenen, sondern zur Erwerbstätigkeit und sei allenfalls über Art. 12 GG geschützt.[474]

Dieses Verständnis steht auch nicht im Widerspruch zu der „*DAT/Altana*"-Rechtsprechung des BVerfG[475], auf die der BGH ursprünglich seine verfassungsrechtliche Argumentation in der „*Macrotron*"-Entscheidung stützte, diese dabei jedoch offenbar missinterpretierte.[476] Darin hatte das BVerfG entschieden, dass das verfassungsrechtlich geschützte Aktieneigentum besonders durch die hohe Verkehrsfähigkeit der Aktie geprägt wird und dass diese daher bei der *Wertbestimmung* des in der Aktie verkörperten Anteilseigentums und damit zugleich *bei der Bemessung der Höhe des Abfindungsanspruchs* nach § 305 I AktG nicht außer Betracht bleiben dürfe.[477] Abfindungsauslösend ist in der vom BVerfG entschiedenen Konstellation des Abschlusses eines Unternehmensvertrages jedoch bereits die Entwertung der Mitgliedschaftsrechte der Aktionäre durch den Abschluss eines Gewinnabführungs- oder Beherrschungsvertrages.[478] Zwar bleibt die Mitgliedschaft als solche bestehen, jedoch führen die völlige Ausrichtung auf das herrschende Unternehmen und der Übergang der Leitungsmacht auf dieses nach § 308 AktG zu einer weitgehenden Einbuße der Mitverwaltungsrechte des außenstehenden Aktionärs, worin

---

472 Vgl. stellvertretend BVerfGE 68, 193, 222 = NJW 1985, 1385, 1389.

473 Vgl. BVerfGE 105, 252 = NJW 2002, 2621; auf diese Entscheidung hinweisend auch *Schatz*, EWiR 2012, 483.

474 Vgl. BVerfGE 105, 252 = NJW 2002, 2621, 2625.

475 Vgl. BVerfGE 100, 289, 306 = NJW 1999, 3769, 3771.

476 Vgl. BGHZ 153, 47, 55 = NJW 2003, 1032, 1034 = NZG 2003, 280, 282 f.

477 Vgl. BVerfGE 100, 289, 306 f. = NJW 1999, 3769, 3771 f.

478 Vgl. *Paulsen*, in: MüKo-AktG, § 304 Rn. 9; *Koch*, in: Hüffer/Koch, AktG, § 304 Rn. 1; *Kropff*, Regierungsbegründung AktG, 395.

eine Beeinträchtigung des von Art. 14 Abs. 1 GG geschützten Aktieneigentums zu erblicken ist.[479] Es wird dabei deutlich, dass der Börsenkurs – und die damit verbundene besondere Verkehrsfähigkeit der Aktien – entgegen dem Verständnis des BGH in dessen „*Macrotron*"-Entscheidung, verfassungsrechtlich erst nachgelagert auf Rechtsfolgenseite zu berücksichtigen ist, mit anderen Worten nicht bei der Frage nach dem *Ob* der Abfindung, sondern erst bei der sich anschließenden Frage der Höhe einer aus anderen Gründen zu gewährenden Abfindung.[480] Der Marktwert des betroffenen Eigentumsgutes erlangt in diesem Fall erst als Maßstab bei der Entschädigungsbemessung Bedeutung.[481]

Auf den prominenten „*Glykol-Wein*"-Fall bezogen, käme dies etwa der folgenden Konstellation gleich, die den Unterschied zwischen beiden Ebenen noch einmal verdeutlichen soll: Ein Dritter stiehlt oder zerstört eine Flasche Wein und es wird über die Höhe des Schadensersatzes gestritten. In diesem Fall leuchtet es ein, dass bei der Bestimmung der Höhe des Schadensersatzanspruches der Verkehrswert den Mindestschaden des Eigentümers darstellen dürfte, auch wenn die Verkehrsfähigkeit des Weins als solche eben nicht über Art. 14 Abs. 1 GG geschützt wird.[482] Es ginge dabei wie in der „*DAT/Altana*"-Entscheidung nicht um eine Kompensation für den Verlust von Absatzmöglichkeiten, sondern um die Bestimmung eines angemessenen Ausgleichs für einen vorgelagerten Eingriff in das (Aktien-) Eigentum.

Dass dieses Ergebnis es im Hinblick auf das Aktieneigentum zunächst zulässt, dass sich nach einem tatsächlichen Eingriff in das Aktieneigentum durch eine Strukturmaßnahme ein angemessener Ausgleich plötzlich nicht mehr am Börsenkurs als Untergrenze orientieren kann, wenn zwischenzeitlich ein Delisting stattfindet, und so die verfassungsrechtliche Börsenkursrechtsprechung umgangen werden kann,[483] führt schließlich ebenfalls nicht zur Berührung des Schutzbereichs von Art. 14 Abs. 1 GG durch ein Delisting. Dies stellt lediglich eine faktische Auswirkung des Delistings dar, die jedoch zweifelsohne bei der Ausarbeitung eines stimmigen Gesamtkonzeptes Berücksichtigung finden muss.

---

479 Vgl. *Emmerich*, in: Emmerich/Habersack, Aktien- und GmbH-Konzernrecht, § 305 Rn. 1.

480 Vgl. BVerfGE 132, 99, 123 = NJW 2012, 3081, 3083 = NZG 2012, 826, 829; so im Ergebnis auch *Adolff/Tieves*, BB 2003, 797, 799 f.; *Auer*, JZ 2015, 71, 73; *Bungert/Wettich*, DB 2012, 2265, 2267; *Ekkenga*, ZGR 2003, 878, 883 f.; *Häuser/Thomas*, WUB II A. § 119, 1.03, 519, 521; *Henze*, in: FS Ulmer, 211, 240 f.; *Klöhn*, ZBB 2003, 208, 214; *Lampert/Weichel*, WM 2014, 1024,; **a. A.**: *Thomale*, ZGR 2013, 686, 692 ff.

481 Vgl. *Papier*, in: Maunz/Dürig, GG, Art. 14 Rn. 163 f. (September 2017).

482 Vgl. *Schubert*, in: Bamberger/Roth, BGB, § 249 Rn. 14; *Oetker*, in: MüKo-BGB, § 249 Rn. 25.

483 Vgl. in diese Richtung argumentierend *Bungert/Wettich*, EWiR 2014, 3, 4; *Bungert/Leyendecker-Langner*, BB 2014, 521, 525; *Mense/Klie*, GWR 2013, 505, 508; *Paschos/Klaaßen*, AG 2014, 33, 35; *Wasmann/Glock*, DB 2014, 105, 108; dazu noch unten E.I.1.a).

4. Keine wirtschaftliche Auszehrung des Aktieneigentums durch Wertverlust nach Delisting

Wie zuvor festgestellt, führt nach allgemeiner Auffassung bereits die Ankündigung des Börsenrückzuges nach Wegfall des Abfindungsangebots im Sinne der „*Macrotron*"-Grundsätze zu Kursverlusten. Wenngleich diese nach empirischen Studien zum Teil nicht so drastisch ausfallen, wie zuvor befürchtet, so sind doch zumindest regelmäßige Kursverluste im einstelligen oder unteren zweistelligen Bereich zu verzeichnen.[484] Damit stellt sich nun die Frage, ob durch den Wertverlust der Aktien durch das Delisting möglicherweise das verfassungsrechtlich geschützte Aktieneigentum derart wirtschaftlich ausgezehrt wird, dass eine Beeinträchtigung desselben im Ergebnis entgegen der Entscheidung des BVerfG zu bejahen ist.[485] Ob dies bei nachweisbaren Kursverlusten der Fall wäre, hatte das BVerfG seinerzeit im Hinblick auf die zum Zeitpunkt der Entscheidung nicht feststellbaren negativen Kurseffekte einer Delistingankündigung explizit dahinstehen lassen.[486]

Jedoch folgt aus Art. 14 Abs. 1 GG keine allgemeine Wertgarantie für vermögenswerte Rechtspositionen, die bei jedem Wertverlust der durch ein Delisting betroffenen Aktien beeinträchtigt wäre.[487] Der Tausch- oder Marktwert vermögenswerter Rechte unterfällt für sich genommen gerade nicht dem Schutzbereich der verfassungsrechtlichen Eigentumsgarantie.[488] Minderungen des Marktwertes eines Eigentumsguts berühren daher in der Regel nicht Art. 14 Abs. 1 GG; dies gilt grundsätzlich auch für den Marktwert von Wertpapieren.[489] Bei konsequenter Anwendung dieser Maßstäbe kann auch das Ausmaß des Wertverlustes nichts an der verfassungsrechtlichen Bewertung des Delistings als neutral ändern.[490] Auch nach den nunmehr empirisch im Grundsatz bestätigten Kursverlusten in Folge eines Delistings ist eine Eigentumsverletzung durch die Maßnahme daher richtigerweise weiter zu verneinen.

---

484 Vgl. zur Empirie bereits oben C.I.

485 Diese Frage ebenfalls aufwerfend *Bayer/Hoffmann*, AG 2013, R371, R374.

486 Vgl. BVerfGE 132, 99, 125 f. = NJW 2012, 3081, 3084 = NZG 2012, 826, 830.

487 Vgl. BVerfGE 105, 252 = NJW 2002, 2621, 2625; BVerfG NJW 2002, 3009 f. = JuS 2002, 286, 287.

488 Vgl. *Wieland*, in: Dreier, GG, Art. 14 Rn. 57; *Bryde*, in: v. Münch/Kunig, GG, Art. 14 Rn. 24.

489 Vgl. BVerfG NJW 2002, 3009 f. = JuS 2002, 286, 287.

490 Vgl. so auch zu den Auswirkungen auf den Rechtsschutz im Nachgang an die „*Frosta*"-Entscheidung *Brellochs*, AG 2014, 633, 643; vgl. zur Berücksichtigung eines faktischen Verkaufsdrucks auf einfachgesetzlicher Ebene noch unten F.II.1.b) und F.II.4.b) aa).

III. Rechtliche Würdigung des „*Frosta*“-Beschlusses des BGH

Auch unabhängig von der verfassungsrechtlichen Bewertung des Delistings stellt sich die Frage der rechtlichen Bewertung der „*Frosta*“-Entscheidung des BGH. In der Literatur wurde der Beschluss des BGH ambivalent bewertet. Während insbesondere Vertreter der Praxis die Abkehr von den „*Macrotron*“-Grundsätzen begrüßten[491] und auf die sich nun für Unternehmen eröffnenden praktischen Gestaltungsmöglichkeiten hinwiesen[492], wurde die Entscheidung in der Wissenschaft als „*Unglück*“ bezeichnet und von der Wirtschaftspresse auf das Schärfste kritisiert.[493]

1. Kein abschließender Anlegerschutz über § 39 Abs. 2, Abs. 5 BörsG (a. F.) i. V. m. den Börsenordnungen

Grundlegend für die Bewertung der „*Frosta*“-Entscheidung ist die Beurteilung des BGH des Anlegerschutzes nach § 39 Abs. 2, Abs. 5 BörsG (a. F.) i. V. m. den Börsenordnungen als abschließend.[494] Auch wenn die in der Folge einer Delisting-Ankündigung eintretenden Kursverluste zwar nicht zu einer Auswirkung des Delistings auf das über Art. 14 Abs. 1 GG geschützte Aktieneigentum führen, so spielen sie doch eine entscheidende Rolle bei der Würdigung der vom BGH vorgenommenen Wertungen. Denn nur im Licht der fehlerhaften Empirie, nach

491 Vgl. *Arnold/Rothenburg*, DStR 2014, 150; *Kocher/Widder*, NJW 2014, 127; *Königshausen*, BB 2013, 3020, 3025; *Rothley*, GWR 2013, 493; *Wasmann/Glock*, DB 2014, 105; *Wieneke*, NZG 2014, 22; aus der Wissenschaft im Ergebnis aber auch *Thomale*, DStR 2013, 2529.

492 Vgl. *Bungert/Wettich*, EWiR 2014, 3, 4; *Bungert/Leyendecker-Langner*, BB 2014, 521, 525; *Mense/Klie*, GWR 2013, 505, 508; *Paschos/Klaaßen*, AG 2014, 33, 35; *Wasmann/Glock*, DB 2014, 105, 108; dazu noch unten E.I.1.

493 So wörtlich *Habersack*, JZ 2014, 147, 148; vgl. auch *Stöber*, BB 2014, 9; *Cabras*, Focus Money vom 11. Dezemeber 2013, 56; *Mohr*, FAZ Online vom 31. Oktober 2014; *Brächer/Schier*, Handelsblatt vom 12. Januar 2015, 1, 4 f.; *Reimann/Bergermann/Schwerdtfeger*, WiWo Online vom 4. Juli 2014.

494 Für die Möglichkeit eines weitergehenden Anlegerschutzes vgl. BVerfGE 132, 99, 129 f. = NJW 2012, 3081, 3085 f. = NZG 2012, 826, 831 f.; 8. Revisionssenat des BVerwG, Stellungnahme vom 9. August 2010 zu der Verfassungsbeschwerde 1 BvR 1569/08, 6 f. (n. v.), nur teilweise zitiert in Rn. 35 f. der Entscheidung des BVerfG vom 11. Juli 2012, nur abrufbar über juris, veröffentlicht i. Ü. in BVerfGE 132, 99 = NJW 2012, 3081 = NZG 2012, 826; *Wicke*, DNotZ 2015, 488, 492; *Habersack*, ZHR 176 (2012), 463, 464; *Bayer*, ZfPW 2015, 163, 206 ff.; *Auer*, JZ 2015, 71, 76 Fn. 55; bereits vor der „*Macrotron*“-Entscheidung *Mülbert*, ZHR 165 (2001), 104, 116 f.; für abschließenden Charakter: *Goetz*, BB 2012, 2767, 2769 f.; *Kiefner/Gillessen*, AG 2012, 645, 654; *Picot*, Die Rechte der Aktionäre beim Delisting, 34 ff; *Thomale*, DStR 2013, 2529; *Roßkopf*, ZGR 2014, 487, 499.

der ein Delisting nicht zu Kursverlusten führen würde, ging der BGH davon aus, dass *„eine Ergänzung durch einen zivilrechtlichen Anspruch der Anleger [...] nicht veranlasst“* sei.[495] Insbesondere mit Blick auf die zum Zeitpunkt der Entscheidung in einzelnen Börsenordnungen bestehenden Fristenlösungen wurde bereits dargelegt, dass diese Erkenntnis auf mangelhaften empirischen Überlegungen fußte und ein solche Ausgestaltung der Börsenordnung eben keinen ausreichenden Anlegerschutz gewährleisten konnte, sodass eine darüber hinausgehende Regelung sehr wohl geboten war.

Entscheidend gegen ein abschließendes Verständnis sprechen ferner die Überlegungen des Gesetzgebers im Jahre 2006 dazu, das Delisting in § 1 SpruchG aufzunehmen[496], die auch das BVerfG in seiner Entscheidung zum Delisting dafür zum Anlass nahm, eine etwaige Rechtsfortbildung als mit dem Willen des Gesetzgebers vereinbar zu beurteilen und somit zu der verfassungsrechtlichen Zulässigkeit der einfachgesetzlichen Herleitung der *„Macrotron“*-Grundsätze zu gelangen.[497] Zwar wurde der Vorschlag des Bundesrats seinerzeit im Ergebnis verworfen, dies beruhte jedoch *nur* auf der laut dem Gesetzgeber noch andauernden Diskussion zu *„Voraussetzungen und Rechtsfolgen des Delistings“*. Hätte der Gesetzgeber jedoch den bestehenden Anlegerschutz für abschließend erachtet, so hätte er dies doch an dieser Stelle spätestens deutlich gemacht. Erst recht hätte der Regelung des Delistings in § 1 SpruchG, mit der sich der Gesetzgeber inhaltlich auseinandersetzte, ein abschließendes Verständnis des Anlegerschutzes über § 39 Abs. 2, Abs. 5 BörsG i. V. m. den Börsenordnungen bereits unabhängig von etwaigen noch im Fluss befindlichen Entwicklungen zwingend entgegengestanden; einen solchen abschließenden Charakter intendierte der Gesetzgeber jedoch offensichtlich nicht, sodass es kaum überzeugen kann, ihm den Willen zu einer abschließenden Regelung zu unterstellen.[498]

---

495 Vgl. BGH NJW 2014, 146, 149 = NZG 2013, 1342, 1344.

496 Vgl. Regierungsentwurf zum Zweiten Gesetzes zur Änderung des Umwandlungsgesetzes, BT-Drucks. 16/2919, 25, 28; dazu bereits oben.

497 Vgl. BVerfGE 132, 99, 131 = NJW 2012, 3081, 3086 = NZG 2012, 826, 831 f.

498 Vgl. im Ergebnis eindeutig BVerfGE 132, 99, 129 = NJW 2012, 3081, 3085 = NZG 2012, 826, 831: „Verfassungsrechtlich unbedenklich ist insbesondere, dass sich die Fachgerichte an der Gesamtanalogie nicht von vornherein durch die kapitalmarktrechtliche Anlegerschutzbestimmung des § 39 II BörsG deshalb gehindert gesehen haben, weil diese Vorschrift als abschließend erachtet werden müsste. Der Gesetzeshistorie und der Gesetzessystematik lassen sich dafür keine verlässlichen Gründe entnehmen.“; vgl. auch 8. Revisionssenat des BVerwG, Stellungnahme vom 9. August 2010 zu der Verfassungsbeschwerde 1 BvR 1569/08, 6 f. (n. v.), nur teilweise zitiert in Rn. 35 f. der Entscheidung des BVerfG vom 11. Juli 2012, nur abrufbar über juris, veröffentlicht i. Ü. in BVerfGE 132, 99 = NJW 2012, 3081 = NZG 2012, 826

2. Ablehnung der verschiedenen einfachgesetzlichen Begründungsansätze durch den BGH

a) *Keine analoge Anwendung der Vorschriften über den Formwechsel und sonstige Strukturmaßnahmen*

Zu Recht lehnte der BGH eine Begründung des Anlegerschutzes über eine Analogie zu den Vorschriften betreffend den Formwechsel und sonstige Strukturmaßnahmen ab.[499] Zwar finden sich, wie bereits dargelegt, zahlreiche Vorschriften, die allein für börsennotierte Gesellschaften gelten und auch zumindest mittelbar die Interessen der Aktionäre berühren, jedoch rechtfertigt dieser Umstand allein noch nicht die Annahme einer eigenständigen Rechtsform der börsennotierten Aktiengesellschaft, sodass sich das Delisting als Formwechsel präsentieren würde.[500] Wie der BGH in seiner „*Frosta*"-Entscheidung zutreffend ausführt, ist entscheidend, dass es sich bei den Sondervorschriften für börsennotierte Gesellschaften nicht um solche handelt, die die Organisations- oder Beteiligungsstruktur der Gesellschaft entscheidend beeinflussen; maßgeblich ist, dass die rechtliche Struktur der AG daher durch den Wegfall der Börsennotierung nicht berührt wird.[501] So bedarf nach einhelliger Auffassung auch schon der Börsengang im Gegensatz zum Formwechsel keiner Satzungsänderung; dies gilt dann erst recht für ein Delisting und verdeutlicht, dass dieser Vorgang nicht mit dem Austausch des rechtlichen Gewands bei einem Formwechsel vergleichbar ist.[502] Betrachtet man die durch das Delisting eintretenden Veränderungen aus der Perspektive des betroffenen Aktionärs, so wird deutlich, dass diese nicht innerhalb der Beziehung des Aktionärs zu

---

499 BGH NJW 2014, 146, 147 f. = NZG 2013, 1342; zustimmend: *Auer*, JZ 2015, 71, 73; *Ekkenga*, ZGR 2003, 878, 896; *Kiefner/Gillessen*, AG 2012, 645, 653; *Goetz*, BB 2012, 2767, 2772; *Kocher/Widder*, NJW 2014, 127, 128; *Krämer/Theiß*, AG 2003, 225, 240; *Thomale*, ZGR 2013, 686, 706 f.; *Wackerbarth*, WM 2012, 2077, 2078; *Wasmann/Glock*, DB 2014, 105, 107; *Wieneke*, NZG 2014, 22, 23; *Wirth/Arnold*, ZIP 2000, 111, 114; **a. A.**: *Drygala/Staake*, ZIP 2013, 905, 908 ff.; *Staake*, Ungeschriebene Hauptversammlungskompetenzen, 161 ff.; *Vollmer/Grupp*, ZGR 1995, 459, 476.

500 Vgl. *Wasmann/Glock*, DB 2014, 105, 107; mit Verweis auf das Gesetzgebungsverfahren zum *„Gesetz für kleine Aktiengesellschaften und zur Deregulierung des Aktienrechts"* *Thomale*, ZGR 2013, 686, 706 f.; *Lutter*, in: FS Zöllner, 363, 376.

501 Allgemeine Auffassung, vgl. BGH NJW 2014, 146, 147 = NZG 2013, 1342; vgl. auch OLG Frankfurt a. M. AG 2012, 330 = ZIP 2012, 371, 372; *Auer*, JZ 2015, 71, 73 f.; *Arnold/Rothenburg*, DStR 2014, 150, 153; *Goetz*, BB 2012, 2767, 2770, 2772; *Kocher/Widder*, NJW 2014, 127, 128; *Kiefner/Gillessen*, AG 2012, 645, 650 f.; *Krämer/Theiß*, AG 2003, 225, 240; *Thomale*, ZGR 2013, 686, 707; *Wackerbarth*, WM 2012, 2077, 2078; *Wieneke*, NZG 2014, 22, 23; *Wirth/Arnold*, ZIP 2000, 111, 114; im Anschluss an die Entscheidung des BVerfG zustimmend auch *Kumpan*, in: Baumbach/Hopt, HGB, 36. Aufl., 2014, § 39 BörsG Rn. 3.

502 Vgl. *Wackerbarth*, WM 2012, 2077, 2078.

der Gesellschaft – also innerhalb dessen Mitgliedschaft – eintreten.[503] Stattdessen betrifft das Delisting den Aktionär allein in seiner Eigenschaft als *Anleger*, denn es verändert sich in erster Linie ein wesentlicher Umstand außerhalb der unveränderten Mitgliedschaft und deren Bezugsobjektes (der Gesellschaft), nämlich deren faktische Veräußerbarkeit. Dass auch der Gesetzgeber ein Delisting gerade nicht einem Formwechsel gleichstellen wollte, macht die Neufassung des § 29 UmwG aus dem Jahr 2007 deutlich: Dabei steht der neu eingefügte § 29 Abs. 1 Satz 1 Halbs. 1 2. Alt. UmwG, betreffend die Verschmelzung einer börsennotierten auf eine nicht börsennotierte AG, gerade *alternativ* neben der Abfindungspflicht im Falle einer Verschmelzung eines Rechtsträgers auf einen Rechtsträger anderer Rechtsform nach § 29 Abs. 1 Satz 1 Halbs. 1 Fall 1 UmwG. Der Gesetzgeber unterscheidet mithin offensichtlich zwischen der rechtsformändernden Verschmelzung und der – rechtsformwahrenden – Verschmelzung einer börsennotierten auf eine nicht börsennotierte AG. Als abfindungsauslösend erachtet er in letztgenanntem Fall gerade nicht wie beim Formwechsel die Änderung des Rechtskleides, sondern allein den mit dem kalten Delisting einhergehenden faktischen Fungibilitätsverlust.[504] Gegen die Vergleichbarkeit mit einem Formwechsel spricht schließlich auch § 39 Abs. 1 BörsG, wonach der Widerruf der Börsenzulassung auch ohne Antrag des Emittenten gegen dessen Willen erfolgen kann: Eine solche Konstellation des unfreiwilligen Formwechsels ist dem Umwandlungsrecht fremd und ließe sich nicht in dessen Systematik einpassen.[505]

Gegen eine Gesamtanalogie zu sonstigen Strukturmaßnahmen spricht neben dem Umstand der fehlenden Strukturänderung, dass die in den §§ 305, 320b, 327b AktG und den §§ 29, 207 UmwG geregelten Fälle eines Abfindungsanspruchs allesamt an einen Eingriff in die Mitgliedschaftsrechte des anspruchsberechtigten Aktionärs durch gesellschaftsrechtliche Umstrukturierung anknüpfen, der – anders als das Delisting – dessen über Art. 14 Abs. 1 GG verfassungsrechtlich geschütztes Aktieneigentum berührt.[506] Für eine Herleitung des Anlegerschutzes über die Vorschriften zum Formwechsel sowie die Gesamtanalogie zu den §§ 305, 320b, 327b AktG und den §§ 29, 207 UmwG besteht demzufolge kein Platz.

---

503 Vgl. *Kiefner/Gillessen*, AG 2012, 645, 650.

504 Vgl. Regierungsentwurf zum Zweiten Gesetz zur Änderung des Umwandlungsgesetzes, BT-Drucks. 16/2919, 13.

505 Vgl. *Kocher/Widder*, NJW 2014, 127, 128.

506 Vgl. oben C.II.1; *Bürgers*, NJW 2003, 1642, 1643; **a. A.**: *Bayer*, ZfPW 2015, 163, 209 ff., 212, der eine Gesamtanalogie aufgrund des aus seiner Sicht mit Strukturmaßnahmen vergleichbaren Eingriffs in das *„wirtschaftliche Eigentum"* bereits in der *„Macrotron"*-Entscheidung favorisiert hätte.

b) *Kein Anlegerschutz über §§ 119 Abs. 2, 93 Abs. 4 Satz 1 und § 243 Abs. 2 Satz 2 AktG*

Mit dem BGH ist darüber hinaus auch die speziell von *Wackerbarth* vertretene Herleitung des Anlegerschutzes über die §§ 119 Abs. 2, 93 Abs. 4 Satz 1 und § 243 Abs. 2 Satz 2 AktG[507] abzulehnen.[508] Gegen die angeführte Verpflichtung des Vorstandes zur Vorlage an die Hauptversammlung nach §§ 119 Abs. 2, 93 Abs. 4 AktG spricht deutlich die aktienrechtliche Kompetenzverteilung. Erstens kennt das Aktienrecht keinen Grundsatz, nach dem der Vorstand für eine Geschäftsführungsmaßnahme, die auch günstige Auswirkungen für ihn selbst hat, nicht geschäftsführungsbefugt wäre.[509] Zweitens ist nicht die Hauptversammlung dazu berufen, die Geschäftsführung durch den Vorstand zu überwachen und gegebenenfalls an der fraglichen Maßnahme mitzuwirken. Diese Aufgabe weist § 111 Abs. 1, Abs. 4 AktG ausdrücklich dem Aufsichtsrat zu, der auch bei Interessenkonflikten des Vorstandes zuständig ist.[510] Daneben sind vom Anwendungsbereich der Vorschrift gerade nur Geschäftsführungsmaßnahmen erfasst, in denen die Hauptversammlung *keine* Zuständigkeit besitzt. Sie kann sich nicht durch einen entsprechenden Beschluss zuständig machen, sondern ist von einem darauf gerichteten Verlangen des Vorstandes abhängig.[511] Gerade über die haftungsausschließende Wirkung *zugunsten* des Vorstandes, die dem Beschluss nach § 93 Abs. 4 Satz 1 AktG zukommt, nun eine Pflicht *zulasten* des Vorstandes zur Befassung der Hauptversammlung mit dem Delisting zu konstruieren – und damit eine „*Quasi-Zuständigkeit*" der Hauptversammlung – erscheint vor diesem Hintergrund systemwidrig.[512] Man würde bei Lichte betrachtet davon ausgehen, dass das Gesetz dem Vorstand zunächst eine Kompetenz zuweist, deren Nutzung stets pflichtwidrig wäre, sodass im Ergebnis zur Verhinderung von Haftungsfolgen doch stets die Hauptversammlung entscheiden müsste und die Kompetenz des Vorstandes so unterlaufen würde.

Lehnt man daher zutreffend die Hauptversammlungskompetenz ab, so stellt sich mangels Beschlusses auch die Frage nach einer Anwendung des § 243 Abs. 2 AktG gar nicht mehr.[513] Doch auch, wenn man die Hauptversammlungszuständigkeit trotz der vorgebrachten Argumente bejahen möchte, ist dem BGH darin zuzustimmen, dass auch im Übrigen die Vorschrift des § 243 Abs. 2 AktG nicht auf

---

507 Vgl. zur vorgeschlagenen Herleitung der Hauptversammlungskompetenz und der Abfindung im Anschluss an die Entscheidung des BVerfG zum Delisting bereits B.VI.2.b); *Wackerbarth*, WM 2012, 2077.

508 Vgl. BGH NJW 2014, 146, 147 = NZG 2013, 1342 f.; *Auer*, JZ 2015, 71, 75; *Kocher/Widder*, NJW 2014, 127, 128.

509 Vgl. hierzu überzeugend auch BGH NJW 2014, 146, 147 = NZG 2013, 1343.

510 In dieser Hinsicht zutreffend BGH NJW 2014, 146, 147 = NZG 2013, 1343.

511 Vgl. *Koch*, in: Hüffer/Koch, AktG, § 119 Rn. 11.

512 Vgl. mit kritischem Verweis auf die ursprüngliche Begründung der „*Holzmüller*"-Grundsätze *Auer*, JZ 2015, 71, 75.

513 Vgl. *Kocher/Widder*, NJW 2014, 127, 128.

den Fall des Delistings passt: Weder begründet das Delisting zwingend einen Sondervorteil eines Großaktionärs, noch gewährt die Regelung auf Rechtsfolgenseite überhaupt eine (im Spruchverfahren überprüfbare) Abfindung für die Minderheitsaktionäre, sondern lediglich einen angemessenen Ausgleich für den Vorteil des Großaktionärs, dessen Fehlen die Anfechtbarkeit des Beschlusses nach § 243 Abs. 2 AktG begründen würde.[514] Eine im Spruchverfahren überprüfbare Abfindung, wie sie die *„Macrotron"*-Grundsätze vorsahen und sie in der Rechtswirklichkeit über Jahre hinweg praktiziert wurde, ließ sich daher auch nicht über § 243 Abs. 2 AktG einfachgesetzlich herleiten.

c) *Anwendung des § 29 Abs. 1 Satz 1 Halbs. 1 2. Alt. UmwG zwingend geboten*

Fragwürdig erscheinen jedoch die ablehnenden Ausführungen des BGH zur Begründung eines Abfindungsanspruchs über die analoge Anwendung des § 29 Abs. 1 Satz 1 Halbs. 1 2. Alt. UmwG in dessen *„Frosta"*-Entscheidung.[515] Denn wie auch der BGH in seiner *„Frosta"*-Entscheidung erkennt[516], kann Anknüpfungspunkt für die Gewährung einer Abfindung anders als im Falle der Mischverschmelzung nach § 29 Abs. 1 Satz 1 Halbs. 1 Fall 1 UmwG nicht ein mit der Verschmelzung einhergehender Formwechsel sein, der zu einem Eingriff in die Mitgliedschaftsrechte des Anteilseigners führt. Auch zieht der Verschmelzungsvorgang an sich keinen Abfindungsanspruch des Anteilsinhabers nach sich. Übrig bleibt als Anknüpfungspunkt für die Gewährung der Abfindung in § 29 Abs. 1 Satz 1 Halbs. 1 2. Alt. UmwG folglich allein das Erlöschen der Börsenzulassung – das kalte Delisting – und die damit einhergehende Einbuße der Fungibilität der Aktien der Gesellschaft.[517] Dieselben Konsequenzen zieht jedoch auch das reguläre Delisting nach sich; beide Gestaltungsformen des Delisting sind insoweit austauschbar, die Interessenlage vergleichbar.[518] Die Vorschrift enthält damit erstmals eine gesetzgeberische Wertung, nach der für den Verlust der faktischen Verkehrsfähigkeit der Aktie beim

---

514 Vgl. nur *Koch*, in: Hüffer/Koch, AktG, § 243 Rn. 37 f.

515 Vgl. BGH NJW 2014, 146, 147 f. = NZG 2013, 1342, 1343; vgl. zur Herleitung des Anlegerschutzes in der Literatur im Anschluss an die *„Delisting"*-Entscheidung des BVerfG über § 29 Abs. 1 Satz 1 Halbs. 1 2. Alt. UmwG bereits oben B.VI.2.d); dem BGH zustimmend: *Brellochs*, AG 2014, 633, 645, der dadurch aber vor allem ungeklärte Folgefragen vermieden wissen will; wie hier bejahend hingegen: *Bayer*, ZfPW 2015, 163, 114 ff.; *Stöber*, BB 2014, 9, 15; *Klöhn*, NZG 2012, 1041, 1045; *Habersack*, ZHR 176 (2012), 463, 464 f.

516 Vgl. insofern zutreffend BGH NJW 2014, 146, 148 = NZG 2013, 1342, 1343.

517 So auch *Grunewald*, in: Lutter, UmwG, § 29 Rn. 3; *Marsch-Barner*, in: Kallmeyer, UmwG, § 29 Rn. 4a; Regierungsentwurf zum Zweiten Gesetz zur Änderung des Umwandlungsgesetzes, BT-Drucks. 16/2919, 13.

518 Vgl. *Habersack*, ZHR 176 (2012), 463, 465; die vergleichbare Interessenlage ebenfalls bejahend *Kiefner/Gillessen*, AG 2012, 645, 657.

Erlöschen der Börsenzulassung ein Abfindungsanspruch gegenüber der Gesellschaft zu gewähren ist.[519]

Dass der BGH diese Wertung aufgrund einer anderen rechtlichen Ausgangslage nicht auf das reguläre Delisting übertragen will,[520] vermag nicht zu überzeugen. Zwar trifft es zu, dass vor Einführung des § 29 Abs. 1 Satz 1 Halbs. 1 Fall 1 UmwG kein anderweitiger Anlegerschutz über § 39 Abs. 2 BörsG bestand und sich die Ausgangslage insofern von derjenigen im Zeitpunkt der „*Frosta*"-Entscheidung unterschied, jedoch wurde bereits oben dargelegt, dass der über § 39 Abs. 2 BörsG vermittelte Anlegerschutz in der Praxis nicht ausreichend ist und die Regelung nicht als abschließend angesehen werden darf.[521] Den Hauptangriffspunkt der Analogie zu § 29 Abs. 1 Satz 1 Halbs. 1 2. Alt. UmwG machten der BGH und die vorangegangenen kritischen Stimmen in der Literatur in der Gesetzgebungsgeschichte aus.[522] Zum einen habe die Bundesregierung die Bitte des Bundesrats, die Aufzählung der dem Spruchverfahrensgesetz unterliegenden Verfahren in § 1 SpruchG mit Blick auf das „*Macrotron*"-Urteil um das Delisting zu erweitern, abgelehnt und sich damit ausdrücklich einer gesetzgeberischen Wertung enthalten.[523] Wörtlich heißt es, dass „*die Diskussion in Wissenschaft und Praxis über die Voraussetzungen und Rechtsfolgen des Delistings andauere und der Gesetzgeber keine vorschnelle Antwort geben*" wolle. Zum anderen dürfte man nicht verkennen, „*wer Roß und wer Reiter*"[524] gewesen sei: Den Anlegerschutz im Sinne der „*Macrotron*"-Rechtsprechung über eine Analogie zu einem Gesetz zu begründen, welches erst unter dem Eindruck derselben entstanden ist, stelle einen Zirkelschluss dar, der einer Analogie zu der Vorschrift zwingend entgegenstünde.[525]

aa) Kein entgegenstehender gesetzgeberischer Wille

Dass die Bundesregierung sich im Rahmen der Änderung des SpruchG gegen die Aufnahme des Delisting in § 1 SpruchG aussprach und dies damit begründete,

---

519 Vgl. insofern zutreffend auch *Auer*, JZ 2015, 71, 74; *Habersack*, ZHR 176 (2012), 463, 464 f.; *Kiefner/Gillessen*, AG 2012, 645, 657; *Klöhn*, NZG 2012, 1041, 1045; *Kubis*, in: MüKo-AktG, § 119 Rn. 92; vgl. Regierungsentwurf zum Zweiten Gesetz zur Änderung des Umwandlungsgesetzes, BT-Drucks. 16/2919, 13; tendenziell auch *Wicke*, DNotZ 2015, 488, 493.

520 Vgl. BGH NJW 2014, 146, 148 = NZG 2013, 1342, 1343; zustimmend *Auer*, JZ 2015, 71, 74.

521 Vgl. oben C.III.1.

522 Vgl. BGH NJW 2014, 146, 148 = NZG 2013, 1342, 1343; *Kiefner/Gillessen*, AG 2012, 645, 656 f.; *Thomale*, ZGR 2013, 686, 704.

523 Vgl. Regierungsentwurf zum Zweiten Gesetzes zur Änderung des Umwandlungsgesetzes, BT-Drucks. 16/2919, 28; darauf verweisend *Thomale*, ZGR 2013, 686, 705.

524 *Wackerbarth*, Fernuni-Hagen-Blog vom 5. Oktober 2012.

525 Vgl. *Auer*, JZ 2015, 71, 74; *Kiefner/Gillessen*, AG 2012, 645, 657; *Paschos/Klaaßen*, ZIP 2013, 154, 158.

die *„anhaltende Diskussion in Wissenschaft und Praxis“* nicht voreilig beenden zu wollen[526], steht der Annahme einer auch auf das reguläre Delisting zu übertragenden allgemeinen gesetzlichen Wertung in § 29 Abs. 1 Satz 1 Halbs. 1 2. Alt. UmwG für einen Abfindungsanspruch nicht entgegen. Bereits eine planwidrige Regelungslücke als Grundvoraussetzung einer jeden Analogie zu verneinen geht deutlich zu weit:[527] Zwar hatte der Gesetzgeber die Problematik erkannt, jedoch ließ er bewusst Platz für die speziell in Detailfragen *„anhaltende Diskussion in Wissenschaft und Praxis“* und damit für eine flexible Weiterentwicklung der in der Rechtsprechung herausgearbeiteten Grundsätze durch die Gerichte. Daraus eine gesetzliche Befassung abzuleiten, die einer Schließung der Lücken im Anlegerschutz entgegenstünde, konterkarierte diese Intention. Jedenfalls durch den Wegfall der „*Macrotron*“-Regeln wurde die Regelungslücke in der Folge (wieder) planwidrig, da der Gesetzgeber von der Ausfüllung der Regelungslücke durch den Fortbestand des Anlegerschutzes nach „*Macrotron*“ ausgegangen war.[528]

Dass die Bundesregierung die Diskussion über Voraussetzungen und Rechtsfolgen des Delistings nicht durch die Aufnahme des Delisting im Katalog des § 1 SpruchG voreilig beenden wollte, kann auch ansonsten einer Analogie zu § 29 Abs. 1 Satz 1 Halbs. 1 2. Alt. UmwG für das reguläre Delisting nicht entgegenstehen. Denn es ist hier der Zusammenhang der Äußerung der Bundesregierung in den Blick zu nehmen: Zum Zeitpunkt der Befassung des Bundestages mit der Aufnahme des Delistings in das SpruchG im Jahre 2006 waren die „*Macrotron*“-Grundsätze durch den BGH höchstrichterlich festgeschrieben und nur noch vereinzelt kritisiert worden. Vom BGH selbst wurden sie bei verschiedener Gelegenheit immer wieder inzident bestätigt.[529]

Eine echte Diskussion über das *Ob* des aktienrechtlichen Anlegerschutzes, die Wissenschaft und Praxis überlassen werden sollte, gab es zu diesem Zeitpunkt gar nicht. Insbesondere war nicht das grundsätzliche Bestehen einer Angebotspflicht ungeklärt und Gegenstand einer andauernden Diskussion, sondern diese bezog sich einzig auf Detail- und Folgefragen des Anlegerschutzes nach „*Macrotron*“.[530]

---

526 Vgl. Regierungsentwurf zum Zweiten Gesetzes zur Änderung des Umwandlungsgesetzes, BT-Drucks. 16/2919, 28.

527 So aber *Arnold/Rothenburg*, DStR 2014, 150, 152.

528 In dieser Hinsicht zutreffend *Kiefner/Gillessen*, AG 2012, 645, 657; vgl. auch *Bayer*, ZfPW 2015, 163, 215.

529 Vgl. BGHZ 177, 131 ff. = NJW-RR 2008, 1335 ff. = NZG 2008, 658 ff.; BGH NZG 2010, 618 = AG 2010, 453 = ZIP 2010, 622; BGH AG 2011, 590 f. = ZIP 2011, 1708 f.

530 Vgl. stellvertretend *Schlitt*, ZIP 2004, 533, 536, der zwar selbst Bedenken gegen die „*Macrotron*“-Entscheidung äußert, jedoch gleichzeitig darauf hinweist, dass das Urteil des BGH ein *„Datum dar[stelle], an dem sich die Praxis in Zukunft orientieren muss“* und sich danach den zahlreichen Folgefragen stellt. Vgl. ferner *Streit*, ZIP 2003, 392, 395, der ebenfalls feststellt, dass die grundsätzlichen Fragen des Anlegerschutzes beim Delisting durch *„Macrotron“* geklärt wurden, aber noch zahlreiche Folgefragen bestünden; ähnlich *Brellochs*, AG 2014, 633, 635, der von *„zahlreichen*

So war beispielsweise nicht abschließend geklärt und umstritten, wer die Abfindung zu zahlen habe[531], wie sich das Fehlen einer angemessenen Abfindung auswirke[532] und insbesondere, wie der Wechsel aus dem regulierten Markt in den Freiverkehr zu behandeln sei.[533] Stellvertretend lässt sich hier auf einen Aufsatz von *Lutter* im Anschluss an die „*Macrotron*“-Entscheidung rekurrieren:[534] Dieser trifft darin die zutreffende Aussage, das „*Macrotron*“-Urteil sei „*Anfang, nicht Ende der Rechtsfolgendiskussion*“.[535] Er hinterfragt dabei jedoch gerade zu Recht nicht die grundsätzliche Geltung des vom BGH entwickelten gesellschaftsrechtlichen Anlegerschutzes beim Delisting, sondern bezieht sich vielmehr ausdrücklich nur auf sich anschließende „*Detailprobleme*“.[536] Im Hinblick auf diese zutreffende Einordnung der zu diesem Zeitpunkt noch stattfindenden Diskussion erscheint es mithin überzeugend, auch die Äußerung der Bundesregierung nur auf die noch tatsächlich anhaltende Diskussion zu Detail- und Folgefragen bezogen zu verstehen. Es spricht somit einiges dafür, dass der Gesetzgeber ausschließlich diese Feinjustierung der „*Macrotron*“-Grundsätze weiterhin Wissenschaft und Praxis überlassen wollte und dabei nicht die völlige Aufgabe des aktienrechtlichen Anlegerschutzes beim regulären Delisting im Blick hatte, sondern von der generellen Fortgeltung der „*Macrotron*“-Rechtsprechung ausging.[537] Daher stand die Zurückhaltung der Bundesregierung gegenüber der Aufnahme des regulären Delistings in § 1 SpruchG aufgrund ungeklärter Einzelfragen einer *grundsätzlichen* gesetzgeberischen Wertung in § 29 Abs. 1 Satz 1 Halbs. 1 2. Alt. UmwG für eine Abfindung im Falle des Verlustes der Börsennotierung nicht entgegen.

bb) Kein Zirkelschluss bei Anwendung des an der „Macrotron“-Rechtsprechung angelehnten § 29 Abs. 1 Satz 1 Halbs. 1 2. Alt. UmwG

Der Analogie stand auch nicht entgegen, dass diese einen unzulässigen Zirkelschluss dargestellt hätte. Zwar liegt es insbesondere aufgrund der offenbar aus der „*Macrotron*“-Entscheidung entnommenen Formulierungen in den Gesetzesmaterialien nahe, dass der Gesetzgeber den Abfindungsanspruch für diesen Fall

---

Unklarheiten und Streitfragen (etwa im Hinblick auf Inhalt und Schuldner des Abfindungsangebots)“ spricht, aber gleichzeitig darauf hinweist, dass jedenfalls das Abfindungsangebot in der Literatur nach „*Macrotron*“ „*im Grundsatz anerkannt*“ gewesen sei; ausdrücklich auch *Hoffmann*, in: Spindler/Stilz, AktG, § 119 Rn. 45a.

531 Vgl. die Darstellung oben B.III.4.b)dd).

532 Vgl. auch dazu bereits oben B.III.4.b)cc)

533 Vgl. auch zu dieser Diskussion im Anschluss an die „*Macrotron*“-Entscheidung bereits oben B.III.4.d).

534 Vgl. *Lutter*, NZG 2003, 601.

535 *Lutter*, NZG 2003, 601, 604.

536 *Lutter*, NZG 2003, 601, 604.

537 Vgl. ähnlich *Bayer*, ZfPW 2015, 163, 217; **a. A.**: *Thomale*, ZGR 2013, 686, 705.

des kalten Delistings in Anlehnung an die *„Macrotron“*-Rechtsprechung regeln wollte[538], jedoch gebietet schon der Grundsatz der Gewaltenteilung, dass dadurch keine *„Akzessorietät“* zwischen den Entscheidungen des Gesetzgebers und der Rechtsprechung hergestellt wird. Erstgenannter trifft seine Entscheidungen autonom, sodass von ihm im Gesetz aufgenommene Grundsätze grundsätzlich unabhängig von deren Ursprung zu beachten sind.[539] Die Tatsache, dass der BGH seine Auffassung zwischenzeitlich änderte, kann allein schon daher keinen unmittelbaren Einfluss auf die in § 29 Abs. 1 Satz 1 Halbs. 1 2. Alt. UmwG zum Ausdruck kommende autonome Entscheidung des Gesetzgebers haben. Es stand dem Gesetzgeber frei, die Wertung der *„Macrotron“*-Entscheidung (in einfachgesetzlicher Hinsicht) zu teilen und für den Verlust der Börsennotierung künftig in § 29 Abs. 1 Satz 1 Halbs. 1 2. Alt. UmwG eine Abfindung vorzusehen. Dass nun der *„Macrotron“*-Rechtsprechung, der sich der Gesetzgeber durch die Einführung von § 29 Abs. 1 Satz 1 Halbs. 1 2. Alt. UmwG angeschlossen hat, durch die MVS/Lindner-Entscheidung des BVerfG die Grundlage entzogen wurde, ändert grundsätzlich nichts an der der von ihm getroffenen Entscheidung, in § 29 Abs. 1 Satz 1 Halbs. 1 2. Alt. UmwG den Aktionären für den Verlust der Börsennotierung einen Abfindungsanspruch zu gewähren. Etwas anderes könnte allenfalls dann gelten, wenn der Gesetzgeber die nunmehr hinfällige verfassungsrechtliche Grundlage aus Art. 14 Abs. 1 GG übernommen hätte.[540] Die Wertung, die dann in der Regelung des kalten Delistings in § 29 UmwG zum Ausdruck kommen würde, wäre dann tatsächlich nach dem *„MVS/Lindner“*-Urteil des BVerfG nicht mehr uneingeschränkt geeignet gewesen, als Fundament für eine Analogie zur Begründung des Abfindungsanspruchs für den Fall des regulären Delistings zu dienen.[541] Durch das Urteil des BVerfG könnte insofern nicht nur der *„Macrotron“*-Entscheidung, sondern gleichsam auch § 29 Abs. 1 Satz 1 Halbs. 1 2. Alt. UmwG die *„Geschäftsgrundlage“* entzogen worden sein.[542] Der Gesetzgeber stützte sich zwar wie bereits oben dargestellt ausweislich der Gesetzesmaterialien zum 2. UmwÄndG auf Erwägungen, die sich bereits im *„Macrotron“*-Urteil des BGH fanden.[543] Der wesentliche Grund für die Gewährung des Abfindungsanspruchs war danach jedoch allein die aus dem Urteil des BGH bekannte *„faktische Beeinträchtigung der Veräußerungsmöglichkeit“* durch den Wegfall der Börsennotierung. Eine (nach dem BVerfG) unzulässige

538 Dies nimmt auch der BGH selbst an, vgl. BGHZ 177, 131 = NJW-RR 2008, 1355 = NZG 2008, 658.

539 Vgl. zur Gewaltenteilung im Verhältnis von Legislative und Judikative *Grzeszick*, in: Maunz/Dürig, GG, Art. 20 V GG, Rn. 100 ff. (September 2017).

540 In diese Richtung *Kiefner/Gillessen*, AG 2012, 645, 656.

541 Vgl. aber *Bayer*, ZfPW 2015, 163, 217; *Habersack*, JZ 2014, 147, 149, die darin lediglich einen Motivirrtum erblicken würden; *Thomale*, ZGR 2013, 686, 705 Fn. 116, erachtet für diesen Fall sogar eine teleologische Reduktion des § 29 Abs. 1 Satz 1 Halbs. 1 2. Alt. UmwG auf Null für unumgänglich.

542 Zu Recht ablehnend *Habersack*, ZHR 176 (2012), 463, 465.

543 Vgl. BR-Drs. 548/06, 25.

Anknüpfung an Art. 14 Abs. 1 GG sucht man in den Gesetzgebungsmaterialien hingegen vergebens. Der Gesetzgeber verzichtete vielmehr auf eine verfassungsrechtliche Rechtfertigung der Abfindungsregelung über Art. 14 Abs. 1 GG. Dass die in der „*Macrotron*"-Entscheidung zentrale verfassungsrechtliche Anknüpfung in der Gesetzesbegründung nicht auftaucht, legt sogar den Schluss nahe, dass *bewusst* eine von der verfassungsrechtlichen Bewertung unabhängige Regelung geschaffen werden sollte. Eine irrtümliche verfassungsrechtliche Motivation, die der analogen Anwendung der Vorschrift des § 29 Abs. 1 Satz 1 Halbs. 1 2. Alt. UmwG zuwiderliefe, kann mithin nicht unterstellt werden.[544]

Dem Gesetzgeber stand es damit frei, sich unter dem Eindruck des BVerfG-Urteils erneut zu betätigen und sich der Auffassung anzuschließen, dass der Verlust der Börsennotierung keine Abfindung nach sich ziehe.[545] Er war aber keinesfalls gehalten, die neuerlichen Argumente gegen einen Abfindungsanspruch wiederum zu übernehmen. Solange eine neuerliche Änderung nicht erfolgt war, war die in § 29 Abs. 1 Satz 1 Halbs. 1 2. Alt. UmwG getroffene Wertung zwingend zu beachten. Von den Gerichten wäre diese Wertung auf vergleichbare Fälle zu übertragen gewesen, um einerseits insgesamt ein kohärentes System zu gewährleisten und andererseits eine bis zum Einschreiten des Gesetzgebers entstandene Schutzlücke zu schließen.[546] Indem diese Wertung aufgrund der schlichten Motivation des Gesetzgebers durch das „*Macrotron*"-Urteil nicht beachtet wurde, wurde damit dessen Entscheidungsautonomie und das Prinzip der Gewaltenteilung missachtet.[547]

Die planwidrige Regelungslücke, die hinsichtlich eines Abfindungsanspruchs im Fall des regulären Delistings bestand, wäre daher durch eine Analogie zur Regelung des kalten Delistings durch Verschmelzung einer börsennotierten auf eine nicht börsennotierte Aktiengesellschaft zu schließen gewesen. Darüber hinaus hätte konsequent auch für das seltene und vom Gesetzgeber vernachlässigte kalte Delisting durch Eingliederung nach §§ 319 ff. AktG entsprechend ein (Bar-)Abfindungsanspruch angenommen werden müssen.[548]

---

544 So im Ergebnis auch *Bayer*, ZfPW 2015, 163, 217; *Habersack*, ZHR 176 (2012), 463, 464 f.; *Thomale*, ZGR 2013, 686, 705; **a. A.**: *Kiefner/Gillessen*, AG 2012, 645, 656.

545 Für die neuerliche Änderung des § 29 UmwG in diese Richtung plädiert beispielsweise *Auer*, JZ 2015, 71, 77.

546 Vgl. *Larenz/Canaris*, Methodenlehre der Rechtswissenschaft, 188; Verweis bei *Bayer*, ZfPW 2015, 163, 215 Fn. 448; **a. A.**: *Auer*, JZ 2015, 71, 74 f.

547 So im Ergebnis auch *Bayer*, ZfPW 2015, 163, 217.

548 So auch die herrschende Meinung (jedenfalls vor der „*Frosta*"-Entscheidung des BGH): *Eckhold*, in: Handbuch börsennotierte AG, § 61 Rn. 65; *Spindler*, in: Schmidt/Lutter, AktG, § 119 Rn. 55; *Herrler*, in: Grigoleit, AktG, § 119 Rn. 33; nach der „*Frosta*"-Entscheidung des BGH *Bayer*, ZfPW 2015, 163, 218; **a. A.**: *Lampert/Weichel*, WM 2014, 1024, 1029.

cc) *Keine Hauptversammlungskompetenz über Analogie zum Verschmelzungsrecht*

Dass sich entgegen der Auffassung des BGH ein Abfindungsanspruch für das reguläre Delisting aus einer Analogie zu § 29 Abs. 1 Satz 1 Halbs. 1 2. Alt. UmwG ergibt, ändert nichts daran, dass sich eine Hauptversammlungskompetenz aus dem geltenden Recht zu diesem Zeitpunkt nicht herleiten ließ.[549] Zunächst scheint es mit Blick den Abfindungsanspruch aus einer entsprechenden Anwendung des § 29 Abs. 1 Satz 1 Halbs. 1 2. Alt. UmwG nahezuliegen, dass der BGH auch hinsichtlich der Hauptversammlungskompetenz den Weg einer Analogie zum Verschmelzungsrecht hätte beschreiten müssen. Die Zuständigkeit der Hauptversammlung ergibt sich im Falle der Verschmelzung einer börsennotierten auf eine nicht börsennotierte Aktiengesellschaft aus den §§ 65 Abs. 1, 13 UmwG. Für eine analoge Anwendung müsste sich auch in diesen Vorschriften eine Wertung finden, die sich auf das reguläre Delisting übertragen ließe. Das Erfordernis des Hauptversammlungsbeschlusses müsste – wie der Abfindungsanspruch in § 29 Abs. 1 Satz 1 Halbs. 1 2. Alt. UmwG – gerade auf einem Umstand beruhen, der auch bei einem regulären Delisting vorliegt, mithin auf dem Wegfall der Börsennotierung. Der Gesetzgeber verlangt jedoch allgemein für Verschmelzungen und insbesondere auch für den Fall der Verschmelzung zweier Aktiengesellschaften ohne den Verlust einer zuvor bestehenden Börsennotierung einen Hauptversammlungsbeschluss, sodass das treibende Moment nicht allein der Verlust der Börsenzulassung sein kann.[550] Dass das UmwG damit *auch* für einen Verschmelzungsfall ohne Verlust der Börsennotierung einen Hauptversammlungsbeschluss vorschreibt, bedeutet zwar nicht zwingend, dass der Gesetzgeber ein Beschlusserfordernis nicht auch für den abfindungspflichtigen Fall des Verlustes der Börsenzulassung für angemessen erachtet.[551] Eine zwingende Wertung, die eine solche Haltung des Gesetzgebers zum Ausdruck bringen und eine Anwendung auf den Fall des regulären Delistings rechtfertigen würde, lässt sich freilich den §§ 13, 65 UmwG nicht entnehmen, sodass sich das Erfordernis eines Hauptversammlungsbeschlusses danach nicht über eine Analogie zu den verschmelzungsrechtlichen Vorschriften der §§ 13, 65 UmwG begründen ließ.

---

549 So auch *Habersack*, ZHR 176 (2012), 463, 468 f.; auch *Kiefner/Gillessen*, AG 2012, 645, 654, die eine Analogie zu § 29 Abs. 1 Satz 1 Halbs. 1 2. Alt. UmwG grundsätzlich als überzeugend erachten, jedoch aufgrund des von ihnen angenommenen Zirkelschlusses nicht bejahen, lehnen eine abfindungsakzessorische Hauptversammlungskompetenz von vornherein ab; vgl. auch *Thomale*, ZGR 2013, 686, 704, nach dem eine etwaige Analogie zu § 29 Abs. 1 Satz 1 Halbs. 1 2. Alt. UmwG schon nach dessen Inhalt keine Begründung einer Hauptversammlungskompetenz für das Delisting stütze; **a. A.**: *Klöhn*, NZG 2012, 1041, 1046.

550 Vgl. *Habersack*, ZHR 176 (2012), 463, 469; *Kiefner/Gillessen*, AG 2012, 645, 652 f.; *Thomale*, ZGR 2013, 686, 704.

551 So zutreffend *Klöhn*, NZG 2012, 1041, 1046.

dd) Keine „abfindungsakzessorische“ Hauptversammlungskompetenz

Eine Hauptversammlungskompetenz ergab sich schließlich auch nicht – wie teilweise vor der „*Frosta*“-Entscheidung unter dem Stichwort der „*Abfindungsakzessorietät*“ vertreten wurde[552] – aus einer zwingende Verknüpfung zwischen dem Abfindungsanspruch und dem Erfordernis eines Hauptversammlungsbeschlusses.[553]

Richtig ist, dass in den abfindungspflichtigen Fällen das deutsche Recht zumeist auch einen Hauptversammlungsbeschluss fordert.[554] Ihr regelmäßiges Zusammentreffen ist jedoch dem Umstand geschuldet, dass sich im Gesetz bis zur Einführung des § 29 Abs. 1 Satz 1 Halbs. 1 2. Alt. UmwG nur Fälle eines Abfindungsanspruches fanden, bei denen die Mitgliedschaft des Aktionärs beeinträchtigt wurde[555] und deshalb eine von der Abfindung unabhängige Notwendigkeit eines Hauptversammlungsbeschlusses bestand. Ergibt sich der Abfindungsanspruch aber aus einem anderen Grund als einem Eingriff in die Mitgliedschaft, so ist auch nicht zwingend die Mitbestimmung der Aktionäre über das Vehikel Hauptversammlungsbeschluss erforderlich. Das Gesetz enthält daher keine Wertung dahingehend, dass eine Abfindung stets mit einem Hauptversammlungsbeschluss einhergehen muss; die Notwendigkeit eines solchen in den Fällen der abfindungspflichtigen Strukturmaßnahmen lässt sich vielmehr durch die Strukturänderung und den einhergehenden Eingriff in die Mitgliedschaft erklären. Da es beim regulären Delisting gerade an einem solchen fehlt, stellen sich die sonstigen Fälle, in denen eine Abfindung gewährt wird, als in Bezug auf das Erfordernis eines Hauptversammlungsbeschlusses nicht vergleichbar mit dem Delisting dar.

Schließlich war auch zur Durchsetzung eines aus einer Analogie hergeleiteten Abfindungsanspruchs ein Hauptversammlungsbeschluss nicht zwingend erforderlich: So könnte ein etwaiger Streit über die Höhe der Abfindung und über abfindungsbezogene Informationsmängel grundsätzlich auch ohne einen vorangegangenen Hauptversammlungsbeschluss im Spruchverfahren ausgetragen werden.[556] Der Weg vor die Spruchgerichte wird nicht durch das Fehlen eines Hauptversammlungsbeschlusses versperrt.[557] Eine zwingende Verknüpfung von

552 Vgl. diesen Begriff verwendend *Klöhn*, NZG 2012, 1041, 1046 f.; so in der Sache auch *Bungert/Wettich*, DB 2012, 2265, 2268; *Hüffer*, AktG, 10. Aufl., 2012, § 119 Rn. 23; wohl auch *Bayer*, ZfPW 2015, 163, 209.

553 Vgl. dazu *Habersack*, ZHR 176 (2012), 463, 468; *Kiefner/Gillessen*, AG 2012, 645, 652 f.; *Thomale*, ZGR 2013, 686, 704 f.; *Arnold*, ZIP 2005, 1573, 1576.

554 So auch *Klöhn*, NZG 2012, 1041, 1046.

555 Vgl. zur Beeinträchtigung der Mitgliedschaft des Aktionärs durch Strukturmaßnahmen bereits oben C.II.1.

556 Vgl. zutreffend auch *Habersack*, AG 2005, 137, 141.

557 Vgl. zutreffend zur Rechtslage nach der „*Macrotron*“-Entscheidung LG München NZG 2004, 193, 194 f. = AG 2004, 395, 396.

Abfindung und Mitwirkung der Hauptversammlung im Sinne einer Abfindungsakzessorietät besteht daher nicht.

ee) Zwischenergebnis

Nach alledem hätte im Anschluss an die Entscheidung des BVerG ein Abfindungsanspruch der Minderheitsaktionäre, nicht jedoch eine Hauptversammlungskompetenz, auch für das reguläre Delisting zwingend auf einfaches Recht gestützt werden müssen. Es wäre eine Analogie zum Verschmelzungsrecht, genauer zur Vorschrift des § 29 Abs. 1 Satz 1 Halbs. 1 2. Alt. UmwG, geboten gewesen. Dass dies insbesondere auch im Hinblick auf die weitreichenden praktischen Folgen der Entscheidung der richtige Weg gewesen wäre, soll im folgenden Abschnitt verdeutlicht werden.

D. Der Anlegerschutz beim regulären Delisting im Anschluss an die „*Frosta*"-Entscheidung

I. Zeitlicher Anwendungsbereich der „*Frosta*"-Entscheidung – die Frage der Rückwirkung

Nimmt man den Anlegerschutz im Anschluss an die „*Frosta*"-Entscheidung des BGH in den Blick, muss zunächst die Frage geklärt werden, in welchen zeitlichen Dimensionen der Beschluss des BGH wirkte. Während der Wegfall der durch die „*Macrotron*"-Entscheidung aufgestellten Grundsätze für nach der Rechtsprechungsänderung vom 8. Oktober 2013 eingeleitete Delisting-Verfahren auf der Hand liegt, stellte sich für zu diesem Zeitpunkt bereits laufende Spruchverfahren die Frage nach einer Rückwirkung der Rechtsprechungsänderung.

Der BGH traf zu dieser Problematik in seiner Entscheidung selbst keine Aussage. Auch kann daraus, dass er in dem entschiedenen Fall eines Downlistings von einer Entscheidung nur *pro futuro* absah, nicht darauf geschlossen werden, dass er damit auch eine Rückwirkung für Fälle des Delistings anordnen wollte.[558] Von der wohl herrschenden Auffassung in der Literatur wurde eine solche Rückwirkung dennoch wie selbstverständlich angenommen; vielmals ohne jede Auseinandersetzung mit entgegenstehenden Aspekten des Vertrauensschutzes.[559] Die betreffenden Spruchverfahren seien nach Wegfall der richterrechtlich begründeten Anwendbarkeit des Spruchgesetzes auf die Fälle des Delistings unstatthaft und daher von den Gerichten als unzulässig zurückzuweisen.[560] Ein entsprechendes Vorgehen war tatsächlich auch in der Praxis zu beobachten: In der Rechtsprechung der Oberlandesgerichte wurden Altverfahren durchgängig als unzulässig zurückgewiesen.[561] Ein Vertrauensschutz wurde dabei, wenn sich die Entscheidungsgründe überhaupt dazu verhielten, abgelehnt. Bestätigt wurde die Rückwirkung der „*Frosta*"-Entscheidung dann letztendlich auch noch einmal durch das BVerfG.[562]

---

558 Zutreffend *Hoffmann*, in: Spindler/Stilz, AktG, § 119 Rn. 45a; dies verkennen *Glienke/Röder*, BB 2014, 899, 905 f.

559 Vgl. *Schockenhoff*, ZIP 2013, 2429; *Wieneke*, NZG 2014, 22, 25; *Wasmann/Glock*, DB 2014, 105, 108; *Arnold/Rothenburg*, DStR 2014, 150, 154 f.; *Kocher/Widder*, NJW 2014, 127, 129; *Krenek*, in: Handbuch Gesellschaftsrechtliche Streitigkeiten, § 132 Rn. 6.

560 So etwa *Arnold/Rothenburg*, DStR 2014, 150, 154 f.

561 Vgl. OLG Karlsruhe NZG 2015, 516 = AG 2015, 366; OLG Düsseldorf NZG 2015, 518 = ZIP 2015, 123; OLG München NZG 2015, 556 = AG 2015, 277; OLG Jena AG 2015, 450 = NZG 2015, 600; OLG Stuttgart NZG 2015, 629 = NJW-RR 2015, 809 (anders noch die Vorinstanz LG Stuttgart ZIP 2014, 2346 = WM 2015, 237).

562 Vgl. BVerfG NZG 2016, 61 = ZIP 2015, 2371, 2373.

1. Anwendung der verfassungsrechtlichen Grundsätze des Rückwirkungsverbots

Anstatt jedoch wegen des Wegfalls der richterrechtlich über eine Analogie zu § 1 SpruchG begründeten Statthaftigkeit des Spruchverfahrens laufende Verfahren vorschnell als unzulässig abzuweisen, sollten die verfassungsrechtlich verankerten Grundsätze des Vertrauensschutzes, die auch für die Judikative gelten[563], herangezogen und präzise angewandt werden und im Ergebnis zumindest für die Fälle des echten Delistings ein zeitlich begrenzter Vertrauensschutz gewährt werden.[564]

Eine grundsätzliche Parallele zum Vertrauensschutz bei der Rückwirkung von Gesetzesänderungen überzeugt gerade in Bezug auf die „*Macrotron*"-Grundsätze, wenn man sich vor Augen führt, dass die „*Macrotron*"-Regeln jahrelang quasi Gesetzesqualität aufwiesen und sie nicht bloß die Auslegung eines Gesetzes betrafen, sondern es sich um eine echte richterliche Rechtsfortbildung handelte, die an die Stelle einer gesetzlichen Regelung trat; so sah sich auch der Gesetzgeber seinerzeit nicht dazu genötigt, auf eine Prüfbitte des Bundesrats hin das Delisting mit Rücksicht auf die „*Macrotron*"-Grundsätze in § 1 SpruchG aufzunehmen.[565] Er sah angesichts der ständigen Rechtsprechung der Spruchgerichte keinen legislativen Handlungsbedarf und befand das bestehende Richterrecht als vollwertigen Ersatz einer gesetzlichen Regelung.[566] Dies im Blick muss auch die Aussage einer Entscheidung des BVerfG aus dem Jahre 2012 für die Aufgabe der „*Macrotron*"-Grundsätze gelten, in der er heißt, es könne dahinstehen, ob eine Rückwirkung auf einer Gesetzes- oder Rechtsprechungsänderung beruhe, da „*die verfassungsrechtlichen Anforderungen an die Rückwirkung [...] in beiden Konstellationen dieselben*" seien.[567] Selbst in der Entscheidung, in der sie den Vertrauensschutz für das Delisting im Anschluss an die „*Frosta*"-Entscheidung endgültig negieren, räumen die Verfassungsrichter ein, dass ein schutzwürdiges Vertrauen in eine bestimmte Rechtslage auf Grund höchstrichterlicher Entscheidungen bei einer gefestigten und langjährigen Rechtsprechung entstehen kann.[568] Verfehlt erscheint es hingegen, ein solches schutzwürdiges Vertrauen der betroffenen Anleger auf Fortführung der von ihnen betriebenen Spruchverfahrens nach den Grundsätzen der „*Macrotron*"-Rechtsprechung abzulehnen, mit der Begründung, die Rechtsprechung sei nicht

563 Vgl. BVerfGE 59, 128, 164 f. = NJW 1983, 103, 107; zur gesamten Thematik ausführlich *Lochner/Schmitz*, AG 2014, 489.

564 Vgl. LG Stuttgart ZIP 2014, 2346 = WM 2015, 237; *Lochner/Schmitz*, AG 2014, 489; *Hoffmann*, in: Spindler/Stilz, AktG, § 119 Rn. 45a; *Spindler*, in: Schmidt/Lutter, AktG, § 119 Rn. 56; zumindest tendenziell auch *Hirte*, NJW 2016, 1216, 1217.

565 Vgl. BT-Drucks 16/2919, 25.

566 Vgl. *Lochner/Schmitz*, AG 2014, 489, 490.

567 BVerfG ZIP 2012, 1979, 1981 = NZA 2012, 788, 789.

568 Vgl. BVerfG NZG 2016, 61, 62 = ZIP 2015, 2371, 2373.

ausreichend gefestigt gewesen und halte sich im Rahmen einer nicht unvorhersehbaren Entwicklung.[569]

Zwar hatte der BGH in den Jahren nach dem „*Macrotron*“-Urteil tatsächlich lediglich Gelegenheit dazu, seine Rechtsprechung implizit zu bestätigen[570], jedoch kann daraus keineswegs auf das Nicht-Vorliegen einer gefestigten Rechtsprechung geschlossen werden. Vielmehr formte der BGH die Details der angemessenen Abfindung und ihrer Geltendmachung bei verschiedener Gelegenheit aus. Herauszustellen sind etwa die Delisting-bezogene Entscheidung des BGH zu den Darlegungsanforderungen zur Aktionärsstellung innerhalb der Anspruchsbegründungsfrist[571], die Bestätigung der Entscheidung des BGH zur Frage der Erforderlichkeit eines Vorstandsberichts und der Prüfung des Abfindungsangebots durch einen sachverständigen Prüfer als Voraussetzungen des Hauptversammlungsbeschlusses zum regulären Delisting[572] und die auf ein Delisting hin ergangene Entscheidung des BGH zur Referenzperiode für den einer angemessenen Abfindung zu Grunde zu legenden Börsenwert[573].

Darüberhinaus waren kaum Verfahren vor dem BGH denkbar, die sich explizit mit dem Erfordernis einer angemessenen Abfindung und deren Überprüfbarkeit im Spruchverfahren befasst hätten, da die Rechtslage in dieser Hinsicht bereits durch das „*Macrotron*“-Urteil eindeutig geklärt war. Die Rechtsprechung wurde in diesem Sinne demzufolge überhaupt nicht höchstrichterlich in Frage gestellt, sondern im Gegenteil: Immer wenn sich Gelegenheit dazu bot, wurde die Geltung der „*Macrotron*“-Grundsätze über Jahre hinweg von den Karlsruher Richtern zumindest inzident bestätigt. Auch wurden die „*Macrotron*“-Grundsätze in der Rechtspraxis von Emittenten und Anlegern gleichermaßen gelebt – in den Fällen des regulären Delistings bis zum Urteil des BVerfG wurde regelmäßig allein über die Höhe der Abfindung gestritten, nicht über deren grundsätzliche Erforderlichkeit oder Überprüfbarkeit im Spruchverfahren.[574] Anhaltspunkte für ein prinzipielles Abweichen von diesen Grundsätzen waren zumindest bis zum Zeitpunkt der Entscheidung des Bundesverfassungsgerichts im Jahr 2012 nicht ersichtlich.

Nicht vermischt werden dürfen dabei die in der Folge uneinheitlich beantworteten Detailfragen im Zusammenhang mit dem Abfindungsanspruch[575] und die hier allein maßgebliche höchstrichterlich beantwortete Frage nach dem Bestand einer

569 So aber BVerfG NZG 2016, 61, 62 = ZIP 2015, 2371, 2373; OLG Karlsruhe NZG 2015, 516, 517 = AG 2015, 366, 367.

570 So BVerfG NZG 2016, 61, 62 = ZIP 2015, 2371, 2373.

571 BGHZ 177, 131 ff. = NJW-RR 2008, 1355 ff. = NZG 2008, 658 ff.

572 BGH NZG 2010, 618 = AG 201, 453 = ZIP 2010, 622.

573 BGH AG 2011, 590 = ZIP 2011, 1708.

574 Vgl. OLG Frankfurt NZG 2010, 307 = ZIP 2010, 370; OLG Stuttgart AG 2009, 124 = ZIP 2008, 2315; BayObLGZ 2004, 346 = NZG 2005, 312; KG Berlin AG 2008, 295 = ZIP 2007, 2352; OLG Zweibrücken NZG 2007, 908 = ZIP 2007, 2438.

575 Vgl. zu diesen oben B.III.4.b).

angemessenen Abfindung und deren Überprüfbarkeit im Spruchverfahren.[576] Die teilweise in diesem Zusammenhang zitierte Entscheidung des OLG München, in der die Abfindung und die Zulässigkeit des Spruchverfahrens bereits vor der Delisting-Entscheidung des BVerfG verneint wurde, bezieht sich explizit auf das vom *De*listing trennscharf zu unterscheidende *Down*listing in den qualifizierten Freiverkehr.[577] Für die Fälle des umstritteneren Downlistings mag man mithin in der Frage des Vertrauensschutzes zu einem anderen Ergebnis gelangen: Da die Entwicklung in diesem Bereich insbesondere nach der Einführung der qualifizierten Freiverkehrssegmente in Bewegung kam und auch die instanzgerichtliche Rechtsprechung die Frage nach der Anwendbarkeit der „*Macrotron*“-Grundsätze auf diese uneinheitlich beantwortete[578], kann insofern nicht von einer gefestigten Rechtsprechung und einem schutzwürdigen Vertrauen der Anleger ausgegangen werden. Spätestens im Zuge der Verfassungsbeschwerden, die zu dem Urteil des BVerfG vom 11. Juli 2012[579] führten, wurde ein solches im Hinblick auf das Downlisting endgültig zerstört, als der für das Gesellschaftsrecht zuständige II. Zivilsenat des Bundesgerichtshofs einräumte, *„der Wechsel von einem öffentlich geregelten in einen privatrechtlichen Regeln unterworfenen Markt, auf dem die Kleinaktionäre in ähnlicher Weise ihre Aktie handeln könnten, erfülle hingegen die Voraussetzungen der Macrotron-Entscheidung nicht.“*[580] Dies kann als höchstrichterliche Ankündigung der Abkehr seiner „*Macrotron*“-Rechtsprechung in Bezug auf Downlisting-Fälle angesehen werden, durch die ein etwaiges Vertrauen der Minderheitsaktionäre ab diesem Zeitpunkt jedenfalls zerstört worden wäre.[581] Ein Vertrauen wird jedoch wie oben angesprochen in Fällen des Downlistings aufgrund der divergierenden Rechtsprechung der Instanzgerichte bereits zuvor grundsätzlich zu verneinen sein.

2. Schutzwürige Vertrauensposition der betroffenen Anleger

Im Hinblick auf echte Delisting-Fälle bestand ein solches Vertrauen hingegen für bis zum Zeitpunkt der Delisting-Entscheidung des BVerfG eingeleitete Verfahren. Nachdem das BVerfG jedoch das verfassungsrechtliche Fundament der „*Macrotron*“-Entscheidung in seinem Urteil vom 11. Juli 2012[582] zum Einsturz gebracht

---

576 Darauf zutreffend hinweisend auch *Hoffmann*, in: Spindler/Stilz, AktG, § 119 Rn. 45a.

577 Vgl. OLG München AG 2008, 674 = NZG 2008, 755; darauf verweisen in dieser Hinsicht ungenau sowohl BVerfG NZG 2016, 61, 62 = ZIP 2015, 2371, 2373 als auch OLG Karlsruhe NZG 2015, 516, 517 = AG 2015, 366, 367.

578 Dazu oben B.VI.4; vgl. OLG München AG 2008, 674 = NZG 2008, 755; KG Berlin NZG 2009, 752 = AG 2009, 697; OLG Bremen NZG 2013, 749 = AG 2013, 597.

579 Vgl. BVerfGE 132, 99 = NJW 2012, 3081 = NZG 2012, 826.

580 Vgl. II. Zivilsenat des BGH, Stellungnahme zu der Verfassungsbeschwerde 1 BvR 1569/08 (n. v.), nur teilweise zitiert in Rn. 34 der Entscheidung des BVerfG vom 11. Juli 2012, nur abrufbar über juris, veröffentlicht i. Ü. in BVerfGE 132, 99 = NJW 2012, 3081 = NZG 2012, 826.

581 Vgl. zur Wirkung einer solchen Ankündigung *Höpfner*, RdA 2006, 156, 159.

582 Vgl. BVerfGE 132, 99 = NJW 2012, 3081 = NZG 2012, 826.

hatte und eine rege Diskussion in der Wissenschaft um den generellen Fortbestand eines Abfindungsanspruchs und dessen Überprüfbarkeit im Spruchverfahren beim Delisting entbrannte, konnte nicht mehr auf die Fortwirkung der *„Macrotron“*-Grundsätze vertraut werden.[583] Dies ändert jedoch nichts an dem in bis zu diesem Zeitpunkt eingeleiteten Verfahren zu berücksichtigenden Vertrauen der betroffenen Anleger.

Dieses Vertrauen wurde auch von den Anlegern durch entsprechend vertrauensinduzierte Dispositionen entweder durch Einleitung eines entsprechenden Spruchverfahrens oder in Form des Vertrauens auf die verlängerte Annahmefrist nach Abschluss des Spruchverfahrens[584] und die Nicht-Annahme des Angebots betätigt. Ferner machten die Anleger im Vertrauen auf die im Spruchverfahren überprüfbare Abfindung nicht von der etwaigen Möglichkeit eines (wenn auch verlustreichen) Verkaufs über die Börse vor dem endgültigen Zulassungswiderruf Gebrauch, sodass die Aufhebung der *„Macrotron“*-Grundsätze für sie einen schweren Schlag bedeutete.[585] Auf der Seite des Großaktionärs und der Gesellschaft war im Rahmen einer interessengerechten Lösung nach der *„Frosta“*-Entscheidung des BGH die materielle Gerechtigkeit gegen den Vertrauensschutz der Minderheitsaktionäre abzuwägen. Schließlich bestand nach der Auffassung des BGH *de lege lata* keine Pflicht zu einem Abfindungsangebot bei einem regulären Delisting, womit gleichzeitig auch dessen Überprüfbarkeit im Spruchverfahren gemäß § 1 SpruchG analog entfiel. Jedoch ist im Rahmen des Interessenausgleichs zu berücksichtigen, dass bei vor der *„Frosta“*-Entscheidung getroffenen Delisting-Entscheidungen die Zahlung einer Abfindung, deren Höhe im Spruchverfahren überprüfbar wäre, bereits stets von den Emittenten einkalkuliert worden war. Nach den *„Macrotron“*-Grundsätzen abfindungspflichtige Gesellschaften und Großaktionäre gingen ebenfalls von der Fortgeltung dieser Grundsätze aus.[586] Eine Beschränkung der Wirkung des *„Frosta“*-Beschlusses *pro futuro* träfe sie somit weniger hart als die Minderheitsaktionäre, da sie sich nur der Rechtslage gegenüber sähen, von deren Bestehen sie bei der Entscheidung zum Delisting ohnehin ausgegangen waren. Eine Beschränkung der Rückwirkung ist damit auch den Abfindungspflichtigen zumutbar, sodass auch unter diesem Aspekt eine Einschränkung des Vertrauensschutzes nicht gerechtfertigt ist.[587]

Insgesamt lässt sich damit festhalten, dass allen von einem echten Delisting betroffenen Anlegern Vertrauensschutz zu gewähren und eine Rückwirkung in solchen Verfahren abzulehnen war, die bis zur Entscheidung des BVerfG am 11. Juli 2012 eingeleitet worden waren. Der Vertrauensschutz musste auch für

---

583 Anders noch *Lochner/Schmitz*, AG 2014, 489, 492.

584 Vgl. LG Frankfurt a. M. AG 2012, 330 = ZIP 2012, 371, 372, das gerade für den letztgenannten Fall einen Vertrauensschutz nicht gewähren will.

585 Vgl. *Lochner/Schmitz*, AG 2014, 489, 492.

586 So auch *Kocher/Widder*, NJW 2014, 127, 129.

587 Vgl. *Lochner/Schmitz*, AG 2014, 489, 492.

diejenigen Anleger gelten, die zu diesem Punkt selbst kein Verfahren eingeleitet hatten, aber aufgrund der *Erga-omnes*-Wirkung auf die Möglichkeit des im Spruchverfahren erhöhten Angebots vertraut hatten. Kein Vertrauensschutz war hingegen für Verfahren zu gewähren, die einen Fall des Downlistings zum Gegenstand hatten, da für diese niemals ein hinreichender Vertrauenstatbestand geschaffen wurde.

II. Gesellschaftsrechtlicher Schutz

1. Grenzen der Entscheidung des Vorstandes

Auch wenn es jedenfalls für ein nach der *„Frosta"*-Entscheidung des BGH durchgeführtes reguläres Delisting zunächst weder eines Hauptversammlungsbeschlusses noch einer Abfindung der Aktionäre bedurfte, so mussten für die zu diesem Zeitpunkt grundsätzlich allein vom Vorstand zu treffende Entscheidung über einen Widerrufsantrag mehr denn je die Grenzen des § 93 Abs. 1 Satz 1 AktG Beachtung finden. Nur wenn das Delisting im Interesse des Emittenten lag, durfte der Vorstand den Widerruf der Börsenzulassung nach § 39 Abs. 2 BörsG beantragen.[588] Im Rahmen der von ihm zu treffenden Ermessensentscheidung waren negative Auswirkungen wie etwa der Verlust der Handelbarkeit der Aktie über die Börse, eine negative Kursentwicklung in Folge der Delisting-Ankündigung sowie der Wegfall der Möglichkeit der Kapitalaufnahme über die Börse sorgfältig gegenüber positiven Effekten wie in erster Linie den immer wieder genannten Einsparungen bei Wegfall des umfangreichen Pflichtenkanons für börsennotierte Gesellschaften oder etwaigen anderweitigen Finanzierungsmöglichkeiten außerhalb des Kapitalmarktes abzuwägen.[589] Zu bedenken war vom Vorstand ebenfalls, inwieweit sich durch den Rückzug in den (qualifizierten) Freiverkehr ebenfalls die mit dem Delisting angestrebten Veränderungen erreichen ließen. Gerade für den Fall, dass das Delisting auch im Interesse des Großaktionärs lag, war der Vorstand gehalten, seine Entscheidung gewissenhaft zu dokumentieren und darzulegen, warum er den Börsenrückzug unabhängig von den Interessen Einzelner als sinnvoll erachtete.[590] Es galt für die unternehmerische Entscheidung des Vorstandes die Business Judgment Rule.[591] Ob der Aufsichtsrat an der Entscheidung zu beteiligen

---

588 Vgl. *Koch/Harnos*, NZG 2015, 729, 732; *Kocher/Widder*, NJW 2014, 127, 129; *Paschos/Klaaßen*, AG 2014, 33, 35; *Brellochs*, AG 2014, 633, 644; *Wieneke/Schulz*, AG 2016, 809, 814 ff.

589 Vgl. *Brellochs*, AG 2014, 633, 638; *Kocher/Widder*, NJW 2014, 127, 129; *Paschos/Klaaßen*, AG 2014, 33, 35; *Geyrhalter/Zirngibl*, DStR 2004, 1048, 1052.

590 Vgl. *Brellochs*, AG 2014, 633, 639; *Paschos/Klaaßen*, AG 2014, 33, 35.

591 Vgl. *Groß*, Kapitalmarktrecht, § 39 Rn. 23a; allgemein zur Business Judgment Rule *Hopt/Roth*, in: GroßKomm-AktG, § 93 Rn. 61 ff.; *Spindler*, in: MüKo-AktG, § 93 Rn. 36 ff.; *Bosch/Lange*, JZ 2009, 225, 229 ff.; *Paefgen*, Unternehmerische Entscheidungen und Rechtsbindung der Organe, S. 151 ff.

war, richtete sich gemäß § 111 Abs. 4 Satz 2 AktG nach einem etwaigen speziellen Zustimmungsvorbehalt oder der Auslegung einer in der Geschäftsordnungspraxis häufiger vorkommenden Generalklausel betreffend Geschäfte mit erheblichen Auswirkungen für die Gesellschaft.[592]

Erfüllte der Vorstand bei seiner Entscheidung diese Anforderungen nicht, machte er sich ohne einen legitimierenden Hauptversammlungsbeschluss nach § 93 Abs. 4 Satz 1 AktG wegen eines pflichtwidrigen Delisting-Antrages gemäß § 93 Abs. 2 Satz 1 AktG gegenüber der Gesellschaft schadensersatzpflichtig, wobei die Bestimmung des Schadens im Einzelfall mit erheblichen Schwierigkeiten verbunden war.[593] Zur Durchsetzung eines solchen Anspruchs war nach allgemeinen Grundsätzen der Aufsichtsrat berufen, der die Gesellschaft gegenüber dem Vorstand vertritt. Gemäß § 147 Abs. 1 Satz 1 AktG war er zur Geltendmachung des Ersatzanspruchs gegen den Vorstand verpflichtet, wenn dies die Hauptversammlung mit einfacher Stimmenmehrheit beschloss. Aber auch ohne einen solchen Hauptversammlungsbeschluss war der Aufsichtsrat im Rahmen der Überwachung des Vorstandes nach § 111 Abs. 1 AktG verpflichtet, Bestehen und Durchsetzbarkeit eines Schadensersatzanspruchs zu prüfen und eine eigenständige Entscheidung über die gerichtliche Geltendmachung zu treffen.[594] Tat der Aufsichtsrat dies nicht, so machte er sich seinerseits schadensersatzpflichtig gem. § 93 Abs. 2 AktG und die Minderheitsaktionäre konnten im Wege des Klagezulassungsverfahrens des § 148 AktG die Schadensersatzansprüche der Gesellschaft im eigenen Namen geltend machen.

Handelte der Vorstand (offensichtlich) unter Einfluss des Großaktionärs zum Schaden der Gesellschaft, kam darüberhinaus eine Haftung des Vorstandes (neben der Haftung des Großaktionärs gemäß § 117 Abs. 1 AktG) aus § 117 Abs. 2 Satz 1 AktG in Betracht.[595] In der Regel lag die Entscheidung für das Delisting bei einem dominierenden Großaktionär, der keine Finanzierung über die Börse (mehr) wünschte, jedoch im Gesellschaftsinteresse: Gegen den Willen des Großaktionärs würde sich nämlich in einem solchen Fall eine Kapitalaufnahme über die Börse nicht realisieren lassen; der Möglichkeit der Eigenkapitalaufnahme als Hauptmotiv[596] der Börsennotierung käme damit nur noch theoretische Bedeutung zu, sodass negative Aspekte regelmäßig nicht mehr aufgewogen werden konnten.[597]

---

592 Vgl. *Kocher/Widder*, NJW 2014, 127, 129; *Seibt/Wollenschläger*, AG 2009, 807, 814 f.

593 Vgl. allgemein zu Schwierigkeiten bei der Schadensberechnung im Zusammenhang mit einem pflichtwidrigen Delisting *Geyrhalter/Zirngibl*, DStR 2004, 1048, 1052; *Picot*, Die Rechte der Aktionäre beim Delisting, 136 ff.

594 Vgl. BGHZ 135, 244 = NJW 1997, 1926; *Spindler*, in: MüKo-AktG, § 93 Rn. 190.

595 Vgl. darauf hinweisend *Brellochs*, AG 2014, 633, 639.

596 Vgl. zu den Funktionen der Börsennotierung für den Emittenten bereits oben A.II.1.a).

597 Vgl. *Kocher/Widder*, NJW 2014, 127, 129.

Ferner war bei einem pflichtwidrig vom Vorstand gestellten Antrag auf Widerruf der Börsenzulassung an Schadensersatzansprüche der Minderheitsaktionäre gemäß § 823 BGB zu denken. Allerdings wird beim Delisting weder in das Aktieneigentum oder die mitgliedschaftsrechtliche Stellung der Aktionäre eingegriffen, noch stellt die Börsennotierung als solche ein geschütztes Rechtsgut im Sinne des § 823 Abs. 1 BGB dar.[598] Diese Bewertung vermag nach der Entscheidung des BVerfG zum Delisting umso mehr zu überzeugen. Es blieb daneben die Möglichkeit eines Anspruchs nach § 823 Abs. 2 BGB in Verbindung mit § 39 Abs. 2 BörsG (a. F.), wenn man diese kapitalmarktrechtliche Vorschrift als Schutzgesetz, also als Rechtsnorm verstand, die zumindest auch dem Schutz von Individualinteressen diente.[599] Denkbar, aber wegen seiner strengen Voraussetzungen wohl eher theoretischer Natur, war schließlich ein Anspruch gegen den Vorstand gemäß § 826 BGB wegen vorsätzlicher sittenwidriger Schädigung durch die Stellung eines Delisting-Antrags.[600]

Festzustellen bleibt, dass der Vorstand bei seiner Entscheidung über den Antrag nach § 39 Abs. 2 BörsG zwar auch nach der „*Frosta*"-Entscheidung nicht gänzlich frei entscheiden konnte, ihm jedoch zunächst ein weiter Entscheidungsspielraum bei dieser Geschäftsführungsmaßnahme zustand, dessen Grenzen § 93 Abs. 1 AktG bestimmte. In der Praxis gelang es dem Vorstand des Emittenten jedoch regelmäßig, zu begründen, warum das Delisting seiner Auffassung nach im Interesse der Gesellschaft lag. Selbst wenn einmal eine Haftung des Vorstandes im Raum gestanden hätte, so wäre die Geltendmachung eines Schadensersatzanspruchs für die Minderheitsaktionäre mit erheblichen (praktischen) Schwierigkeiten verbunden.

2. Mögliche Satzungsbestimmungen

a) Verankerung der Börsennotierung in der Satzung

Nach der „*Frosta*"-Entscheidung stand es der Hauptversammlung nach hier vertretener Ansicht[601] frei, die Börsennotierung in der Satzung zu verankern. An eine solche Satzungsbestimmung war der Vorstand gebunden und zur Durchführung des Delistings wäre eine Satzungsänderung mit der entsprechenden qualifizierten Mehrheit in der Hauptversammlung erforderlich gewesen, § 179 Abs. 1 Satz 1,

598 Vgl. zutreffend *Geyrhalter/Zirngibl*, DStR 2004, 1048, 1052; *Picot*, Die Rechte der Aktionäre beim Delisting, 136.

599 Vgl. zum Begriff des Schutzgesetzes *Spindler*, in: Bamberger/Roth, BGB, § 823 Rn. 155; *Wagner*, in: MüKo-BGB, § 823 Rn. 498 ff.; zu der Frage des individualschützenden Charakters von § 39 Abs. 2 BörsG im Hinblick auf den Verwaltungsrechtsschutz nach der „*Frosta*"-Entscheidung des BGH ausführlich noch unten D.III.2.

600 Vgl. *Picot*, Die Rechte der Aktionäre beim Delisting, 139.

601 Vgl. zu der Zulässigkeit einer solchen Bestimmung in der Satzung bezogen auf den Rechtszustand nach Einführung der Neuregelung im Jahre 2015 noch unten F.III.1.

Abs. 2 Satz 1 AktG. Wenngleich auch diese Hürde bei einem dominierenden Großaktionär in vielen Fällen nur theoretischer Natur gewesen sein dürfte, so wäre zumindest sichergestellt worden, dass der Vorstand nach Wegfall der „*Macrotron*"-Grundsätze nicht gegen den Willen eines Großteils der Aktionäre den Börsenrückzug beschloss.[602] Zu bedenken ist jedoch weiterhin, dass bereits zur Einführung einer solchen Satzungsbestimmung regelmäßig ebenfalls die Zustimmung eines etwaigen Großaktionärs erforderlich war. Wurde allerdings eine entsprechende Satzungsänderung in der Hauptversammlung zur Abstimmung gebracht, so konnte das Abstimmungsverhalten des Großaktionärs den Minderheitsaktionären zumindest Aufschluss über dessen etwaige zukünftige Delisting-Absichten geben.

b) Weitere Sicherungsmöglichkeiten

Auch wenn also die grundsätzliche Möglichkeit der Verankerung der Börsennotierung in der Satzung bestand, so stellte sich im Anschluss an den „*Frosta*"-Beschluss die Frage nach weiteren, insbesondere vermögensrechtlichen Ausgestaltungen des Anlegerschutzes beim Delisting in diesem Zusammenhang. So beschloss beispielsweise die GK SOFTWARE AG in der Hauptversammlung vom 28. August 2014[603], ihre Satzung neben der festgeschriebenen Börsennotierung auch um die folgenden der „*Macrotron*"-Rechtsprechung nachempfundenen Regelungen zu ergänzen:

> *„Die Börsennotierung kann aufgrund eines Antrags der Gesellschaft nur dann beendet werden, wenn den Aktionären ein Abfindungsangebot nach den Grundsätzen der,Macrotron'-Rechtsprechung des Bundesgerichtshofs (Urt. v. 25. November 2002, II ZR 133/01, BGHZ 153, 47) gemacht wird. Die Abfindungshöhe kann gerichtlich durch das Prozessgericht am Sitz der Gesellschaft aufgrund eines Antrags eines jeden Aktionärs auf die Angemessenheit überprüft werden. Die Änderung dieser Satzungsregel setzt nach § 179 Abs. 2 S. 3 AktG voraus, dass den Aktionären ein Abfindungsangebot nach S. 1–2 gemacht wird."*

Ungeachtet der Ungenauigkeiten hinsichtlich der Bemessung der Abfindung und des Abfindungsschuldners bei dieser Formulierung, stellt sich die Frage, ob auch eine solche Gestaltung der Satzung zulässig war. Nimmt man zunächst die Zulässigkeit einer Abfindungsregelung in den Blick, so muss man feststellen, dass eine solche jedenfalls zu bejahen war, wenn die Abfindungszahlung alternativ zur Satzungsänderung einen Börsenrückzug ermöglichte. Denn eine abschließende Regelung über die Voraussetzungen des Delistings im Sinne des § 23 Abs. 5 Satz 2 AktG fand sich im Aktiengesetz nicht. Auch das für die Festschreibung der Börsennotierung ohne Abfindung abzulehnende Argument der Beschneidung der

602 Vgl. kritisch *Reimann/Bergermann/ Schwerdtfeger*, WiWo Online vom 4. Juli 2014.

603 Vgl. Einladung zur ordentlichen Hauptversammlung der GK SOFTWARE AG am 28. August 2014 vom 22. Juli 2014, abrufbar unter unter https://investor.gk-software.com/de/hauptversammlung/hauptversammlung-2014?task = download&cid%5B0%5D = 211, zuletzt besucht am 14. Juni 2018.

Kompetenzen des Vorstandes griff hier freilich erst recht nicht[604]: Wenn zumindest mittelbar die Geschäftsführungsbefugnis des Vorstandes für die Stellung eines Delisting-Antrages durch generelle Verankerung der Börsennotierung in der Satzung eingeschränkt werden konnte, so bestanden doch erst recht keine Zweifel an einer Regelung, die ein Delisting auch ohne die ansonsten notwendige Satzungsänderung zuließ, sofern ein Abfindungsangebot erfolgte. Eine solche Regelung stellte ein *Minus* zu der allgemeingültigen Festschreibung der Börsennotierung in der Satzung dar.

Von der GK SOFTWARE AG wurde jedoch eine noch strengere Regelung gewählt: Gab es ein Abfindungsangebot, so war die Stellung des Antrags auf Widerruf der Börsenzulassung mit der geltenden Satzung vereinbar. Jedoch auch bei Erreichen der für eine Satzungsänderung erforderlichen Mehrheit bedurfte es nach der getroffenen Regelung eines Abfindungsangebots. Zwar konnte die Satzung nach § 179 Abs. 2 Satz 3 AktG weitere Erfordernisse für eine Satzungsänderung enthalten. Eine Regelung, wie von der GK SOFTWARE AG getroffen, erscheint jedoch gerade im Hinblick auf die Satzungsautonomie der Hauptversammlung[605] zumindest problematisch. So sind Fälle denkbar, in denen die Gesellschaft selbst wegen der Beschränkungen des § 71 Abs. 1, Abs. 2 AktG überhaupt nicht in der Lage ist, die erforderlichen Aktien von den verkaufswilligen Aktionären zu erwerben.[606] Damit läge es allein in der Hand eines Dritten, die Satzungsänderung durch ein unterstützendes Abfindungsangebot zu ermöglichen. Eine solche Gestaltung wäre mit der Satzungsautonomie der Hauptversammlung nicht zu vereinbaren.[607] Sollte auch eine Satzungsänderung hinsichtlich der Börsennotierung von einem Abfindungsangebot erforderlich gemacht werden, so wäre sicherzustellen gewesen, dass nur so viele Aktionäre abfindungsberechtigt wären, wie die Gesellschaft selbst auch abzufinden im Stande war. Stattdessen hätte angedacht werden können, für eine entsprechende Änderung der Satzung die Zustimmung aller Aktionäre zu verlangen, um so den Einfluss eines Großaktionärs auf die Delisting-Entscheidung effektiv zu mindern.[608] Jedoch war eine solche Gestaltung immer dann unzulässig, wenn sie faktisch eine Änderungssperre bedeutete, was in

---

604 Vgl. die ausführliche Argumentation für die Zulässigkeit einer solchen Bestimmung in der Satzung bezogen auf den Rechtszustand nach Einführung der Neuregelung im Jahre 2015 noch unten F.III.1

605 Vgl. *Koch*, in: Hüffer/Koch, AktG, § 179 Rn. 23.

606 Vgl. zur Problematik des § 71 AktG beim Delisting *Adolff/Thieves*, BB 2003, 797, 803; *Schlitt*, ZIP 2004, 533, 537.

607 In dieser Hinsicht zutreffend *Scholz*, BB 2015, 2248, 2252.

608 Zur grundsätzlichen Zulässigkeit des Erfordernis der Zustimmung aller Aktionäre zu einer Satzungsänderung vgl. *Stein*, in: MüKo-AktG, § 179 Rn. 143; *Holzborn*, in: Spindler/Stilz, AktG, § 179 Rn. 124; *Wiedemann*, in: GroßKomm-AktG, § 179 Rn. 121; *Priester*, ZHR 151 (1987), 40, 49 Fn. 55; *Koch*, in: Hüffer/Koch, AktG, § 179 Rn. 20.

Publikumsgesellschaften wie einer börsennotierten Aktiengesellschaft regelmäßig anzunehmen ist.[609] Unterhalb der Einstimmigkeit musste ein besonderes Mehrheitserfordernis stets im Einzelfall bewertet werden.

Kritisch war ebenfalls die hinsichtlich der gerichtlichen Durchsetzbarkeit des Anspruchs getroffene Satzungsregelung zu beurteilen. Insofern wurde mit Blick auf die Vereinbarung eines Spruchverfahrens zur Überprüfung der Angemessenheit einer angebotenen Abfindung zu Recht eingewandt, das Verfahren vor den staatlichen Gerichten stehe nicht zur Disposition der Beteiligten.[610] Dies überzeugt umso mehr, als doch gerade für eine von den Beteiligten freiwillig vereinbarte Klärung durch eine unabhängige Stelle das Schiedsverfahren bereit steht.[611]

Zulässig war als Mindestvoraussetzung für ein Delisting jedenfalls gemäß § 111 Abs. 4 Satz 2 AktG weiterhin ein Zustimmungsvorbehalt zugunsten des Aufsichtsrats für die Stellung des Antrages auf Widerruf der Börsenzulassung.[612] So konnte im Anschluss an die *„Frosta"*-Entscheidung zumindest sichergestellt werden, dass die Entscheidung über das Delisting nicht allein in der Hand des Vorstandes liegt.

III. Kapitalmarktrechtlicher Schutz

Der zum Zeitpunkt der *„Frosta"*-Entscheidung bestehende kapitalmarktrechtliche Schutz erfuhr durch die Kehrtwende des BGH unmittelbar keine inhaltliche Veränderung. Jedoch stand er seit dem Wegfall der gesellschaftsrechtlichen *„Macrotron"*-Grundsätze mehr denn je im Fokus.[613] Ausgangspunkt des kapitalmarktrechtlichen Anlegerschutzes beim Delisting war nach wie vor die Regelung des § 39 Abs. 2 Satz 2 BörsG (a. F.), nach der die Ermessensentscheidung der Börsengeschäftsführung über den Widerruf der Börsenzulassung nicht dem Schutz der Anleger widersprechen durfte. Eine nähere Konkretisierung des Anlegerschutzes enthielt § 39 Abs. 2 BörsG (a.F.) selbst bis zum November 2015 nicht. Die nähere Ausgestaltung überließ § 39 Abs. 2 Satz 5 BörsG den einzelnen Börsenordnungen.

---

609 Vgl. *Koch*, in: Hüffer/Koch, AktG, § 179 Rn. 23; *Stein*, in: MüKo-AktG, § 179 Rn. 144; weiter *Hefermehl/Bungeroth*, in: Geßler/Hefermehl/Eckardt/Kropff, AktG, § 179 Rn. 89: Nur dann unzulässig, wenn bei großen Publikumsgesellschaften einstimmige Voten der Hauptversammlung von vornherein und für alle denkbaren Fälle so unwahrscheinlich sind, dass sie faktisch ausgeschlossen erscheinen.

610 Vgl. *Drescher*, in: Spindler/Stilz, AktG, § 1 SpruchG Rn. 30; **a. A.**: wohl *Hirte*, ZHR 167 (2003), 8, 33; *ders.*, in: GroßKomm-AktG, § 203 Rn. 131, der eine Vereinbarung des Spruchverfahrens in anderen Fällen ohne Begründung offenbar für zulässig erachtet.

611 Vgl. *Drescher*, in: Spindler/Stilz, AktG, § 1 SpruchG Rn. 30.

612 Vgl. *Hoffmann*, in: Spindler/Stilz, AktG, § 119 Rn. 45; *Seibt/Wollenschläger*, AG 2009, 807, 815; *Kocher/Widder*, NJW 2014, 127, 129 m. w. N.

613 So auch *Arnold/Rothenburg*, DStR 2014, 150, 155.

1. Die Börsenordnungen

a) Rechtliche Qualifikation

Rechtlich handelt es sich bei den Bestimmungen der Börsenordnungen um Satzungen[614], welche gemäß § 12 Abs. 2 Satz 1 Nr. 1 BörsG durch den Börsenrat erlassen werden und das pflichtgemäße Ermessen der Börsengeschäftsführung bei der Entscheidung über den Delisting-Antrag einschränken.[615] Die Ermächtigung zu dieser Rechtssetzung findet sich in der Vorschrift des § 13 Abs. 1 Satz 1 BörsG als förmliches Gesetz.

*b) Bestimmungen der einzelnen Börsenordnungen für das reguläre Delisting nach der „*Frosta*"-Entscheidung*

Während die Börsenordnungen ursprünglich recht homogene Voraussetzungen für das reguläre Delisting enthielten, entwickelten sich die Regelungen an den Regionalbörsen in der Folge zum Teil in sehr unterschiedliche Richtungen. Zum Zeitpunkt des Wegfalls der „*Macrotron*"-Grundsätze durch die „*Frosta*"-Entscheidung ließ sich grundsätzlich zwischen zwei Grundkonzepten unterscheiden: Während teilweise eine reine Fristenlösung[616] gewählt wurde, bei der der Widerruf unabhängig von weiteren Voraussetzungen mit Ablauf einer bestimmten Zeitspanne wirksam wird, enthielten andere Börsenordnungen Regelungen, bei denen den Aktionären zwingend ein Abfindungsangebot unterbreitet werden muss.[617]

aa) Fristenlösung

(1) Frankfurt

Während die Börsenordnung der Frankfurter Wertpapierbörse ursprünglich ein Abfindungsangebot beim regulären Delisting zwingend voraussetzte, enthielt sie seit der Änderung im Jahre 2002 eine Fristenregelung.[618] Gemäß § 46 Abs. 1 Nr. 2 (a. F.) ihrer Börsenordnung in der Fassung vom 1. Oktober 2013 stand der Schutz der Anleger einem vollständigen Delisting insbesondere dann nicht entgegen, „*wenn nach der Bekanntgabe der Widerrufsentscheidung den Anlegern ausreichend*

---

614 Vgl. *Groß*, Kapitalmarktrecht, § 16 BörsG Rn. 1.

615 Vgl. *Kumpan*, in: Baumbach/Hopt, HGB, § 39 BörsG Rn. 6 f.; *Heidelbach*, in: Schwark/Zimmer, Kapitalmarktrecht, § 39 BörsG Rn. 38.

616 Vgl. zur Kritik an der Fristenlösung auf Grundlage des empirischen Befundes bereits oben C.I.1.

617 Vgl. zu dieser grundsätzlichen Unterscheidung *Groß*, Kapitalmarktrecht, § 39 BörsG Rn. 17.

618 Vgl. kritisch zu der Änderung der Frankfurter Börsenordnung *Holzborn*, WM 2003, 1105, 1108; *Streit*, ZIP 2002, 1279, 1283 ff.; *Wilsing/Kruse*, NZG 2002, 807, 809 ff.

Zeit verbleibt, die vom Widerruf betroffenen Wertpapiere im regulierten Markt der FWB zu veräußern." Nach § 46 Abs. 2 Satz 3 (a. F.) wurde ein Zeitraum von sechs Monaten ab der Veröffentlichung des Widerrufs als ausreichend erachtet, nach dessen Verstreichen der Widerruf wirksam wird. Ein „*Kaufangebot*" des Emittenten oder eines Großaktionärs, „*dessen Höhe im Wege eines gesonderten Verfahrens (z.B. Spruchverfahren) überprüft werden kann*" war nicht erforderlich, konnte jedoch gemäß § 46 Abs. 3 auf Antrag des Emittenten zu einer Fristverkürzung von sechs auf drei Monate führen.

(2) München

Der zum Zeitpunkt der „*Frosta*"-Entscheidung geltenden Regelung des § 51 (a. F.) der Börsenordnung für die Börse München lag ebenfalls grundsätzlich die Fristenlösung zugrunde. So stand nach § 51 Abs. 2 Nr. 4 (a. F.) ganz ähnlich der Regelung der Frankfurter Wertpapierbörse der Schutz der Anleger dem Widerruf der Zulassung insbesondere dann nicht entgegen, wenn „*den Anlegern nach Bekanntgabe des Widerrufs aber ausreichend Zeit verbleibt, die Wertpapiere an der Börse zu veräußern.*" Der Zeitpunkt der Wirksamkeit des Widerrufs wurde von der Börsengeschäftsführung bestimmt und konnte höchstens auf zwei Jahre nach dessen Veröffentlichung festgelegt werden, § 51 Abs. 3 Satz 1, 3 (a. F.). Wollte der Emittent die Wirksamkeitsfrist nach § 51 Abs. 3 Satz 2 (a. F.) auf höchstens ein Jahr verkürzen, so stand es ihm frei, nach § 51 Abs. 2 Nr. 4 (a. F.) einen zustimmenden Hauptversammlungsbeschluss herbeizuführen und selbst oder durch einen Mehrheitsaktionär den Aktionären ein Kaufangebot zu unterbreiten, welches den Anforderungen des § 31 WpÜG genügte. Im Ergebnis ist jedoch festzuhalten, dass sowohl der Hauptversammlungsbeschluss als auch das Abfindungsangebot an die Aktionäre nach der Börsenordnung der Börse München rein fakultativer Natur waren.

(3) Stuttgart

Auch die Börsenordnung der Baden-Württembergischen Wertpapierbörse in Stuttgart in der Fassung vom 1. Juli 2013 schloss sich dem Fristenkonzept an. Nach § 22 Abs. 1 Satz 2 Nr. 2 (a. F.) stand der Schutz der Anleger dem Widerruf der Börsenzulassung in der Regel dann nicht entgegen, wenn nach der Bekanntgabe der Widerrufsentscheidung den Anlegern ausreichend Zeit verblieb, die vom Widerruf betroffenen Wertpapiere über die Börse zu veräußern. Damit war die Regelung fast wortgleich mit den Ausgestaltungen in den Börsenordnungen der Frankfurter und Münchner Börse. Um eine ausreichende Zeitspanne zur Veräußerung der Wertpapiere zu gewährleisten, wurde der Widerruf gem. § 22 Abs. 2 Satz 3 (a. F.) wie auch an der Frankfurter Wertpapierbörse frühestens sechs Monate nach dessen Veröffentlichung wirksam. Weder ein Hauptversammlungsbeschluss noch ein Abfindungsangebot wurden von der Börsenordnung der Baden-Württembergischen Wertpapierbörse vorgesehen.

bb) Abfindungslösung

(1) Düsseldorf

Ein grundlegend anderes Konzept verfolgte die Börse Düsseldorf in ihrer Börsenordnung: Gemäß § 56 Abs. 4 (a. F.) der Düsseldorfer Börsenordnung setzte der Widerruf der Zulassung grundsätzlich sowohl einen zustimmenden Hauptversammlungsbeschluss des Emittenten als auch ein an § 31 WpÜG orientiertes Abfindungsangebot des *„Mehrheitsaktionärs"* voraus. Die Wirksamkeit des Widerrufs trat bei Vorliegen dieser Voraussetzungen gemäß § 57 Abs. 1 Satz 3 (a. F.) drei Monate nach dessen Veröffentlichung ein. Eine Ausnahme vom Erfordernis des Hauptversammlungsbeschlusses und des Abfindungsangebots kam allein in der Insolvenz des Emittenten in Betracht, § 56 Abs. 5 (a. F.). Obwohl nach der *„Frosta"*-Entscheidung des BGH und der Abkehr vom aktienrechtlichen Anlegerschutz im Sinne der *„Macrotron"*-Entscheidung eine Änderung der Börsenordnung der Düsseldorfer Börse hin zu einer Fristenlösung im Raum stand, entschied sich der Börsenrat letztendlich bewusst gegen eine solche Änderung und für die Beibehaltung des weitergehenden Anlegerschutzes.[619]

(2) Berlin

Die Börsenordnung Berlin traf zum Zeitpunkt der *„Frosta"*-Entscheidung in ihrem § 51 (a. F.) nur wenig detaillierte Regelungen über die Voraussetzungen des Widerrufs der Zulassung, enthielt jedoch ebenfalls das Erfordernis eines Abfindungsangebots. Nach § 51 Abs. 2 Satz 1 (a. F.) stand der Schutz der Anleger dem Zulassungswiderruf insbesondere dann nicht entgegen, wenn den Inhabern der Wertpapiere ein Kaufangebot unterbreitet wurde. Zur Höhe dieses Kaufangebots und zu dessen gerichtlicher Durchsetzbarkeit schwieg die Berliner Börsenordnung. Erhielten die Aktionäre aber *„einen Ausgleich"* für ihre Wertpapiere, so wurde der Widerruf gemäß § 51 Abs. 2 Satz 2 (a. F.) sofort mit seiner Veröffentlichung wirksam. Im Kern verlangte die Börsenordnung der Berliner Börse also regelmäßig ein Abfindungsangebot, jedoch keinen Hauptversammlungsbeschluss. Ein ausreichender Anlegerschutz allein durch Aufschieben des Wirksamkeitszeitpunktes des Widerrufs im Sinne der Fristenlösung war nicht vorgesehen.

(3) Hamburg und Hannover

In eine ähnliche Richtung ging schließlich das Regelungskonzept der Hanseatischen Wertpapierbörse Hamburg und der Niedersächsischen Börse zu Hannover in § 42 bzw. § 43 (a. F.). Gemäß Abs. 2 b) (a. F.) der Vorschriften stand der Anlegerschutz dem Widerruf der Börsenzulassung bei einem vollständigen Delisting in der Regel nicht entgegen, wenn den Inhabern der Wertpapiere ein Kaufangebot unterbreitet wurde und die versprochene Gegenleistung den Anforderungen des WpÜG

619 Vgl. *Börse Düsseldorf*, Pressemitteilung vom 7. April 2014.

genügte. Der Widerruf wurde dann nach Abs. 7 Satz 3 (a. F.) nach einer Frist von zwei Jahren ab dessen Veröffentlichung wirksam. Eine Verkürzung der Frist war auf Antrag des Emittenten möglich, soweit dies dem Interesse der Anleger nicht zuwiderlief. Ein ausreichender Anlegerschutz durch eine reine Fristenlösung war sowohl von der Hanseatischen Wertpapierbörse Hamburg als auch von der Niedersächsischen Börse zu Hannover nicht vorgesehen. Lediglich bei Insolvenz des Emittenten konnte ein Abfindungsangebot nach § 42 bzw. § 43 Abs. 3 (a. F.) auch bei einem vollständigen Delisting entbehrlich sein.

Eine Besonderheit stellte schließlich die Regelung des Abs. 6 (a. F.) dar, nach der dem Antrag nicht stattgegeben wurde, wenn zwischen der Börsenzulassung oder der letzten Kapitalerhöhung und dem Widerruf der Zulassung ein unangemessen kurzer Zeitraum lag.

c) *Bestimmungen zum Downlisting*

Ausnahmen von den in ihren Börsenordnungen aufgestellten Voraussetzungen für den Widerruf der Börsenzulassung auf Antrag der Gesellschaft fanden sich bei einigen Börsen im Hinblick auf ein Downlisting. So enthielten die Börsenordnungen der Börsen in Düsseldorf, in § 56 Abs. 3 Satz 1 Nr. 3 (a. F.), München, in § 51 Abs. 2 Nr. 2 (a. F.), Hamburg, in § 42 Abs. 2 d) (a. F.), und Hannover, in § 43 Abs. 2 d) (a. F.), Regelungen, nach denen dem Widerruf der Anlegerschutz regelmäßig auch dann nicht entgegenstand, wenn nach dessen Wirksamwerden der Handel in den qualifizierten Freiverkehrssegmenten der jeweiligen Börse gewährleistet blieb.

d) *Umgehung der Anforderungen in den Börsenordnungen durch „Forum Shopping"*

Ein besonderes Problem, welches bereits unabhängig von einer inhaltlichen Bewertung des durch die Börsenordnungen vermittelten Anlegerschutzes auszumachen war, war das des sogenannten *„Forum Shoppings"*.[620] Mit diesem Begriff lässt sich die Konstellation umschreiben, dass Delisting-willige Emittenten, die oftmals an mehreren Börsenplätzen in Deutschland notiert sind, durch die bestehenden Gestaltungen der Börsenordnungen und eine bewusst gewählte Reihenfolge der Anträge auf Widerruf der Zulassung die strengeren Regelungen einzelner Börsen zugunsten der emittentenfreundlichsten Regelungen vermeiden konnten. Ermöglicht wurde diese Gestaltungsvariante durch die Börsenordnungen, die von ihren Anforderungen an den Anlegerschutz jeweils Ausnahmen für das nur partielle Delisting[621] – also den Rückzug von der Börse bei gleichzeitigem Fortbestand einer Notierung an einer anderen Börse im regulierten Markt – enthielten. So wies

620 Dieses Stichwort nennen auch *Buckel/Glindemann/Vogel*, AG 2015, 373, 376.
621 Vgl. zu dem Begriff des partiellen Delistings bereits oben A.I.2.c).

beispielsweise die nach der „*Frosta*"-Entscheidung gültige Fassung der Börsenordnung Düsseldorf in ihrem § 56 Abs. 3 Satz 1 Nr. 1 (a. F.) eine Regelung auf, nach der der Schutz der Anleger einem Widerruf in der Regel auch dann nicht entgegen stehen sollte, wenn die Aktien des Emittenten auch nach dem Wirksamwerden des Widerrufes weiterhin an einem inländischen organisierten Markt i. S. d. § 2 Abs. 5 WpHG (a. F.)[622] gehandelt wurden. Ein Emittent, dessen Aktien neben Düsseldorf beispielsweise auch in Frankfurt gehandelt wurden, konnte daher zunächst den Widerruf in Düsseldorf beantragen, um sich erst danach dann auch vom Frankfurter Parkett zurückzuziehen. So musste er im Ergebnis nur die (6-Monats-) Frist der Frankfurter Börsenordnung bis zur Wirksamkeit des Zulassungswiderrufs abwarten und es bedurfte weder des von der Düsseldorfer Börsenordnung sonst vorgesehenen Hauptversammlungsbeschlusses noch eines Abfindungsangebots.

Diese Vorgehensweise war keine Besonderheit im Zusammenwirken der Regelwerke der Börse in Düsseldorf und der in Frankfurt, sondern – da alle Börsenordnungen den Anlegerschutz bei einem nur partiellen Delisting als gewährleistet ansahen[623] – vielmehr in allen Konstellationen denkbar, in denen ein Regelungsgefälle zwischen mehreren Börsen bestand, an denen die Aktien desselben Emittenten gehandelt wurden. Dies war insbesondere dann der Fall, wenn einer Abfindungslösung auf der einen Seite eine reine Fristenlösung auf der anderen Seite entgegenstand.

Diese Umgehungsproblematik ist offenbar nicht allen Börsen verborgen geblieben. Die Börse in Düsseldorf reagierte mit einer Regelung in § 56 Abs. 3 Satz 2 (a. F.) und versuchte solchen Gestaltungen entgegenzuwirken: Nach dieser Vorschrift der Börsenordnung musste der Vorstand des Emittenten der Geschäftsführung gegenüber schriftlich erklären, dass an den Märkten, an denen die Aktien weitergehandelt werden sollten, innerhalb von einem Jahr nach dem Wirksamwerden der Widerrufsentscheidung kein Verfahren zum Widerruf der Zulassung oder Einbeziehung eingeleitet würde. Allein fehlte dieser Verpflichtung die Verbindlichkeit, die sie zu mehr als einem reinen „*Ehrenerklärung*" gemacht hätte.[624]

Darüber hinaus beinhalteten die Börsenordnungen, wie bereits geschildert, Ausnahmen für das Downlisting in (qualifizierte) Freiverkehrssegmente, die auf eine ähnliche Weise wie die Regelungen zum partiellen Delisting von Emittenten (aus-)genutzt werden konnten, um die Anforderungen der Börsenordnungen nicht treffen zu müssen. Da ein anschließender Rückzug aus dem (qualifizierten)

---

622 Entspricht dem heutigen § 2 Abs. 11 WpHG.

623 Vgl. die zum 8. Oktober 2013 jeweils geltenden Fassungen der Börsenordnungen: § 46 Abs. 1 Nr. 1 1. Alt. BörsO Frankfurt; § 51 Abs. 2 Nr. 1 BörsO München; § 51 Abs. 2 Satz 3 BörsO Berlin; § 42 Abs. 2 a) BörsO Hamburg; § 43 Abs. 2 a) BörsO Hannover; § 22 Abs. 1 Satz 2 Nr. 1 BörsO Stuttgart.

624 Vgl. *Reimann/ Bergermann/Schwerdtfeger*, WiWo Online vom 4. Juli 2014 mit Verweis auf ein Zitat von *Thomas Dierkes*, Vorstand der Börse Düsseldorf.

Freiverkehr ohne vergleichbare Voraussetzungen möglich war, bestand die Möglichkeit durch ein sogenanntes gestuftes Delisting letztendlich ein vollständiges Delisting durchzuführen, ohne die vorgeschriebenen längeren Fristen einzuhalten oder gar ein Abfindungsangebot unterbreiten zu müssen.[625]

2. Verwaltungsgerichtlicher Rechtsschutz

Fraglich war, ob der soeben dargestellte nach der „*Frosta*"-Entscheidung zunächst verbliebene Anlegerschutz in den Börsenordnungen unabhängig von etwaigen Defiziten oder Umgehungsmöglichkeiten überhaupt durch die Anleger selbst vor den (Verwaltungs-)Gerichten durchsetzbar war. Schon vor dem Rechtsprechungswandel durch die „*Frosta*"-Entscheidung war umstritten, ob gegen die Entscheidung der Geschäftsführung der Börse verwaltungsrechtlicher Rechtsschutz im Rahmen einer (Dritt-)Anfechtungsklage in Anspruch genommen werden konnte. Eine solche war gemäß § 42 Abs. 2 VwGO nur dann zulässig, wenn ein klagender Anleger die Möglichkeit geltend machen konnte, durch den Verwaltungsakt in Form des Widerrufs der Börsenzulassung in seinen subjektiv-öffentlichen Rechten verletzt zu sein.[626] Ob § 39 Abs. 2 BörsG (a. F.) den betroffenen Anlegern ein solches subjektiv öffentliches Recht vermittelte, bestimmt sich anhand der herrschenden Schutznormtheorie.[627] Nach dieser hängt die Gewährung subjektiver öffentlicher Rechte durch einen Rechtssatz davon ab, dass dieser nicht nur im öffentlichen Interesse erlassen wurde, sondern, zumindest auch, dem Schutz der Interessen einzelner Bürger zu dienen bestimmt ist.[628] Da im Falle des Delistings nicht der einzelne Aktionär, sondern die Gesellschaft Adressat des Verwaltungsaktes ist, müsste sich § 39 Abs. 2 BörsG als drittschützend zu Gunsten der Aktionäre qualifizieren lassen. Unter der Geltung der „*Macrotron*"-Grundsätze war die Frage nach dem Verwaltungsrechtsschutz stets von vergleichbar geringer Bedeutung, während der

625 Vgl. zu dieser Problematik schon unter Geltung der „*Macrotron*"-Grundsätze knapp KG Berlin NZG 2009, 752, 753 = AG 2009, 697, 699; ausführlich *Schwichtenberg*, AG 2005, 911, 916; diese Absicht unterstellten auch die Antragssteller im verwaltungsgerichtlichen Verfahren vor dem VG Düsseldorf dem Vorstand der Gesellschaft, vgl. VG Düsseldorf ZIP 2015, 1733 (Vortrag insoweit nicht abgedruckt); zum Einfluss dieses Aspektes auf die gesetzliche Neuregelung aus dem Jahr 2015 noch unten F.II.4.a)aa).

626 Vgl. BVerwG NVwZ 1993, 884 f. = BayVBl 1994, 90 f.; *Wahl/Schütz*, in: Schoch/Schneider/Bier, VwGO, § 42 Abs. 2 Rn. 67 ff. (Juni 2017).

627 Vgl. nur *W.-R. Schenke/R. P. Schenke*, in: Kopp/Schenke, VwGO, § 42 Rn. 83 ff.; *Wahl/Schütz*, in: Schoch/Schneider/Bier, VwGO, Vor § 42 Abs. 2 Rn. 94 ff. (Juni 2017); *Bauer*, AöR 113 (1988), 582 ff.; *ders.*, in: Gegenwartsfragen des Öffentlichen Rechts, S. 113 ff.; *P. M. Huber*, Konkurrenzschutz im Verwaltungsrecht, S. 107 ff.; *Schmidt-Aßmann*, in: Maunz/Dürig, GG, Art. 19 Abs. 4 Rn. 127 ff. (September 2017).

628 Vgl. *W.-R. Schenke/R. P. Schenke*, in: Kopp/Schenke, VwGO, § 42 Rn. 83 m. w. N.; vgl. zum Delisting auch VG Frankfurt a. M. AG 2013, 847, 848 = ZIP 2013, 1886, 1887.

Schwerpunkt auf der gesellschaftsrechtlichen Schutztrias aus Hauptversammlung, Abfindungsangebot und Überprüfbarkeit im Spruchverfahren lag. Trotz der auf der Hand liegenden Bedeutung als zunächst einzig verbleibender Mindestschutz für die Aktionäre im Anschluss an den Wegfall des richterrechtlichen Anlegerschutzes ist im Nachgang der „*Frosta*"-Entscheidung, soweit ersichtlich, nur ein einziger Fall bekannt geworden, in dem Anleger verwaltungsgerichtlichen Rechtsschutz gegen den Widerruf der Börsenzulassung ersucht haben.[629]

a) Rechtsprechung

aa) VG Frankfurt a. M.

Zu der aufgeworfenen Frage des verwaltungsgerichtlichen Rechtsschutzes gegen ein Delisting existierte keine höchstrichterliche Rechtsprechung. Für ein drittschützendes Verständnis des § 39 Abs. 2 BörsG und damit für die Zulässigkeit einer Anfechtungsklage der Aktionäre gegen den Widerruf der Börsenzulassung durch die Börsengeschäftsführung plädierte in den Jahren 2002 und 2003 jedoch noch das VG Frankfurt a. M.[630] Laut dem Gericht bezeichnete der Begriff der „*Anleger*" in § 43 Abs. 4 BörsG (a. F.) einen für den individualschützenden Charakter ausreichend klar abgrenzbaren Personenkreis, dessen Vertrauen in den Fortbestand der Veräußerungsmöglichkeit über die Börse als schützenswerte Rechtsposition in § 43 Abs. 4 BörsG (a. F.) seine positiv gesetzliche Anerkennung gefunden habe.[631] Dies zeigten auch die Gesetzgebungsmaterialien zur Einführung der Regelung des § 43 Abs. 4 BörsG (a. F.) durch das 3. Finanzmarktförderungsgesetz.[632] Bemerkenswert ist daneben insbesondere, dass das Gericht nicht auf eine Verletzung von Art. 14 GG abstellte, die es explizit verneinte.[633]

Von dieser Auffassung ist das VG Frankfurt a. M. mit einem Beschluss vom 25. März 2013 – also nach der Entscheidung des BVerfG zum Delisting, jedoch noch vor der „*Frosta*"-Entscheidung des BGH – abgerückt.[634] Nach dieser neueren Auffassung des Gerichts kam § 39 Abs. 2 Satz 2 BörsG (a. F.) keine drittschützende Wirkung zugunsten der einzelnen Anleger zu. Die Vorschrift sei nämlich nicht dazu bestimmt, auch den Individualinteressen Einzelner zu dienen, sondern bestehe allein im öffentlichen Interesse zur Wahrung der Funktionsfähigkeit der Börse. Verlangte die Vorschrift des § 39 Abs. 2 Satz 2 BörsG (a. F.), dass der

---

629 Vgl. VG Düsseldorf ZIP 2015, 1733.

630 VG Frankfurt a. M. WM 2002, 1658 = ZIP 2002, 1446; VG Frankfurt a. M. AG 2003, 218 = NJW-RR 2002, 480.

631 Vgl. VG Frankfurt a. M. WM 2002, 1658, 1660 = ZIP 2002, 1446, 1147 f.; VG Frankfurt a. M. AG 2003, 218 f. = NJW-RR 2002, 480 f.

632 Vgl. Regierungsentwurf zum Dritten Finanzmarktförderungsgesetz, BT-Drucks. 13/8933, 75.

633 Vgl. VG Frankfurt a. M. WM 2002, 1658, 1664 = ZIP 2002, 1446, 1147 f.

634 Vgl. VG Frankfurt a. M. AG 2013, 847, 848 = ZIP 2013, 1886, 1887.

Widerruf der Börsenzulassung nicht dem Schutz *„der Anleger"* widersprach, so bezeichne dies die Aktionäre in ihrer Gesamtheit.[635] Einem individuell bestimmbaren Anleger solle dadurch keine subjektiv-öffentliche Rechtsposition verliehen werden. Der Schutz des einzelnen Anlegers stelle daher lediglich einen Rechtsreflex des Schutzes der Anlegergesamtheit im öffentlichen Interesse dar. Ausschlaggebend für diesen Wandel hin zu einem objektiv-rechtlichen Verständnis des § 39 Abs. 2 Satz 2 BörsG (a. F.) erschien in der Argumentation des Gerichts der damalige § 15 Abs. 6 BörsG (a. F.). Die Vorschrift entsprach inhaltlich der Regelung des § 12 Abs. 3 BörsG (a. F.), der bereits im Jahre 2002 durch das 4. Finanzmarktförderungsgesetz eingefügt worden war, und findet sich im heutigen § 15 Abs. 8 BörsG. Nach der Vorschrift nimmt die Geschäftsführung der Börse die ihr zugewiesenen Aufgaben nur im öffentlichen Interesse wahr. Unter diese Aufgaben sei nach dem Verständnis des Verwaltungsgerichts eben auch der Widerruf der Börsenzulassung durch die Geschäftsführung nach § 39 Abs. 2 BörsG zu subsumieren. Verdeutlicht werde dies durch die Begründung der Bundesregierung zum 4. Finanzmarktförderungsgesetz, in der es ausdrücklich heißt: *„Ebenso [...] wird die Geschäftsführung im Interesse der Sicherung der Funktionsfähigkeit der Börse und nicht zum Schutz individueller Anlegerinteressen tätig."*[636] Aufgrund des klaren Wortlautes der Vorschrift verbleibe daher kein Raum für ein drittschützendes Verständnis von § 39 Abs. 2 Satz 2 BörsG. Dies gelte umso mehr nach dem Urteil des BVerfG[637], nach dem feststehe, dass ein subjektiv-öffentliches Recht sich auch nicht aus der in Art. 14 Abs. 1 GG verankerten Eigentumsgarantie ergebe, so die Frankfurter Richter weiter.

bb) VGH Mannheim

In die andere Richtung hatte sich zuvor bereits im Jahre 2007 der VGH Mannheim geäußert.[638] Schon der Wortlaut des § 38 Abs. 4 BörsG (a. F.), der der heutigen Vorschrift des § 39 Abs. 2 Satz 2 BörsG entspricht, lege einen individualschützenden Charakter nahe: So würden schließlich explizit die entgegenstehenden Interessen der Anteilseigentümer in den Blick genommen. Diese stellten einen hinreichend abgrenzbaren Personenkreis dar, sodass insbesondere die Gefahr einer uferlosen Ausweitung der Klagerechte auf eine Vielzahl einzelner (Klein-)Aktionäre insoweit nicht bestehe.[639] Etwas anderes lasse sich schließlich auch nicht aus § 31 Abs. 5 BörsG (a. F.) – heute § 15 Abs. 8 BörsG – ableiten. Es sei fragwürdig, ob der Gesetzgeber mit dieser allgemein gehaltenen Bestimmung (auch) Widerspruchs- und Klagebefugnis der konkret betroffenen Anleger im Widerrufsverfahren nach § 38 Abs. 4 BörsG (a. F.) wirksam ausgeschlossen habe. Nicht zuletzt stelle sich

---

635 Vgl. VG Frankfurt a. M. AG 2013, 847, 848 = ZIP 2013, 1886, 1887.

636 Vgl. dazu Regierungsentwurf zum Vierten Finanzmarktförderungsgesetz, BT-Drucks. 14/8017, 74.

637 BVerfGE 132, 99 = NJW 2012, 3081 = NZG 2012, 826.

638 Vgl. VGH Mannheim, Beschl. vom 6. Dezember 2007, 6 S 2293/07, juris Rn. 18 ff.

639 Vgl. VGH Mannheim, Beschl. vom 6. Dezember 2007, 6 S 2293/07, juris Rn. 19.

die Frage, ob § 31 Abs. 5 BörsG (a. F.) seiner Intention nach die öffentlich-rechtliche Widerspruchs- und Klagebefugnis betroffener Anleger im Falle des Widerrufs einer Zulassung von Wertpapieren zum Börsenhandel im amtlichen Markt überhaupt habe ausschließen wollen, oder ob sich der Regelungsgehalt der Bestimmung nicht vielmehr darauf beschränke, eine Amtshaftung (etwa nach § 823 Abs. 2 BGB) auszuschließen.[640] Anders als das VG Frankfurt bei seinen frühen Entscheidungen *zugunsten* eines Verwaltungsrechtschutzes für die einzelnen Aktionäre verwies der VGH bei seinen Ausführungen vor der Entscheidung des BVerfG noch darauf, dass ein Ausschluss der Klagebefugnis durch § 31 Abs. 5 BörsG (a. F.) möglicherweise nicht mit dem Eigentumsrecht der Anleger aus Art. 14 Abs. 1 GG im Einklang stehen würde. Diese Argumentation jedenfalls ist nach der zustimmungswürdigen Entscheidung des BVerfG[641] entkräftet.

cc) VG Düsseldorf

Als erstes Verwaltungsgericht nach der „*Frosta*"-Entscheidung hatte sich das VG Düsseldorf mit der Frage nach der Klagebefugnis einzelner Anleger nach § 42 Abs. 2 VwGO im Falle eines Delistings auseinanderzusetzen. Hatte das Gericht die Frage in einem Beschluss vom 3. Dezember 2007[642] noch offen gelassen, so bezogen die Richter in der neueren Entscheidung eindeutig Stellung: Mit Beschluss vom 7. August 2015 entschied das Gericht, dass gegen den Widerruf der Zulassung von Wertpapieren zum regulierten Markt einer Börse auf Antrag des Emittenten betroffene Anleger verwaltungsgerichtlich vorgehen könnten, da § 39 Abs. 2 Satz 2 BörsG ihnen ein subjektiv-öffentliches Recht vermittele.[643] Dass § 39 Abs. 2 Satz 2 BörsG nicht nur dem öffentlichen Interesse, sondern zumindest auch dem Interesse der einzelnen Aktionäre zu dienen bestimmt sei, ergebe sich bereits aus dem Wortlaut der Vorschrift. In den Blick zu nehmen sei nämlich der explizit genannte Schutz der „*Anleger*" als in diesem Zusammenhang nicht als Anlegergesamtheit zu verstehende Gruppe, sondern als Inhaber der konkret betroffenen Wertpapiere. Dass diese Formulierung eine individualisierbare Gruppe von konkret betroffenen Personen bezeichne und nicht die Allgemeinheit in Form einer unbestimmten Anzahl von Börsenteilnehmern schütze, verdeutliche ferner auch der Vergleich mit der Formulierung „*Schutz des Publikums*" an anderer Stelle im BörsG.[644] Der Begriff des Publikums bezeichne nämlich offenkundig alle Teilnehmer der Börse, und damit die von § 2 Abs. 1 BörsG angesprochene „*Vielzahl von Personen*", deren Interessen „*am Kauf und Verkauf von dort zum Handel zugelassenen Wirtschaftsgütern und Rechten*" an der Börse zusammengebracht werden sollten. „*Anleger*" sei

---

640 Vgl. VGH Mannheim, Beschl. vom 6. Dezember 2007, 6 S 2293/07, juris Rn. 20.
641 Vgl. die verfassungsrechtliche Würdigung oben C.II.
642 Vgl. VG Düsseldorf, Beschl. vom 3. Dezember 2007, 20 L 1587/07, juris.
643 Vgl. zum Folgenden VG Düsseldorf ZIP 2015, 1733 ff.
644 Vgl. auf § 16 Abs. 1 Satz 1 und § 25 Abs. 1 Nr. 1 BörsG verweisend VG Düsseldorf ZIP 2015, 1733, 1734.

hingegen nur, wer bereits Inhaber der betroffenen Wertpapiere sei und daher auch durch die Ausgestaltung der Börsenordnungen besonderen Schutz erfahre. Es sei hingegen unerheblich, dass der Begriff des Anlegers an anderer Stelle im Kapitalmarkt- und Wertpapierrecht in einem allgemeinen Sinn verwendet werde, der im Börsengesetz seine Entsprechung in der Bezeichnung „*Publikum*" finde.[645] Auch das VG Düsseldorf setzte sich mit dem Einwand, § 15 Abs. 6 BörsG (a. F.) stehe der Annahme eines drittschützenden Charakters der Vorschrift des § 39 Abs. 2 Satz 2 BörsG entgegen, auseinander. Im besonderen Fall des Delistings seien anders als im der Vorschrift zugrunde liegenden Regelfall, beispielsweise bei der Zulassung zum Börsenhandel, die Interessen konkret derjenigen betroffen, die nach der Zulassung und vor dem Delisting-Antrag Anteile erworben hätten. Ferner ziele die Vorschrift des § 15 Abs. 6 BörsG überhaupt nicht auf den Ausschluss der Widerspruchs- und Klagebefugnis ab, sondern diene lediglich dazu, Amtshaftungsansprüche gegen die Börsengeschäftsführung zu verhindern.[646]

dd) Annahme des BGH/Stellungnahme des BVerwG

Auch der BGH äußerte sich in seiner „*Frosta*"-Entscheidung zum Individualrechtsschutz vor den Verwaltungsgerichten: Nach der Aufgabe der gesellschaftsrechtlichen Schutzmechanismen sei der unzureichenden Berücksichtigung der Anlegerinteressen bei der Anwendung von § 39 Abs. 2 Satz 2 BörsG mit den verwaltungsrechtlichen Mitteln beizukommen.[647] Der BGH stellte weiter unter Verweis auf eine Stellungnahme des 8. Revisionssenats des BVerwG vom 9. August 2010 zu den Verfassungsbeschwerden[648], die zur Delisting-Entscheidung des BVerfG führten, fest, dass § 39 Abs. 2 Satz 2 BörsG ausreichende Ansatzpunkte für einen angemessenen, mit Widerspruch und Anfechtungsklage gegen den Widerruf der Zulassung durchsetzbaren Schutz der betroffenen Aktionäre biete. Ob der BGH damit selbst zu dieser originär verwaltungsrechtlichen Frage Stellung beziehen oder schlicht auf die grundsätzliche Möglichkeit des Verwaltungsrechtsschutzes hinweisen wollte, erscheint offen.[649]

---

645 Vgl. auf Vorschriften des WpHG und § 1 KWG verweisend VG Düsseldorf ZIP 2015, 1733, 1734.

646 Vgl. VG Düsseldorf ZIP 2015, 1733, 1735.

647 Vgl. BGH NJW 2014, 146, 149 = NZG 2013, 1342, 1344.

648 Vgl. 8. Revisionssenat des BVerwG, Stellungnahme vom 9. August 2010 zu der Verfassungsbeschwerde 1 BvR 1569/08 (n. v.), nur teilweise zitiert in Rn. 35 f. der Entscheidung des BVerfG vom 11. Juli 2012, nur abrufbar über juris, veröffentlicht i. Ü. in BVerfGE 132, 99 = NJW 2012, 3081 = NZG 2012, 826.

649 Vgl. *Brellochs*, AG 2014, 633, 636: „*Ob einzelne Aktionäre mit Widerspruch und Anfechtungsklage gegen den Zulassungswiderruf vorgehen können, ist eine Frage, die vom BGH nicht zu entscheiden war und den Verwaltungsgerichten überlassen bleibt.*"; ähnlich auch *Schmitt/Süßmann*, BB 2014, 1451, 1453; *Witt*, BB 2013, Heft Nr. 49, „*Die Erste Seite*"; die Passage im Beschluss des BGH eher als eigenständige Aussage werten *Glienke/Röder*, BB 2014, 899, 903; *Rothley*, GWR 2013, 493; *Mense/Klie*, GWR

Erhebliches Gewicht kommt jedoch jedenfalls der in Bezug genommenen Stellungnahme des BVerwG als höchstem für diese Rechtsfrage zuständigen Gerichts zu. Darin betonte das BVerwG, dass Verwaltungsrechtsschutz gegen die Entscheidung der Börsengeschäftsführung für den einzelnen Aktionär unabhängig von Art. 14 Abs. 1 GG bestehe.[650] § 15 Abs. 6 BörsG (a. F.) statuiere zwar, dass die Börsengeschäftsführung nur im öffentlichen Interesse und nicht zum Schutz einzelner Anleger tätig werde, dies schließe aber nur die generelle Annahme einer drittschützenden Wirkung der Ermächtigungen im BörsG aus. Die Vorschrift des § 39 Abs. 2 Satz 2 BörsG stelle hingegen eine speziellere Regelung dar, die bereits ihrem Wortlaut nach eindeutig einen individualschützenden Charakter aufweise und insofern eine den Grundsatz verdrängende speziellere Regelung darstelle.[651] Dass gerade die Interessen der einzelnen Anleger Berücksichtigung finden sollten, ergebe sich aus der Gesetzesbegründung zu § 43 Abs. 4 BörsG (a. F.). Als Beispiel für einen ausreichenden Anlegerschutz beim freiwilligen Delisting nennt diese nämlich die *„Zustimmung sämtlicher betroffenen Aktionäre"*.[652] Wenn also die Beteiligung der konkret betroffenen Gruppe einen ausreichenden *„Schutz der Anleger"* im Sinne der Vorschrift gewährleiste, so könne sich auch diese Formulierung bereits nur auf diese abgrenzbare Personengruppe beziehen. Es komme daher im Ergebnis § 39 Abs. 2 Satz 2 BörsG drittschützender Charakter zu, der sich unabhängig von Art. 14 Abs. 1 GG aus dem einfachen Recht begründen lasse. Danach ergebe sich die Möglichkeit der Verletzung des subjektiv-öffentlichen Rechts der Aktionäre aus § 39 Abs. 2 Satz 2 BörsG, sodass diese gemäß § 42 Abs. 2 VwGO widerspruchs- und klagebefugt seien.

b) Meinungsstand in der Literatur

Auch in der Literatur wurde das Thema des Verwaltungsrechtsschutzes gegen die stattgebende Entscheidung der Börsengeschäftsführung über einen Delisting-Antrag im Anschluss an die *„Frosta"*-Entscheidung und den durch diese bedingten Wegfall des weitergehenden Anlegerschutzes kontrovers diskutiert.

2013, 505, 508; *Lampert/Weichel*, WM 2014, 1024, 1028 f.; *Kocher/Widder*, NJW 2013, 127, 129; *Wicke*, DNotZ 2015, 488, 491.

650 Vgl. 8. Revisionssenat des BVerwG, Stellungnahme vom 9. August 2010 zu der Verfassungsbeschwerde 1 BvR 1569/08, 2 (n. v.), nur teilweise zitiert in Rn. 35 f. der Entscheidung des BVerfG vom 11. Juli 2012, nur abrufbar über juris, veröffentlicht i. Ü. in BVerfGE 132, 99 = NJW 2012, 3081 = NZG 2012, 826.

651 Vgl. 8. Revisionssenat des BVerwG, Stellungnahme vom 9. August 2010 zu der Verfassungsbeschwerde 1 BvR 1569/08, 5 (n. v.), nur teilweise zitiert in Rn. 35 f. der Entscheidung des BVerfG vom 11. Juli 2012, nur abrufbar über juris, veröffentlicht i. Ü. in BVerfGE 132, 99 = NJW 2012, 3081 = NZG 2012, 826.

652 Vgl. Regierungsentwurf zum Dritten Finanzmarktförderungsgesetz, BT-Drucks. 13/8933, 75.

Während vor Einführung der Vorgängerregelung zu § 15 Abs. 6 BörsG (a. F.) ein drittschützendes Verständnis der Vorschrift zum Widerruf der Börsenzulassung auf Antrag des Emittenten ganz überwiegend gewesen war[653], lehnten in der Folge mehrere Autoren die Widerspruchs- und Anfechtungsbefugnis einzelner Aktionäre insbesondere mit Blick auf die neue Regelung des § 15 Abs. 6 BörsG (a. F.) – beziehungsweise dessen Vorgängervorschrift in § 31 Abs. 5 BörsG (a. F.) – ab.[654] Betont wurde innerhalb dieses Meinungsstroms zum Teil im Anschluss an die Entscheidung des BVerfG die fehlende eigentumsrechtliche Relevanz des Delisting; durch die Entscheidung sei das *„zentrale Argument für Individualschutz im Rahmen von § 39 Abs. 2 Satz 2 BörsG entfallen"*.[655] Zwar könne sich der Individualschutz grundsätzlich auch aus einfachrechtlichen Gründen ergeben, jedoch sei auch dies für das Delisting abzulehnen. Dies ergebe sich aus dem insofern eindeutigen Wortlaut des § 15 Abs. 6 BörsG (a. F.) – beziehungsweise dessen Vorgängervorschrift in § 31 Abs. 5 BörsG (a. F.)[656] sowie den entsprechenden Gesetzgebungsmaterialien zum 4. Finanzmarktförderungsgesetz, wonach die Tätigkeit der Börsengeschäftsführung – dazu gehöre auch die Entscheidung über den Antrag auf Widerruf der Börsenzulassung – *„den Belangen der Anleger in ihrer Gesamtheit und nicht dem Schutz einzelner Anleger"* dienen sollte.[657] Dass damit nur Amtshaftungsansprüche ausgeschlossen werden sollten – was unter anderem der VGH Mannheim anführte[658] – überzeuge nicht, da eine Aufspaltung des Normzwecks zwischen Amtshaftung und Klagebefugnis unzulässig sei.[659] Insbesondere nach der deutlichen Absage an einen verfassungsrechtlichen Eigentumsschutz beim Delisting liege auch ein Spezialitätsverhältnis zwischen § 39 Abs. 2 Satz 2 BörsG und § 15 Abs. 6 BörsG (a. F.) fern, da in der Regel das Verwaltungsrecht das Verfassungsrecht konkretisiere. Für einen allein einfachgesetzlich begründeten Rechtsschutz bedürfe es eindeutiger Anhaltspunkte, die mit Blick auf die jüngere Norm des § 15 Abs. 6 BörsG (a. F.) gerade nicht vorlägen. Auch europarechtlich sei dies unbedenklich, da allein Rechtsbehelfe *des Emittenten* gegen den Widerruf der Zulassung vorgeschrieben seien. Schließlich ließe sich dieses Ergebnis durch den Blick auf die

---

653 Vgl. *Groß*, ZHR 165 (2001), 141, 158f.; *Kruse*, BB 2000, 2271, 2273; *de Vries*, Delisting, 66 ff.; *Mülbert*, ZHR 165 (2001), 104, 139 f.; *Wirth/Arnold*, ZIP 2000, 111, 117; **a. A.**: *Bungert*, BB 2000, 53, 55; *Renner/Schiffer*, DB 2002, 1990 f.

654 Vgl. *Brellochs*, AG 2014, 633, 641 ff.; *Beck/Hedtmann*, BKR 2003, 190, 192ff.; *Land/Behnke*, DB 2003, 2531, 2534; *Schmitt*, EWiR 2013, 673, 674; *Mayen*, ZHR 179 (2015), 1, 4 ff.; *Habersack*, in: Unternehmensfinanzierung am Kapitalmarkt, § 40 Rn. 23; zurückhaltender *ders.*, JZ 2014, 147, 148, sowie *Roßkopf*, ZGR 2014, 487, 506 f.; kritisch ebenfalls *Grunewald*, ZIP 2004, 542, 543.

655 *Brellochs*, AG 2014, 633, 641.

656 Vgl. dazu noch *Beck/Hedtmann*, BKR 2003, 190, 192ff.

657 Regierungsentwurf zum Vierten Finanzmarktförderungsgesetz, BT-Drucks. 14/8017, 79.

658 Vgl. VGH Mannheim, Beschl. vom 6. Dezember 2007, 6 S 2293/07, juris Rn. 18 ff.

659 Vgl. hierzu und zur folgenden Argumentation *Brellochs*, AG 2014, 633, 642.

Entscheidung über die Börsenzulassung als *actus-contrarius* zum Delisting stützen, da diese nach ganz einhelliger Auffassung nicht von einzelnen Aktionären angreifbar sei.[660] Würde man stattdessen Individualrechtsschutz gestützt auf § 39 Abs. 2 Satz 2 BörsG zulassen, so würde dies der Möglichkeit einer Popularklage gleichkommen, da bei einer entsprechenden Streuung der Aktien eine Klagebefugnis für oft mehrere Millionen potenzielle Kläger zu bejahen wäre.[661]

Die wohl herrschende Meinung in der Literatur sprach sich nichtsdestotrotz weiterhin für den drittschützenden Charakter des heutigen § 39 Abs. 2 Satz 2 BörsG (a. F.) aus.[662] Zwar lasse sich der Drittschutz nach der Delisting-Entscheidung des BVerfG nur schwerlich über den verfassungsrechtlichen Eigentumsschutz nach Art. 14 Abs. 1 GG begründen[663], eine einfachgesetzliche Herleitung eines subjektiv-öffentlichen Rechts sei jedoch aus § 39 Abs. 2 Satz 2 BörsG selbst zu bejahen. Dies ergebe sich aus dem deutlichen Wortlaut der Vorschrift. Insbesondere bestehe in Form der konkret betroffenen Aktionäre zwangsläufig eine hinreichend individualisierte Gruppe, die sich von der Allgemeinheit abgrenzen lasse und deren Schutz vom Gesetz ausdrücklich angeordnet werde.[664] Auch die Vorschrift des § 15 Abs. 6 BörsG könne den eindeutig drittschützenden Charakter des § 39 Abs. 2 Satz 2 BörsG insofern nicht verändern. Wenn man § 15 Abs. 6 BörsG nicht bloß als Ausschluss von Amtshaftungsansprüchen verstehe, so müsse § 39 Abs. 2 Satz 2 BörsG jedenfalls als *lex specialis* aufgefasst werden.[665]

c) Stellungnahme

Mit der wohl herrschenden Auffassung war ein drittschützender Charakter des § 39 Abs. 2 Satz 2 BörsG und damit die Widerspruchs- und Klagebefugnis einzelner

---

660 Vgl. nur *Heidelbach*, in: Schwark/Zimmer, Kapitalmarktrecht, § 32 BörsG Rn. 72 f.

661 So insbesondere *Beck/Hedtmann*, BKR 2003, 190, 194.

662 Vgl. *Heidelbach*, in: Schwark/Zimmer, Kapitalmarktrecht, § 32 BörsG Rn. 76 ff., § 39 BörsG Rn. 40; *Reger/Schilha*, NJW 2012, 3066, 3067; *Auer*, JZ 2015, 71, 76; *Thomale*, ZGR 2013, 686, 719; *Lampert/Weichel*, WM 2014, 1024, 1028 f.; *Koch*, in: Hüffer/Koch, AktG, 11. Aufl., 2014, § 119 Rn. 31; *Kubis*, in: MüKo-AktG, § 119 Rn. 87; *Kumpan*, in: Baumbach/Hopt, HGB, 36. Aufl., 2014, § 39 BörsG Rn. 6; *Geyrhalter/Zirngibl*, DStR 2004, 1048, 1053; *Wilsing/Kruse*, EWiR 2002, 953 f.; *Spindler*, in: Schmidt/Lutter, AktG, § 119 Rn. 50.

663 So noch *Groß*, ZHR 165 (2001), 141, 158 f.; die vermeintliche eigentumsrechtliche Relevanz zieht zumindest unterstützend auch *Heidelbach*, in: Schwark/Zimmer, Kapitalmarktrecht, § 32 BörsG Rn. 78, heran.

664 Vgl. *Thomale*, ZGR 2013, 686, 719; *Koch*, in: Hüffer/Koch, AktG, 11. Aufl., 2014, § 119 Rn. 31; *Lampert/Weichel*, WM 2014, 1024, 1028 f.; *Geyrhalter/Zirngibl*, DStR 2004, 1048, 1053.

665 Vgl. *Auer*, JZ 2015, 71, 76; *Koch*, in: Hüffer/Koch, AktG, 11. Aufl., 2014, § 119 Rn. 31; *Krolop*, Der Rückzug vom organisierten Kapitalmarkt, 285 ff.; *Lampert/Weichel*, WM 2014, 1024, 1028 f.; *Schoppe*, Aktieneigentum, 385 ff.; *Thomale*, ZGR 2013, 686, 719; *Kumpan*, in: Baumbach/Hopt, HGB, § 39 BörsG Rn. 15.

Aktionäre beim regulären Delisting im Anschluss an die *„Frosta"*-Entscheidung anzunehmen. Zwar geht die Gegenauffassung richtig in der Annahme, dass nach der (zutreffenden) Entscheidung des BVerfG zum Delisting der Drittschutz der Vorschrift nicht mehr verfassungsrechtlich hergeleitet werden kann, doch darf dieser Aspekt nicht überstrapaziert werden. Auch aus einfachgesetzlichen Wertungen können sich – ohne dass diese lediglich der Konkretisierung des Verfassungsrechts dienen müssen – subjektiv öffentliche Rechte im Sinne der Vorschrift des § 42 Abs. 2 VwGO ergeben.[666] Dafür müssen dann eindeutige Anhaltspunkte vorliegen. Das ist bei § 39 Abs. 2 Satz 2 BörsG der Fall:

Zunächst spricht der Wortlaut der Vorschrift deutlich für die Berücksichtigung von Individualinteressen bei der Entscheidung der Börsengeschäftsführung über den Antrag auf Widerruf der Börsenzulassung. Die Vorschrift dient nicht nur den Interessen der Allgemeinheit, sondern nimmt mit dem *„Schutz der Anleger"* vielmehr auch die Individualinteressen eines unmittelbar betroffenen Personenkreises – den Aktionären – unmittelbar in den Blick. Dies zeigt sich bereits daran, dass das Gesetz in § 39 Abs. 2 Satz 2 BörsG vom Schutz der *„Anleger"* spricht, wohingegen an anderer Stelle die Allgemeinheit im Unterschied dazu als *„Publikum"* in Bezug genommen wird.[667] Es liegt nahe, dass mit dem Begriff der *„Anleger"* nur der im Sinne der Schutznormtheorie von der Allgemeinheit abgrenzbare Personenkreis der tatsächlich an dem betreffenden Emittenten beteiligten Anleger gemeint sein kann, da gerade diese ein konkretes Interesse an dem Fortbestand der Börsennotierung und der damit einhergehenden Veräußerungsmöglichkeit ihrer Aktien über die Plattform *„Börse"* besitzen. Dieses belegen auch die Gesetzgebungsmaterialien zur durch das 3. Finanzmarktförderungsgesetz eingefügten Regelung des § 43 Abs. 4 BörsG (a. F.), die dem heutigen § 39 Abs. 2 Satz 2 BörsG entspricht.[668] Darin wird die Notwendigkeit des Anlegerschutzes im Sinne der Vorschrift damit begründet, *„dass die Inhaber der Wertpapiere diese in dem Vertrauen erworben haben, die Wertpapiere zu einem späteren Zeitpunkt auch wieder an einem organisierten Kapitalmarkt, der gewissen Mindestanforderungen genügt, veräußern zu können."* Als Beispiel für einen hinreichenden Anlegerschutz wird ferner der Fall genannt, dass *„sämtliche betroffenen Aktionäre dem Antrag auf Widerruf der Zulassung zugestimmt haben."* Hinter dem *„Schutz der Anleger"*, wie es auch in der heutigen Fassung des § 39 Abs. 2 Satz 2 BörsG noch heißt, verbirgt sich also nach der Intention des Gesetzgebers der Schutz der konkret betroffenen und individualisierbaren *„Inhaber der Wertpapiere"* oder, um die zweite zitierte Formulierung aufzugreifen, der Schutz der *„betroffenen Aktionäre"*. Aus den wiedergegebenen

---

666 Vgl. *Schmidt-Kötters*, in: Posser/Wolff, VwGO, § 42 Rn. 143; so speziell auch für das Delisting *Brellochs*, AG 2014, 633, 642; *Mülbert*, ZHR 165 (2001), 104, 139 f.

667 Zutreffend VG Düsseldorf ZIP 2015, 1733, 1734 f., in dieser Hinsicht ebenfalls zustimmungswürdig *Brellochs*, AG 2014, 633, 641 ff.

668 Vgl. Regierungsentwurf zum Dritten Finanzmarktförderungsgesetz, BT-Drucks. 13/8933, 75.

Stellen der Gesetzesbegründung geht also eindeutig hervor, dass der *„Schutz der Anleger"* nur den Schutz der konkret betroffenen und individualisierbaren Gruppe der Aktionäre des antragsstellenden Emittenten bezeichnet und nicht das gesamte Publikum. Der individualschützende Charakter der Vorschrift ist daher zu bejahen.[669]

Auch der seinem Inhalt nach durch das 4. Finanzmarktförderungsgesetz eingefügte § 15 Abs. 6 BörsG (a. F.), nach dem die Börsengeschäftsführung ihre Aufgaben und Befugnisse allein im Interesse der Allgemeinheit wahrnimmt, ändert hieran nichts. Vieles spricht dafür, dass der Gesetzgeber mit Einführung der Regelung des § 15 Abs. 6 BörsG (a. F.) in erster Linie lediglich Amtshaftungsansprüche gegen die tätigen Stellen vermeiden wollte.[670] So knüpft bereits der Wortlaut von § 15 Abs. 6 BörsG (a. F.) sprachlich an dem handelnden Organ als möglichen Anspruchsgegner eines Amtshaftungsanspruchs an: Statt – wie es bei einem intendierten Ausschluss des Drittschutzes der Vorschrift zu erwarten wäre – klarzustellen, dass die *„börsenrechtlichen Bestimmungen"* nur dem Schutze der Allgemeinheit dienen, wird auf die Tätigkeit der *„Börsengeschäftsführung"* abgestellt. Ferner wird zwar nicht ganz zu Unrecht betont, § 15 Abs. 6 BörsG (a. F.) sei gegenüber § 43 Abs. 4 BörsG (a. F.) und damit dem heutigen § 39 Abs. 2 Satz 2 BörsG die neuere Vorschrift und gehe den Erwägungen bei dessen Einführung durch das 3. Finanzmarktförderungsgesetz daher grundsätzlich vor, jedoch finden sich in den Gesetzesmaterialien zu § 15 Abs. 6 BörsG (a. F.) keinerlei Anhaltspunkte dazu, dass mit dieser Vorschrift eine Kehrtwende im Hinblick auf das drittschützende Verständnis von § 39 Abs. 2 Satz 2 BörsG erfolgen sollte.

Zwar ist zur Lösung dieses Normenkonflikts eine gespaltene Auslegung dergestalt, dass auf der einen Seite eine Amtshaftung bei Tätigwerden der Börsengeschäftsführung aufgrund einer bestimmten Norm verneint, diese Norm aber gleichzeitig als drittschützend im Sinne des § 42 Abs. 2 VwGO interpretiert wird, nicht zulässig, da die Frage nach Amtshaftung und Drittschutz grundsätzlich nur einheitlich beantwortet werden kann.[671] Jedoch kann vor diesem Hintergrund und dem auf den Individualschutz deutlich abzielenden Wortlaut des § 39 Abs. 2 Satz 2 BörsG dieser Erkenntnis durch ein drittschützendes Verständnis von § 39 Abs. 2 Satz 2 BörsG als *lex specialis* im Verhältnis zu § 15 Abs. 6 BörsG (a. F.) Rechnung

---

669 So auch 8. Revisionssenat des BVerwG, Stellungnahme vom 9. August 2010 zu der Verfassungsbeschwerde 1 BvR 1569/08, 5 (n. v.), nur teilweise zitiert in Rn. 35 f. der Entscheidung des BVerfG vom 11. Juli 2012, nur abrufbar über juris, veröffentlicht i. Ü. in BVerfGE 132, 99 = NJW 2012, 3081 = NZG 2012, 826.

670 So auch *Koch*, in: Hüffer/Koch, AktG, 11. Aufl., 2014, § 119 Rn. 31, der von der *„Gefahr, dass Gesetzgeber im Bemühen, Amtshaftungsansprüche auszuschließen, zugleich auch verwaltungsgerichtlichen Rechtsschutz der Bürger untergräbt"* spricht; vgl. ebenso VGH Mannheim, Beschl. vom 6. Dezember 2007, 6 S 2293/07, juris Rn. 18 ff.; ähnlich auch *Brellochs*, AG 2014, 633, 642.

671 In dieser Hinsicht zutreffend *Brellochs*, AG 2014, 633, 642.

getragen werden. Denn im Vordergrund steht bei der Entscheidung über den Antrag nach § 39 Abs. 2 Satz 2 BörsG regelmäßig nicht ein Anspruch auf Amtshaftung der Börsengeschäftsführung, sondern verwaltungsgerichtlicher Rechtsschutz unmittelbar gegen den Widerruf der Börsenzulassung. Ferner vermag ein allgemein und ausnahmslos gültiger Ausschluss des Drittschutzes – auch für § 39 Abs. 2 Satz 2 BörsG – durch § 15 Abs. 6 BörsG (a. F.) aus systematischen Gründen nicht zu überzeugen. § 39 Abs. 2 Satz 2 BörsG kommt nämlich in Anbetracht der expliziten Berücksichtigung der Interessen der konkret betroffenen Anleger eine Sonderstellung im Normengefüge des Börsengesetzes zu. An keiner anderen Stelle des BörsG wird auf die Belange der *„Anleger"* abgestellt und in keiner anderen Vorschrift des BörsG spricht der Wortlaut und die Entstehungsgeschichte – wie bereits dargestellt – so deutlich für den Individualschutz. Eine undifferenzierte Anwendung des § 15 Abs. 6 BörsG (a. F.) auch für die Entscheidung über das Delisting verbietet sich daher allein schon aufgrund dieses deutlichen Widerspruchs der Regelung des § 39 Abs. 2 Satz 2 BörsG zu der pauschalen Aussage des § 15 Abs. 6 BörsG (a. F.). Deren Sonderstellung kann allein ebenfalls durch ein Verständnis der Norm als *lex specialis* gegenüber § 15 Abs. 6 BörsG (a. F.) Rechnung getragen werden, ohne die ursprüngliche Intention des Gesetzgebers und den insofern klaren Wortlaut von § 39 Abs. 2 Satz 2 BörsG gegenstandslos werden zu lassen.[672] Für dieses Ergebnis streitet schließlich auch die Gesetzesbegründung der zum 26. November 2015 in Kraft getretenen Neufassung des § 39 BörsG[673], in der wie selbstverständlich ein (eingeschränkter) verwaltungsrechtlicher Rechtsschutz gegen die Entscheidung der Börse über den Widerruf angenommen wird, ohne dass die Regelung des § 15 Abs. 6 BörsG (a. F.) zu diesem Zeitpunkt geändert wurde. Auch der Gesetzgeber geht also offenbar davon aus, dass § 15 Abs. 6 BörsG (a. F.) einem subjektiv öffentlichen Recht der Aktionäre bei einem Delisting nicht entgegensteht.

Daher war im Anschluss an die *„Frosta"*-Entscheidung im Ergebnis ein solches subjektiv öffentliches Recht der konkret betroffenen Aktionäre und damit deren Klagebefugnis im Sinne des § 42 Abs. 2 VwGO bei einem Delisting zu bejahen. Dass dadurch theoretisch eine Vielzahl von Aktionären klagebefugt sein kann, unterläuft auch nicht die *„Filterfunktion"*[674] des § 42 Abs. 2 VwGO.[675] So ist weitgehend anerkannt, dass der Gesetzgeber auch einem zahlenmäßig großen Personenkreis subjektive Rechte zusprechen kann, wenn dieser von der Allgemeinheit abgrenzbar ist.[676]

---

672 Für das Verständnis als *lex specialis* zutreffend *Koch*, in: Hüffer/Koch, AktG, 11. Aufl., 2014, § 119 Rn. 31; *Krolop*, Der Rückzug vom organisierten Kapitalmarkt, 285 ff.; *Schoppe*, Aktieneigentum, 385 ff.; *Thomale*, ZGR 2013, 686, 719; *Kumpan*, in: Baumbach/Hopt, HGB, § 39 BörsG Rn. 15.

673 Zur Neufassung des § 39 BörsG noch ausführlich unten F.

674 Vgl. BVerwGE 104, 115, 118 = NJW 1998, 173.

675 So aber *Beck/Hedtmann*, BKR 2003, 190, 194.

676 Vgl. *Gärditz*, in: Gärditz, VwGO, § 42 Rn. 61; BVerwG DÖV 1987, 292 = NVwZ 1987, 135; BVerwG DVBl 1994, 1194 = NVwZ 1995, 165, 166; *W.-R. Schenke/R. P. Schenke*,

So bleibt abschließend mit der herrschenden Auffassung in der Literatur und wohl auch in der Rechtsprechung festzustellen, dass § 39 Abs. 2 Satz 2 BörsG den betroffenen Aktionären Drittschutz vermittelte und diese daher auch schon im Nachgang an die „*Frosta*"-Entscheidung widerspruchs- und anfechtungsbefugt gegen den Widerruf der Börsenzulassung auf Antrag der Gesellschaft waren und ihnen insofern zumindest der Weg vor die Verwaltungsgerichte grundsätzlich offenstand.

3. Umfang des Rechtsschutzes vor den Verwaltungsgerichten

Selbst wenn man mit der hier vertretenen Ansicht (den verwaltungsrechtlichen Widerspruch bzw.) die verwaltungsgerichtliche Anfechtungsklage der betroffenen Aktionäre für zulässig erachtete, stellt sich die Frage, was damit konkret für den Anlegerschutz gewonnen war. Die Antwort hängt unmittelbar von der Effektivität der verwaltungsgerichtlichen Anfechtungsklage zur Erreichung der Rechtsschutzinteressen der Anleger ab.

Grundsätzlich konnte schon vor der Neufassung des § 39 BörsG im November 2015 durch die Börsenordnungen keine beliebige Verkürzung des Anlegerschutzes erfolgen; vielmehr wurde sowohl das Ermessen der Börsengeschäftsführung bei der Entscheidung über den Delisting-Antrag als auch die Befugnis zur satzungsrechtlichen Ausgestaltung durch die einzelnen Börsenordnungen durch den „*Schutz der Anleger*" begrenzt.[677] Ob die Börsenordnungen einen in diesem Sinne ausreichenden Schutz der Anleger gewährleisteten, war daher theoretisch im Wege einer Inzidentkontrolle im Rahmen der verwaltungsgerichtlichen Anfechtungsklage zu überprüfen.[678]

Jedoch stellte ein solches Vorgehen ein äußerst langes umständliches Verfahren dar, welches dem Anlass des Verlustes der Veräußerungsmöglichkeit über die Börse nicht gerecht wurde, wenn allein um die Höhe einer etwaigen Abfindung gestritten wurde. Da nämlich, wie bereits erläutert, nicht die Aktionärsstellung von einem Delisting unmittelbar betroffen wird, geht es im Rahmen eines angemessenen Anlegerschutzes in erster Liner um die (finanziellen) Interessen der Aktionäre als Anleger, die gegen eine angemessene Abfindung ausscheiden können sollen. Eine Verhinderung des Delistings mit der verwaltungsrechtlichen Anfechtungsklage bei einer zu niedrigen Abfindung wäre demgegenüber umständlich gewesen und

---

in: Kopp/Schenke, VwGO, § 43 Rn. 84; *Schmidt-Preuß*, DVBl 1994, 288, 289; anders noch BVerwGE 27, 29, 33 = NJW 1967, 1770, 1771 f.

677 Vgl. 8. Revisionssenat des BVerwG, Stellungnahme vom 9. August 2010 zu der Verfassungsbeschwerde 1 BvR 1569/08, 3 f. (n. v.), nur teilweise zitiert in Rn. 35 f. der Entscheidung des BVerfG vom 11. Juli 2012, nur abrufbar über juris, veröffentlicht i. Ü. in BVerfGE 132, 99 = NJW 2012, 3081 = NZG 2012, 826.

678 Darauf zutreffend hinweisend *Kumpan*, in: Baumbach/Hopt, HGB, § 39 BörsG Rn. 12.

hätte auch der Konzeption von Abfindungszahlungen im Aktien- und Umwandlungsrecht widersprochen.[679]

Die Eröffnung des eigentlich dafür geeigneten Spruchverfahrens schied im Anschluss an den „*Frosta*"-Beschluss des BGH bei Streitigkeiten über eine etwaige finanzielle Abfindung auf Grundlage der Börsenordnungen hingegen ebenso aus wie der zivilgerichtliche Rechtsschutz bei Fehlen eines gegebenenfalls in den Börsenordnungen vorgeschriebenen Hauptversammlungsbeschlusses.[680]

679 Vgl. dazu die Bewertung der Neuregelung unten F.II.

680 Vgl. *Brellochs*, AG 2014, 633, 639; *Paschos/Klaaßen*, AG 2014, 33, 36; *Winter/Keßler*, Der Konzern 2014, 69, 72.

E. Konsequenzen der „*Frosta*“-Entscheidung

I. Faktische Auswirkungen und Gefahren der „*Frosta*“-Rechtsprechung

1. Umgehungskonstellationen und Ausnutzungspotentiale

Neben den unmittelbaren Auswirkungen der „*Frosta*“-Entscheidung für die von einem Delisting betroffenen Anleger – namentlich den Wegfall einer Abfindung und der Beteiligung der Hauptversammlung trotz nachweisbaren Kursverlusten – führte die Aufgabe der „*Macrotron*“-Grundsätze und damit dem durch Hauptversammlungsbeschluss und im Spruchverfahren überprüfbare Abfindung gewährleisteten Anlegerschutz zu zahlreichen Auswirkungen, von denen sich einige erst bei genauerer Betrachtung erschließen. Jedoch kann gerade durch diese das in sich schlüssige und etablierte Abfindungssystem im Aktien-, Umwandlungs- und Übernahmerecht massive Risse erhalten, die in ihrer Bedeutung nicht zu unterschätzen sind.

a) *Umgehung der Börsenkursrechtsprechung*

Auch wenn sich nach richtiger Auffassung aus der „*DAT/Altana*“-Rechtsprechung des BVerfG eine Beeinträchtigung des Eigentumsgrundrechts aus Art. 14 Abs. 1 GG durch ein Delisting nicht ergibt, so resultierte die lange Zeit ungeklärte Rechtslage doch nicht zuletzt aus einem nicht von der Hand zu weisenden Zusammenhang zwischen einem Delisting und der nach „*DAT/Altana*“ verfassungsrechtlich gebotenen Berücksichtigung des Börsenkurses als Untergrenze der zu gewährenden Abfindung bei Strukturmaßnahmen. Zwar ist der Börsenkurs erst nach der Feststellung einer in das Eigentumsgrundrecht der Aktionäre eingreifenden Maßnahme auf der nachgelagerten Ebene der Abfindung zu berücksichtigen[681], jedoch führt ein vorgeschaltetes Delisting seiner Natur nach zum Wegfall eben dieses Börsenkurses.[682] Kommt es bereits *vor der Ankündigung* der Strukturmaßnahme zum Wirksamwerden des Delistings, so liegt dieses Ergebnis nahe, da die Zugrundelegung eines durchschnittlichen Börsenkurses bereits begrifflich voraussetzt, dass in

---

681 Dazu zur verfassungsrechtlichen Bewertung des Delistings ausführlich bereits oben C.II.1.

682 Detailliert zu den Auswirkungen des Delistings auf die Börsenkursrechtsprechung und zur Frage der Auswirkungen eines Downlistings *Bungert/Leyendecker-Langner*, BB 2014, 521.

dem maßgeblichen Zeitraum ein solcher überhaupt existiert.[683] Nicht ganz so eindeutig ist das Ergebnis hingegen für den Fall, dass das Delisting zwar drei Monate *vor der beschlussfassenden Hauptversammlung*, jedoch erst *nach der Ankündigung der Strukturmaßnahme* wirksam wird.

Zwar besteht in diesem Fall zum Zeitpunkt der Bekanntgabe der Strukturmaßnahme noch ein Börsenkurs, so dass die Berechnung des maßgeblichen Börsenkurses nach der „*Stollwerck*"-Rechtsprechung möglich wäre. Jedoch ist in diesem Zusammenhang zu berücksichtigen, dass die Vorverlagerung des für den Börsenkurs im Sinne der „*DAT/Altana*"-Rechtsprechung maßgeblichen Zeitraums dazu diente, einer Verfälschung des gefundenen Börsenkurses durch Abfindungsspekulationen entgegenzuwirken, die nach der Bekanntgabe der Strukturmaßnahme im Dreimonats-Zeitraum vor dem Hauptversammlungsbeschluss erfolgten. Wenn in diesem ursprünglich nach der „*DAT/Altana*"-Rechtsprechung maßgeblichen Zeitraum nun gar kein Börsenkurs mehr existiert, der verfälscht werden könnte, dann, so könnte man argumentieren, entfällt damit auch die Rechtfertigung der Vorverlagerung des Berechnungszeitraums nach der „*Stollwerck*"-Rechtsprechung.[684]

Gegen eine Anwendung der Börsenkursrechtsprechung in diesen Fällen spricht auch, dass die Gesellschaft zum Zeitpunkt der in Rede stehenden Strukturmaßnahme gar keine börsennotierte Gesellschaft im Sinne der „*DAT/Altana*"-Rechtsprechung mehr ist. Die rein berechnungstechnische Vorverlagerung des Berechnungszeitraums würde dann als Anknüpfungspunkt für die Berücksichtigung des Börsenkurses überstrapaziert. Bei der Vorverlagerung im Sinne der „*Stollwerck*"-Rechtsprechung geht es nicht um das *Ob* der Berücksichtigung des Börsenkurses, sondern lediglich um die nachgelagerte Frage des *Wie*, um eine Verfälschung des Ergebnisses durch Abfindungsspekulationen zu verhindern.

Hinzu kommt schließlich in dieser Konstellation noch, dass ohnehin fraglich wäre, ob der mit der Vorverlagerung des maßgeblichen Referenzzeitraums verfolgte Zweck, nämlich eine Berechnung anhand eines unverfälschten Börsenkurses zu ermöglichen, nach der Ankündigung des Delistings überhaupt noch erreicht werden würde. Schließlich ist zumindest nicht ausgeschlossen, dass der Börsenkurs nach der Ankündigung des Delistings aufgrund des in Aussicht gestellten Wegfalls der Desinvestitionsmöglichkeit über die Börse für die Anleger drastisch absinkt und nicht mehr die Markterwartungen hinsichtlich der Entwicklung des Unternehmenswertes und damit den der Aktien innewohnenden Verkehrswert widerspiegelt.[685]

Auch in der Konstellation, in der das Delisting zwar drei Monate *vor der beschlussfassenden Hauptversammlung*, jedoch erst *nach der Ankündigung der*

---

683 Vgl. *Bungert/Leyendecker-Langner*, BB 2014, 521, 522.

684 Vgl. *Bungert/Leyendecker-Langner*, BB 2014, 521, 522.

685 Vgl. *Bungert/Leyendecker-Langner*, BB 2014, 521, 522; zu den Auswirkungen des Delistings auf den Börsenkurs bereits ausführlich unter C.I.2.

Strukturmaßnahme wirksam wird, kann danach der Börsenkurs nicht mehr als Untergrenze herangezogen werden.

Wenn das freiwillige Delisting nun insbesondere ohne seinerseits im Spruchverfahren überprüfbares Abfindungsangebot zum wahren Wert erfolgen konnte, so stand es einem künftigen Abfindungsschuldner bei einer Strukturmaßnahme frei, die vom BVerfG als verfassungsrechtlich geboten erachtete Untergrenze des Börsenkurses durch ein vergleichsweise günstiges Delisting zu vermeiden.[686] In Konstellationen, in denen die allein nach dem Ertragswert berechnete Abfindung niedriger als der Börsenkurs ist, wird dies häufig trotz der langen Verfahrensdauer für den Großaktionär sinnvoll sein.[687] Von Berater-Seite wurde daher – zum Teil ausdrücklich – auf diese Umgehungsmöglichkeit als Chance insbesondere für einen günstigen Squeeze-Out hingewiesen und zu einem raschen Handeln geraten.[688]

Ob sich bei einer solchen Gestaltung der nachfolgende Squeeze-out-Beschluss oder der Beschluss einer anderen Strukturmaßnahme unter dem Gesichtspunkt missbräuchlichen Verhaltens angreifen ließ, wurde uneinheitlich beurteilt und sollte darüber hinaus von der konkreten Marktsituation abhängen[689]: Bei einer Überbewertung an der Börse – beispielsweise durch spekulationsgetriebene Kurse – sollte eine Umgehung der Börsenkursrechtsprechung jedenfalls keinen rechtsmissbräuchlichen Charakter aufweisen.[690] Diese Auffassung verkennt jedoch, dass der Mehrwert der Börsenkursrechtsprechung für die Aktionäre sich gerade nur in den Fällen realisiert, in denen eine Differenz zwischen Börsenkurs und Ertragswert, also eine solche Überbewertung besteht. Ob dies jedoch zur Rechtsmissbräuchlichkeit des *Squeeze-out-Beschlusses* führen kann, erscheint fraglich, wird doch eigentlich das vorgelagerte Delisting zweckentfremdet und nicht die nachgelagerte Strukturmaßnahme.[691] Lag das Delisting aber nicht im Interesse

---

686 Vgl. *Bayer*, ZfPW 2015, 163, 197 f.; *Spindler*, in: Schmidt/Lutter, AktG, § 119 Rn. 61; *Benger/Brenscheid*, platow.de-Kolumne vom 25. April 2014; *Brellochs*, AG 2014, 633, 643 f.; *Drygala*, Legal Tribune Online vom 10. Februar 2015; *Koch*, in: Hüffer/Koch, AktG, 11. Aufl., 2014, § 119 Rn. 35, § 327a Rn. 21; *Mense/Klie*, GWR 2013, 505, 508; *Arnold/Rothenburg*, DStR 2014, 150, 155; *Wasmann/Glock*, DB 2014, 105, 108; *Paschos/Klaaßen*, AG 2014, 33, 35; *Bungert/Wettich*, EWiR 2014, 3, 4; *Bungert/Leyendecker-Langner*, BB 2014, 521, 522; *Habersack*, JZ 2014, 147, 149; *Lampert/Weichel*, WM 2014, 1024, 1027.

687 Vgl. *Brellochs*, AG 2014, 633, 643; *Bungert/Leyendecker-Langner*, BB 2014, 521, 525.

688 Vgl. exemplarisch *Benger/Brenscheid*, platow.de-Kolumne vom 25. April 2014: *„selten zuvor konnten Investoren unliebsame Kleinaktionäre so einfach aus börsennotierten Aktiengesellschaften drängen – [...] ohne Einhaltung von Mindestpreisregeln [...]"*.

689 Vgl. tendenziell für den Einwand *Koch*, in: Hüffer/Koch, AktG, 11. Aufl., 2014, § 119 Rn. 35, § 327a Rn. 21; *Spindler*, in: Schmidt/Lutter, AktG, § 119 Rn. 61; dagegen wohl *Brellochs*, AG 2014, 633, 643.

690 Vgl. *Brellochs*, AG 2014, 633, 643.

691 Vgl. auch die restriktive Rechtsprechung des BGH in BGHZ 180, 154 Rn. 9 ff. = AG 2009, 441.

des Unternehmens, sondern diente allein der Umgehung der Börsenkursrechtsprechung, so stellte die Stellung des Delisting-Antrags jedenfalls regelmäßig eine Pflichtverletzung des Vorstandes dar und führte zu einer Haftung aus § 93 Abs. 2 Satz 1 AktG.[692] Dass die Voraussetzungen eines solchen Anspruchs besonders bei der Unterstützung durch einen Großaktionär in der Praxis gleichwohl nur in wenigen Fällen bestanden oder jedenfalls nachweisbar waren und ein solcher Anspruch damit *de facto* einen nur unzureichenden Schutz bieten konnte, wurde bereits oben erläutert.[693] Ebenso steht fest, dass das Wegfallen der Untergrenze des Börsenkurses nicht durch eine Wirksamkeitsfrist beim Delisting ausgeglichen werden konnte.[694] Insgesamt wird durch dieses Zusammenspiel von Delisting und Börsenkursrechtsprechung deutlich, dass die fehlende Abfindung bei einem Delisting nicht in das etablierte und verfassungsrechtlich gestützte Konzept der Abfindungsregelungen bei Strukturmaßnahmen passte.

b) Umgehung von § 29 Abs. 1 Satz 1 Halbs. 1 2. Alt. UmwG

Eine weitere – zumindest theoretische – Konsequenz des weitgehenden Fehlens eines gesetzlichen Anlegerschutzes beim Delisting liegt mit Blick auf die zuvor diskutierte und nach hier vertretener Ansicht bis zur Neuregelung gebotene Analogie zu § 29 Abs. 1 Satz 1 Halbs. 1 2. Alt. UmwG auf der Hand.[695] Noch einmal sei knapp auf dessen wesentlichen Inhalt hingewiesen: Nach der Vorschrift hat bei der Verschmelzung einer börsennotierten auf eine nicht börsennotierte Aktiengesellschaft der übernehmende Rechtsträger im Verschmelzungsvertrag oder in seinem Entwurf jedem Anteilsinhaber, der gegen den Verschmelzungsbeschluss des übertragenden Rechtsträgers Widerspruch zur Niederschrift erklärt, den Erwerb seiner Anteile oder Mitgliedschaften gegen eine angemessene Barabfindung anzubieten. Wollte man diese Abfindungspflicht vermeiden, so lag es im Anschluss an die „*Frosta*"-Entscheidung nahe, die börsennotierte Gesellschaft vor der Verschmelzung im Wege des freiwilligen Delistings von der Börse zu nehmen.[696] Im Falle einer Börsennotierung in Frankfurt sollte nach den Bestimmungen der Börsenordnung dabei dann zum Schutze der Anleger allein eine sechsmonatige Wirksamkeitsfrist ausreichen.[697] Eine mit den Anforderungen des § 29 Abs. 1 Satz 1 Halbs. 1 2. Alt. UmwG vergleichbare Abfindung musste den betroffenen Aktionären also weder im Rahmen des Delistings noch mangels Börsennotierung bei der darauffolgenden Verschmelzung zweier nunmehr nicht (mehr) börsennotierten Aktiengesellschaften

---

692 In diese Richtung *Schockenhoff*, ZIP 2013, 2429, 2433; *Paschos/Klaaßen*, AG 2014, 33, 35; *Brellochs*, AG 2014, 633, 643.

693 Vgl. dazu bereits oben D.II.1.

694 Vgl. zu Empirie bereits oben C.I.2; **a. A.** wohl *Wasmann/Glock*, DB 2014, 105, 108.

695 Vgl. dazu oben C.III.2.c).

696 Vgl. *Simons*, in: Hölters, AktG, § 1 SpruchG Rn. 15; *Brellochs*, AG 2014, 633, 643.

697 Vgl. § 46 Abs. 1 und 2 der Börsenordnung der FWB.

angeboten werden. Diese Konstellation zeigt, dass die Möglichkeit eines abfindungsfreien Delistings auch nicht mit der Wertung der umwandlungsrechtlichen Regelung des § 29 Abs. 1 Satz 1 Halbs. 1 2. Alt. UmwG in Einklang steht. Dass auf der anderen Seite diese Wertung in der umwandlungsrechtlichen Regelung zum kalten Delisting trotz der „*Frosta*“-Entscheidung als geschriebenes Recht weiter Anwendung finden musste, entschied das OLG Düsseldorf zutreffend.[698]

c) Umgehung des WpÜG

Größere Bedeutung als die Umgehung der einzelnen Abfindungsregelung des § 29 Abs. 1 Satz 1 Halbs. 1 2. Alt. UmwG kam dem Einfluss eines abfindungsfreien Delistings im Hinblick auf die Anwendbarkeit des gesamten WpÜG zu.[699] Da das Gesetz gemäß § 1 Abs. 1 WpÜG nur Anwendung findet auf Angebote zum Erwerb von Wertpapieren, die von einer Zielgesellschaft ausgegeben wurden und zum Handel an einem organisierten Markt zugelassen sind, können die für den Bieter negativen Rechtsfolgen grundsätzlich durch ein vorgeschaltetes Delisting zu Lasten der Kleinaktionäre vermieden werden. In gleicher Weise entfällt die Zulassung zum organisierten Markt im Sinne der §§ 1 Abs. 1, 2 Abs. 7 WpÜG und damit die Anwendbarkeit des WpÜG bereits durch ein Downlisting in den (qualifizierten) Freiverkehr.[700] So konnten in der Folge der „*Frosta*“-Entscheidung durch den vorgeschalteten Widerruf der Börsenzulassung auf Antrag des Emittenten die erheblichen formellen Anforderungen, die das WpÜG an ein Übernahmeangebot stellt, sowie die gemäß § 14 Abs. 1 WpÜG durch die BaFin zu billigende Angebotsunterlage vermieden werden und bereits in dieser Hinsicht Zeit und Kosten bei nachfolgenden Kaufangeboten gespart werden, ohne im Rahmen des vorgeschalteten De- oder Downlistings einen finanziellen Ausgleich leisten zu müssen. In erster Linie gelten aber für die nach einem Delisting nicht mehr an einem organisierten Markt im Sinne von §§ 1 Abs. 1, 2 Abs. 7 WpÜG Aktien vor allem die Mindestpreisregelungen des § 39 Abs. 7 Satz 1 WpÜG i. V. m. §§ 4 Satz 1, 5 Abs. 1 WpÜG-Angebotsverordnung nicht, nach denen die angebotene Gegenleistung mindestens dem gewichteten Durchschnittsbörsenkurs innerhalb der letzten drei Monate vor Bekanntgabe der Entscheidung zur Abgabe eines Angebots beziehungsweise dem höchsten vom Investor innerhalb der letzten sechs Monate gezahlten Preis für Aktien der Zielgesellschaft entsprechen muss. Für Investoren habe selten zuvor die Möglichkeit bestanden, „*unliebsame Kleinaktionäre so einfach aus börsennotierten Aktiengesellschaften zu drängen – ohne förmliche Angebotsunterlage, ohne Einhaltung von Mindestpreisregelungen und ohne Pflichtangebot*“, konstatierten daher

698 Vgl. OLG Düsseldorf NZG 2016, 509 = BB 2016, 974.
699 Vgl. dazu *Benger/Brenscheid*, platow.de-Kolumne vom 25. April 2014; *Brellochs*, AG 2014, 633, 643.
700 Vgl. *Reimann/Bergermann/Schwerdtfeger*, WiWo Online vom 4. Juli 2014 mit Verweis auf ein Zitat von *Seibt*.

Berater im Anschluss an den Wegfall der „*Macrotron*"-Grundsätze zwar recht unverblümt, aber der Sache nach zutreffend.[701]

d) „Kalter Squeeze-Out"/*Druckaufbau*

Auch ohne konkrete minderheitsschützende Regelungen zu umgehen, ergab sich aus der Möglichkeit eines abfindungsfreien Börsenrückzugs für Großaktionäre und Investoren eine günstige Handhabe, um das Delisting als taktische Maßnahme zu Lasten der Kleinaktionäre zu verwenden. Dies hängt mit den wirtschaftlichen Folgen des Delistings für die Aktionäre zusammen:[702] Mit dem Wegfall der Börsenzulassung fallen anlegerschützende Informationspflichten weg und ein Kursverfall ist regelmäßig zu erwarten. Diese unmittelbaren Konsequenzen konnten schon bis zur „*Macrotron*"-Rechtsprechung aus dem Jahre 2002 zu einer Entwertung von Aktienbeteiligungen unerwünschter Minderheitsaktionäre genutzt werden.[703] Neben den durch das Delisting verminderten Einflussmöglichkeiten der Minderheitsaktionäre bestand in dem Delisting insbesondere vor der Einführung des Squeeze-out auch ein Weg, die Aktionäre zum Verkauf ihrer Beteiligungen zu bewegen, indem ihnen als einzige Alternative zur Annahme eines Kaufangebots eine nicht mehr über die Börse handelbare Beteiligung in Aussicht gestellt wurde. Es wurde auf diesem Wege eine Art kalter Squeeze-out durch das Delisting ermöglicht. Nach dem Ende des „*Macrotron*"-Zeitalters durch die „*Frosta*"-Entscheidung lebte diese Gestaltungsform wieder auf: Zwar besteht inzwischen natürlich in §§ 327a ff. AktG ein gesetzlich geregelter Weg für den Großaktionär, die verbleibenden Minderheitsaktionäre aus der Gesellschaft herauszukaufen, allerdings besteht diese Möglichkeit nur in engen Grenzen: Der Großaktionär muss nach § 327a Abs. 1 Satz 1 AktG Hauptaktionär sein, das heißt, eine Beteiligung von mindestens 95 % des Grundkapitals an der Aktiengesellschaft halten. Ferner hat er den ausscheidenden Aktionären eine angemessene Barabfindung zu gewähren, deren Höhe sich nach dem Wert der Gesellschaft bemisst und grundsätzlich durch den Börsenkurs nach unten begrenzt wird.[704] Durch die Möglichkeit eines abfindungsfreien Delistings bestand nach der „*Frosta*"-Entscheidung erneut ein erhebliches Drohpotential, um Kleinaktionäre auch jenseits der Regelung des Squeeze-out aus der Gesellschaft hinaus zu drängen. Dabei bewegt der Großaktionär, der noch nicht die für einen Squeeze-out erforderliche Mehrheit von 95 % der Aktien besitzt, den Vorstand dazu, einen Antrag auf Widerruf der Zulassung der Börsennotierung nach § 39 Abs. 2 BörsG zu stellen. Die Ankündigung des Delisting und der mit diesem verbundene Wegfall der Handelsplattform Börse sowie ein steigendes Informationsgefälle zwischen Groß- und Kleinaktionären abseits des regulierten

701 *Benger/Brenscheid*, platow.de-Kolumne vom 25. April 2014.
702 Vgl. dazu bereits oben C.I.2.
703 Vgl. *Anders/Pfüller*, NZG 2003, 459, 462; *Steck*, AG 1998, 460.
704 Vgl. ausführlich *Koch*, in: Hüffer/Koch, AktG, § 327b Rn. 6.

Marktes führen zusammen mit zu erwartenden Kursverlusten zu einem erheblichen Verkaufsdruck für kleinere Aktionäre.[705] Für den Großaktionär ist die Gelegenheit nach diesem Vorgehen aufgrund der ungleichen Verhandlungspositionen einmalig günstig, für einen verhältnismäßig geringen Preis die restlichen erforderlichen Anteile für die Squeeze-out-Mehrheit zu erwerben oder einfach seine eigene Beteiligung preiswert aufzustocken.[706]

e) Herausdrängen von institutionellen Anlegern

Ferner sind es nicht nur einzelne (Klein-)Anleger, die in Folge des Wegfalls der „*Macrotron*“-Grundsätze im Jahr 2013 mit Hilfe eines Delistings ohne eine Abfindung aus einer zuvor börsennotierten Aktiengesellschaft gedrängt werden konnten. Gerade institutionelle Finanzinvestoren sind in der Regel aufgrund ihrer Statuten dazu verpflichtet, nur in börsennotierte Werte zu investieren, sodass sie bei einem Delisting bereits rechtlich zum Verkauf der von ihnen gehaltenen Anteile verpflichtet sind.[707] So entsteht ähnlich wie für einzelne Aktionäre durch die Ankündigung eines Delistings ein enormer Verkaufsdruck für solche institutionellen Anleger. Da sich der Verkauf für die betroffenen Investoren bereits von rechtlicher Seite bei einem angekündigten Delisting als alternativlos darstellt, ist dieser regelmäßig noch höher als bei einzelnen Privatanlegern.[708] Dadurch ergibt sich für den das Delisting vorantreibenden Großaktionär, der häufig der einzige Käufer größerer Aktienpakete in der Situation eines angekündigten Delistings sein wird, eine überaus günstige Position für den Zukauf von Aktien(-paketen). Als einzig verfügbarer Abnehmer von Anteilen, zu deren Verkauf die andere Seite verpflichtet ist, kann er den Preis im Wesentlichen nach seinen Vorstellungen bestimmen. Wenngleich in diesem Zusammenhang ein abfindungsfreies Delisting zum Teil auch als günstige Einstiegschance für (ausländische) Finanzinvestoren angesehen wird[709], so ist doch eine ungerechtfertigte Verschiebung des Gleichgewichts zugunsten eines Großaktionärs zu erkennen.

---

705 So zutreffend auch *Drygala*, Legal Tribune Online vom 10. Februar 2015; *Wicke*, DNotZ 2015, 488, 493.

706 Vgl. *Paschos/Klaaßen*, AG 2014, 33, 35; vgl. Beispiel aus der Praxis (Funkwerk AG) bei *Reimann/Bergermann/Schwerdtfeger*, WiWo Online vom 4. Juli 2014.

707 Vgl. *Glienke/Röder*, BB 2014, 899, 903; *Wicke*, DNotZ 2015, 488, 494; vgl. *SdK*, Stellungnahme zum Änderungsantrag der Fraktionen der CDU/CSU und SPD zum Entwurf eines Gesetzes zur Umsetzung der Transparenzrichtlinie-Änderungsrichtlinie, Bundesdrucksache 18/5010, kurz „Delisting“, 2; Ausführungen der Antragssteller im Verfahren vor dem VG Düsseldorf ZIP 2015, 1733 (Vortrag nicht abgedruckt).

708 Vgl. *Königshausen*, BB 2013, 3020, 3025.

709 Vgl. *Benger/Brenscheid*, platow.de-Kolumne vom 25. April 2014.

f) Sonstiger Einfluss

Schließlich wurde teilweise angemerkt, durch die taktische Vorschaltung eines abfindungslosen Delistings könne die Bedeutung der Hauptversammlung im Kontext anderer Strukturmaßnahmen gezielt abgeschwächt werden.[710] Zwar trifft es zu, dass börsennotierte Gesellschaften in der Regel wesentlich größere und besser besuchte Hauptversammlungen abhalten als solche, die nicht im regulierten Markt zugelassen sind, jedoch sollte dies für eine Strukturmaßnahme im weiteren zeitlichen Umfeld eines Delistings nicht überbewertet werden, zumal die sinkende Hauptversammlungspräsenz eher die Folge einer Veränderung der Anlegerstruktur durch bereits zuvor geschilderte Effekte darstellt. Allenfalls könnte ein Unternehmen und dessen Hauptversammlung durch ein Delisting nach einiger Zeit etwas aus dem medialen Scheinwerferlicht rücken und so einer breiten kritischen Berichterstattung entgehen.[711]

2. Berücksichtigung bei der Kreditsicherung

Darüber hinaus konnte ein Delisting im Nachgang an die „*Frosta*“-Entscheidung des BGH wirtschaftlich zum Wegfall oder jedenfalls zur Einschränkung der Verpfändbarkeit der Aktien ohne eine finanzielle Kompensation führen, da Kreditgeber häufig nur Aktien als Sicherungsmittel akzeptieren, deren Verwertbarkeit über die Börsennotierung sichergestellt ist.[712] Dieser Punkt ist für Kleinanleger neben dem eintretenden Kursverlust im Rahmen eines Delistings nicht zu unterschätzen, da der abfindungslose Wegfall einer bestehenden Sicherheit folgenschwere wirtschaftliche Auswirkungen nach sich ziehen kann. Die Vertragsbedingungen des Kreditinstituts erkennen für den Fall des Widerrufs der Börsenzulassung die betroffenen Aktien nicht mehr als Sicherungsmittel an und es kommt zur Untersicherung des betroffenen Darlehens. Hat der Darlehensnehmer nun nicht die Möglichkeit, die Lücke entweder mit börsennotierten Aktien oder durch andere Sicherheitsleistung zu schließen, droht die Kündigung des Darlehens. Als letztes Mittel mochte dem Anleger in solchen Fällen dann häufig wiederum nur der Verkauf an einen Großaktionär übrig bleiben, was seinerseits die ungleichen Verhandlungspositionen noch verstärkte, sodass ein Verkauf unter Wert und grundsätzlich ohne gesetzliche Vorgaben zur Angebotshöhe naheliegend erscheint. Daneben ist es auch im Hinblick auf die Stärkung des Anlageinstruments der Aktie für Privatanleger wünschenswert, diese (weiter) als Sicherungsmittel zu etablieren, wenn

---

710 Vgl. *Wicke*, DNotZ, 2015, 488, 495.

711 Vgl. zur Bedeutung der Börsennotierung für die öffentliche Wahrnehmung der Aktiengesellschaft bereits oben A.II.1.a)dd).

712 Vgl. auf diese Problematik hinweisend die Einladung zur ordentlichen Hauptversammlung der GK SOFTWARE AG vom 22. Juli 2014, TOP 8, abrufbar unter https://investor.gk-software.com/de/hauptversammlung/hauptversammlung-2014?task = download&cid%5B0%5D = 211, zuletzt besucht am 14. Juni 2018.

dieses auf lange Sicht eine ernsthafte Alternative zu anderen (beleihungsfähigen) Anlagewerten darstellen soll.

II. Nur vermeintlicher Schlag gegen *„aktivistische Aktionäre“*

Bereits nach der *„Macrotron“*-Entscheidung befürchteten einige Autoren, dass durch den zusätzlichen gesellschaftsrechtlichen Anlegerschutz die Zahl missbräuchlicher Anfechtungsklagen erheblich ansteigen würde.[713] So verwundert es auch auf den ersten Blick kaum, dass die Aufgabe des Erfordernisses eines Hauptversammlungsbeschlusses sowie einer Abfindung der Minderheitsaktionäre durch die *„Frosta“*-Entscheidung teilweise als *„Schlag gegen das Berufsklägertum“* gefeiert wurde.[714] Daran mag stimmen, dass jede außerordentliche Hauptversammlung grundsätzlich Anfechtungsmöglichkeiten für *„aktivistische Aktionäre“* eröffnet. Bei näherer Betrachtung entpuppt sich diese *„Errungenschaft“* des *„Frosta“*-Beschlusses jedoch schnell als nur vermeintlicher Erfolg: So ist hinterlegt, dass zwischen 2007 und 2011, also unter strenger Geltung der *„Macrotron“*-Grundsätze nur ca. 0,6 % aller Anfechtungsklagen im Zusammenhang mit einem Delisting standen.[715] Dieser verschwindend geringe Prozentsatz der seit Einführung des ARUG ohnehin gesunkenen Gesamtzahl von Anfechtungsklagen[716] erklärt sich dadurch, dass bereits unter der Geltung der *„Macrotron“*-Trias keine materielle Beschlusskontrolle erfolgte[717] und Einigkeit darüber bestand, dass abfindungsbezogene Mängel nicht zur gesellschaftsrechtlichen Anfechtbarkeit des Delisting-Beschlusses führten.[718] Klagen im Zusammenhang mit dem Delisting wurden daher wie in der vergleichbaren Situation des Squeeze-out überwiegend im Spruchverfahren erhoben.[719] Da im Spruchverfahren allein die Höhe der angebotenen Abfindung zur Überprüfung steht, bleibt eine solche Klage ohne Einfluss auf die Wirksamkeit des Delisting-Beschlusses. Zudem ist mit einem Delisting nicht zwingend eine Satzungsänderung verbunden[720], sodass es keiner Eintragung im Handelsregister

---

713 Vgl. *Krämer/Theiß*, AG 2003, 225, 241; *Holzborn*, WM 2003, 1105, 1106.

714 Vgl. *Mense/Klie*, GWR 2013, 505, 508; *Ehrensberger*, €uro am Sonntag vom 16. November 2013, 6 f.; *Jahn*, FAZ vom 13. November 2013, 19.

715 Vgl. Studie von *Baums/Drinhausen/Keinath*, ZIP 2011, 2329, 2337, Tabelle 10.

716 Vgl. *Bayer/Hoffmann/Sawada*, ZIP 2012, 897 ff.; *Bayer/Hoffmann*, ZIP 2013, 1193 ff.; *Bayer/Hoffmann*, AG 2014, R163 ff.; *Bayer/Hoffmann*, AG 2014, R283 ff.; detailliert zu den Ursachen *Schatz*, Der Missbrauch der Anfechtungsbefugnis, 176 ff.

717 Vgl. oben B.III.4.a)cc).

718 Vgl. *Eckhold*, in: Handbuch börsennotierte AG, 3. Aufl., 2014, § 61 Rn. 36; *Schlitt*, ZIP 2004, 533, 536.

719 *Wicke*, DNotZ 2015, 488, 496.

720 Vgl. zu Gestaltungsmöglichkeiten hinsichtlich des Anlegerschutzes im Nachgang der *„Frosta“*-Entscheidung oben D.II.2 sowie im Hinblick auf die Neuregelung des § 39 BörsG aus dem Jahr 2015 flankierende Regelungen unten F.III.1.

bedarf, die durch eine etwaige anhängige Anfechtungsklage verhindert werden könnte.[721] Das Blockadepotential, welches den Lästigkeitswert von Anfechtungsklagen der sogenannten „*aktivistischen Aktionäre*" ausmacht, spielte daher auch unter der Geltung der „*Macrotron*"-Grundsätze nie eine Rolle. Den „*Frosta*"-Beschluss des BGH als Sieg gegen die „*aktivistischen Aktionäre*" zu deklarieren, war daher nicht nur übertrieben, sondern auch der Sache nach verfehlt.

721 So auch *Wicke*, DNotZ 2015, 488, 496.

F. Anlegerschutz beim regulären Delisting nach der Neuregelung vom 26. November 2015

I. Entstehung und Inhalt der gesetzlichen Neuregelung

1. Entstehungsgeschichte

Nicht zuletzt mit Blick auf die aufgezeigten Ausnutzungspotentiale und die faktischen Auswirkungen eines abfindungslosen Delistings, aber auch unmittelbar aufgrund der beobachteten Kursverluste[722] nach der Ankündigung eines Delistings, wurden im Anschluss an die „*Frosta*"-Entscheidung schnell Rufe nach dem Gesetzgeber laut.[723] Einige Stimmen in der Literatur hatten sogar schon im Nachgang der „*Macrotron*"-Entscheidung an die Legislative appelliert.[724] Aufgrund der Welle von Börsenrückzügen nach dem Wegfall des umfassenden Anlegerschutzes durch die „*Frosta*"-Entscheidung wurde teilweise mit Nachdruck eine zügige Reaktion gefordert.[725]

a) Ausschreibung einer empirischen Studie zu den Auswirkungen der Ankündigung eines Delistings

Nachdem seit der „*Frosta*"-Entscheidung bereits knapp eineinhalb Jahre verstrichen waren, schienen das erste Mal im Februar 2015 diese Rufe nach dem Gesetzgeber gehört zu werden und das Finanzministerium schrieb – wie bereits dargestellt[726] – eine Studie mit dem Titel „*Untersuchung der Kursverläufe von Aktien beim Rückzug von der Börse nach der ‚Frosta'-Entscheidung des BGH unter dem Aspekt des Anlegerschutzes*" aus.[727]

---

722 Vgl. zu diesen oben unter C.I.2.

723 Vgl. *Bayer*, ZfPW 2015, 163, 219; *Breyer*, FuS 2014, 40, 42; *Habersack*, JZ 2014, 147, 149; *Koch*, in: Hüffer/Koch, AktG, § 119 Rn. 38; *Wicke*, DNotZ 2015, 488, 497; *Reimann*, WiWo vom 22. November 2013, 106; *Brächer/Schier*, Handelsblatt vom 12. Januar 2015, 1, 4 f.; zurückhaltender im Anschluss an die Entscheidung des BVerfG *Heldt/Royé*, AG 2012, 660, 671; ausdrücklich gegen eine gesetzliche Neuregelung plädierend *Paschos*, FAZ vom 4. Dezember 2013, 19.

724 Vgl. *Holzborn*, WM 2003, 1105, 1109; *Krämer/Theiß*, AG 2003, 225, 241 f.

725 Vgl. *Wicke*, DNotZ 2015, 488, 497.

726 Vgl. oben C.I.2.a).

727 Ausschreibung mit der ID 10446292 auf der Internetseite der Deutsche Auftragsdienst AG, abrufbar unter https://www.dtad.de/details/Untersuchung_der_

Aus dieser Ausschreibung entstand die Studie von *Doumet*, *Limbach* und *Theissen*, auf deren Ergebnisse bereits oben eingegangen wurde.[728] Zusammenfassend sei an dieser Stelle nur noch einmal darauf hingewiesen, dass in der Folge der von der Studie untersuchten Delisting-Ankündigungen im Zeitraum von der „*Frosta*"-Entscheidung im Oktober 2013 bis Ende Mai 2015 eine kumulierte abnormale Aktienrendite von −7,45 % im Zeitraum von einem Tag vor bis einem Tag nach der Ankündigung eines Delisting, bei vollständigen Delistings ohne verbleibende Zulassung im Freiverkehr sogar eine durchschnittliche abnormale Rendite von -11,7 % nachgewiesen werden konnte. Bei den untersuchten Fällen des Downlistings hingegen konnte zwar eine deutliche Verringerung der Liquidität, aber kein signifikanter Kursrückgang beobachtet werden.

Überraschenderweise kam es jedoch nie zu einem Eingang der Ergebnisse in das Gesetzgebungsverfahren, da der Auftrag zurückgezogen wurde, bevor dessen spätere Ergebnisse überhaupt vorlagen.

b) Prüfbitte des Bundesrates vom 6. März 2015

In seiner Sitzung vom 6. März 2015 beschloss der Bundesrat etwa einen Monat nachdem das Finanzministerium die Studie zu den Kurseffekten eines Delistings ausgeschrieben hatte, im Rahmen seiner Stellungnahme zu dem Gesetzentwurf zur Änderung des Aktienrechts (Aktienrechtsnovelle 2014) darum zu bitten, „*im weiteren Gesetzgebungsverfahren zu prüfen, durch welche zivilrechtliche Regelung sichergestellt werden kann, dass die wirtschaftlichen Interessen von Minderheitsaktionären von Aktiengesellschaften, deren Aktien zum Handel an einer Börse zugelassen sind, im Falle eines Rückzuges der Gesellschaft von der Börse ausreichend geschützt werden.*"[729] Zur Begründung dieses Ersuchens wies der Bundesrat auf den Verlust des jahrelang bewährten Anlegerschutzes durch die Aufgabe der „*Macrotron*"-Grundsätze durch den BGH und die dadurch entstandenen Schutzdefizite hin. Denn die Nachfrage nach Aktien, die in Kürze nicht mehr börslich handelbar sind, werde regelmäßig im Anschluss an die Ankündigung eines Delistings einbrechen, so die Einschätzung des Bundesrates. Vor Änderung der Rechtsprechung des BGH sei es zu solchen Kurseinbrüchen allein deshalb nicht gekommen, da in der Vergangenheit den Minderheitsaktionären ein Abfindungsangebot zu machen war, lautete die nun auch im Bundesrat geübte latente Kritik an der empirischen Entscheidungsgrundlage der Entscheidungen des BVerfG und des BGH.[730]

Kursverlaeufe_von_Aktien_beim_Rueckzug_von_der_Boerse_10117_Berlin-10446292_1, zuletzt besucht am 14. Juni 2018.

728 Vgl. *Doumet/Limbach/Theissen*, ZfbF 2016, 253; dazu bereits oben C.I.2.b).

729 Vgl. Stellungnahme des Bundesrates zum Regierungsentwurf zur Aktienrechtsnovelle 2014, BT-Drucks. 18/4349, 42 f.

730 Vgl. zu der fehlerhaften empirischen Unterlage der Entscheidungen bereits oben C.I.1.

Die Prüfung im weiteren Gesetzgebungsverfahren sagte die Bundesregierung daraufhin in ihrer Gegenäußerung zur Stellungnahme des Bundesrates[731] zu und die Frage nach dem Anlegerschutz beim Delisting wurde in der Folge Bestandteil der Beratung über den Entwurf der Aktienrechtsnovelle 2014 im Bundestag am 26. März 2015: Fraktionsübergreifend bestand Einigkeit darüber, dass im Bereich des Delistings Handlungsbedarf bestehe.[732] Wie auch bei der Prüfbitte des Bundesrates waren treibendes Element der einhelligen Feststellung des gesetzgeberischen Handlungsbedarfs – ausweislich der Äußerungen der Abgeordneten[733] – die durch die Ankündigung eines Delistings ausgelösten Kursverluste für die Anleger sowie die mangelhafte Erforschung dieser tatsächlichen Effekte im Vorfeld der Änderung der höchstrichterlichen Rechtsprechung.

c) Öffentliche Anhörung im Rechtsausschuss am 6. Mai 2015

Am 6. Mai 2015 fand zur weiteren Erörterung einer Neuregelung eine öffentliche Anhörung im Rechtsausschuss des Deutschen Bundestages zum Thema „*Delisting*" statt. Dabei fielen die Stellungnahmen der prominenten Sachverständigen zumindest in weiten Teilen einstimmig aus: Sowohl *Habersack*[734] als auch *Koch*[735] und *Noack*[736] sprachen sich grundsätzlich für die Verortung einer Neuregelung im Kapitalmarktrecht aus, vor allem um so auch ausländische Emittenten in den Anwendungsbereich der Regelung mit einzubeziehen. Weiterhin bestand Einigkeit hinsichtlich der Reichweite der Regelung: Es sei sachgerecht, eine klare Grenze bei Verlassen des regulierten Marktes zu ziehen, wenn keine Notierung an einem anderen regulierten Markt bestehen bleibt. Danach würden auf der einen Seite auch Downlistings aus dem regulierten Markt in den (qualifizierten) Freiverkehr von der Neuregelung erfasst und auf der anderen Seite der Rückzug aus dem Freiverkehr weiter ohne Abfindung möglich bleiben. Einheitlich fiel ferner auch das

731 Vgl. Gegenäußerung der Bundesregierung zur Stellungnahme des Bundesrates im Regierungsentwurf zur Aktienrechtsnovelle 2014, BT-Drucks. 18/4349, 45.

732 Vgl. BT-Plenarprotokoll 18/97, 9311 ff.

733 Vgl. die Rede des Abgeordneten *Ullrich* (CDU/CSU), BT-Plenarprotokoll 18/97, 9313: „*Minderheitsaktionäre laufen im Falle eines Antrags auf Widerruf der Zulassung der von ihnen gehaltenen Aktien allerdings Gefahr, ab Zeitpunkt der Antragstellung den Börsenwert ihrer Stimmrechte nahezu gänzlich zu verlieren. Denn die Nachfrage nach Aktien, die in Kürze nicht mehr börslich handelbar sind, wird regelmäßig einbrechen. Vor Änderung der Rechtsprechung des BGH geschah dies nicht, dies beruhte auf dem Umstand, dass in der Vergangenheit den Minderheitsaktionären ein Abfindungsangebot zu machen war.*"

734 Vgl. *Habersack*, Stellungnahme zum Entwurf eines Gesetzes zur Änderung des Aktiengesetzes (Aktienrechtsnovelle 2014).

735 Vgl. *Koch*, Stellungnahme zur Aktienrechtsnovelle 2014 und Änderungsanträgen.

736 Vgl. *Noack*, Stellungnahme zur Aktienrechtsnovelle 2014 und zu einer Regelung des sog. Delisting.

Urteil der Sachverständigen über das etwaige Erfordernis eines Hauptversammlungsbeschlusses aus: Ein solcher biete den Anlegern kaum zusätzlichen Schutz, da in den meisten Fällen ein Großaktionär hinter dem geplanten Delisting stehe, der die erforderliche Mehrheit ohne weiteres aufbringen werde. Dies zugrunde gelegt, sei ein Hauptversammlungsbeschluss mit einem unverhältnismäßig großen Aufwand und Anfechtungsrisiken verbunden.[737]

Teilweise divergierend stellten sich hingegen die Erwägungen zu einer im Falle des freiwilligen Rückzugs vom regulierten Markt zu zahlenden Abfindung dar: Während *Habersack* und *Noack* für eine allein am gewichteten Börsenkurs der letzten drei Monate orientierte Abfindung der betroffenen Aktionäre nach dem Vorbild des § 31 WpÜG und der WpÜG-AngebVO plädierten, forderte *Koch* bei der Bemessung der Abfindung *alternativ* den durchschnittlichen Börsenkurs und den Unternehmenswert zu berücksichtigen. Dagegen, allein den Börsenkurs als ausschlaggebend zu qualifizieren, spreche, dass die Anleger infolge der drohenden Kursverluste nach einer Delisting-Ankündigung wirtschaftlich zur Veräußerung ihrer Anteile gezwungen würden und sie damit gerade nicht mehr nur deren Handelbarkeit, sondern im Ergebnis ihre gesamte Mitgliedschaft verlören.[738] In der Konsequenz dieser unterschiedlichen Bemessungsmethoden divergierten auch die in den Stellungnahmen vorgeschlagenen Rechtsschutzmöglichkeiten: Stellt man allein und strikt auf den gewichteten Börsenkurs der letzten Monate ab, so leuchtet es eher ein, ein Spruchverfahren zur Überprüfung der Abfindungshöhe für entbehrlich zu halten.[739] Will man jedoch stattdessen den durchschnittlichen Börsenkurs und den Unternehmenswert bei der Bemessung der Abfindung – nach dem Ermessen des Gerichts – *alternativ* berücksichtigen, so liegt deren Überprüfung im Spruchverfahren näher.[740]

Ähnlich beurteilten die Sachverständigen wiederum etwaige Ausnahmen von der Abfindungspflicht. Sowohl *Koch* als auch *Noack* dachten Ausnahmen für die Fälle an, in denen dem Delisting zeitnah ein Übernahmeangebot zu angemessenen Konditionen vorangegangen ist.[741] *Koch* plädierte ferner nach dem Vorbild der

---

737 Vgl. *Koch*, Stellungnahme zur Aktienrechtsnovelle 2014 und Änderungsanträgen 8; *Noack*, Stellungnahme zur Aktienrechtsnovelle 2014 und zu einer Regelung des sog. Delisting, 8.

738 Vgl. *Koch*, Stellungnahme zur Aktienrechtsnovelle 2014 und Änderungsanträgen, 6 f.; anders explizit *Habersack*, Stellungnahme zum Entwurf eines Gesetzes zur Änderung des Aktiengesetzes (Aktienrechtsnovelle 2014), 6 und *Noack*, Stellungnahme zur Aktienrechtsnovelle 2014 und zu einer Regelung des sog. Delisting, 8, die allein auf den Verlust der Handelbarkeit über die Börse abstellen.

739 So *Habersack*, Stellungnahme zum Entwurf eines Gesetzes zur Änderung des Aktiengesetzes (Aktienrechtsnovelle 2014), 7 und *Noack*, Stellungnahme zur Aktienrechtsnovelle 2014 und zu einer Regelung des sog. Delisting, 8.

740 Vgl. *Koch*, Stellungnahme zur Aktienrechtsnovelle 2014 und Änderungsanträgen, 8.

741 Vgl. *Koch*, Stellungnahme zur Aktienrechtsnovelle 2014 und Änderungsanträgen, 7; *Noack*, Stellungnahme zur Aktienrechtsnovelle 2014 und zu einer Regelung des sog. Delisting, 8.

Düsseldorfer Börsenordnung für die Möglichkeit eines abfindungsfreien Delistings, wenn das Insolvenzverfahren über das Vermögen des Emittenten eröffnet wurde.[742]

d) „Formulierungshilfe" *des Finanzministeriums vom 17. August 2015*

Nach dieser öffentlichen Anhörung im Mai 2015 wurde es zunächst etwas ruhiger um die vielfach geforderte Neureglung zum Delisting, ehe der Gesetzgebungsprozess im Spätsommer desselben Jahres wieder an Fahrt aufnahm und für einige überraschend schon am 1. Oktober 2015 in dem Beschluss einer gesetzlichen Neuregelung zum Delisting im BörsG – angehängt an das Gesetz zur Umsetzung der Transparenzrichtlinie-Änderungsrichtlinie – gipfelte.

Erneuter Anstoß für die Neureglung war eine erste *„Formulierungshilfe"* des Finanzministeriums zum Delisting vom 17. August 2015.[743] Diese sah eine Änderung des § 39 des Börsengesetzes dahingehend vor, dass ein vollständiges Delisting auf Antrag des Emittenten grundsätzlich nur dann zulässig sein sollte, wenn ein Angebot nach dem WpÜG zum Erwerb aller betroffenen Wertpapiere veröffentlich wurde. Ausdrücklich enthielt der Formulierungsvorschlag einen Verweis auf die Bemessung der angemessenen Gegenleistung nach § 31 WpÜG. Damit nahm das Ministerium insbesondere Bezug auf § 31 Abs. 1 Satz 2 WpÜG, nach dem grundsätzlich der durchschnittliche Börsenkurs der Aktien der Zielgesellschaft und Parallelerwerbe bei der Beurteilung der Angemessenheit des Angebots zu berücksichtigen sind. Maßgeblich ist nach § 5 Abs. 1 WpÜG-AngebVO nach diesem Modell der gewichtete durchschnittliche inländische Börsenkurs der betroffenen Aktien während der letzten drei Monate. Im Kern entsprach diese Abfindungsregelung dem Konzept der Stellungnahmen von *Habersack* und *Noack*.[744]

Nicht gelten sollten diese Anforderungen für das partielle Delisting, nach dem weiterhin eine Zulassung zum regulierten Markt an einer anderen inländischen Börse oder im organisierten Markt einer EU-/EWR-Börse mit vergleichbaren Schutzstandards bestehen bleibt. Auch sollten die Fälle von der Abfindungspflicht ausgenommen sein, in denen nicht länger als sechs Monate vor Antragsstellung ein Übernahmeangebot nach den Vorschriften des WpÜG abgewickelt wurde, wenn dieses auf den Erwerb aller betroffenen Wertpapiere gerichtet war.[745] Einen Hauptversammlungsbeschluss sah der Entwurf den Ergebnissen der Anhörung im Mai 2015 folgend für das Delisting nicht vor.

---

742 Vgl. *Koch*, Stellungnahme zur Aktienrechtsnovelle 2014 und Änderungsanträgen, 7.

743 Vgl. *Bundesministerium der Finanzen*, Formulierungshilfe zum Delisting vom 17. August 2015.

744 Vgl. *Habersack*, Stellungnahme zum Entwurf eines Gesetzes zur Änderung des Aktiengesetzes (Aktienrechtsnovelle 2014), 6 und *Noack*, Stellungnahme zur Aktienrechtsnovelle 2014 und zu einer Regelung des sog. Delisting, 8

745 Vgl. dazu den Vorschlag von *Koch*, Stellungnahme zur Aktienrechtsnovelle 2014 und Änderungsanträgen, 7.

e) *Öffentliche Anhörung im Finanzausschuss am 7. September 2015*

Es folgte am 7. September 2015 eine neuerliche öffentliche Anhörung im Finanzausschuss des Bundestages, nachdem die Fraktionen der CDU/CSU und SPD am 31. August 2015 einen im Wesentlichen auf der Formulierungshilfe zum Delisting beruhenden Änderungsantrag in das laufende Gesetzgebungsverfahren eingebracht hatten. Diesmal wiesen die Bewertungen der Sachverständigen weit größere Differenzen auf als noch im Mai 2015:

Auf der einen Seite kritisierte der Sachverständige *Seibt*[746] schon generell die ins Auge gefasste Kodifizierung des Anlegerschutzes mit dem Argument, dass keine makroökonomische Folgenabschätzung getroffen worden sei und die geplante Regelung offenkundig in einem Wertungswiderspruch zu dem Ziel einer Attraktivitätssteigerung des Kapitalmarkts stehe. Vorbehaltlich dieser Kritik hielt er den Ansatz einer nach dem Börsenkurs bemessenen Abfindung ohne Spruchverfahren jedoch für konzeptionell zutreffend, obwohl die Neuregelung nach seinem Dafürhalten – und im Unterschied zu dem vorgelegten Änderungsantrag – aufgrund der fehlenden vergleichbaren Schutzbedürftigkeit der Anleger nicht auf die Fälle des Downlistings anzuwenden sein sollte. Schließlich befürwortete er die Ausnahme von dem generellen Erfordernis einer Abfindung für den Fall, in dem dem Delisting ein Übernahmeangebot vorangegangen ist. Abweichend von dem Vorschlag des Finanzministeriums solle der dafür maßgebliche Zeitraum jedoch 12 Monate statt sechs Monate betragen.

Die Stellungnahme *Brellochs*[747] vor dem Finanzausschuss ging in eine ähnliche Richtung, jedoch mit einigen Abweichungen in Detailfragen. *Brellochs* befürwortete ebenso wie *Seibt* eine Verankerung der Regelung zum Delisting im Kapitalmarktrecht, die Ausrichtung der Abfindung allein am Börsenkurs und eine Ausnahme von der Abfindungspflicht bei einem vorhergegangenen Übernahmeangebot. Jedoch sah er – anders als *Seibt* – die vorgesehene Einbeziehung des Downlistings in den Anwendungsbereich der Neuregelung als systematisch überzeugend an. Erneut zu überdenken sei jedoch die vorgesehene Notwendigkeit einer umfassenden Angebotsunterlage, die erheblichen Aufwand verursache. Weitere Ausnahmen von der Erforderlichkeit eines Angebots nach den Vorschriften des WpÜG seien für die Fälle bedenkenswert, in denen die Gesellschaft selbst im Rahmen des § 71 Abs. 1 AktG Aktien von den Aktionären zurückkauft, in denen alle Aktionäre

---

746 Vgl. *Seibt*, Stellungnahme in Thesenform für die öffentliche Anhörung im Deutscher Bundestag-Finanzausschuss am 7. September 2015 zum (Regierungs-)Entwurf eines Gesetzes zur Umsetzung der Transparenzrichtlinie-Änderungsrichtlinie vom 26. Mai 2015 (BT-Drucks. 18/5010) nebst Änderungsanträgen 7 ff.

747 Vgl. *Brellochs*, Stellungnahme im Rahmen der Anhörung des Finanzausschusses des Deutschen Bundestags am 7. September 2015 zum Gesetzesentwurf der Bundesregierung „Entwurf eines Gesetzes zur Umsetzung der Transparenzrichtlinie-Änderungsrichtlinie", BT-Drucks. 18/5010 und zum Änderungsantrag der Fraktionen der CDU/CSU und SPD zum Delisting vom 31. August, 19 ff.

zustimmen oder in denen die Gesellschaft sich in einer Sanierungssituation befindet. Auf der Ebene des Rechtsschutzes favorisierte *Brellochs* in der Konsequenz der Berechnung der Abfindung anhand des Börsenkurses eine zivilrechtliche Ausgestaltung ohne Spruchverfahren. Eine erforderliche Verfahrensbündelung könne bei Bedarf über das Kapitalanlegermusterverfahren erreicht werden.

Den Ausführungen von *Seibt* und *Brellochs*, die den Entwurf in wesentlichen Punkten befürworteten, standen die weitaus kritischeren Stellungnahmen der *Deutschen Schutzvereinigung für Wertpapierbesitz (DSW)*[748] und der *Schutzgemeinschaft der Kapitalanleger (SdK)*[749] gegenüber. Die Anlegerschützer übten massive Kritik an der vorgeschlagenen Regelung insbesondere in Bezug auf die Bemessung der Abfindung. Eine Orientierung am Börsenkurs verbiete sich, da die Anleger durch das Delisting faktisch zum Verkauf gezwungen würden und damit im Endeffekt gerade nicht nur den Börsenwert ihres Investments verlören, sondern den vollen Wert ihrer Anlage. Erst Recht dürfte ein vorangegangenes Übernahmeangebot nicht zu einem Ausschluss der Abfindungspflicht bei einem späteren Delisting führen, wenn man die Bereitschaft der Privatanleger zur Investition in Aktien nicht komplett gefährden wolle. Gefordert wurde stattdessen ein am Ertragswert orientiertes und im Spruchverfahren überprüfbares Abfindungsangebot ohne Ausnahme bei einem vorhergegangenen Übernahmeangebot.

f) Beschlussempfehlung des Finanzausschusses vom 30. September 2015 und Beschluss des Gesetzes zur Umsetzung der geänderten Transparenzrichtlinie mit der Neuregelung zum Delisting vom 1. Oktober 2015

Die finale Beschlussempfehlung des Finanzausschusses vom 30. September 2015[750] enthielt hinsichtlich des Delistings im Vergleich zur der Fassung, die am 7. September 2015 im Finanzausschuss des Bundestages diskutiert wurde, einige neuerliche Änderungen. Wie von der SPD in einer Pressemitteilung noch am Tag der Anhörung im September als Reaktion auf die Kritik der Anlegerschützer angekündigt[751], wurde die Ausnahme von der Abfindungspflicht bei einem vorangegangenen Übernahmeangebot aus dem Gesetzesentwurf gestrichen. Fruchtlos blieben

748 Vgl. *DSW*, Öffentliche Anhörung zu dem Gesetzentwurf der Bundesregierung „Entwurf eines Gesetzes zur Umsetzung der Transparenzrichtlinie-Änderungsrichtlinie", BT-Drucksache 18/5010, hier: Stellungnahme der Deutschen Schutzvereinigung für Wertpapierbesitz e.V. (DSW), 6 ff.

749 Vgl. *SdK*, Stellungnahme zum Änderungsantrag der Fraktionen der CDU/CSU und SPD zum Entwurf eines Gesetzes zur Umsetzung der Transparenzrichtlinie-Änderungsrichtlinie, Bundestagsdrucksache 18/5010, kurz „Delisting", 2 ff.

750 Vgl. Beschlussempfehlung und Bericht des Finanzausschusses zum Gesetz zur Umsetzung der Transparenzrichtlinie-Änderungsrichtlinie, BT-Drucks. 18/6220, 36.

751 Vgl. *Fechner/Petry*, SPD-Pressemitteilung vom 7. September 2015.

hingegen die ebenfalls in der Pressemitteilung kundgetanen Bemühungen der Fraktion, die vorgesehene Entschädigung zum durchschnittlichen Börsenkurs der letzten Monate durch ein am Ertragswert ausgerichtetes Abfindungsangebot zu ersetzen. Stattdessen blieb trotz vermehrter Kritik verschiedener Verbände auch außerhalb der Anhörung im Finanzausschuss[752] die Empfehlung des Finanzausschusses im Grundsatz bei einem Abfindungsangebot nach den Vorschriften des WpÜG. Der für die Bemessung des durchschnittlichen Börsenkurses maßgebliche Zeitraum wurde jedoch von drei auf sechs Monate ausgedehnt, um damit dem von Übernahmesituationen regelmäßig abweichenden Börsenumfeld in Delisting-Fällen Rechnung zu tragen.[753] Hinzu kamen ferner Ausnahmen von der alleinigen Maßgeblichkeit des Börsenkurses für die Situationen, in denen entweder der Emittent oder der Bieter der Verpflichtung zur Ad-hoc-Publizität nicht nachgekommen ist oder gegen das Verbot der Marktmanipulation verstoßen hat und der Börsenkurs daher seine Aussagekraft verliert. Ansonsten hielt der Finanzausschuss im Wesentlichen an der am 7. September 2015 erörterten Fassung fest. Trotz der teilweise auch in dieser Hinsicht durch die Sachverständigen geäußerten Kritik bezog sich die Angebotspflicht in der vorgeschlagenen Regelung unverändert auch auf die Fälle des Downlistings. Auf der anderen Seite wurde auch das von Anlegerschützern geforderte Spruchverfahren nicht Bestandteil des Beschlussvorschlags.

Am 1. Oktober 2015 beschloss der Bundestag schließlich in dritter Lesung das Gesetz zur Umsetzung der geänderten Transparenzrichtlinie.[754] Das Gesetz wurde am 20. November 2015 ausgefertigt und am 25. November im Bundesgesetzblatt verkündet.[755] Da die Frist zur Umsetzung der Transparenzrichtlinie-Änderungsrichtlinie, deren Transformation zahlreiche Änderungen durch das Gesetz insbesondere im WpHG dienten, bis zum 27. November 2015 in nationales Recht umgesetzt werden musste, trat die Neuregelung auch zum Delisting bereits am Tag nach der Verkündung, also am 26. November, in Kraft.[756]

752 Vgl. *BRAK*, Stellungname Nr. 37/2015, Oktober 2015 zum Änderungsantrag vom 31. August 2015 zum Entwurf eines Gesetzes zur Umsetzung der Transparenzrichtlinie-Änderungsrichtlinie (Delisting) – BT-Drucks. 18/5010 –, 4 f.; *DAV*, Stellungnahme durch den Ausschuss Bank- und Kapitalmarktrecht zu dem Änderungsantrag der Fraktionen CDU/CSU und der SPD zum Entwurf des Gesetzes zur Umsetzung der Transparenzrichtlinie-Änderungsrichtlinie, hier: Delisting, 9 f.

753 Vgl. Beschlussempfehlung und Bericht des Finanzausschusses zum Gesetz zur Umsetzung der Transparenzrichtlinie-Änderungsrichtlinie, BT-Drucks. 18/6220, 84.

754 Vgl. Beschlussempfehlung und Bericht des Finanzausschusses zum Gesetz zur Umsetzung der Transparenzrichtlinie-Änderungsrichtlinie, BT-Drucks. 18/6220.

755 Vgl. BGBl. I 2015, 2029 ff.

756 Vgl. Art. 26 Abs. 1 des Gesetzes zur Umsetzung der Transparenzrichtlinie-Änderungsrichtlinie.

2. Inhalt

Die weitreichenden Änderungen auf dem Gebiet des Delistings wurden damit tatsächlich an die Umsetzung der im Jahr 2013 mit der Richtlinie 2013/50/EU erfolgten Änderungen der Transparenzrichtlinie aus dem Jahr 2004 (2004/109/EG) in nationales Recht gekoppelt. Wie vom Finanzausschuss vorgeschlagen, erfolgte die Neuregelung über eine Änderung des § 39 BörsG. Der Gesetzgeber hat sich damit im Ausgangspunkt für eine kapitalmarktrechtliche Lösung entschieden und Absatz 2 des § 39 BörsG schließlich wie folgt gefasst:

„(2) Die Geschäftsführung kann die Zulassung im Sinne des Absatzes 1 auch auf Antrag des Emittenten widerrufen. Der Widerruf darf nicht dem Schutz der Anleger widersprechen. Bei Wertpapieren im Sinne des § 2 Absatz 2 des Wertpapiererwerbs- und Übernahmegesetzes ist ein Widerruf nur zulässig, wenn

1. bei Antragstellung unter Hinweis auf den Antrag eine Unterlage über ein Angebot zum Erwerb aller Wertpapiere, die Gegenstand des Antrags sind, nach den Vorschriften des Wertpapiererwerbs- und Übernahmegesetzes veröffentlicht wurde oder

2. die Wertpapiere weiterhin zugelassen sind

a) an einer anderen inländischen Börse zum Handel im regulierten Markt oder

b) in einem anderen Mitgliedstaat der Europäischen Union oder einem anderen Vertragsstaat des Abkommens über den Europäischen Wirtschaftsraum zum Handel an einem organisierten Markt, sofern für einen Widerruf der Zulassung zum Handel an diesem Markt Nummer 1 oder Nummer 2 entsprechende Voraussetzungen gelten.“

Darüber hinaus wurden die Absätze 3 bis 6 angefügt, die wie folgt lauteten:

„(3) Im Fall des Absatzes 2 Satz 3 Nummer 1 darf das Angebot nicht von Bedingungen abhängig gemacht werden. Auf das Angebot ist § 31 des Wertpapiererwerbs- und Übernahmegesetzes mit der Maßgabe entsprechend anzuwenden, dass die Gegenleistung in einer Geldleistung in Euro bestehen und mindestens dem gewichteten durchschnittlichen inländischen Börsenkurs der Wertpapiere während der letzten sechs Monate vor der Veröffentlichung nach § 10 Absatz 1 Satz 1 oder § 35 Absatz 1 Satz 1 des Wertpapiererwerbs- und Übernahmegesetzes entsprechen muss. Hat während dieses Zeitraums

1. der Emittent entgegen § 15 des Wertpapierhandelsgesetzes oder einer entsprechenden Vorschrift des anwendbaren ausländischen Rechts eine Insiderinformation, die ihn unmittelbar betrifft, nicht unverzüglich veröffentlicht oder in einer Mitteilung nach § 15 des Wertpapierhandelsgesetzes oder einer entsprechenden Vorschrift des anwendbaren ausländischen Rechts eine unwahre Insiderinformation, die ihn unmittelbar betrifft, veröffentlicht, oder

2. der Emittent oder der Bieter in Bezug auf die Wertpapiere, die Gegenstand des Antrags sind, gegen das Verbot der Marktmanipulation nach § 20a des Wertpapierhandelsgesetzes verstoßen, so ist der Bieter zur Zahlung des Unterschiedsbetrags zwischen der im

Angebot genannten Gegenleistung und der Gegenleistung verpflichtet, die dem anhand einer Bewertung des Emittenten ermittelten Wert des Unternehmens entspricht; dies gilt nicht, soweit die in Nummern 1 und 2 bezeichneten Verstöße gegen die §§ 15 und 20a des Wertpapierhandelsgesetzes nur unwesentliche Auswirkungen auf den nach Satz 2 errechneten Durchschnittskurs hatten. Sind für die Wertpapiere des Emittenten, auf die sich das Angebot bezieht, während der letzten sechs Monate vor der Veröffentlichung nach § 10 Absatz 1 Satz 1 oder § 35 Absatz 1 Satz 1 des Wertpapiererwerbs- und Übernahmegesetzes an weniger als einem Drittel der Börsentage Börsenkurse festgestellt worden und weichen mehrere nacheinander festgestellte Börsenkurse um mehr als 5 Prozent voneinander ab, so ist der Bieter zur Zahlung einer Gegenleistung verpflichtet, die dem anhand einer Bewertung des Emittenten ermittelten Wert des Unternehmens entspricht.

(4) Auf Emittenten mit Sitz im Ausland finden im Hinblick auf das Angebot nach Absatz 2 die Vorschriften des Wertpapiererwerbs- und Übernahmegesetzes nach Maßgabe des Absatzes 3 entsprechende Anwendung.

(5) Die Geschäftsführung hat einen Widerruf nach Absatz 2 unverzüglich im Internet zu veröffentlichen. Der Zeitraum zwischen der Veröffentlichung und der Wirksamkeit des Widerrufs darf zwei Jahre nicht überschreiten. Nähere Bestimmungen über den Widerruf sind in der Börsenordnung zu treffen.

(6) Im Hinblick auf die Anforderungen des Absatzes 3 bleibt die Rechtmäßigkeit des Widerrufs unberührt."

Eine Anpassung erfuhr die Vorschrift zunächst im Jahre 2016, in dem durch Artikel 5 des Ersten Finanzmarktnovellierungsgesetzes (1. FiMaNoG) vom 30. Juni 2016[757] die Verweise auf § 15 und 21a WpHG durch solche auf die im Wesentlichen inhaltsgleichen Art. 17 Abs. 1 und 15 der Verordnung (EU) Nr. 596/2014 (MAR) ersetzt wurden. Ferner wurde die zuvor in § 39 Abs. 2 Satz 2 Nr. 2 b) BörsG enthaltene Formulierung ersetzt, nach der eine Ausnahme von der Abfindungspflicht nach § 39 Abs. 2 Satz 2 Nr. 1 BörsG bestand, wenn eine Zulassung an einem organisierten Markt in einem anderen EU- oder EWR-Staat fortbestand und dort für den Fall eines Delistings seinerseits ein entweder § 39 Abs. 2 Satz 2 Nr. 1 *oder* Nr. 2 BörsG entsprechender Anlegerschutz vorgesehen war. Stattdessen wurde für die Ausnahme nur noch auf § 39 Abs. 2 Satz 2 Nr. 1 BörsG entsprechende Voraussetzungen des Anlegerschutzes abgestellt und so ein Zirkelschluss vermieden.

Zuletzt wurde durch Artikel 8 des Zweiten Finanzmarktnovellierungsgesetzes (2. FiMaNoG) vom 23. Juni 2017[758] mit Wirkung vom 3. Januar 2018 der folgende Absatz 1a eingefügt:

„(1a) Börsenaufsichtsbehörde und Bundesanstalt sind von einem Widerruf nach Absatz 1 unverzüglich in Kenntnis zu setzen."

---

757 BGBl. I 2016, 1514.
758 BGBl. I 2017, 1693.

a) Grundkonzept und sachlicher Anwendungsbereich

Nach der Neufassung des § 39 Abs. 2 Satz 3 Nr. 1 BörsG erfordert der vollständige Börsenrückzug im Grundsatz wie unter Geltung der „*Macrotron*"-Rechtsprechung wieder zwingend ein Erwerbsangebot gegenüber den Aktionären der Gesellschaft.

Nicht in den Anwendungsbereich des § 39 Abs. 2 Satz 3 Nr. 1 BörsG fallen solche Delistings, bei denen nach § 39 Abs. 2 Satz 3 Nr. 2 BörsG entweder die Zulassung an einer anderen inländischen Börse zum Handel im regulierten Markt (lit. a) oder an einem organisierten Markt in einem anderen Mitgliedstaat der Europäischen Union oder einem anderen Vertragsstaat des Abkommens über den Europäischen Wirtschaftsraum verbleibt, sofern für einen Widerruf der Zulassung zum Handel an diesem Markt Nummer 1 entsprechende Voraussetzungen gelten (lit. b).

Die Feststellung einer verbleibenden Zulassung im regulierten Markt einer inländischen Börse im Sinne des § 39 Abs. 2 Satz 3 Nr. 2 a) BörsG ist dabei leicht vorzunehmen und erfordert eine rein formelle Prüfung.

Präzise herauszuarbeiten ist hingegen im Rahmen des § 39 Abs. 2 Satz 3 Nr. 2 b) BörsG, wie die Voraussetzungen für ein Delisting nach den Regeln des verbleibenden EU-/EWR-Handelsplatzes ausgestaltet sein müssen, damit „*für einen Widerruf der Zulassung zum Handel an diesem Markt Nummer 1 entsprechende Voraussetzungen gelten.*" Dabei ist zunächst die Intention der gesetzlichen Regelung einzubeziehen, eine Umgehung des durch § 39 Abs. 2 Satz 3 Nr. 1 und 2 BörsG gewährleisteten Anlegerschutzes zu verhindern. Daraus ergibt sich zunächst selbstredend, dass Regelungen mit strengeren Voraussetzungen und einem stärkeren Anlegerschutz für ein freiwilliges Delisting „*entsprechende Regelungen*" im Sinne der Vorschrift darstellen. Eine Abweichung zu Lasten des Anlegerschutzes ist hingegen nicht möglich. Da der Gesetzgeber die zuvor durch einige Börsenordnungen geltende Fristenlösung ausweislich der Gesetzesbegründung[759] nicht als ausreichenden Schutz erachtet, kann ein Widerruf in den Fällen des § 39 Abs. 2 Satz 3 Nr. 2 b) BörsG, wenn ein Rückzug von dem verbleibenden Handelsplatz nach bloßem Zeitablauf und ohne die Erfüllung zusätzlicher Voraussetzungen möglich ist, nicht als zulässig beurteilt werden. Auch eine Beteiligung der Hauptversammlung allein kann aufgrund der wirtschaftlichen Einbußen und des faktischen Verkaufszwangs[760] für die betroffenen Anleger nicht als ausreichende Schutzvorkehrung betrachtet werden. Eine hinsichtlich des Anlegerschutzes dem deutschen Schutzstandard entsprechende Regelung setzt daher einen finanziellen Ausgleich, wie ihn eben der deutsche Gesetzgeber für erforderlich hält, voraus; das bedeutet ein Angebot für die Anleger mindestens in Höhe des Verkehrswerts der

---

759 Vgl. Beschlussempfehlung und Bericht des Finanzausschusses zum Gesetz zur Umsetzung der Transparenzrichtlinie-Änderungsrichtlinie, BT-Drucks. 18/6220, 83 f.

760 Dazu noch unten F.II.4.b)aa).

betroffenen Wertpapiere.[761] Damit bleibt für § 39 Abs. 2 Satz 3 Nr. 2 b) BörsG nur ein eng umgrenzter Anwendungsbereich.

Ist der Anwendungsbereich des § 39 Abs. 2 Satz 3 Nr. 1 BörsG eröffnet, ist festzustellen, dass die Ausgestaltung der finanziellen Abfindung in erheblichem Maße von den im Jahre 2002 durch den BGH festgelegten Grundsätzen abweicht. Im Sinne einer Bedingungslösung[762] ist nach der Neuregelung der vollständige Widerruf der Börsenzulassung auf Antrag des Emittenten grundsätzlich nur dann zulässig, wenn ein öffentliches Erwerbsangebot nach dem WpÜG mit Gültigkeit für alle von dem Widerruf betroffenen Wertpapiere unterbreitet wurde. Die unter Geltung der *„Macrotron“*-Grundsätze teilweise kontrovers beantwortete Frage, wer ein entsprechendes Angebot zu unterbreiten habe, löst der Gesetzgeber elegant: Durch die Ausgestaltung des Angebots als Bedingung für die Zulässigkeit eines Delistings wird gleichzeitig festgelegt, dass es auf die Person des Bieters nicht ankommt.[763] Entscheidend ist danach allein, *dass* bereits bei Antragsstellung eine von der Bundesanstalt für Finanzdienstleistungsaufsicht (BaFin) gebilligte Unterlage über das Angebot zum Erwerb aller Wertpapiere, die Gegenstand des Antrags sind, veröffentlich wurde. Zu beachten ist, dass das Angebot nicht wie zuvor schon in einigen Börsenordnungen als Regelbeispiel für den zu beachtenden Schutz der Anleger ausgestaltet ist, sondern als zwingende Voraussetzung eines vollständigen Börsenrückzuges. Eine Ausnahme von diesem Erfordernis besteht lediglich gemäß § 39 Abs. 2 Satz 3 Nr. 2 und Nr. 3 BörsG für die Fälle, in denen die Börsennotierung des Emittenten im regulierten Markt einer anderen Börse oder an einem organisierten Markt in einem anderen Mitgliedstaat der Europäischen Union oder einem anderen Vertragsstaat des Abkommens über den Europäischen Wirtschaftsraum zum Handel an einem organisierten Markt mit vergleichbaren Voraussetzungen für ein Delisting fortbesteht. Unerheblich ist hingegen, ob nach dem Widerruf der Zulassung zum regulierten Markt weiterhin eine Notierung im (qualifizierten) Freiverkehr bestehen bleibt. Der Gesetzgeber hat sich hier dazu entschlossen, auch das Downlisting dem Abfindungserfordernis zu unterwerfen. Weitere Ausnahmen, wie im Gesetzgebungsverfahren teilweise bei einem vorhergegangenen Übernahmeangebot[764], bei Zustimmung aller Aktionäre oder in einer

761 Im Ergebnis ähnlich auch *Harnos*, ZHR 179 (2015), 750, 773; **a. A.**: *Schulz/Wieneke*, NZG 2017, 449, 451.

762 Vgl. zu der früheren Diskussion bereits oben B.III.4.b)cc).

763 Bei einem Angebot des rückzugswilligen Emittenten selbst sind freilich die Grenzen des § 71 Abs. 1 AktG zu beachten; vgl. dazu näher *Kocher/Seiz*, DB 2016, 153, 154.

764 Vgl. *Koch*, Stellungnahme zur Aktienrechtsnovelle 2014 und Änderungsanträgen, 7; zurückhaltender *Noack*, Stellungnahme zur Aktienrechtsnovelle 2014 und zu einer Regelung des sog. Delisting, 8; vgl. dazu die *„Formulierungshilfe“* des Finanzministeriums vom 17. August 2015 oben F.I.1.d) sowie die wertende Begutachtung unter F.II.4.a)bb)(3).

Sanierungssituation[765] gefordert, haben keinen Eingang in den Wortlaut der Neuregelung gefunden.

b) Angebotsunterlage nach WpÜG

Im Fokus stehen bei einem Totalrückzug von der Börse die Abfindung und die Angebotsunterlage nach § 39 Abs. 2 Satz 3 Nr. 1 BörsG. Wie bereits zuvor erwähnt, ist nach § 14 Abs. 2 Satz 1 WpÜG für die Veröffentlichung der Angebotsunterlage erforderlich, dass die BaFin diese gestattet oder das Angebot zumindest nicht innerhalb von zehn Werktagen untersagt hat. Durch das Erfordernis einer übernahmerechtlichen Angebotsunterlage verweist das BörsG betreffend den Inhalt derselben grundsätzlich auf § 11 WpÜG i. V. m. § 2 WpÜG-AngebVO. Delisting-spezifisch modifiziert werden die Anforderungen anschließend durch § 39 Abs. 3 Satz 1 und 2 BörsG. Für das Delisting gegenstandslos ist insofern § 11 Abs. 2 Satz 2 Nr. 5 WpÜG, nach dem die Angebotsunterlage Angaben enthalten muss über die Bedingungen, von denen die Wirksamkeit des Angebots abhängt, da eine solche Bedingung des Angebots im Rahmen eines Delistings nach § 39 Abs. 3 Satz 1 BörsG unzulässig ist. Im Unterschied zu einem Übernahmeangebot ist es beim Delisting nach § 39 Abs. 3 Satz 2 BörsG ferner zwingend erforderlich, dass die angebotene Gegenleistung in einer Geldleistung in Euro besteht, sodass die Anwendung von § 2 Nr. 2, 2a WpÜG-AngebVO über die notwendigen Angaben zu Gegenleistungen, die in Wertpapieren oder Vermögensanlagen bestehen, ausscheidet. Da sich das Angebot im Falle eines Delistings nach § 39 Abs. 2 Satz 3 Nr. 1 BörsG auf alle Wertpapiere beziehen muss, die Gegenstand des Widerrufs-Antrags sind, scheiden auch Teilangebote aus. § 2 Nr. 6 WpÜG-AngebVO findet daher ebenfalls keine Anwendung.

Gültigkeit für das Abfindungsangebot hat hingegen § 11 Abs. 2 Satz 3 WpÜG. Erforderlich ist daher die Veröffentlichung eines Finanzierungskonzeptes hinsichtlich des Angebots und dessen Bestätigung durch ein unabhängiges Wertpapierdienstleistungsunternehmen in der Angebotsunterlage gemäß § 11 Abs. 2 Satz 3 Nr. 1, 4 WpÜG. Nur in den Ausnahmefällen, in denen die Höhe der Abfindung nicht nach dem Börsenkurs zu berechnen ist, kommt hingegen den ergänzenden Angaben über die zur Festsetzung der Gegenleistung angewandten Bewertungsmethoden nach § 2 Nr. 3 WpÜG-AngebVO Bedeutung für die Aktionäre zu.[766] In den Fällen, in denen es nicht ausnahmsweise bei der Bestimmung der Mindesthöhe des Angebots zu einer Unternehmensbewertung kommt, sind regelmäßig zu

765 Vgl. *Brellochs*, Stellungnahme im Rahmen der Anhörung des Finanzausschusses des Deutschen Bundestags am 7. September 2015 zum Gesetzesentwurf der Bundesregierung „Entwurf eines Gesetzes zur Umsetzung der Transparenzrichtlinie-Änderungsrichtlinie“, BT-Drucks. 18/5010 und zum Änderungsantrag der Fraktionen der CDU/CSU und SPD zum Delisting vom 31. August 2015, 21 f.; *Koch*, Stellungnahme zur Aktienrechtsnovelle 2014 und Änderungsanträgen, 7; zu den Stellungnahmen im Gesetzgebungsverfahren bereits oben F.I.1.c).

766 So auch *Harnos*, ZHR 179 (2015), 750, 757 Fn. 22.

berücksichtigende Vorerwerbe für die Aktionäre von stärkerem Interesse. Auch über diese muss der Bieter bei einem Delisting gemäß § 2 Nr. 7 WpÜG-AngebVO in der Angebotsunterlage informieren. Nach dem neu eingefügten § 2 Nr. 7a WpÜG AngebVO müssen bei Angeboten nach § 39 Absatz 2 Satz 3 Nummer 1 BörsG künftig ergänzende Angaben zu dem bevorstehenden Delisting-Antrag in die Angebotsunterlage aufgenommen werden; die Angaben müssen einen ausdrücklichen Hinweis auf mögliche Einschränkungen der Handelbarkeit der betroffenen Wertpapiere als Folge des Widerrufs und die damit einhergehende Möglichkeit von Kursverlusten enthalten, um den Wertpapierinhabern die Risiken zu verdeutlichen, die mit einer Nicht-Annahme des Angebots einhergehen.[767] Darüber hinaus muss der Bieter durch den pauschalen Verweis auf die übernahmerechtlichen Vorschriften bei einem Delisting nach § 11 Abs. 2 Satz 3 Nr. 2 WpÜG über die zukünftige Geschäftstätigkeit des Emittenten informieren sowie die ebenfalls eigentlich auf die spezielle Übernahmesituation zugeschnittenen Anforderungen des § 2 Nr. 1, 3a, 5, 8, 9 und 11 WpÜG-AngebVO beachten.[768]

aa) Bemessung der Gegenleistung anhand des Börsenkurses

Große Bedeutung kommt der Regelung des § 39 Abs. 3 Satz 2 BörsG zu, der die Höhe der Gegenleistung für die austrittswilligen Aktionäre regelt, die bereits während des Gesetzgebungsverfahrens im Zentrum der Diskussionen stand. Der Gesetzgeber blieb trotz der teilweise harschen Kritik während des Gesetzgebungsverfahrens[769] im Ergebnis bei der bereits in der ersten Formulierungshilfe vorgeschlagenen Orientierung am Übernahmerecht und einem Verweis auf § 31 WpÜG statt eine Abfindung nach dem inneren Unternehmenswert vorzusehen. Für die Bestimmung der Gegenleistung sind so nach § 31 Abs. 1 Satz 2 WpÜG grundsätzlich der durchschnittliche Börsenkurs der Aktien der Zielgesellschaft und gem. § 31 Abs. 4 bis 6 WpÜG in Verbindung mit § 4 WpÜG-AngebVO Vor-, Nach- und Parallelerwerbe maßgeblich.[770] Der Gesetzgeber begründete seine Entscheidung

---

767 Vgl. Beschlussempfehlung und Bericht des Finanzausschusses zum Gesetz zur Umsetzung der Transparenzrichtlinie-Änderungsrichtlinie, BT-Drucks. 18/6220, 88.

768 Vgl. *Harnos*, ZHR 179 (2015), 750, 757.

769 Vgl. insbesondere *SdK*, Stellungnahme der SdK zum Änderungsantrag der Fraktionen der CDU/CSU und SPD zum Entwurf eines Gesetzes zur Umsetzung der Transparenzrichtlinie-Änderungsrichtlinie, Bundestagsdrucksache 18/5010, kurz „Delisting", 2 ff; vgl. *DSW*, Öffentliche Anhörung zu dem Gesetzentwurf der Bundesregierung „Entwurf eines Gesetzes zur Umsetzung der Transparenzrichtlinie-Änderungsrichtlinie", BT-Drucksache 18/5010, hier: Stellungnahme der Deutschen Schutzvereinigung für Wertpapierbesitz e.V. (DSW), 6 ff.; zurückhaltender auch schon *Koch*, Stellungnahme zur Aktienrechtsnovelle 2014 und Änderungsanträgen, 6 f.

770 Vgl. zutreffend *Koch*, in: Hüffer/Koch, AktG, § 119 Rn. 37; *Kocher/Seiz*, DB 2016, 153, 155; *Drygala*, VGR 2015, 75, 79; kritisch hinsichtlich der Anwendung der

damit, dass der einfach festzustellende Börsenkurs als Bemessungsgrundlage ausreiche, da durch das Delisting lediglich die Handelbarkeit der Aktie über die Börse beeinträchtigt werde, die Mitgliedschaft der Aktionäre als solche hingegen nicht berührt werde.[771] Im Unterschied zu dem für klassische Übernahmesituationen in § 5 Abs. 1 WpÜG-AngebVO vorgesehenen dreimonatigen Bemessungszeitraum ordnet § 39 Abs. 3 Satz 2 BörsG an, dass die angebotene Gegenleistung mindestens dem gewichteten durchschnittlichen inländischen Börsenkurs der Wertpapiere während der letzten sechs Monate vor der Veröffentlichung nach § 10 Absatz 1 Satz 1 oder § 35 Absatz 1 Satz 1 WpÜG entsprechen muss.

bb) Ausnahmsweise Bemessung anhand einer Unternehmensbewertung

Von der eben beschriebenen Bestimmung der Gegenleistung allein anhand des gewichteten Börsenkurses der letzten sechs Monate vor der Ankündigung des Delistings kennt das Gesetz in § 39 Abs. 3 Satz 3 und 4 BörsG drei Ausnahmen für Konstellationen, in denen nach Auffassung des Gesetzgebers der Börsenkurs regelmäßig nicht als aussagekräftig erachtet werden kann und daher eine Unternehmensbewertung – regelmäßig nach dem Standard IDW S1[772] – geboten erscheint.[773] Mit diesen Ausnahmen ging der Gesetzgeber einen Schritt auf die Kritiker zu, die schon während des Gesetzgebungsverfahrens unter anderem die potentielle Beeinflussbarkeit des Börsenkurses durch den Emittenten und den Bieter sowie die mangelnde Aussagekraft des Börsenkurses in bestimmten Marktsituationen rügten und daher eine grundsätzliche Orientierung der Abfindung am Ertragswert der Aktien forderten.[774]

Anders als in herkömmlichen Übernahmesituationen findet nach § 39 Abs. 3 Satz 3 Nr. 1 BörsG grundsätzlich der Ertragswert Berücksichtigung, wenn der Emittent innerhalb des sechsmonatigen Bemessungszeitraums eine gebotene Ad-hoc-Mitteilung nach Art. 17 Abs. 1 MAR unterlassen oder eine solche mit fehlerhaftem Inhalt veröffentlicht hat. Daneben fordert das Gesetz in § 39 Abs. 3 Satz 3

Mindestpreis und Preisanpassungsregelungen des WpÜG auf Delisting-Angebote *Leyendecker/Herfs*, BB 2018, 643, 644 ff.; *Sanders*, Delisting, 234 ff.

771 Vgl. Beschlussempfehlung und Bericht des Finanzausschusses zum Gesetz zur Umsetzung der Transparenzrichtlinie-Änderungsrichtlinie, BT-Drucks. 18/6220, 84.

772 Vgl. *Drygala*, VGR 2015, 75, 81.

773 Vgl. Beschlussempfehlung und Bericht des Finanzausschusses zum Gesetz zur Umsetzung der Transparenzrichtlinie-Änderungsrichtlinie, BT-Drucks. 18/6220, 85.

774 Vgl. die Kritik der *DSW*, Öffentliche Anhörung zu dem Gesetzentwurf der Bundesregierung „Entwurf eines Gesetzes zur Umsetzung der Transparenzrichtlinie-Änderungsrichtlinie“, BT-Drucksache 18/5010, hier: Stellungnahme der Deutschen Schutzvereinigung für Wertpapierbesitz e.V. (DSW), 9 ff.; *SdK*, Stellungnahme der SdK zum Änderungsantrag der Fraktionen der CDU/CSU und SPD zum Entwurf eines Gesetzes zur Umsetzung der Transparenzrichtlinie-Änderungsrichtlinie, Bundestagsdrucksache 18/5010, kurz „Delisting“, 9 f.

Nr. 2 BörsG – nach der herrschenden Meinung ebenfalls in Abweichung von einem gewöhnlichen Übernahmeangebot[775] – auch dann grundsätzlich eine Ausrichtung der Kompensation an dem im Rahmen einer Unternehmensbewertung ermittelten Wert, wenn ein dem Emittenten oder dem Bieter zurechenbarer Verstoß gegen das Verbot der Marktmanipulation gem. Art. 15 MAR innerhalb des maßgeblichen Zeitraums von sechs Monaten vorliegt.[776] Rechtsfolge solcher Verstöße ist nach dem Wortlaut des § 39 Abs. 3 Satz 3 BörsG ein Anspruch der betroffenen Aktionäre gegen den Bieter auf Zahlung des Differenzbetrages zwischen der angebotenen und der anhand einer Unternehmensbewertung ermittelten Gegenleistung. Wird der Verstoß jedoch nicht erst nach der Veröffentlichung des Angebots, sondern bereits bei Überprüfung der Angebotsunterlage von der BaFin festgestellt, so muss der im Wege der Unternehmensbewertung ermittelte Wert bereits im Angebot an die Stelle des gewichteten Durchschnittskurses treten, sodass ein Differenzanspruch im eigentlichen Sinne nicht entsteht.[777] Es ist davon auszugehen, dass die auf einen solchen Anspruch abzielende Formulierung in § 39 Abs. 3 Satz 3 BörsG gewählt wurde, da der Verstoß regelmäßig erst im Anschluss an das Angebot festgestellt wird und der Differenzanspruch so den Regelfall beschreibt.

Ein negativer Differenzanspruch des Bieters gegen den Anleger oder eine entsprechende Reduzierung des Angebots bei Feststellung eines ausnahmsweise unter dem Börsenkurs liegenden Unternehmenswertes kommt dagegen nicht in Betracht. Dies ergibt sich auf der einen Seite aus dem Wortlaut der Vorschrift, nach der allein der Bieter zur Zahlung der Differenz *„verpflichtet"* ist.[778] Auf der anderen Seite ergibt sich das Verständnis des errechneten Durchschnitts-Börsenkurses als Untergrenze auch aus Sinn und Zweck der Regelung. Denn Intention der Vorschrift ist es grundsätzlich, dem Anleger für den Verlust der Börsenzulassung eine Exit-Möglichkeit zu gewähren, die über die Ausrichtung am gewichteten Börsenkurs derjenigen nahe kommt, die bei Fortbestand der Börsennotierung zu erwarten wäre. Es erscheint jedoch nicht überzeugend, im Rahmen des Delistings eine Überbewertung an der Börse zu Lasten der betroffenen Aktionäre zu korrigieren. Denn jedenfalls kurzfristig hätte ohne das Delisting regelmäßig die Möglichkeit bestanden zu einem, gegebenenfalls überhöhten, Börsenkurs zu desinvestieren. Dies gilt umso mehr, als es der Bieter durch sein Verhalten in der Hand hat, die Voraussetzungen einer an einer Unternehmensbewertung ausgerichteten

---

775 Dort umstritten, vgl. gegen eine Ausnahme in solchen Konstellationen *Krause*, in: Assmann/Pötzsch/Schneider, WpÜG, § 5 WpÜG-AngebVO Rn. 28; *Kremer/Oesterhaus*, KK-WpÜG, Anh. zu § 31, § 5 AngebVO Rn. 18; sehr zurückhaltend Oechsler, in: FS Hadding, 1027, 1034 ff., 1044; **a. A.**: *Noack*, in: Schwark/Zimmer, Kapitalmarktrecht, § 31 WpÜG Rn. 43; vgl. allein zur Möglichkeit einer Unternehmensbewertung bei Marktmanipulation Art. 5 Abs. 4 Satz 5 Übernahme-RL.

776 Vgl. zur Zurechnung ausführlich *Harnos*, ZHR 179 (2015), 750, 761 f.

777 Ähnlich *Kocher/Seiz*, DB 2016, 153, 155.

778 Vgl. *Mense/Klie*, DStR 2015, 2782, 2785.

Angebotshöhe nach seinem Belieben herbeizuführen. Eine negative Abweichung von dem gewichteten Durchschnittskurs zu Lasten der Anleger ist daher unzulässig.[779]

Auf Tatbestandsebene stellt sich im Rahmen des § 39 Abs. 3 Satz 3 Nr. 1 BörsG die Frage, ob eine Selbstbefreiung von der Veröffentlichungspflicht nach Art. 17 Abs. 4 MAR auch den ansonsten bei einer Verfälschung des Börsenkurses bestehenden Differenzanspruch sowie die Notwendigkeit einer Unternehmensbewertung entfallen lässt. Der Wortlaut des § 39 Abs. 3 Satz 3 Nr. 1 BörsG spricht insofern nur davon, dass entgegen Art. 17 Abs. 1 MAR der Emittent eine *„Insiderinformation, die ihn unmittelbar betrifft, nicht so bald wie möglich veröffentlicht oder in einer Mitteilung nach Artikel 17 Absatz 1 dieser Verordnung oder einer entsprechenden Vorschrift des anwendbaren ausländischen Rechts eine unwahre Insiderinformation, die ihn unmittelbar betrifft, veröffentlicht"*. In den Gesetzesmaterialien wird dazu jedoch ausgeführt, dass ein Verstoß gegen § 15 WpHG (a. F.), der dem heutigen Art. 17 Abs. 1 MAR entspricht, im Falle einer zulässigerweise aufgeschobenen Veröffentlichung nicht vorliege.[780]

Ferner ist festzustellen, dass weder in den Fällen von Art. 17 Abs. 1 MAR noch bei Art. 15 MAR für den Anspruch aus § 39 Abs. 3 Satz 3 BörsG ein Verschulden des Bieters oder des Emittenten zu fordern ist: Denn im Lichte der Intention des Gesetzgebers, bei verfälschten Börsenkursen eine angemessene Kompensation durch die Ausrichtung an einer Unternehmensbewertung zu gewährleisten, kann es für die letztlich zu zahlende angemessene Abfindung keinen Unterschied machen, ob eine verschuldete oder unverschuldete Kursbeeinflussung vorliegt. Auch weist der Anspruch keinen Sanktionscharakter auf, der eine Verschuldens-Komponente aus verfassungsrechtlicher Sicht zwingend erforderlich machen würde. Würde man diese gleichwohl fordern, so beraubte man § 39 Abs. 3 BörsG weitgehend seiner eigenständigen Bedeutung für die Anleger. Denn bei einem Verschulden ist regelmäßig der Anwendungsbereich der Schadensersatzansprüche nach § 97 bzw. § 98 WpHG eröffnet.[781] Daher darf auch eine unverschuldete Verfälschung des Börsenkurses durch den Bieter, aber auch durch den Emittenten, im Ergebnis nicht zu Lasten der Anleger gehen.[782]

Verwunderlich mutet schließlich die in der Gesetzesbegründung vertretene Auffassung an, dass weitere Voraussetzung der beiden Ausnahmetatbestände sei,

779 Kritisch hingegen *Kocher/Seiz*, DB 2016, 153, 155 f.

780 Beschlussempfehlung und Bericht des Finanzausschusses zum Gesetz zur Umsetzung der Transparenzrichtlinie-Änderungsrichtlinie, BT-Drucks. 18/6220, 85; dazu noch kritisch unten (e).

781 In diese Richtung auch hinsichtlich der Vorgängerregelungen der §§ 37b, 37c WpHG *Drygala*, VGR 2015, 75, 84.

782 Vgl. äußerst kritisch dazu *Wackerbarth*, WM 2016, 385, 387 f.; dazu noch unten im Rahmen der Bewertung der gesetzlich vorgesehenen Bestimmung der Angebotshöhe F.II.4.b)aa); zutreffend *v. Berg*, Marktrückzug, 433 f.

dass *„ein Verstoß gegen §§ 15 und 20a WpHG [heute Art. 17 Abs. 1 und 15 MAR] durch die zuständige Behörde rechts- oder bestandskräftig festgestellt wurde“*, zumal eine solche Feststellung für den Anleger nicht erzwingbar ist.[783]

Neben dem dargestellten Differenzanspruch bei Ad-hoc-Verstößen oder Marktmanipulation besteht eine weitere Ausnahme zugunsten einer Unternehmensbewertung in § 39 Abs. 3 Satz 4 BörsG, die dem Grunde nach bereits aus § 5 Abs. 4 WpÜG-AngebVO bekannt ist.[784] Nach der Regelung bestimmt sich auch bei stark eingeschränkter Liquidität und volatilen Kursen die zu gewährende Gegenleistung von vornherein auf der Grundlage einer Unternehmensbewertung. Diese Voraussetzungen präzisiert § 39 Abs. 3 Satz 4 BörsG dahingehend, dass für die betroffenen Wertpapiere während der letzten sechs Monate vor der Veröffentlichung der Angebotsunterlage an weniger als einem Drittel der Börsentage Börsenkurse festgestellt wurden und mehrere nacheinander festgestellte Börsenkurse um mehr als fünf Prozent voneinander abweichen. Der Gesetzeswortlaut sieht als Rechtsfolge anders als bei Verstößen gegen Art. 17 Abs. 1 und 15 MAR nicht stets einen Differenzanspruch vor, sondern verpflichtet den Bieter offenbar von vorneherein zur Zahlung einer Gegenleistung, die dem anhand einer Bewertung des Emittenten ermittelten Wert des Unternehmens entspricht. Für den wohl wenig praxisrelevanten Fall, dass trotzdem in einem solchen Fall der Marktenge einmal eine allein am durchschnittlichen Börsenkurs orientierte Angebotsunterlage von der BaFin zur Veröffentlichung zugelassen wird, ist freilich jedoch ebenfalls ein Differenzanspruch nach den allgemeinen Regeln des *„Postbank“*-Urteils anzunehmen.[785] Da der (durchschnittliche) Börsenkurs dann jedoch keine reale Veräußerungsmöglichkeit der betroffenen Anleger mehr abbildet, die sie durch das Delisting verlieren, ist anders als in den Fällen eines Verstoßes gegen Art. 17 Abs. 1, 15 MAR nicht ersichtlich, warum dieser weiterhin eine Untergrenze darstellen sollte. An die Stelle des Sechs-Monats-Durchschnittskurses tritt bei der Ermittlung der angemessenen Gegenleistung stattdessen vollumfänglich die Unternehmensbewertung.[786]

cc) Gegenausnahme bei unwesentlichen Auswirkungen auf den Börsenkurs

Im Rahmen einer Rückausnahme scheidet die Korrektur der Angebotshöhe durch eine Unternehmensbewertung ihrerseits wiederum gemäß § 39 Abs. 3 Satz 3 2. HS

---

783 Vgl. Beschlussempfehlung und Bericht des Finanzausschusses zum Gesetz zur Umsetzung der Transparenzrichtlinie-Änderungsrichtlinie, BT-Drucks. 18/6220, 85. Dazu ausführlicher noch unten im Rahmen der Ausführungen zum Rechtsschutz oben F.I.2.d)bb)(2)(c).

784 Der Wortlaut des § 39 Abs. 3 Satz 4 BörsG entspricht grundsätzlich dem des § 5 Abs. 4 WpÜG-AngebVO. Allein die Delisting-spezifische Verlängerung des Bemessungszeitraums auf sechs Monate wurde angepasst.

785 BGHZ 202, 180 Rn. 21 ff. = NJW-RR 2014, 1248, 1249 ff. = NZG 2014, 985, 986 ff.

786 So auch im Ergebnis *Kocher/Seiz*, DB 2016, 153, 156.

BörsG aus, sofern der Bieter nachweisen kann, dass der jeweilige Verstoß gegen die Art. 17 Abs. 1, 15 MAR nur unwesentliche Auswirkungen auf den nach Satz 2 errechneten Durchschnittskurs hatte, da es in diesen Fällen nicht gerechtfertigt sei, von der am Börsenkurs orientierten Abfindungshöhe abzuweichen.[787] Eine genauere Definition dieser *„unwesentlichen Auswirkungen"* liefert der Gesetzgeber freilich nicht. Richtigerweise sollte als Maßstab jedoch kein absoluter Wert herangezogen werden, sondern eine prozentuale Grenze in Bezug auf den ohne den Verstoß errechneten durchschnittlichen Börsenkurs gezogen werden.[788] Denn nur so lassen sich die Auswirkungen bewerten, die die Bemessung der angemessenen Abfindung anhand des Börsenkurses durch die Verfälschung für die Anleger bedeuten würde. Bedenkt man weiter, dass in der Vergangenheit gerade Aktien mit niedrigen Börsenkursen Gegenstand eines Delistings waren, so ist von einer absoluten Grenze Abstand zu nehmen. In diesen Fällen bedeutete nämlich auch eine negative Abweichung des errechneten Durchschnittskurses von wenigen Cent pro Aktie in Folge eines Verstoßes gegen Art. 17 Abs. 1, 15 MAR regelmäßig einen verhältnismäßig großen Verlust für das Investment des einzelnen Anlegers. Um die Anleger effektiv zu schützen, müsste vielmehr nur eine Abweichung von unter fünf Prozent als *„unwesentlich"* und damit unbeachtlich gelten.[789] Zwar wird es bei einem solch strengen Maßstab an dieser Stelle umso schwerer für den Bieter nachzuweisen, dass der Kurs tatsächlich nicht einmal in diesem kleinen Maße negativ beeinflusst wurde.[790] Auf der anderen Seite kann einem Anleger kaum zugemutet werden, eine nachweislich durch einen Verstoß gegen die Vorschriften des WpHG um fünf Prozent oder mehr zu seinen Lasten beeinflusste Gegenleistung als angemessen zu akzeptieren.

Im Hinblick auf den Schutzzweck der Neuregelung muss jedoch jedenfalls erst recht dann von dem Erfordernis einer Unternehmensbewertung abgesehen werden können, wenn wesentliche *positive* Auswirkungen des Verstoßes gegen Art. 17 Abs. 1, 15 MAR auf den errechneten Durchschnittskurs durch den Bieter belegt werden können. Denn von einem zulasten der Anleger verfälschten Börsenkurs als Anlass für einen Differenzanspruch dieser kann dann nicht mehr die Rede sein.

c) Kein Hauptversammlungsbeschluss

Während der Schwerpunkt im Gesetzgebungsverfahren und dann auch bei der letztlich Gesetz gewordenen Regelung klar auf der finanziellen Entschädigung der

---

787 Vgl. Beschlussempfehlung und Bericht des Finanzausschusses zum Gesetz zur Umsetzung der Transparenzrichtlinie-Änderungsrichtlinie, BT-Drucks. 18/6220, 85.

788 Anders wohl *Harnos*, ZHR 179 (2015), 750, 769, der sich für eine Beschränkung auf Cent-Beträge ausspricht.

789 Vgl. *Wackerbarth*, WM 2016, 385, 388, der in Anlehnung an die Marktenge eine Grenze bei 5 % vorschlägt; ebenso *Kumpan*, in: Baumbach/Hopt, HGB, § 39 BörsG Rn. 9.

790 Vgl. zu generellen Nachweisschwierigkeiten *Harnos*, ZHR 179 (2015), 750, 769.

Aktionäre lag, war früh klar, dass ein Hauptversammlungsbeschluss bei einem Delisting nicht notwendig ist.[791] Die gesetzliche Neuregelung nimmt vor allem die Vermögensinteressen der betroffenen Aktionäre in den Blick und schützt diese daher in erster Linie als Kapitalanleger und weniger in ihrer mitgliedschaftlichen Stellung. Anders als noch in der „*Macrotron*"-Entscheidung des BGH hielt der Gesetzgeber „*erweiterte Mitentscheidungsrechte für die Aktionäre, wie sie die [Macrotron-]Rechtsprechung bislang durch den von ihr geforderten Hauptversammlungsbeschluss verlangte, [...] vor dem Hintergrund der nunmehr vorgesehenen umfassenden kapitalmarktrechtlichen Schutzbestimmungen nicht [für] geboten*". Eine entsprechende Satzungsbestimmung kann nach der hier vertretenen Ansicht einen solchen Hauptversammlungsbeschluss freilich weiterhin erforderlich machen.[792]

d) Rechtsschutz

Zur Durchsetzung der neuen Delisting-Regelungen hat der Gesetzgeber ein komplexes Rechtsschutz-System geschaffen. In dessen detaillierter Ausgestaltung spiegelt sich die Zwitterstellung des Delistings zwischen Verwaltungs- und Zivilrecht wider: Zunächst führen die kapitalmarktrechtliche Ausgestaltung des Delistings sowie der neue Verweis auf das Übernahmerecht zu einer Kontrolle und Mitwirkung durch die BaFin hinsichtlich der bei einem vollständigen Delisting erforderlichen Angebotsunterlage, § 39 Abs. 2 Satz 3 Nr. 1 BörsG. Gleichzeitig stellt der Widerruf der Börsenzulassung durch die Börsengeschäftsführung – wie schon nach der alten Gesetzeslage – einen Verwaltungsakt dar, bei dessen Erlass der Börse selbst begrenzte Kontrollbefugnisse zustehen. Diese zweistufige behördliche Prüfung durch BaFin und Börsengeschäftsführung wird ergänzt von einer gerichtlichen Kontrolle, bei der den betroffenen Aktionären für verschieden Rechtsschutzziele der Weg zu den Verwaltungsgerichten auf der einen und zu den Zivilgerichten auf der anderen Seite grundsätzlich offen steht.

aa) Verwaltungsinterne Überprüfung

(1) Prüfung der Angebotsunterlage durch die BaFin

Die erste Hürde ist bei einem vollständigen Delisting nach § 39 Abs. 2 Satz 3 Nr. 1 BörsG regelmäßig die Prüfung der Angebotsunterlage durch die BaFin. Da die Vorschriften des WpÜG Anwendung finden, hat der Bieter beim Delisting gemäß § 14 Abs. 1 WpÜG die Angebotsunterlage innerhalb von vier Wochen nach der

791 Vgl. schon *Koch*, Stellungnahme zur Aktienrechtsnovelle 2014 und Änderungsanträgen, 8; *Noack*, Stellungnahme zur Aktienrechtsnovelle 2014 und zu einer Regelung des sog. Delisting, 8.

792 Vgl. zur Rechtslage vor der Neuregelung vom 26. November 2015 oben D.II.2, zur Rechtslage nach neuem Recht noch unten F.III.1.

Veröffentlichung der Entscheidung zur Abgabe eines Angebots der Bundesanstalt zu übermitteln. Die BaFin hat nach § 14 Abs. 2 Satz 1 WpÜG daraufhin grundsätzlich zehn Werktage Zeit, die Angebotsunterlage zu prüfen und gegebenenfalls deren Veröffentlichung nach § 15 WpÜG zu untersagen. Dabei prüft sie neben den übernahmerechtlichen Anforderungen auch Delisting-spezifische Erfordernisse betreffend die Angebotsunterlage[793], etwa dass das Angebot nicht von einer Bedingung abhängig gemacht wurde und die Gegenleistung in Euro besteht.[794] Erst nach der Genehmigung der BaFin oder dem Verstreichen der Frist ohne Untersagung darf die Angebotsunterlage veröffentlicht werden, ohne die ein Widerruf der Börsenzulassung ohne Fortbestand weiterer Notierungen nach § 39 Abs. 2 Satz 3 Nr. 1 BörsG stets rechtswidrig ist. Dadurch dass die vorherige Veröffentlichung zwingende Voraussetzung des vollständigen Delistings ist und die Veröffentlichung wiederum nur nach Übermittlung und Prüfung durch die BaFin erfolgen darf, ist eine Mitwirkung der Bundesanstalt in den Fällen des § 39 Abs. 2 Satz 3 Nr. 1 BörsG sichergestellt. Nach der Gesetzesbegründung soll deren Prüfung insbesondere gewährleisten, dass die nach § 31 WpÜG anzubietende Gegenleistung nicht offensichtlich unangemessen ist und eine entsprechende Finanzierungsbestätigung vorliegt. Zudem sei von der BaFin im Rahmen ihrer Mitwirkung sicherzustellen, dass der für die Bestimmung der Angemessenheit der Gegenleistung grundsätzlich maßgebliche Börsenkurs zutreffend berechnet wurde.[795] Dabei muss konsequenterweise auch geprüft werden, ob nach § 39 Abs. 4 BörsG der angebotenen Gegenleistung der durch eine Bewertung des Emittenten ermittelte Unternehmenswert zugrunde gelegt wurde, wenn eine Marktenge im Sinne der Vorschrift vorliegt.[796] Aufgrund des Wortlauts des § 15 Abs. 1 Nr. 2 WpÜG[797] und des kurzen Prüfungszeitraums von grundsätzlich höchstens zehn Werktagen ist eine umfassende inhaltliche Prüfung der etwaigen Unternehmensbewertung jenseits einer Plausibilitätsprüfung in den Fällen des Abs. 3 Satz 3 BörsG hingegen wohl kaum zu fordern.[798] Im Wortlaut des § 39 Abs. 3 BörsG nicht angelegt scheint

---

793 Vgl. dazu im Einzelnen oben F.I.2.b); zum Prüfungsumfang allgemein vgl. stellvertretend *Assmann*, in: Assmann/Pötzsch/Schneider, WpÜG, § 14 Rn. 18 ff.

794 Vgl. dazu auch *Harnos*, ZHR 179 (2015), 750.

795 Vgl. Beschlussempfehlung und Bericht des Finanzausschusses zum Gesetz zur Umsetzung der Transparenzrichtlinie-Änderungsrichtlinie, BT-Drucks. 18/6220, 85 f.

796 Vgl. auch § 5 Abs. 4 WpÜG-AngebVO, der von einer erforderlichen Bewertung *„der Zielgesellschaft"* spricht, ansonsten jedoch wortgleich ist; so auch *Mense/Klie*, DStR 2015, 2782, 2785; *Kocher/Seiz*, DB 2016, 153, 156; *Wackerbarth*, WM 2016, 385, 388.

797 § 15 Abs. 1 Nr. 1 WpÜG gibt als Prüfungsmaßstab nur *„offensichtliche"* Verstöße gegen *„Vorschriften des WpÜG selbst oder einer auf Grund dieses Gesetzes erlassenen Rechtsverordnung"* vor. Jedoch ist diese Vorschrift zumindest entsprechend auch auf den neuen § 39 BörsG zu erweitern, der ebenfalls ein Angebot nach dem WpÜG vorsieht, welches durch die BaFin zu prüfen ist.

798 So auch *Drygala*, VGR 2015, 75, 82; *Bungert/Leyendecker-Langner*, ZIP 2016, 49, 51; tendenziell wohl anders *Wackerbarth*, in: MüKo-AktG, § 31 WpÜG Rn. 50.

zunächst eine inzidente Prüfung der Art. 17 Abs. 1, 15 MAR im Rahmen der Prüfung der Angebotsunterlage. Denn Rechtsfolge eines Verstoßes ist nach diesem nicht wie bei einer Marktenge, dass für die Höhe der Gegenleistung von Anfang an der Unternehmenswert maßgeblich ist, sondern stets ein Zuzahlungsanspruch der Anleger in Höhe der Differenz zwischen dem zunächst (auf Grundlage des Börsenkurses) erfolgten Angebot und einer nach einer Unternehmensbewertung zu bemessenden Gegenleistung. Danach hätte ein Verstoß gegen Art. 17 Abs. 1, 15 MAR zunächst keine Auswirkung auf die ursprüngliche Bemessung der anzubietenden Gegenleistung, die von der BaFin zu überprüfen ist. Die allein auf den nachträglichen Differenzanspruch – und damit nicht auf eine Berücksichtigung etwaiger kapitalmarktrechtlicher Verstöße bereits bei der Prüfung der Angebotsunterlage – abzielende Formulierung in § 39 Abs. 3 Satz 3 BörsG lässt sich jedoch wohl damit erklären, dass ein Verstoß häufiger im Anschluss an das Angebot festgestellt werden wird und der Differenzanspruch so den Regelfall beschreibt. Wird der Verstoß hingegen nicht erst nach Veröffentlichung des Angebots erkannt, sondern steht bereits bei der Überprüfung der Angebotsunterlage durch die BaFin fest, so ist kein entscheidender Grund dafür ersichtlich, von einer Prüfung vollständig abzusehen. Eine Überprüfung im Hinblick auf die kapitalmarktrechtlichen Verstöße liegt gerade im Aufgabenbereich der BaFin und liefert dem Publikum eine erste Informationsgrundlage, auf deren Basis die einzelnen Anleger ihre individuellen Ansprüche verfolgen können. Zwar ist den Aktionären in dieser Hinsicht selbst ein Mittel an die Hand gegeben, die Angemessenheit der Abfindung gerichtlich überprüfen zu lassen, jedoch bildet eine erste Unternehmensbewertung von Seiten des Emittenten oder des Bieters, der regelmäßig in (engem) Kontakt zum Vorstand des Emittenten stehen wird, gerade im Hinblick auf die prozessuale Geltendmachung der Ansprüche durch die Anleger eine wichtige Grundlage. Es muss daher in diesen Fällen richtigerweise der im Wege der Unternehmensbewertung ermittelte Wert bereits in der von der BaFin überprüften Angebotsunterlage an die Stelle des gewichteten Durchschnittskurses treten.[799] Eine detaillierte materielle Prüfung der vorgelegten Unternehmensbewertung ist hingegen nicht zu fordern; die Bundesanstalt kann nur überprüfen, ob die Angaben vollständig sind und keine inneren Widersprüche aufweisen.[800]

---

799 Vgl. *Kocher/Seiz*, DB 2016, 153, 156 f.; tendenziell auch *Bayer*, NZG 2015, 1169, 1177; **a. A.** wohl mit Blick auf das zu erwartende Regel-Ausnahmeverhältnis in der Praxis *Mense/Klie*, DStR 2015, 2782, 2785; kritisch auch *Koch/Harnos*, NZG 2015, 729, 734.

800 Vgl. allgemein zum Prüfungsmaßstab *Wackerbarth*, in: MüKo-AktG, § 15 WpÜG Rn. 11.

(2) Prüfung des Delisting-Antrages durch die Geschäftsführung der Börse

Die endgültige Entscheidung über den Widerruf der Börsennotierung trifft die Geschäftsführung der jeweiligen Börse. Der Widerruf stellt dabei als *actus contrarius* zur Zulassung einen Verwaltungsakt dar, vor dessen Erlass die zuständige Behörde im Verwaltungsverfahren ebenfalls eine Prüfung der gesetzlichen Voraussetzungen vornimmt. Dabei ist nach den verschiedenen Erscheinungsformen des freiwilligen Delistings – namentlich dem vollständigen und dem partiellen Delisting – zu unterscheiden.

In den Fällen des vollständigen Börsenrückzuges nach § 39 Abs. 2 Satz 3 Nr. 1 BörsG bereiten die Erstellung der Angebotsunterlage durch den Bieter und deren Prüfung durch die BaFin das folgende Verfahren bei der Widerrufsentscheidung durch die Geschäftsführung der jeweiligen Börse vor, indem sie deren Prüfungsumfang reduzieren und die Widerrufsentscheidung so vereinfachen. So ist bei einem vollständigen Delisting von der Börse lediglich formal zu prüfen, ob ein Angebot nach den Vorschriften des WpÜG veröffentlicht wurde. Die Angemessenheit der Gegenleistung sowie die übrigen Anforderungen nach Absatz 3, die von der BaFin bereits im Rahmen der Prüfung der Angebotsunterlage berücksichtigt werden, sind dagegen gemäß § 39 Abs. 6 BörsG ausdrücklich für die Rechtmäßigkeit des Widerrufs ohne Bedeutung, sodass sich auch die Prüfungsbefugnisse der Börsengeschäftsführung nicht auf diese Gegenstände beziehen.[801] Die bereits zuvor erfolgte Kontrolle der Unterlage durch die spezialisierte Bundesanstalt ermöglicht so, dass die Börsengeschäftsführung in einem einfachen Verwaltungsverfahren über den Widerruf der Zulassung entscheiden kann.

Missverständlich ist im Zusammenspiel mit § 39 Abs. 6 BörsG, der nur die Voraussetzungen des Absatzes 3 als für die Rechtmäßigkeit des Widerrufs unerheblich statuiert, die Formulierung des Absatzes 2 Satz 3 Nr. 1. Nach dieser ist erforderlich, dass eine Unterlage über ein Angebot *„nach den Vorschriften des Wertpapiererwerbs- und Übernahmegesetzes veröffentlicht wurde“*. Da sich die Beschränkung der Relevanz etwaiger Mängel der Angebotsunterlage auf die Rechtmäßigkeit des Widerrufs nach § 39 Abs. 6 BörsG explizit nur auf Absatz 3 bezieht, könnte man annehmen, dass die Einhaltung der sonstigen Vorschriften des WpÜG in Bezug auf die Angebotsunterlage, die nicht in Absatz 3 Erwähnung finden, für die Rechtmäßigkeit des Delistings ebenfalls von Bedeutung sind. Dieses Ergebnis ließe sich jedoch kaum mit der Intention des Gesetzgebers in Einklang bringen, allein die spezialisierte BaFin mit der Prüfung der Angebotsunterlage zu befassen und durch die Vermeidung einer doppelten Prüfung eine einfache und schnelle Entscheidung

801 Vgl. auch Beschlussempfehlung und Bericht des Finanzausschusses zum Gesetz zur Umsetzung der Transparenzrichtlinie-Änderungsrichtlinie, BT-Drucks. 18/6220, 86; *Harnos*, ZHR 179 (2015), 750, 775.

der Börsengeschäftsführung zu ermöglichen.[802] Es muss daher bei der formalen Prüfung durch die Börsengeschäftsführung bleiben.

Keiner vorgeschalteten Prüfung durch die BaFin bedarf es bei einem auf § 39 Abs. 2 Satz 3 Nr. 2 BörsG gestützten Widerrufsantrag, also einem partiellen Delisting. Da der Gesetzgeber hierzu keine Einschränkungen wie in Absatz 6 hinsichtlich § 39 Abs. 2 Satz 3 Nr. 1 BörsG getroffen hat, hat die Börsengeschäftsführung die Voraussetzungen der Nr. 2 bei ihrer Widerrufsentscheidung vollständig zu prüfen. Namentlich darf sie dem Antrag nur nachkommen, wenn nach § 39 Abs. 2 Satz 3 Nr. 2 a) BörsG die betreffenden Wertpapiere weiterhin an einer anderen inländischen Börse zum Handel im regulierten Markt zugelassen sind oder nach § 39 Abs. 2 Satz 3 Nr. 2 b) BörsG zumindest die Zulassung in einem anderen EU-Mitglieds- oder EWR-Staat zum Handel an einem organisierten Markt bestehen bleibt, sofern dort ein vergleichbarer Anlegerschutz beim Delisting gewährleistet ist. Während sich die Prüfung der ersten Variante – Fortbestehen der Zulassung an einer anderen inländischen Börse zum Handel im regulierten Markt – stets ähnlich einfach und formal wie bei § 39 Abs. 2 Satz 3 Nr. 1 BörsG gestaltet, muss die Börsengeschäftsführung im Falle des Nr. 2 b) grundsätzlich in eine inhaltlich anspruchsvollere Prüfung einsteigen. Sie hat in diesem Rahmen namentlich zu beurteilen, ob bei einer etwaigen fortbestehenden Zulassung an einer EU-/EWR-Börse an diesem Handelsplatz für den Zulassungswiderruf *„Nummer 1 entsprechende Voraussetzungen gelten"*. Trotz des ausfüllungsbedürftigen Rechtsbegriffs der *„entsprechenden Voraussetzungen"* steht der Börsengeschäftsführung in diesen Fällen kein Beurteilungsspielraum zu. Anders als in den bisher von der Rechtsprechung anerkannten Fällen des Beurteilungsspielraums geht es bei der Regelung der Nr. 2 b) weder um eine Prüfungsentscheidung, beamtenrechtliche Beurteilung, Einschätzung durch ein weisungsfreies Gremium oder Ausschusses noch um eine Prognose oder Risikobewertung auf der Grundlage besonderer Sachkunde.[803] Es bestehen daher keine Gründe dafür, die Entscheidung der Börsengeschäftsführung der gerichtlichen Überprüfung zu entziehen. Die Börsengeschäftsführung hat vielmehr nach den oben dargestellten engen Maßstäbe zu prüfen, ob ein Widerruf der verbleibenden Zulassung an einem organisierten Markt in einem EU- oder EWR-Staat eine Abfindung erfordert, wie sie § 39 Abs. 2 Satz 3 Nr. 1 BörsG voraussetzt – also eine Abfindung für die betroffenen Anleger mindestens in Höhe des Verkehrswerts der betroffenen Wertpapiere.

Neben der zuvor dargestellten von der Börsengeschäftsführung vorzunehmenden (begrenzten) Prüfung der Voraussetzungen des § 39 Abs. 2 Satz 3 BörsG stellt sich die Frage, ob es sich nach der Neuregelung bei der Entscheidung durch die Börsengeschäftsführung um eine Ermessensentscheidung oder um eine gebundene Entscheidung handelt. Als der Wortlaut der Vorschrift vor der Neuregelung

802 Vgl. Beschlussempfehlung und Bericht des Finanzausschusses zum Gesetz zur Umsetzung der Transparenzrichtlinie-Änderungsrichtlinie, BT-Drucks. 18/6220, 86.

803 Vgl. *Aschke*, in: Bader/Ronellenfitsch, VwVfG, § 40 Rn. 107.

noch offener formuliert war und sich im BörsG keine Präzisierung des zu berücksichtigenden Anlegerschutzes fand, ging die ganz herrschende Meinung von einer Ermessensentscheidung der Börsengeschäftsführung aus.[804] Entscheidend für ein solches Verständnis sprach die Ausfüllungsbedürftigkeit der Generalklausel, nach der der Widerruf schlicht dem Schutz der Anleger nicht widersprechen durfte. Es bedurfte daher einer abwägenden Entscheidung der Börsengeschäftsführung, in deren Rahmen verschiedene Belange des Anlegerschutzes sowie widerstreitende Interessen des Emittenten berücksichtigt werden konnten.

Zwar findet sich die zunächst allgemeine Formulierung, *„Der Widerruf darf nicht dem Schutz der Anleger widersprechen."* noch immer unverändert in § 39 Abs. 2 Satz 2 BörsG. Jedoch fügt sich seit der am 26. November 2015 in Kraft getretenen Änderung des § 39 BörsG daran eine detaillierte Konkretisierung der Voraussetzungen für den Widerruf an. Vergleichbar ausfüllungsbedürftiger Interpretationsspielraum verbleibt daher für die Entscheidung der Börsengeschäftsführung nicht mehr. Auch der Wortlaut des § 39 Abs. 2 Satz 3 BörsG spricht eindeutig für eine gebundene Entscheidung: Statt die Varianten, in denen ein Delisting zulässig sein soll als Regelbeispiele auszugestalten (*„insbesondere zulässig, wenn…"*), hat sich der Gesetzgeber für ein Wenn-Dann-Schema entschieden – das Delisting ist danach *„nur zulässig, wenn"* die Voraussetzungen des § 39 Abs. 2 Satz 3 Nr. 1 oder 2 BörsG erfüllt sind. Diese Formulierung macht auf der einen Seite deutlich, dass ohne die Erfüllung der entsprechenden Voraussetzungen ein Widerruf nicht zulässig ist, ohne dass dabei Raum für ein Ermessen der Börsengeschäftsführung bliebe. Auf der anderen Seite deutet der Wortlaut gleichzeitig auch darauf hin, dass ein Delisting eben dann auch stets zulässig ist, wenn der Tatbestand einer der Varianten erfüllt ist. Dafür dass von der Börse weitere Anforderungen an die Zulässigkeit eines Widerrufs nach § 39 Abs. 2 BörsG zu stellen wären, gibt es keinerlei Anhaltspunkte. Vielmehr beschäftigen sich auch die Gesetzgebungsmaterialien ausführlich mit den verschiedenen Zulässigkeits-Varianten, ohne dass sich ein Hinweis darauf findet, dass trotz Erfüllung der erhöhten und detaillierten Anforderungen ein Widerruf unzulässig sein könnte. Im Ergebnis ist damit nach der Neuregelung der Widerruf nach § 39 Abs. 2 BörsG als gebundene Entscheidung der Geschäftsführung der Börse zu qualifizieren.[805]

---

804 Vgl. VG Düsseldorf ZIP 2015, 1733, 1736; *Heidelbach*, in: Schwark/Zimmer, Kapitalmarktrecht, § 39 BörsG Rn. 12, 38; *Kleindiek*, in: FS Bezzenberger, 653, 654; *Seiffert*, in: Bank- und Kapitalmarktrecht, Rn. 4.466 f.; *Groß*, Kapitalmarktrecht, § 39 BörsG Rn. 15; *Pötzsch*, WM 1998, 949, 952; *Schwark/Geiser*, ZHR 161 (1997), 739, 772; *Thomale*, ZGR 2013, 686, 718.

805 So auch *Harnos*, ZHR 179 (2015), 750, 775 f.; *Koch/Harnos*, NZG 2015, 729, 731; *Bayer*, NZG 2015, 1169, 1177; *Brellochs*, Stellungnahme im Rahmen der Anhörung des Finanzausschusses des Deutschen Bundestags am 7. September 2015 zum Gesetzesentwurf der Bundesregierung „Entwurf eines Gesetzes zur Umsetzung der Transparenzrichtlinie-Änderungsrichtlinie", BT-Drucks. 18/5010 und zum Änderungsantrag

bb) Gerichtlicher Rechtsschutz der Anleger

(1) Gegen den Widerruf der Börsenzulassung

Ein wesentlicher Punkt, den der Gesetzgeber bei der Neuregelung zu beachten hatte und der im Vorfeld für hitzige Diskussionen sorgte, war der der gerichtlichen Durchsetzbarkeit des neu geformten Anlegerschutzes. Wiederum ist der Rechtsschutz auch hier zweigleisig ausgestaltet. Vor den Verwaltungsgerichten können die Anleger den Widerruf der Börsenzulassung durch die Börsengeschäftsführung mit der Anfechtungsklage gemäß § 42 Abs. 1 VwGO angreifen. In diesem Verfahren kann die Anfechtung – parallel zum Prüfungsmaßstab der Börsengeschäftsführung [806] – gemäß § 39 Abs. 6 BörsG nicht auf Mängel der Angebotsunterlage gestützt werden. Auch gegen die Entscheidung der BaFin über die Gestattung der Veröffentlichung dieser Angebotsunterlage steht den Anlegern keine gerichtliche Handhabe zur Verfügung. Gemäß § 4 Abs. 2 WpÜG erwachsen ihnen keine subjektiv-öffentlichen Rechte aus den Vorschriften des WpÜG, sodass sie weder gegen die Gestattung der Veröffentlichung der Unterlage noch gegen die Untersagung des Angebots erfolgversprechend Widerspruch oder Beschwerde einlegen könnten.[807] Bei einem nach Auffassung der Anleger zu niedrigen Angebot sind diese gehalten, ihre Vermögensinteressen vor den Zivilgerichten durchzusetzen und eine angemessene Gegenleistung zu erstreiten. Sonstige Mängel der Angebotsunterlage – wie beispielsweise die Bedingung des Angebots entgegen § 39 Abs. 3 Satz 1 – können die Anleger hingegen weder vor den Verwaltungs- noch vor den Zivilgerichten geltend machen.[808]

Nicht abschließend geklärt war vor der Änderung des § 39 BörsG im November 2015, ob ein einzelner Anleger überhaupt widerspruchs- und anfechtungsbefugt im Sinne des § 42 Abs. 2 VwGO seien sollte.[809] Entscheidend für die Bejahung dieser Frage mit der schon vor der Neuregelung im November 2015 herrschenden Meinung[810] spricht nach der hier vertretenen Auffassung in erster Linie der

---

der Fraktionen der CDU/CSU und SPD zum Delisting vom 31. August 2015, 20; **a. A.**: *Wieneke/Schulz*, AG 2016, 809, 812; vermittelnd *Groß*, AG 2015, 812, 815.

806 Vgl. zu diesem oben F.I.2.d)aa)(2).

807 Vgl. nur *Wackerbarth*, in: MüKo-AktG, § 15 WpÜG Rn. 46.

808 Vgl. dazu auch *Harnos*, ZHR 179 (2015), 750, 778.

809 Vgl. ausführlich für die Widerspruchs- und Anfechtungsbefugnis der einzelnen Anleger vor der Neuregelung des § 39 BörsG bereits oben D.III.2.

810 Vgl. *Heidelbach*, in: Schwark/Zimmer, Kapitalmarktrecht, § 32 BörsG Rn. 76 ff., § 39 BörsG Rn. 40; *Reger/Schilha*, NJW 2012, 3066, 3067; *Auer*, JZ 2015, 71, 76; *Thomale*, ZGR 2013, 686, 719; *Lampert/Weichel*, WM 2014, 1024, 1028 f.; *Koch*, in: Hüffer/Koch, AktG, 11. Aufl., 2014, § 119 Rn. 31; *Kubis*, in: MüKo-AktG, § 119 Rn. 87; *Kumpan*, in: Baumbach/Hopt, HGB, § 39 BörsG Rn. 12; *Geyrhalter/Zirngibl*, DStR 2004, 1048; 1053; *Wilsing/Kruse*, EWiR 2002, 953 f.; *Spindler*, in: Schmidt/Lutter, AktG, § 119 Rn. 49.

Wortlaut der Vorschrift, der ausdrücklich den Schutz der Anleger in den Vordergrund stellt und gleichzeitig eine Individualisierung des betroffenen und damit klagebefugten Personenkreises zulässt. Ferner lässt sich auch der Gesetzeshistorie entnehmen, dass der Gesetzgeber bei der Fassung der Regelung die Individualinteressen der Anleger im Blick hatte und eine verwaltungsgerichtliche Möglichkeit zu deren Durchsetzung eröffnet sein sollte.[811]

Mehr denn je streiten nun die Änderungen des § 39 BörsG für einen – zumindest eingeschränkten – verwaltungsgerichtlichen Rechtsschutz beim Delisting zugunsten der betroffenen Anleger. Wie die Gesetzesmaterialien zeigen, soll in § 39 Abs. 6 BörsG zwar klargestellt werden, dass die Angemessenheit der Gegenleistung sowie die übrigen Anforderungen an eine Abfindung nach Abs. 3 *„nicht Gegenstand des verwaltungsrechtlichen Rechtschutzes gegen die Entscheidung über den Widerruf durch die Geschäftsführung der jeweiligen Börse sind"*.[812] Gleichzeitig wird dadurch jedoch deutlich, dass verwaltungsrechtlicher Rechtsschutz den Anlegern insbesondere für die Fälle offen steht, in denen bei Stellung des Delisting-Antrages keine Unterlage über ein Angebot zum Erwerb aller Wertpapiere, die Gegenstand des Antrags sind, veröffentlicht wurde und auch keine entsprechende Notierung mehr verbleibt. Dass der einzelne Anleger im Hinblick auf den Widerruf der Börsennotierung also vom Gesetzgeber als widerrufs- und klagebefugt angesehen wird, sollte nunmehr außer Zweifel stehen.[813]

Die Regelung des § 39 Abs. 6 BörsG verhindert trotz Bejahung der Klagebefugnis der einzelnen Anleger, dass eine Blockierung des Delistings über das verwaltungsgerichtliche Widerspruchs- und Anfechtungsverfahren und deren grundsätzlich aufschiebende Wirkung nach § 80 Abs. 1 VwGO erreicht werden kann, indem die Höhe des Angebots oder Einzelheiten der Unterlage gerügt werden. Die verbleibenden Fälle des verwaltungsgerichtlichen Rechtsschutzes werden in der Regel klare Fallgestaltungen betreffen: In den Fällen des § 39 Abs. 2 Satz 3 Nr. 1 BörsG verbleibt lediglich die Anknüpfung der gerügten Rechtswidrigkeit des Widerrufs an der fehlenden Veröffentlichung eines Angebots nach dem WpÜG. Auch ob die betroffenen Wertpapiere weiterhin zum Handel im regulierten Markt an einer anderen inländischen Börse zugelassen sind nach § 39 Abs. 2 Satz 3 Nr. 2 a) BörsG, lässt sich einfach und klar beantworten, sodass langwierige verwaltungsrechtliche Streitigkeiten eher nicht zu erwarten sind. Einzig relevanter Anlass für Streit über

811 Vgl. Regierungsentwurf zum Dritten Finanzmarktförderungsgesetz, BT-Drucks. 13/8933, 75.

812 Vgl. Beschlussempfehlung und Bericht des Finanzausschusses zum Gesetz zur Umsetzung der Transparenzrichtlinie-Änderungsrichtlinie, BT-Drucks. 18/6220, 86.

813 So für die Neuregelung auch *Bayer*, AG 2014, R3, R4; *Harnos*, ZHR 179 (2015), 750, 776; *Koch/Harnos*, NZG 2015, 729, 736; *Drygala*, VGR 2015, 75, 91; *Bungert/Leyendecker-Langner*, ZIP 2016, 49, 53; *Spindler*, in: Schmidt/Lutter, AktG, § 119 Rn. 50; im Ergebnis so auch *Groß*, AG 2015, 812, 818 ff., der seine Erwägungen in erster Linie auf den Grundsatz des Vertrauensschutzes stützt.

die Rechtmäßigkeit des Widerrufs ist die Regelung des § 39 Abs. 2 Satz 3 Nr. 2 b) BörsG, wenn ein betroffener Anleger entgegen der Entscheidung der Börsengeschäftsführung der Auffassung ist, bei einer verbleibenden Zulassung an einer EU-/EWR-Börse gelten an diesem Handelsplatz für den Zulassungswiderruf keine *„Nummer 1 entsprechenden Voraussetzungen"*.[814]

Mangels besonderer Regelungen entfaltet die verwaltungsgerichtliche Anfechtungsklage grundsätzlich zwar aufschiebende Wirkung nach § 80 Abs. 1 VwGO, jedoch wird häufig gerade im Hinblick auf schützenswerte Belange des Emittenten (auf dessen Antrag) die sofortige Vollziehung von der Börsengeschäftsführung angeordnet werden, § 80a Abs. 1 Nr. 1 i. V. m. § 80 Abs. 2 Nr. 4 VwGO.

(2) Gegen die Höhe des Angebots

Die Angemessenheit der Angebotsgegenleistung nach § 39 Abs. 3 BörsG (i. V. m § 31 WpÜG) kann der Anleger im zivilgerichtlichen Verfahren überprüfen lassen.[815]

Bei der Ausgestaltung findet sich ein gravierender Unterschied zur Rechtslage nach der *„Macrotron"*-Entscheidung: Statt die Verweisung auf das Spruchverfahren aus der BGH-Entscheidung aus dem Jahre 2002 wiederaufzugreifen, sieht die Neuregelung als Erleichterung für die betroffenen Anleger lediglich die Möglichkeit vor, einzelne in mindestens zehn individuellen Verfahren relevante Rechts- und Tatsachenfragen, für die entsprechende Musterverfahrensanträge nach § 2 Abs. 1 Satz 1 KapMuG gestellt wurden, verbindlich für alle Kläger in einem Kapitalanleger-Musterverfahren durch das zuständige OLG klären zu lassen, § 6 KapMuG.[816] Dafür wurde im Zuge der Neuregelung der Anwendungsbereich des KapMuG in § 1 Abs. 1 Nr. 3 KapMuG um den Anspruch aus § 39 Abs. 3 Satz 3 und 4 BörsG ergänzt. Trotz dieser Möglichkeit hat zunächst jeder betroffene Anleger, der das Angebot angenommen hat, seinen Anspruch auf Zahlung eines Differenzbetrages zwischen der angebotenen und der angemessenen Gegenleistung in einem eigenen Prozess zu verfolgen.[817]

(a) Mögliche Feststellungsziele im Kapitalanleger-Musterverfahren

Denkbar und für die Anleger von Bedeutung sind in erster Linie zwei verschiedene Fragen im Hinblick auf die Höhe der Abfindung, die sich für die in den Gesetzesmaterialien vorgesehene Klärung im Rahmen des Kapitalanleger-Musterverfahrens anbieten[818]: Bereits auf der ersten Stufe kann insbesondere überprüft werden,

---

814 Vgl. dazu bereits oben F.I.2.a).

815 Vgl. Beschlussempfehlung und Bericht des Finanzausschusses zum Gesetz zur Umsetzung der Transparenzrichtlinie-Änderungsrichtlinie, BT-Drucks. 18/6220, 86.

816 Vgl. § 22 KapMuG.

817 Vgl. zur Bewertung dieses Aspektes für den Anlegerschutz noch unten F.II.5.

818 Vgl. Beschlussempfehlung und Bericht des Finanzausschusses zum Gesetz zur Umsetzung der Transparenzrichtlinie-Änderungsrichtlinie, BT-Drucks. 18/6220, 87.

ob dem Angebot des Bieters aufgrund einer Verletzung von Art. 17 Abs. 1, 15 MAR oder einer Marktenge nach § 39 Abs. 3 Satz 4 BörsG eine Unternehmensbewertung zugrunde gelegt hätte werden müssen, beziehungsweise auf Grundlage einer solchen dem Grunde nach ein Differenzanspruch der Anleger besteht. Nur auf den ersten Blick fraglich erscheint dabei die Anwendung des KapMuG auf die Geltendmachung des Differenzanspruchs. Nach § 1 Abs. 1 Nr. 3 KapMuG findet das Gesetz Anwendung in Fällen, in denen *„ein Erfüllungsanspruch aus Vertrag, der auf einem Angebot nach dem Wertpapiererwerbs- und Übernahmegesetz, einschließlich eines Anspruchs nach § 39 Absatz 3 Satz 3 und 4 des Börsengesetzes, beruht, geltend gemacht wird.“*, sodass ausdrücklich der Differenzanspruch in Satz 3 als Teil des Erfüllungsanspruchs in den Wortlaut aufgenommen wurde. Führt man sich weiter vor Augen, dass der Differenzanspruch eine nachträgliche Anpassung des ursprünglich zu niedrig bemessenen Angebotspreises in Form einer Nacherfüllung darstellt, so leuchtet ein, dass auch diese Konstellation als *„Erfüllungsanspruch“* im weiteren Sinne vom Anwendungsbereich des § 1 Abs. 1 Nr. 3 KapMuG erfasst werden muss.[819] Dies entspricht im Übrigen auch der klaren Intention des Gesetzgebers, der gerade die Ansprüche auf Grundlage einer ausnahmsweise vorzunehmenden Unternehmensbewertung nach § 39 Absatz 3 Satz 3 Nummer 1 und Nummer 2 und Satz 4 BörsG ausweislich des ausdrücklichen Wortlauts der Gesetzesmaterialien in den Anwendungsbereich des KapMuG einbeziehen wollte.[820] Die Anleger können auf diese Weise mithin die Voraussetzungen des § 39 Absatz 3 Satz 3 Nr. 1, Nr. 2 und Satz 4 BörsG (Verstoß gegen Art. 17 Abs. 1, 15 MAR bzw. Vorliegen einer Marktenge) gerichtlich überprüfen lassen. Selbstverständlich kann darüber hinaus auch wie bei Angeboten ohne Bezug auf ein Delisting die Frage nach der Berücksichtigung von Vorerwerben nach § 4 WpÜG-AngebVO bzw. § 31 Abs. 4 WpÜG im Rahmen des Kapitalanleger-Musterverfahrens geklärt werden.

Neben der Überprüfung der grundsätzlichen Bemessungsmethode – der Ausrichtung allein am durchschnittlichen Börsenkurs oder der zwingenden Berücksichtigung einer Unternehmensbewertung und Vorerwerben – können die Anleger im Rahmen der Angemessenheit der angebotenen Gegenleistung auch deren konkrete Berechnung auf Grundlage der einschlägigen Methode angreifen. So kann zumindest theoretisch eine mangelhafte Berechnung des gewichteten Durchschnitts-Börsenkurses der letzten sechs Monate gerügt werden. Wesentlich relevanter wird in der Praxis jedoch die Rüge einer nicht zutreffenden Unternehmensbewertung sein, von der die Angemessenheit der angebotenen Gegenleistung im Einzelfall abhängt.

Feststellungsfähig sind im Rahmen des Kapitalanleger-Musterverfahrens sowohl die angemessene Gegenleistung als Ergebnis der zuvor dargestellten

---

819 Vgl. für die Fälle des § 31 Abs. 4 bis 6 WpÜG auch *Kruis*, in: KK-KapMuG, § 1 Rn. 83; *Pohlmann*, ZGR 2007, 1, 17; *Reuschle*, ZBB 2004, 518, 520.

820 Vgl. Beschlussempfehlung und Bericht des Finanzausschusses zum Gesetz zur Umsetzung der Transparenzrichtlinie-Änderungsrichtlinie, BT-Drucks. 18/6220, 87.

Aspekte insgesamt als auch die einzelnen Elemente, die bei ihrer Bestimmung herangezogen werden.[821]

(b) Wesentliche Unterschiede zum Spruchverfahren

Der vom Gesetzgeber eingeschlagene Weg der Rechtsdurchsetzung mit der Leistungsklage und der Möglichkeit eines KapMuG-Verfahrens unterscheidet sich in vielerlei Hinsicht von dem etwa ein Jahrzehnt bei Delistings in Deutschland durchgeführten Spruchverfahren. Da die Ansprüche der Anleger nunmehr grundsätzlich im Wege der einfachen Leistungsklage im Zivilprozess verfolgt werden müssen, entscheiden über die kapitalmarktrechtlichen Ansprüche in Zukunft die Zivilkammern.[822] Im Spruchverfahren war mit der Entscheidung über die Angemessenheit der Abfindung bei einem Delisting noch die wohl sachnähere Kammer für Handelssachen nach §§ 96 Abs. 2 Nr. 2, 71 Abs. 2 Nr. 4 e) GVG betraut.

(aa) Darlegungs- und Beweislast

Ein weiterer wesentlicher Unterschied des Rechtsschutzes nach der Neuregelung betrifft die grundsätzliche Ausgestaltung des Verfahrens: Anders als im Spruchverfahren nach § 17 Abs. 1 SpruchG i. V. m. § 26 FamFG[823] gilt weder im einfachen Zivilverfahren noch im KapMuG-Verfahren ein (eingeschränkter) Amtsermittlungsgrundsatz und es wird vom Gericht kein schriftliches Sachverständigengutachten nach § 7 Abs. 6 SpruchG eingeholt.[824] Zwar wurde bereits im „*Macrotron*"-Zeitalter im Gegensatz zu Strukturmaßnahmen kein Vorstandsbericht über das Delisting verlangt, der dem Spruchgericht vorgelegt werden konnte, jedoch sollte insbesondere diese Lücke nicht zu Lasten der Antragsteller gehen, sondern im Wege der Amtsermittlung geschlossen werden.[825] Die betroffenen Anleger haben nunmehr nach den allgemeinen Regeln die für sie günstigen Tatsachen darzulegen und die erforderlichen Beweismittel vorzulegen. Regelmäßig werden dies insbesondere die Voraussetzungen für die Maßgeblichkeit einer Unternehmensbewertung nach § 39 Abs. 3 Satz 3 Nr. 1 und Nr. 2 und Satz 4 BörsG auf der einen Seite[826] und die Höhe einer darauf beruhenden Gegenleistung auf der anderen Seite sein, die auch mögliche Feststellungsziele im KapMuG-Verfahren darstellen.[827] Im Hinblick auf einen

821 Vgl. *Kruis*, in: KK-KapMuG, § 1 Rn. 111; *Veil*, in: KK-KapMuG, 1. Aufl., 2008, § 31 WpÜG Rn. 18; *Großerichter*, in: GroßKomm-ZPO, § 2 KapMuG Rn. 18.

822 Vgl. kritisch dazu *Harnos*, ZHR 179 (2015), 750, 779; *Großerichter*, in: GroßKomm-ZPO, § 1 KapMuG Rn. 74.

823 Vgl. zum Spruchverfahren *Puszkajler*, in: KK-AktG, Vorb. §§ 7 bis 11 SpruchG Rn. 16 ff.; *M. Noack*, Das Spruchverfahren nach dem Spruchverfahrengesetz, 37.

824 Vgl. *Dreier*, in: Dreier/Fritzsche/Verfürth, SpruchG, Annex zu § 1 Rn. 31 f.

825 Vgl. *Winter/Nießen*, NZG 2007, 13, 17.

826 Vgl. *Kocher/Seiz*, DB 2016, 153, 155.

827 Dazu bereits oben F.I.2.d)bb)(2)(a).

Verstoß gegen Art. 17 Abs. 1, 15 MAR bietet die Arbeit der sachkundigen BaFin, die nach der hier vertretenen Ansicht im Rahmen der Prüfung der Angebotsunterlage bereits etwaige Verstöße untersucht, für die Anleger eine Erleichterung. Auch wird die Bundesanstalt bei der Feststellung eines Verstoßes im Rahmen der Prüfung nach § 14 WpÜG von dem Bieter die Vorlage einer Unternehmensbewertung fordern, die dem Angebot zugrunde gelegt wird, sodass Anleger, die der Auffassung sind, die auf Grundlage der Unternehmensbewertung angebotene Gegenleistung sei zu niedrig, konkrete Mängel der vorgelegten Bewertung geltend machen können, anstatt vor der Schwierigkeit und den Kosten eines Erstgutachtens zu stehen.[828] Gleiches gilt erst recht für den Fall der Marktenge nach § 39 Abs. 3 Satz 4 BörsG: Hier ergibt sich bereits aus dem Wortlaut, dass der Bieter schon der an die BaFin zu übermittelnden Angebotsunterlage den anhand einer Bewertung des Emittenten ermittelten Wert des Unternehmens zugrunde zu legen hat. Dies wird bei der Marktenge regelmäßig auch verlangt werden, da die BaFin eine solche bereits im Zeitpunkt der Einreichung der Angebotsunterlage verlässlich anhand einer vorgegebenen Rechenoperation feststellen kann.

Weniger klar liegt der (regelmäßig zu erwartende) Fall, dass ein Verstoß gegen die Ad-hoc-Pflicht aus Art. 17 Abs. 1 MAR oder eine Marktmanipulation nach Art. 15 MAR erst nach der Genehmigung der Angebotsunterlage auf Grundlage des gewichteten durchschnittlichen Börsenkurses der letzten sechs Monate an die Oberfläche gelangt. Aus dem Wortlaut des § 39 Abs. 3 Satz 3 Nr. 1 und Nr. 2 BörsG geht nicht eindeutig hervor, dass es den Anlegern in diesen Fällen grundsätzlich obliegen soll, eine erste Unternehmensbewertung vorzulegen. Vielmehr scheint der Gesetzgeber wie selbstverständlich das Vorhandensein einer Unternehmensbewertung vorauszusetzen, ohne auf deren Herkunft einzugehen. Mangels gegenteiliger Anordnung in § 39 Abs. 3 Satz 3 Nr. 1 und Nr. 2 BörsG selbst oder in den Gesetzesmaterialien muss es daher jedoch bei den allgemeinen Grundsätzen bleiben: Es handelt sich bei der Differenz zwischen angebotener Gegenleistung und einer solchen, die dem anhand einer Bewertung des Emittenten ermittelten Wert des Unternehmens entspricht, um eine Voraussetzung des Differenzanspruchs und damit um eine für den Anleger günstige Tatsache. Daher wird man trotz der erheblichen praktischen Schwierigkeiten für den betroffenen Anleger diesem die Darlegungs- und Beweislast hinsichtlich der Differenz zusprechen müssen, sodass es ihm in den Fällen, in denen noch nicht bereits ein Erstgutachten seitens des Bieters vorgelegt werden musste, auch obliegt, eine erste Unternehmensbewertung des Emittenten einzubringen.[829]

---

828 Vgl. *Bayer*, NZG 2015, 1169, 1175; *Mense/Klie*, DStR 2015, 2782, 2786.
829 Vgl. dazu auch *Mense/Klie*, DStR 2015, 2782, 2786.

Ein – wie im Spruchverfahren – obligatorisch einzuholendes neutrales Bewertungsgutachten gibt es jedenfalls nach der Neuregelung und der Verweisung der Anleger auf die Leistungsklage vor den Zivilgerichten nicht mehr.[830]

(bb) Rechtskrafterstreckung

Von wesentlichem Interesse ist ferner die Änderung, die das Rechtsschutzsystem beim Delisting im Hinblick auf die Erstreckung der Rechtskraft durch die Einführung des neuen § 39 BörsG und die Anpassung des § 1 KapMuG erfahren hat. Während die Entscheidung über die angemessene Abfindung im Spruchverfahren nach § 13 Satz 2 SpruchG *Erga-omnes*-Wirkungen entfaltete, also insbesondere auch für die nicht klagenden Aktionäre die Abfindungshöhe verbindlich festlegte, bindet die Entscheidung über die nunmehr vorgesehene Leistungsklage nur die Parteien untereinander, § 325 Abs. 1 ZPO.[831] Auch im für Delisting-Fälle vorgesehenen KapMuG-Verfahren wird dieser Grundsatz nur teilweise eingeschränkt; erlässt das zuständige Oberlandesgericht im KapMuG-Verfahren einen Musterbescheid, so bindet dieser nach § 22 Abs. 1 Satz 1 KapMuG hinsichtlich der Feststellungsziele die Prozessgerichte nur in den nach § 8 Abs. 1 KapMuG ausgesetzten Verfahren, in denen die Entscheidung des Rechtsstreits von den geltend gemachten Feststellungszielen abhängt. Für einen Anleger, der seine Ansprüche aufgrund des Kostenrisikos nach § 10 Abs. 2 KapMuG zunächst ohne Klageerhebung schriftlich gegenüber dem Oberlandesgericht zum Musterverfahren anmeldet, entfaltet der Musterbescheid hingegen keine Bindung.[832] Es kommt für ihn lediglich zu einer Hemmung der Verjährung als Wirkung der Anmeldung. Für Aktionäre, die weder geklagt haben noch ihre Ansprüche angemeldet haben, bleibt der Musterbescheid ohne Wirkung.

Eng mit der *Erga-omnes*-Wirkung im Spruchverfahren zusammen hängt ferner das Institut des gemeinsamen Vertreters: Dieser vertritt im Spruchverfahren die Interessen der Antragsberechtigten, die selbst keinen Antrag gestellt haben, aber wegen § 13 Satz 2 SpruchG trotzdem von der Rechtskraft der Entscheidung betroffen sind.[833] Dem regulären Klageverfahren vor den Zivilgerichten sowie auch dem KapMuG-Verfahren ist diese Figur fremd.

---

830 Vgl. kritisch *BRAK*, Stellungname Nr. 37/2015, Oktober 2015 zum Änderungsantrag vom 31. August 2015 zum Entwurf eines Gesetzes zur Umsetzung der Transparenzrichtlinie-Änderungsrichtlinie (Delisting) – BT-Drucks. 18/5010 –, 6.

831 Vgl. *Saenger*, in: Saenger, ZPO, § 325 Rn. 2; *Musielak*, in: Musielak/Voit, ZPO, § 325 Rn. 6; *Gottwald*, in: MüKo-ZPO, § 325 Rn. 1.

832 Vgl. *Wardenbach*, GWR 2013, 35, 36; *Wolf/Lange*, NJW 2012, 3751, 3754, jeweils mit kurzer Darstellung der verschiedenen Regelungsansätze während des Gesetzgebungsverfahrens.

833 *Kubis*, in: MüKo-AktG, § 6 SpruchG Rn. 6.

(cc) Kosten

Neben den Unterschieden hinsichtlich der Erstreckung der Rechtskraft hat die Abkehr vom Spruchverfahren ferner auf die Verteilung der Kostenlast wesentliche (negative) Auswirkungen für die Anleger, die die Höhe der angebotenen Gegenleistung gerichtlich überprüfen lassen wollen. Für die nunmehr statthafte Leistungsklage gelten die allgemeinen zivilprozessualen Regeln, insbesondere §§ 91 ff. ZPO.[834] Der Aktionär hat nach § 91 Abs. 1 Satz 1 ZPO grundsätzlich nur dann einen Anspruch auf Erstattung der vorgeleisteten Kosten, wenn und soweit er in dem Verfahren obsiegt. Auch das mit dem KapMuG-Verfahren befasste Oberlandesgericht trifft in dem Musterentscheid keinen Kostenausspruch, sodass es für die Entscheidung des jeweiligen Prozessgerichts bei der Grundregel der §§ 91 ff. ZPO bleibt.[835] Die Kostenvorschrift des § 24 KapMuG soll das Prozesskostenrisiko der klagenden Kapitalanleger nur insofern minimieren als die anfallenden Kosten quotal auf die Ausgangsverfahren verteilt werden.[836] Die Gesetzesbegründung weist jedoch zumindest auf die allgemeine Möglichkeit des Gerichts nach § 92 Abs. 2 Nr. 2 ZPO hin, die gesamten Kosten einer Partei aufzuerlegen, wenn der Betrag der Forderung der anderen Partei von der Festsetzung durch richterliches Ermessen, von der Ermittlung durch Sachverständige oder von einer gegenseitigen Berechnung abhängig war, was für das Delisting regelmäßig zutreffen wird.

Besondere kostenrechtliche Begünstigungen der Antragsteller finden sich hingegen im bis zur *„Frosta"*-Entscheidung auch auf das Delisting angewandten SpruchG:

Im nach der *„Macrotron"*-Entscheidung des BGH praktizierten Spruchverfahren richtete sich die Kostentragungspflicht hinsichtlich der Gerichtskosten seit dem 2. Kostenrechtsmodernisierungsgesetz vom 23. Juli 2013[837] in Übereinstimmung mit der Vorgängerregelung des § 15 Abs. 1 Satz 2 SpruchG nach § 23 Nr. 14 GNotKG.[838] Nach dieser Vorschrift sind die Gerichtskosten grundsätzlich von dem Antragsgegner (§ 5 SpruchG) zu tragen. Die Regelung wurde im Spruchverfahren ausweislich der Regierungsbegründung zum SpruchG eingeführt, um eine effektive Rechtsverfolgung betroffener Aktionäre zu gewährleisten, indem verhindert wird, dass bereits ein hohes Kostenrisiko den Rechtsschutz als wirtschaftlich prohibitiv erscheinen lässt.[839] Zwar können nach § 15 Abs. 1 SpruchG den Antragstellern die

---

834 Mit ausdrücklichem Hinwei hierauf, Beschlussempfehlung und Bericht des Finanzausschusses zum Gesetz zur Umsetzung der Transparenzrichtlinie-Änderungsrichtlinie, BT-Drucks. 18/6220, 86.

835 Vgl. *Gängel/Huth/Gansel*, in: Heidel, AktG, § 24 KapMuG Rn. 3; zur entsprechenden Vorgängervorschrift des § 17 KapMuG: *Riedel*, in: Vorwerk/Wolf, KapMuG, § 17 Rn 1.

836 Vgl. *Gängel/Huth/Gansel*, in: Heidel, AktG, § 24 KapMuG Rn. 2.

837 BGBl. I 2013, 2586.

838 Vgl. *Koch*, in: Hüffer/Koch, AktG, § 15 SpruchG Rn. 4; *Kubis*, in: MüKo-AktG, § 15 SpruchG Rn. 16.

839 Vgl. Regierungsentwurf zum Spruchverfahrensneuordnungsgesetz, BT-Drucks. 15/371, 17.

Kosten ganz oder teilweise auferlegt werden, wenn dies der Billigkeit entspricht; jedoch soll dies nur ausnahmsweise der Fall sein, etwa bei eindeutig verspäteter oder in sonstiger Weise unzulässiger Antragstellung[840] oder bei missbräuchlicher Verfahrenseinleitung[841], nicht also schon bei bloßer Erfolglosigkeit.[842] Zu beachten ist hinsichtlich der Gerichtskosten ferner, dass diese im bis zur Neuregelung des Delistings praktizierten Spruchverfahren mit einem zweifachen Gebührensatz gegenüber dem regulären Zivilverfahren mit einem dreifachen Gebührensatz geringer ausfallen.[843]

Auch bei den außergerichtlichen Kosten findet sich für das Spruchverfahren das Kriterium der Billigkeit. Im Grundsatz trägt jedoch zunächst jede Partei ihre außergerichtlichen Kosten selber, wenn diese nicht aus Billigkeitsgründen nach § 15 Abs. 2 SpruchG ausnahmsweise dem Antragsgegner aufzuerlegen sind, damit ein Anreiz gegen mutwillige Anträge besteht.[844] Zu beachten ist hierbei, dass die Überbürdung der außergerichtlichen Kosten – im Übrigen auch im Beschwerdeverfahren – einseitig ausgestaltet ist: Die außergerichtlichen Kosten des Antragsgegners können im Spruchverfahren aufgrund dessen begrenzten Erkenntnismöglichkeiten nie dem Antragsteller auferlegt werden.[845]

Zur Ausfüllung des unbestimmten Rechtsbegriffs der Billigkeit soll zunächst § 81 Abs. 2 FamFG entsprechend herangezogen werden.[846] Eine wesentliche Rolle für eine Kostenlast des Antragsgegners spielt mithin der Erfolg des Antrags. Sind danach die Anträge unzulässig oder unbegründet, so scheidet die Belastung des Antragsgegners mit den außergerichtlichen Kosten regelmäßig aus.[847] Das entspricht der vom Gesetzgeber vorgesehenen grundsätzlichen Tragung der eigenen außergerichtlichen Kosten durch die Antragsteller; eine Überbürdung auf den

840 Vgl. BGH NZG 2012, 191, 194 = ZIP 2012, 266, 269.

841 Vgl. BayObLG AG 2004, 99 f.

842 Vgl. *Koch*, in: Hüffer/Koch, AktG, § 15 SpruchG Rn. 4; *Emmerich*, in: Emmerich/Habersack, Aktien- und GmbH-Konzernrecht, § 15 SpruchG Rn. 12; *M. Noack*, Das Spruchverfahren nach dem Spruchverfahrensgesetz, 134; so auch angelegt in Regierungsentwurf zum Spruchverfahrensneuordnungsgesetz, BT-Drucks. 15/371, 18.

843 Vgl. Nr. 1210 KostenV – Anl. 1 zu § 3 Abs. 2 GKG gegenüber Nr. 13500 KostenV – Anl. 1 zu § 3 Abs. 2 NotKG; *Harnos*, ZHR 179 (2015), 750, 780.

844 So der Regierungsentwurf zum Spruchverfahrensneuordnungsgesetz, BT-Drucks. 15/371, 17.

845 Vgl. BGH NZG 2012, 191, 192 ff. = ZIP 2012, 266, 267; zustimmend *Koch*, in: Hüffer/Koch, AktG, § 15 SpruchG Rn. 6.

846 Vgl. *Drescher*, in: Spindler/Stilz, AktG, § 15 SpruchG Rn. 24; *Kubis*, in: MüKo-AktG, § 15 SpruchG Rn. 21; *Mennicke*, in: Lutter, UmwG, § 15 SpruchG Rn. 16.

847 Vgl. OLG Zweibrücken ZIP 2004, 1666, 1668 = NZG 2004, 872, 874; *Kubis*, in: MüKo-AktG, § 15 SpruchG Rn. 21; *Hörtnagl*, in: Schmitt/Hörtnagl/Stratz, UmwG, § 15 SpruchG Rn. 15; *Roßkopf*, in: KK-AktG, § 15 SpruchG Rn. 48; *Koch*, in: Hüffer/Koch, AktG, § 15 SpruchG Rn. 6; *Mennicke*, in: Lutter, UmwG, § 15 SpruchG Rn. 16; *Drescher*, in: Spindler/Stilz, AktG, § 15 SpruchG Rn. 24.

Antragsgegner soll nach § 15 Abs. 4 SpruchG (a. F.), der inhaltlich dem heutigen Abs. 2 entspricht, jedoch bei einer erheblichen Erhöhung der geschuldeten Kompensation im Spruchverfahren in Betracht kommen.[848] Bei einer geringeren Erhöhung soll das Gericht eine Quotelung der Kosten vornehmen.[849] Ebenfalls herangezogen wird für die Frage nach der Billigkeit, ob die Informationsgrundlage zur Kompensation so schlecht oder unvollständig war, dass die Antragsteller deshalb zur Antragstellung herausgefordert wurden, oder Fragen dazu ausweichend oder unvollständig beantwortet wurden.[850] Da auf Seiten der Antragsteller häufig ein Informationsdefizit hinsichtlich des Unternehmenswertes und des Zutreffens der verfügbaren Informationen besteht, soll es wesentlich darauf ankommen, ob sich der Antragsgegner vor der Antragstellung und im Verfahren kooperativ verhalten hat oder notwendige Informationen zurückgehalten oder nur verzögert zur Verfügung gestellt hat.[851]

Schließlich hat der Antragsgegner im Spruchverfahren nach § 6 Abs. 2 Satz 1 SpruchG sogar stets die Kosten des oben bereits angesprochenen gemeinsamen Vertreters zu tragen, ohne dass hiervon eine Ausnahme im Gesetz vorgesehen wäre. Dies erscheint insofern besonders bemerkenswert, als dieser ausschließlich Interessen betroffener Aktionäre vertritt.[852]

(c) Bestands- oder rechtskräftige Feststellung eines Verstoßes gegen Art. 17 Abs. 1, 15 MAR nicht Voraussetzung des Differenzanspruchs

Für den Fall, dass von einem betroffenen Anleger ein Verstoß gegen Art. 17 Abs. 1 oder Art. 15 MAR gerügt und daher der Anspruch auf Zuzahlung in Höhe der Differenz zwischen angebotener, anhand des Börsenkurses ermittelter und der anhand einer Unternehmensbewertung errechneten Gegenleistung eingefordert wird, stellt sich unabhängig von dem beschriebenen KapMuG-Verfahren mit Blick auf die Gesetzesmaterialien eine besondere Problematik: So soll der Anspruch aus § 39 Abs. 3 Satz 3 BörsG ausweislich der Beschlussempfehlung des Finanzausschusses – allerdings ohne erkennbaren Niederschlag im Wortlaut des

848 Vgl. Regierungsentwurf zum Spruchverfahrensneuordnungsgesetz, BT-Drucks. 15/371, 17 f.

849 Vgl. dazu insbesondere *Bungert/Mennicke*, BB 2003, 2021, 2030.

850 Vgl. *Drescher*, in: Spindler/Stilz, AktG, § 15 SpruchG Rn. 24; *M. Noack*, Das Spruchverfahren nach dem Spruchverfahrensgesetz, 143.

851 Vgl. *Drescher*, in: Spindler/Stilz, AktG, § 15 SpruchG Rn. 24; *Fritzsche*, in: Dreier/Fritzsche/Verfürth, SpruchG, § 15 Rn. 32; *Wittgens*, Das Spruchverfahrensgesetz, 298; in dieselbe Richtung auch *Meilicke/Heidel*, DB 2003, 2267, 2274 f.; vgl. ferner die Stellungnahme des Bundesrates zu § 15 Abs. 4 SpruchG (a. F.), abgedruckt in Regierungsentwurf zum Spruchverfahrensneuordnungsgesetz, BT-Drucks. 15/371, 25.

852 Vgl. hierzu ausführlich *M. Noack*, Das Spruchverfahren nach dem Spruchverfahrensgesetz, 138 ff.

Gesetzestextes[853] – voraussetzen, *„dass ein Verstoß gegen §§ 15 und 20a WpHG durch die zuständigen Behörden rechts- oder bestandskräftig festgestellt wurde“*.[854] Diese Aussage gilt der Sache nach ebenso für die Nachfolgeregelungen der Art. 17 Abs. 1, 15 MAR. Wie die geforderte Feststellung der zuständigen Behörde von den klagenden Anlegern indes im Rahmen eines effektiven Rechtsschutzes herbeigeführt werden könnte, ergibt sich aus den Materialien nicht. Erst recht, wenn tatsächlich an diesem Erfordernis aus den Gesetzesmaterialien festgehalten werden sollte, wäre jedoch von der BaFin stets eine Prüfung im Hinblick auf einen Verstoß gegen Art. 17 Abs. 1, 15 MAR im Rahmen der Genehmigung der Angebotsunterlage zu fordern.[855] Liegen in diesem Zeitpunkt jedoch noch keine Anhaltspunkte für einen solchen Verstoß vor, so könnte später – zumindest wenn man mit der herrschenden Auffassung annimmt, dass eine isolierte Feststellung eines Verstoßes durch die zuständige BaFin von der Generalermächtigung in § 6 Abs. 1 Satz 3, Abs. 2 Satz 2 WpHG umfasst wird und damit zulässig ist – ein Verstoß noch isoliert durch die Bundesanstalt festgestellt werden.[856] Bisher häufiger stellte die BaFin freilich einen Verstoß gegen §§ 15, 20a WpHG (a. F.) anlässlich eines Bußgeldverfahrens nach § 39 WpHG (a. F.).[857] oder einer Entscheidung über die Aussetzung des Handels nach § 4 Abs. 2 Satz 2 WpHG (a. F.)[858] fest. Dabei darf nicht verkannt werden, dass – anders als für den Differenzanspruch beim Delisting nach § 39 Abs. 3 Satz 3 BörsG[859] – die Verhängung eines Bußgeldes auch nach dem heutigen § 120 Abs. 15 Nr. 2 und Nr. 6 bis 9 WpHG neben der objektiven Verletzung von Art. 17 Abs. 1 oder 15 MAR, ein Verschuldenselement erfordert: So setzt § 120 Abs. 15 WpHG stets einen vorsätzlichen oder zumindest leichtfertigen Verstoß voraus.[860] Liegt ein Verschulden im Bußgeldverfahren nicht vor, so wird für die BaFin regelmäßig kein Anlass mehr bestehen, einen Verstoß bestandskräftig festzustellen.[861] Wird die BaFin nicht (weiter) tätig – sei es, da sie nach pflichtgemäßem Ermessen nach § 47 Abs. 1 OWiG bzw. § 153a StPO entscheidet, einen Verstoß nicht zu ahnden[862], oder sei es schlicht, weil die über den objektiven Verstoß hinausgehenden subjektiven Voraussetzungen nicht erfüllt sind – so besteht für den einzelnen Anleger

---

853 Vgl. kritisch dazu *Harnos*, ZHR 179 (2105), 750, 767.

854 Vgl. Beschlussempfehlung und Bericht des Finanzausschusses zum Gesetz zur Umsetzung der Transparenzrichtlinie-Änderungsrichtlinie, BT-Drucks. 18/6220, 85.

855 Vgl. bereits oben F.I.2.d)aa)(1).

856 Vgl. noch zur Vorgänger-Regelung des § 4 WpHG *Mock/Stoll/Eufinger*, in: KK-WpHG, § 20a Rn. 464; *Harnos*, ZHR 179 (2015), 750, 768 Fn. 80.

857 Entspricht im Wesentlichen dem heutigen § 120 Abs. 15 Nr. 2 und Nr. 6 bis 9 WpHG.

858 Entspricht dem heutigen § 6 Abs. 2 Satz 4 WpHG.

859 Dazu bereits oben F.I.2.b)bb).

860 So auch schon die Vorgänger-Vorschrift des § 39 Abs. 2 Nr. 5 a) WpHG hinsichtlich eines Verstoßes gegen § 15 Abs. 1 WpHG (a. F.); vgl. dazu *Vogel*, in: Assmann/Schneider, WpHG, § 39 Rn. 14, 63 ff.

861 Vgl. auch *Harnos*, ZHR 179 (2015), 750, 768.

862 Vgl. auf diese Konstellation hinweisend *Drygala*, VGR 2015, 75, 83 f.

nach ganz überwiegender Auffassung keine rechtliche Handhabe, um eine Entscheidung der Bundesanstalt herbeizuführen.[863] Die BaFin wird vielmehr gemäß § 4 Abs. 4 FinDAG nur im öffentlichen Interesse tätig, sodass dem einzelnen Anleger kein Anspruch auf ihr Einschreiten zusteht. Übrig bliebe den Betroffenen daher nur, eine Petition i. S. d. Art. 17 GG in der Form einer Anlegerbeschwerde an die BaFin zu richten. Beschreitet er diesen Weg, so hat er zwar einen Anspruch auf Befassung und schriftliche Information über die Behandlung seiner Beschwerde gegen die BaFin, jedoch besteht kein Recht auf eine inhaltliche Begründung der Entscheidung und wiederum kein Rechtsschutz gegen diese.[864]

Da also die Feststellung eines Verstoßes gegen Art. 17 Abs. 1, 15 MAR durch die BaFin als *„Behörde"* im Sinne der Beschlussempfehlung des Finanzausschusses von den Anlegern nicht erzwungen werden kann, muss es – im Lichte des intendierten effektiven Rechtsschutzes der Anleger[865] – jedenfalls ausreichen, wenn ein *Gericht* den Verstoß gegen Art. 17 Abs. 1, 15 MAR feststellt.[866] Dies legt bereits die widersprüchliche Formulierung in den Gesetzesmaterialien nahe, wonach auch eine *„rechtskräftige"* Entscheidung der „zuständigen Behörden" ausreichen soll. An dieser Stelle ist jedoch ebenso wenig ersichtlich, was entscheidend dafür sprechen würde, die gerichtliche Feststellung des Verstoßes und die Gewährung des Differenzanspruches künstlich zu trennen. Vielmehr leuchtet es ein, in einem einheitlichen Verfahren über den Verstoß als Voraussetzung des Differenzanspruchs und diesen Anspruch als solchen zu entscheiden: Zum einen würde das Verfahren durch eine weitere Aufgliederung des Rechtsschutzes unnötig aufgebläht und verkompliziert, zum anderen zeigt auch der systematische Vergleich zu den Schadensersatzansprüchen aus §§ 97, 98 WpHG[867], dass über Verstöße gegen Art. 17 Abs. 1 MAR als Voraussetzung eines Anspruchs im Rahmen eines einheitlichen Prozesses entschieden werden kann.[868] Es ist daher als ausreichend zu erachten, wenn der betroffene Anleger den Verstoß im Rahmen der gerichtlichen Geltendmachung des Differenzanspruchs als einfache Anspruchsvoraussetzung nachweisen kann.[869] Hätte die Voraussetzung einer rechtskräftigen Feststellung des jeweiligen Verstoßes tatsächlich Gesetz

863 Vgl. noch zu § 4 WpHG (a. F.) *Vogel*, in: Assmann/Schneider, WpHG, § 4 Rn. 68 ff.; *Schlette/Bouchon*, in: Fuchs, WpHG, § 4 Rn. 10.

864 Vgl. zu der Thematik der Anlegerbeschwerden *Schlette/Bouchon*, in: Fuchs, WpHG, § 4 Rn. 15.

865 Vgl. Beschlussempfehlung und Bericht des Finanzausschusses zum Gesetz zur Umsetzung der Transparenzrichtlinie-Änderungsrichtlinie, BT-Drucks. 18/6220, 86.

866 So wohl auch *Mense/Klie*, DStR 2015, 2782, 2786.

867 Diese Regelungen entsprechen inhaltlich weitgehend den Regelungen der §§ 37b und 37c WpHG (a. F.).

868 Vgl. *Harnos*, ZHR 179 (2015), 750, 767.

869 Vgl. *Harnos*, ZHR 179 (2015), 750, 767 f.; *Wackerbarth*, WM 2016, 385, 387; anders wohl *Mense/Klie*, DStR 2015, 2782, 2785, die von dem Erfordernis eines mehrstufigen Verfahrens ausgehen.

werden sollen, spricht ferner der systematische Vergleich mit § 6 Abs. 2 Satz 2 Nr. 3 GmbHG und § 76 Abs. 3 Satz 2 Nr. 3 AktG dafür, dass dies dann auch im Wortlaut eindeutigen Niederschlag gefunden hätte. Denn an diesen Stellen, an denen eine rechtskräftige Verurteilung tatsächlich gefordert wird, ordnet der Gesetzestext diese ausdrücklich an.[870] So steht es im Einklang mit dem geschriebenen Recht, der allein in den Gesetzesmaterialien auftauchenden Voraussetzung der *„bestands- oder rechtskräftigen“* Feststellung eines Verstoßes gegen Art. 17 Abs. 1, 15 MAR keine weitere Bedeutung zukommen zu lassen, und es ist im Hinblick auf eine effektive Rechtsdurchsetzung durch die Anleger eine solche Voraussetzung bereits *de lege lata* nicht zu fordern.[871]

cc) Gerichtlicher Rechtsschutz des Emittenten und des Bieters

(1) Gegen die Untersagung der BaFin nach § 15 WpÜG

Nicht nur auf der Seite der betroffenen Anleger, sondern auch auf der des Bieters und des Emittenten besteht der grundsätzliche Bedarf nach Rechtsschutz. Denkbar ist in erster Linie, dass der Bieter oder Emittent sich entschließt, gegen die Untersagung des Angebots nach § 15 WpÜG durch die BaFin vorzugehen oder die ablehnende Entscheidung der Börse über den Widerrufsantrag anzugreifen.

Im erstgenannten Fall kann sich der Bieter – nicht aber der Emittent[872] – zunächst mit dem Rechtsbehelf des Widerspruchs nach § 41 WpÜG gegen die Untersagung des Angebots nach § 15 WpÜG wenden. Der Widerspruch hat nach § 41 Abs. 1 Satz 3 WpÜG i. V. m. § 70 Abs. 1 Satz 1 VwGO innerhalb eines Monats ab Zustellung der Untersagungsverfügung schriftlich gegenüber der BaFin zu erfolgen.[873] Aufschiebende Wirkung entfaltet dieser nach § 42 Var. 2 WpÜG grundsätzlich nicht.

Wird dem Widerspruch nicht abgeholfen, steht dem Bieter weiterhin gemäß § 48 Abs. 1 Satz 1 WpÜG der Rechtsbehelf der Beschwerde zur Verfügung.[874] Dieser kommt ihrerseits *e contrario* § 49 WpÜG grundsätzlich keine aufschiebende Wirkung zu. Diese kann jedoch nach § 50 Abs. 3 WpÜG auf Antrag vom Beschwerdegericht angeordnet werden, wenn ernstliche Zweifel an der Rechtmäßigkeit der Untersagung bestehen (§ 50 Abs. 3 Nr. 2 WpÜG) oder eine unbillige Härte vorliegt,

---

870 So auch *Drygala*, VGR 2015, 75, 83.

871 Vgl. auch zurückhaltender *Wackerbarth*, WM 2016, 385, 387; *Hirte*, NJW 2016, 1216, 1217; entschieden gegen diese Voraussetzung auch *Drygala*, VGR 2015, 75, 83.

872 Vgl. *Harnos*, ZHR 179 (2015), 750, 777; OLG Frankfurt a. M. NZG 2012, 302 ff. = ZIP 2012, 270, 271 ff.; *Meyer*, in: Assmann/Pötzsch/Schneider, WpÜG, § 15 Rn. 30; *Seydel*, in: KK-WpÜG, § 15 Rn. 61 f.

873 Vgl. *Angerer*, in: Angerer/Geibel/Süßmann, WpÜG, § 15 Rn. 71.

874 Vgl. *Wackerbarth*, in: MüKo-AktG, § 15 WpÜG Rn. 45.

also schwerwiegende Nachteile zu befürchten sind, die nicht oder nur schwer reparabel sind (§ 50 Abs. 3 Nr. 3 WpÜG).[875]

(2) Gegen die Entscheidung der Börsengeschäftsführung

Gegen die negative Bescheidung des Widerrufsantrags durch die Börse kann hingegen nur der Emittent selbst vor den Verwaltungsgerichten im Wege der Verpflichtungsklage nach § 42 Abs. 1 2. Fall VwGO vorgehen. Da die Widerrufentscheidung nach hier vertretener Auffassung anders als noch vor der Neuregelung im Jahre 2015 eine gebundene Entscheidung darstellt[876], besteht bei Vorliegen der Voraussetzungen aus § 39 Abs. 2 Satz 3 BörsG ein öffentlich-rechtlicher Anspruch des Emittenten auf Erlass des beantragten Widerrufs. Allein aufgrund der begrenzten Prüfungskompetenzen der Börse[877] und der angesprochenen Ausgestaltung der Widerrufsentscheidung als gebundene Entscheidung sind in der Praxis jedoch nur wenige Konstellationen denkbar, in denen es tatsächlich einer verwaltungsgerichtlichen Klärung bedürfte. Wie bereits im Rahmen des verwaltungsgerichtlichen Rechtsschutzes der betroffenen Anleger dargestellt, wird sich in der Regel recht eindeutig feststellen lassen, ob nach § 39 Abs. 2 Satz 3 Nr. 1 BörsG eine Angebotsunterlage veröffentlicht wurde oder die Wertpapiere nach § 39 Abs. 2 Satz 3 Nr. 2 a) BörsG weiterhin an einer anderen inländischen Börse zum Handel im regulierten Markt zugelassen sind. Tatsächlich denkbar erscheint daher die Erforderlichkeit einer gerichtlichen Klärung im Wesentlichen nur im Hinblick auf § 39 Abs. 2 Satz 3 Nr. 2 a) BörsG und die Frage, ob an einem organisierten Markt in einem anderen EU-Mitgliedstaat oder einem anderen EWR-Staat, in dem eine Zulassung fortbesteht, der Nr. 1 entsprechende Voraussetzungen gelten.[878]

3. Erstreckung des Anwendungsbereiches auf Auslandsemittenten

Um die Anwendung der übernahmerechtlichen Sonderregelungen im Falle des Delistings von Wertpapieren ausländischer Emittenten, deren Wertpapiere an einer inländischen Börse zugelassen sind, sicherzustellen, wurde § 39 Abs. 4 BörsG der Neureglung zum Delisting beigefügt.[879] Dieser ordnet ausdrücklich die Anwendbarkeit der Vorschriften des WpÜG nach Maßgabe des Abs. 3 im Hinblick

---

875 Vgl. OLG Frankfurt a. M. ZIP 2007, 768, 769 = BB 2007, 1383, 1385; OLG Frankfurt a. M. NZG 2010, 63, 67 = AG 2010, 79, 84 f.; *Hecht/Gräfe/Jehke*, DB 2008, 1251, 1255; *Noack*, in: Schwark/Zimmer, Kapitalmarktrecht, § 50 WpÜG Rn. 12; *Kreße*, in: MüKo-AktG, § 50 WpÜG Rn. 17 f.

876 Vgl. dazu oben F.I.2.d)aa)(2).

877 Vgl. auch dazu bereits oben F.I.2.d)aa)(2).

878 Zu den anzuwendenden strengen Maßstäben bereits oben F.I.2.a).

879 Vgl. Beschlussempfehlung und Bericht des Finanzausschusses zum Gesetz zur Umsetzung der Transparenzrichtlinie-Änderungsrichtlinie, BT-Drucks. 18/6220, 86.

auf das Angebot im Rahmen eines Delistings an. Dass sich der neu konzipierte Anlegerschutz grundsätzlich auch auf ausländische Emittenten erstreckt, ergibt sich jedoch bereits aus der kapitalmarktrechtlichen Ausgestaltung der Regelung.[880] Zwar mag das WpÜG grundsätzlich lediglich für inländische Emittenten uneingeschränkte Anwendung finden[881]; die Regelung des § 39 BörsG macht sich jedoch die Vorschriften des WpÜG, auf die verwiesen wird, zu eigen, sodass diese als börsenrechtliche Bestimmungen auch für ausländischen Emittenten, deren Aktien an einem inländischen regulierten Markt zugelassen sind, im Hinblick auf das Delisting uneingeschränkt Geltung entfalten.[882] Dies ergibt sich nicht erst aus der Klarstellung in § 39 Abs. 4 BörsG, sondern bereits aus der unmittelbaren Anwendbarkeit des BörsG auf ausländische Emittenten.[883]

Berechtigte europarechtliche Bedenken gegen diese Ausweitung des Schutzes auch auf im Inland zugelassene ausländische Emittenten bestehen nicht: Weder kommt der Regelung eine europarechtswidrige ausländerdiskriminierende Wirkung im Sinne von Art. 18 AEUV zu, da sie gleichermaßen auf in- und ausländische Emittenten Anwendung findet, noch werden die Grundfreiheiten aus Art. 49, 63 AEUV aufgrund der wirtschaftlichen Belastung des betroffenen Emittenten verletzt. Denn der Anlegerschutz stellt einen sachlichen Grund im Sinne des Art. 52 Abs. 1, 65 Abs. 1 b) AEUV dar, der die Einschränkung von Niederlassungs- und Kapitalverkehrsfreiheit rechtfertigt.[884] Auch hat der europäische Gesetzgeber bislang kein einheitliches Schutzniveau geschaffen, welches einer nationalen Regelung entgegenstünde. Die Thematik des Marktaustritts ist bislang vielmehr nicht Gegenstand europarechtlicher Gesetzgebung geworden und verbleibt damit in der Kompetenz des nationalen Gesetzgebers.[885]

880 Vgl. *Bayer*, ZIP 2015, 853, 857; *Koch*, Stellungnahme zur Aktienrechtsnovelle 2014 und Änderungsanträgen, 6; *Habersack*, Stellungnahme zum Entwurf eines Gesetzes zur Änderung des Aktiengesetzes (Aktienrechtsnovelle 2014), 7; *Noack*, Stellungnahme zur Aktienrechtsnovelle 2014 und zu einer Regelung des sog. Delisting, 7.

881 So die Begründung zu § 39 Abs. 4 BörsG in der Beschlussempfehlung und dem Bericht des Finanzausschusses zum Gesetz zur Umsetzung der Transparenzrichtlinie-Änderungsrichtlinie, BT-Drucks. 18/6220, 86.

882 Vgl. *Harnos*, ZHR 179 (2015), 750, 758 f.; mit Verweis auf das *„Marktortprinzip"*: *Noack*, Stellungnahme zur Aktienrechtsnovelle 2014 und zu einer Regelung des sog. Delisting, 7; *Eckhold*, in: in: Handbuch börsennotierte AG, § 61 Rn. 61.23.

883 Vgl. so ausdrücklich *Harnos*, ZHR 179 (2015), 750, 758.

884 Vgl. *Koch/Harnos*, NZG 2015, 729, 731.

885 Vgl. *Veil*, Europäisches Kapitalmarktrecht, § 10 Rn. 8; *Brellochs*, AG 2014, 633, 646; *Koch/Harnos*, NZG 2015, 729, 731; *Harnos*, ZHR 159 (2015), 750, 757; eine europäische Regelung fordernd *Kalss*, EuZW 2016, 321.

4. Zeitlicher Anwendungsbereich

Auch hinsichtlich des zeitlichen Anwendungsbereichs des § 39 Abs. 2 bis 6 BörsG trifft das Gesetz eine ausdrückliche Regelung. Waren nach der obergerichtlichen Rechtsprechung entgegen der hier vertretenen Auffassung bereits solche Delisting-Vorgänge ohne die Einhaltung der „*Macrotron*"-Grundsätze möglich, über die zum Zeitpunkt der „*Frosta*"-Entscheidung noch nicht rechtskräftig entschieden worden war[886], so ordnet die Neufassung des § 52 Abs. 9 BörsG eine gesetzliche Rückwirkung des § 39 Abs. 2 bis 6 BörsG auf Widerrufsanträge an, die nach dem 7. September 2015 gestellt wurden und über die zum Zeitpunkt des Inkrafttretens des Gesetzes zur Umsetzung der Transparenzrichtlinie-Änderungsrichtlinie am 26. November 2015 noch nicht bestands- oder rechtskräftig entschieden wurde. Da nach § 39 Abs. 2 Satz 3 Nr. 1 BörsG ein Zulassungswiderruf auf Antrag des Emittenten ohne verbleibende Zulassung grundsätzlich nur dann zulässig ist, wenn bereits *bei Antragstellung* eine Angebotsunterlage veröffentlicht wurde, bedarf es für die Fälle der Rückwirkung einer Modifikation: Damit nicht alle in diesen Zeitraum fallenden Widerrufsanträge, die mangels gesetzlicher Regelung ohne eine Angebotsunterlage gestellt wurden, nachträglich vollständig ihrer Erfolgsaussichten beraubt werden, erlaubt es die Regelung des § 52 Abs. 9 BörsG, dass bei einem im Rückwirkungszeitraum gestellten Widerrufsantrag das Erwerbsangebot ausnahmsweise auch erst nach Antragstellung veröffentlicht werden kann.[887] Gänzlich ohne entsprechendes Angebot ist der vollständige Widerruf unzulässig und kann notfalls vor den Verwaltungsgerichten von den betroffenen Aktionären angefochten werden; ein Anspruch auf die Zahlung einer angemessenen Gegenleistung besteht in dieser Konstellation hingegen nicht. Diese Ausgestaltung deckt sich mit dem Konzept der Trennung des Rechtsschutzes gegen eine unzulässige Widerrufsentscheidung vor den Verwaltungsgerichten auf der einen und der zivilgerichtlichen Überprüfung der angebotenen Gegenleistung auf der anderen Seite.[888]

Die gesetzlich angeordnete Rückwirkung lässt sich verfassungsrechtlich wohl als echte Rückwirkung[889] einordnen. Zwar beschränkt das Gesetz die Wirkungen für die Vergangenheit ausdrücklich auf Sachverhalte, in denen noch nicht bestands- oder rechtskräftig entschieden wurde, jedoch reicht es für die Einordnung als echte Rückwirkung aus, wenn im Zeitpunkt der Verkündung der neuen Norm die Voraussetzungen des entzogenen Anspruchs erfüllt sind.[890] Dies war bei

---

886 Vgl. dazu bereits oben D.I.

887 Vgl. am Beispiel der Sachsenmilch AG *Bayer*, AG 2014, R3; *Mense/Klie*, DStR 2015, 2782, 2784.

888 So im Ergebnis auch *Bayer*, AG 2014, R3; dort auch zum Schicksal eines in der Zwischenzeit erlassenen, jedoch noch nicht bestandskräftigen Widerrufs.

889 Vgl. BVerfGE 57, 361, 391 = NJW 1981, 1771, 1774; BVerfGE 68, 287, 306 = WM 1985, 242, 245; BVerfGE 72, 175, 196 = NJW 1986, 2561, 2563.

890 Vgl. BVerfGE 30, 367, 386 f. = RzW 1971, 309, 314; *Grzeszick*, in: Maunz/Dürig, GG, Art. 20 VII Rn. 80 (September 2017).

gestellten Delisting-Anträgen der Fall, denn es bestand bereits nach der Antragsstellung ein öffentlich-rechtlicher Anspruch des Emittenten auf ermessensfehlerfreie Entscheidung[891], der dem Emittenten durch die rückwirkende Einführung zusätzlicher zwingender Anforderungen an ein Delisting entzogen wurde.

Gleichwohl bewegt sich das Gesetz im Rahmen des verfassungsrechtlich Zulässigen: Denn es kann zulässig sein, zur Vermeidung von Ankündigungs- und Mitnahmeeffekten, die die Wirksamkeit einer Neuregelung unterlaufen, die Neuregelung schon zu einem früheren Zeitpunkt wirksam werden zu lassen, zu dem ein Vertrauen auf den Fortbestand der Rechtslage nicht mehr gerechtfertigt ist, weil beispielsweise eine Änderung angekündigt worden ist.[892] Gerade so liegt der Fall bei der Neuregelung des Delistings: Spätestens seit der öffentlichen Anhörung am 7. September 2015 bestand kein schützenswertes Vertrauen in den Erhalt der durch die „*Frosta*"-Entscheidung geschaffenen, für einen rückzugswilligen Emittenten günstigeren Rechtslage mehr.[893] Eine zumindest durch die bei einem Delisting beratenden rechtskundigen Personen vermittelte Kenntnis hinsichtlich dieses konkreten Gesetzgebungsvorhabens, welches Gegenstand reger Diskussionen in der Fachliteratur, aber auch in der Tagespresse[894] war, war spätestens ab diesem Zeitpunkt anzunehmen. Mithin liegt auch bei der hier gegebenen echten Rückwirkung in Form eines möglichst lückenlosen und umgehungssicheren Anlegerschutzes ein zwingender Grund des Allgemeinwohls vor, der den – nach dem oben Gesagten – begrenzten Vertrauensschutz ausnahmsweise überwiegt und die Wirkung für die Vergangenheit rechtfertigt.[895]

---

891 Vgl. zur alten Rechtslage *Heidelbach*, in: Schwark/Zimmer, Kapitalmarktrecht, § 39 BörsG Rn. 12; *Kleindiek*, in: FS Bezzenberger, 653, 654; *Seiffert*, in: Bank- und Kapitalmarktrecht, Rn. 4.466; *Groß*, Kapitalmarktrecht, 5. Aufl., 2012, § 39 BörsG Rn. 15; *Pötzsch*, WM 1998, 949, 952; *Schwark/Geiser*, ZHR 161 (1997), 739, 772; vgl. zur Ausgestaltung der Neuregelung als gebundene Entscheidung oben F.I.2.d)aa)(2).

892 Vgl. *Grzeszick*, in: Maunz/Dürig, GG, Art. 20 VII Rn. 82 (September 2017); BVerfGE 95, 64, 88 f. = NJW 1997, 722, 724; BVerfGE 97, 67, 81 f. = NJW 1998, 1547, 1548 f.

893 Vgl. auch die Begründung zur Regelung des § 52 Abs. 9 BörsG in der Beschlussempfehlung und dem Bericht des Finanzausschusses zum Gesetz zur Umsetzung der Transparenzrichtlinie-Änderungsrichtlinie, BT-Drucks. 18/6220, 87.

894 Vgl. beispielsweise die Reaktion von *Hoyer/Gerth*, WiWo Online vom 28. September 2015.

895 Vgl. *Grzeszick*, in: Maunz/Dürig, GG, Art. 20 VII Rn. 82 (September 2017); BVerfGE 97, 67, 81 f. = NJW 1998, 1547, 1548 f.; im Ergebnis so auch *Bayer*, NZG 2015, 1169, 1177; *Harnos*, ZHR 179 (2015), 750, 755; kritisch hingegen *Buckel/Glindemann/Vogel*, AG 2015, 373, 378; *Groß*, AG 2015, 812, 818.

II. Kritische Würdigung der Neuregelung

1. Notwendigkeit einer gesetzlichen Neuregelung

a) Aus dem Zusammenspiel mit gesellschaftsrechtlichen Abfindungspflichten und deren Systematik

Während ein Lager die dargestellte Neuregelung insgesamt zustimmend aufnahm[896] und als *„intelligente Lösung"*[897] bezeichnete, wurde von verschiedenen Seiten auch deutliche Kritik an dem neuen Anlegerschutzkonzept geäußert. Diese hatte jedoch unterschiedliche Gründe und Ausprägungen. So beanstanden einige Stimmen bereits grundlegend, dass eine detaillierte gesetzliche Regelung und ein Ausbau des Anlegerschutzes nach der *„Frosta"*-Entscheidung des BGH überhaupt nicht erforderlich gewesen wären.[898] Auf der anderen Seite war zwar nicht das grundsätzliche Einschreiten des Gesetzgebers Anlass des Anstoßes, jedoch wurden jedenfalls Einzelheiten in der Ausgestaltung bemängelt.[899]

Festzustellen ist, dass sich eine gesetzliche Neuregelung bereits im Hinblick auf die Systematik und Kohärenz bestehender Abfindungsregelungen im Deutschen Aktienrecht als absolut notwendig darstellt. Denn wie bereits dargestellt, hätte es zu nicht hinnehmbaren Friktionen im verfassungsrechtlich geprägten System der Abfindungsansprüche im Deutschen Aktien- und Umwandlungsrecht geführt, wäre ein Delisting nach der *„Frosta"*-Entscheidung des BGH weiterhin ohne Abfindung und gegebenenfalls allein unter Einhaltung von bestimmten Fristen möglich gewesen.[900]

So hätte zunächst die verfassungsrechtlich gebotene Heranziehung des Börsenkurses als Untergrenze der angemessenen Abfindung bei einer Strukturmaßnahme durch ein Delisting ohne Hauptversammlungsbeschluss und vor allem ohne selbständige Abfindungspflicht umgangen werden können. Die bestehenden strengen und über Jahrzehnte hinweg von Gesetzgeber und Rechtsprechung geformten Regeln für die Abfindung bei Strukturmaßnahmen wären so inkonsistent geworden.

---

896 Vgl. *Morell*, ZBB 2016, 67; *Casper*, in: FS Köndgen, 117, 141 ff.; im Ergebnis auch *Bayer*, NZG 2015, 1169, 1178; noch vor Inkrafttreten der Neuregelung: *Habersack*, JZ 2014, 147 f.; *Stöber*, WM 2014, 1757, 1760.

897 So trotz einiger Kritikpunkte insbesondere im Hinblick auf die Abfindung *Bayer*, NZG 2015, 1169, 1178.

898 Vgl. *Goetz*, BB 2015, 2691, 2693 f.; *Bungert/Leyendecker-Langner*, DB 2015, 2251, 2252 f.; tendenziell auch *Groß*, AG 2015, 812; *Thomale/Walter*, ZGR 2016, 679, 698 ff.; zuvor bereits den Regelungsbedarf bestreitend *Wasmann/Glock*, DB 2014, 105, 106 f.; *Rosskopf*, ZGR 2014, 487, 497 ff.

899 Vgl. *Harnos*, ZHR 179 (2015), 750, 781; *Mense/Klie*, DStR 2015, 2782, 2786; *Wackerbarth*, WM 2016, 385, 387 ff.; *Kocher/Seiz*, DB 2016, 153.

900 Vgl. im Einzelnen bereits oben E.I.1.

Gänzlich zahnlos wäre daneben auch § 29 Abs. 1 Satz 1 Halbs. 1 2. Alt. UmwG geworden, nach dem bei der rechtsformwahrenden Verschmelzung einer börsennotierten auf eine nicht börsennotierte Gesellschaft den Aktionären der verschmolzenen Gesellschaft eine angemessene Abfindung zu zahlen ist.[901] Diese gesetzgeberische Entscheidung wäre durch die fortbestehende Möglichkeit eines abfindungsfreien Delistings ad absurdum geführt worden, da es allein in der Macht des Vorstandes des verschmolzenen Rechtsträgers gelegen hätte, die gesetzlich zwingend vorgesehene Abfindungspflicht durch ein vorangegangenes (abfindungsfreies) Delisting vollständig zu umgehen. Abgesehen davon wäre, wie bereits zuvor dargelegt[902], ein abfindungsfreies Delisting auch sonst nicht mit der Wertung des § 29 Abs. 1 Satz 1 Halbs. 1 2. Alt. UmwG vereinbar: Da es bei der Regelung neben der an sich abfindungsfreien rechtsformwahrenden Verschmelzung allein zu einem Verlust der Börsennotierung kommt, muss dieser das auslösende Moment für die obligatorische angemessene Bar-Abfindung darstellen. § 29 Abs. 1 Satz 1 Halbs. 1 2. Alt. UmwG enthält folglich die gesetzliche Wertung, dass der Verlust der Börsennotierung eine Abfindung der betroffenen Aktionäre nach sich zieht.[903] Dagegen im Widerspruch hätte es mithin gestanden, wenn ein Delisting im Anschluss an die „*Frosta*"-Entscheidung weiter abfindungsfrei möglich geblieben wäre.

Aber auch an dem möglichen Drohpotential im Vorfeld eines Squeeze-outs lässt sich die Erforderlichkeit einer anlegerschützenden Regelung verdeutlichen.[904] Durch die Möglichkeit eines abfindungsfreien Delistings bestand ein erhebliches Drohpotential, um Kleinaktionäre auch jenseits der Regelung des Squeeze-out aus der Gesellschaft hinaus zu drängen, um beispielsweise bei nur noch geringem Streubesitz kostengünstig die letzten Aktien für einen Squeeze-out einzusammeln.[905] Da der Großaktionär in solchen Konstellationen häufig Einfluss auf den Vorstand hat, wird auf seine Initiative hin ein Delisting-Antrag bei der Börse gestellt. Die Ankündigung des Delistings und der mit diesem verbundene Wegfall der Handelsplattform Börse sowie ein steigendes Informationsgefälle zwischen Groß- und Kleinaktionären abseits des regulierten Marktes lassen in der Folge im Verbund mit den zu erwartenden Kursverlusten[906] einen erheblichen Verkaufsdruck

---

901 Vgl. *Koch*, in: Hüffer/Koch, AktG, 11. Aufl., 2014, § 119 Rn. 37, der eine gesetzgeberische Lösung forderte, die § 29 UmwG in ein schlüssiges Gesamtkonzept einbettet.

902 Vgl. ausführlich zur Übertragbarkeit der gesetzgeberischen Wertung oben C.III.2.c).

903 Auch dazu bereits oben C.III.2.c).

904 Vgl. *Wasmann/Glock*, DB 2014, 105, 108; *Mense/Klie*, GWR 2013, 505, 508; *Arnold/Rothenburg*, DStR 2014, 150, 155; begrüßend *Bungert/Leyendecker-Langner*, BB 2014, 521; kritisch Habersack, JZ 2014, 147, 149; ebenfalls kritisch und mit Verweis auf einen Rechtsmissbrauch *Hoffmann*, in: Spindler/Stilz, AktG, § 119 Rn. 45.

905 Vgl. zu diesem Ausnutzungspotential nach der „*Frosta*"-Entscheidung oben E.I.1.d).

906 Vgl. oben C.I.2.

für kleinere Aktionäre entstehen.[907] Für den Großaktionär böte sich ohne weiteren Anlegerschutz so die Gelegenheit, das entstandene Ungleichgewicht für günstige Zukäufe ausnutzen, um die Squeeze-out-Mehrheit zu erreichen oder auch einfach seine eigene Beteiligung preiswert aufzustocken.[908] Verstärkt wird dieser Effekt bei institutionellen Anlegern, deren Statuten es oftmals verbieten, auch in nicht-börsennotierten Werten investiert zu sein. Setzte der Großaktionär in diesen Fällen ein (abfindungsloses) Delisting durch, so wären die betroffenen institutionellen Anleger aufgrund der bestehenden Verkaufsverpflichtung darauf angewiesen, ein vom Großaktionär diktiertes Angebot anzunehmen. Faktisch wäre damit die Möglichkeit eines Zwangsausschlusses oder jedenfalls eines wirtschaftlich zwingenden Ausscheidens gegen eine vom Großaktionär bestimmte und nicht gerichtlich überprüfbare Abfindung außerhalb des Squeeze-outs eröffnet. Auch dies stünde im Widerspruch zum de lege lata geltenden System der Abfindungsansprüche im Deutschen Aktienrecht.

b) Originär aufgrund des Verlustes der Börsennotierung

Jedoch war eine – jedenfalls teilweise – Wiederherstellung des Anlegerschutzes auch bereits aufgrund der unmittelbaren Auswirkungen des Delistings selbst geboten. Wie bereits dargelegt, führt ein vollständiges Delisting regelmäßig zu spürbaren Kursverlusten.[909] Die Strömung in der wissenschaftlichen Diskussion, die zunächst einen Regelungsbedarf leugnete, da die Aktien regelmäßig eine reine Vermögensanlage darstellten und kein Wertverlust dieses Investments durch das Delisting nachgewiesen werden könnte, hat durch die Ergebnisse empirischer Studien im Nachgang an die „*Frosta*"-Entscheidung das Fundament ihrer Argumentation eingebüßt.[910]

Fraglich blieb jedoch, ob diese Kurseinbußen sowie der Verlust zahlreicher Informationsquellen nicht gleichwohl von den betroffenen Anlegern zu tragen wären. Autoren, die sich in diesem Sinne gegen eine Verbesserung des Anlegerschutzes nach dem „*Frosta*"-Beschluss des BGH aussprachen, ordneten das Risiko, die Anteile nicht mehr über die Plattform der Börse veräußern zu können, vermehrt als typisches Anlegerrisiko ein, sodass letztere etwaige Nachteile eines Delistings ohne eine Kompensation zu tragen hätten.[911]

Dem ist jedoch entschieden entgegenzutreten: Das investitionstypische Risiko einer Aktie liegt nämlich in erster Linie darin, dass es aufgrund negativer

907 So auch *Drygala*, Legal Tribune Online vom 10. Februar 2015; *Wicke*, DNotZ 2015, 488, 493.

908 Vgl. *Paschos/Klaaßen*, AG 2014, 33, 35; vgl. das Beispiel aus der Praxis (Funkwerk AG) bei *Reimann/Bergermann/Schwerdtfeger*, WiWo Online vom 4. Juli 2014.

909 Vgl. oben C.I.2.

910 Vgl. *Arnold/Rothenburg*, DStR 2014, 150, 154.

911 Vgl. *Reger/Schilha*, NJW 2012, 3066, 3069; *Paschos/Klaaßen*, ZIP 2013, 154, 157; *Heldt/Royé*, AG 2012, 660, 662.

Unternehmensentwicklung zu fallenden Kursen kommen kann, sodass sich der Aktionär gezwungen sieht, entweder eine verlustreiche Desinvestition zu tätigen oder auf eine Erholung des Kurses zu vertrauen und an seiner Beteiligung festzuhalten. Maßgeblich ist für den Anleger folglich in erster Linie die Einschätzung des Unternehmenserfolges. Das Risiko des Verlustes eines geregelten Sekundärmarktes darf mit diesem nicht zusammengeworfen und vermischt werden – das Risiko eines Delistings stellt kein typisches unternehmerisches Risiko der Investition in Aktien dar.[912] Zwar mag es häufig gerade in Fällen einer Krise zu einem Delisting kommen, jedoch sind auch andere Konstellationen denkbar, in denen sich das Delisting gerade für einen Großaktionär als erstrebenswert darstellt.[913] Gennant sei an dieser Stelle exemplarisch die bereits zuvor erläuterte Konstellation, in der die Hauptfunktion der Börsennotierung – die Beschaffung von Eigenkapital – nicht mehr gebraucht wird. Gerade in diesen Fällen darf jedoch den Anlegern nicht ohne Abfindung die Möglichkeit genommen werden, von dem Unternehmenserfolg über die uneingeschränkten Veräußerungsmöglichkeiten der Börse zu profitieren. In diesem Zusammenhang erscheint die Bewertung geradezu paradox, dass sich auch bei erfolgreichen Unternehmen das Liquiditätsrisiko in einem gewissen Maße durch ein Delisting realisieren könnte.

Ferner stellt es einen wesentlichen Vorteil der Investition in an der Börse gehandelte Aktien dar, dass Anleger grundsätzlich frei über den Zeitpunkt der Desinvestition entscheiden können. Es steht ihnen insbesondere frei, nach eigenem Ermessen eine etwaige Kursflaute auszusitzen und erst bei Eintritt der erhofften Erholung des Kurses – weiterhin über die Börse – zu desinvestieren. Ihnen daher bei einem Delisting in Zeiten einer Krise die Schutzwürdigkeit abzusprechen, ist folglich verfehlt.

Dieser Aspekt leitet bereits über zu einer weiteren gravierenden Folge des Fehlens eines effektiven Anlegerschutzes. Denn würden Anleger bei einem Delisting weitgehend schutzlos gestellt, so sähen sie sich mit der Aufgabe konfrontiert, im Rahmen ihrer Investitionsentscheidung neben der bisher maßgeblichen Einschätzung des Unternehmenserfolges zusätzlich eine äußerst komplexe Bewertung des Delisting-Risikos vorzunehmen.[914] Diese Aufgabe den Anlegern aufzubürden, kann bei der generellen Skepsis gegenüber der Investition in Aktien in Deutschland im internationalen Vergleich kaum überzeugen, will man die Attraktivität dieser Anlageform stärken.[915] Dass vielmehr ein schutzwürdiges Vertrauen der Aktionäre in den Erhalt der Börsennotierung besteht, zeigen auch die folgenden

---

912 Vgl. auch *Brellochs*, AG 2014, 633, 644.

913 Vgl. zu den Motiven für ein Delisting bereits oben ausführlich A.II.

914 Vgl. *Geisler*, jurisPR-BGHZivilR 20/2013 Anm. 2.

915 Vgl. *DAI*, Aktionärszahlen des Deutschen Aktieninstituts 2017 vom 19. Februar 2018, 2, gleichzeitig mit der Aufforderung an die Politik, *„Zum einen müssen die Rahmenbedingungen für die Aktienanlage so gestaltet werden, dass es attraktiv ist, in Aktien anzulegen [...]“*.

Erwägungen: Der normtypische Weg einer Aktiengesellschaft ist derjenige hin zur Börse – erst dort gelangt die Gesellschaft häufig in den Fokus der breiten Anlegerschaft, die Anteile typischerweise in dem Vertrauen erwirbt, diese bei entsprechenden Kursentwicklungen früher oder auch später wieder auf dem gleichen Wege zu veräußern.[916] Das Delisting hingegen widerspricht der *„normtypischen Laufrichtung"*[917] und birgt ein dem Vertrauen der Anleger diametral entgegenstehendes atypisches Überraschungsmoment, vor dem letztere geschützt werden müssen.[918] Die angesprochene normtypische Ausrichtung der Aktiengesellschaft auf die Börse zeigt sich deutlich in der Ausgestaltung des Normgerüstes der Aktiengesellschaft durch den Gesetzgeber: Dieses ist geprägt durch das Primat der Verkehrsfähigkeit der Aktie. Genannt sei an dieser Stelle insbesondere die Satzungsstrenge in § 23 Abs. 5 AktG, welche die Grundlage für Verkehrsfähigkeit der Aktie bildet, indem sie diese zu einem standardisierten und damit umlauffähigen Produkt macht.[919] Der entgegengesetzte Vorgang in Form eines Delistings enttäuscht daher regelmäßig das Vertrauen der Anleger in einen normtypischen Fortgang. Dieses Vertrauen hat sich regelmäßig auch bereits bei der Investitionsentscheidung manifestiert, indem die Börsennotierung beim Erwerb der Aktien mit einer Art *„Marktfähigkeitszuschlag"* erkauft wurde.[920] Eine abfindungsfreie Delisting-Möglichkeit würde daher das schutzwürdige Vertrauen der Anlegergesamtheit in den Kapitalmarkt weiter erschüttern.[921]

Der Schutzwürdigkeit der Position der von einem Delisting betroffenen Anleger wird häufig entgegengehalten, dass bereits vor dem Delisting oftmals keine ausreichende Liquidität vorhanden gewesen und es gerade deshalb erst zu einem Delisting gekommen sei.[922] Jedoch vermag auch dieser Einwand der Notwendigkeit eines weitergehenden Anlegerschutzes nach der „*Frosta*"-Entscheidung nicht entgegenzustehen. Zunächst ist es zwar richtig, dass es Konstellationen geben wird, in denen zum Zeitpunkt des Delistings bereits keine ausreichende Liquidität mehr besteht. Dass es durch andere Faktoren – wie beispielsweise mangelnde Nachfrage aufgrund des vom Anleger regelmäßig einkalkulierten ausbleibenden Unternehmenserfolges oder unvorhergesehenen Ereignissen mit negativen Auswirkungen auf den gesamten Markt (z. B. Terroranschläge) – bereits zuvor zu einem faktischen Liquiditätsverlust kommen kann, spricht jedoch nicht dafür, einen weiteren, allein vom Willen des Emittenten abhängigen Fall ohne einen angemessenen

916 Vgl. ausführlich *Vollmer/Grupp*, ZGR 1995, 459, 475.
917 Vgl. *Vollmer/Grupp*, ZGR 1995, 459, 475.
918 Vgl. *Thomale*, ZGR 2013, 686, 711.
919 Vgl. stellvertretend *Koch*, in: Hüffer/Koch, AktG, § 23 Rn. 1.
920 Vgl. *Kruse*, WM 2003, 1843, 1845.
921 Vgl. *Casper*, in: FS Köndgen, 117, 135; *Probst*, Rechtsfragen des regulären Börsenrückzugs, 270 ff.
922 Vgl. *Arnold/Rothenburg*, DStR 2014, 150, 154; *Auer*, JZ 2015, 71, 72; *Süßmann*, BKR 2003, 253, 258;

Ausgleich für die betroffenen Anleger zuzulassen. Auch in Fällen, in denen es aus verschiedensten Gründen zu einer Einschränkung der Liquidität kommt, darf man den Anlegern nicht vorschnell endgültig den Weg der Veräußerung über die Börse versperren. Denn zumindest bei nur kurzfristigen Liquiditätsengpässen besteht für die Aktionäre grundsätzlich die Möglichkeit, auf eine Erholung des Marktes und der Liquidität zu hoffen und dann doch wieder über die Börse zu desinvestieren. Dem Umstand, dass die Anleger in Fällen *dauerhafter* Marktenge jedoch tatsächlich weniger schutzwürdig sind, trägt ferner die Neuregelung selbst ausreichend Rechnung: Denn nach hier vertretener Ansicht bestimmt sich gerade im Falle der Marktenge nach der Neufassung des § 39 Abs. 3 Satz 4 BörsG die Angemessenheit des Angebotes nach einer Unternehmensbewertung, die auch zu Lasten der betroffenen Anleger den durchschnittlichen Börsenkurs unterschreiten kann.[923]

Abgesehen von der Relevanz des Streubesitzes ist die Liquidität häufig auch eine Frage des angebotenen Preises: Eine Nachfrage und damit ein Handel stellt sich nach allgemeinen Marktgesetzen langfristig regelmäßig dann erneut ein, wenn die angebotenen Preise dem tatsächlichen Wert eines Gutes (hier also dem rechnerischen Anteil am Unternehmenswert) wieder entsprechen. Das bedeutet, dass auch in Fällen mangelnder Liquidität den Anlegern (zumindest langfristig) durch das Delisting zumindest die Chance genommen wird, über die Börse zu einem Preis zu veräußern, der sich dem tatsächlichen Unternehmenswert wieder annähert.

Beruht die mangelnde Liquidität jedoch nicht auf einem unangemessenen Börsenkurs, sondern auf einer Aktionärsstruktur mit nur sehr geringem Streubesitz und einem starken Großaktionär, so rückt neben dessen strategische Erwägungen[924] ein weiterer Aspekt in den Vordergrund: Zwar bedeutet die Börsennotierung für die Anleger in erster Linie häufig die Liquidität des Investments, ihr Wert ist jedoch nicht auf diese beschränkt. Vielmehr spricht auch in diesen Fällen für einen effizienten Anlegerschutz, dass der Aktionär bei seiner Anlageentscheidung jedenfalls indirekt über die Daten, die ihm für diese Entscheidung zur Verfügung standen, regelmäßig die durch die Börsenzulassung gesteigerte Transparenz[925] berücksichtigt. Diese ist gerade bei einem starken Großaktionär, der wesentlichen Einfluss auf die Unternehmensleitung ausübt, von großer Bedeutung für kleinere Investoren, um einen Überblick über die Geschicke der Gesellschaft zu behalten und einen Mindestgrad an Kontrolle zu ermöglichen, und ist entscheidend für geringe Transaktionskosten.[926] Auch in diesen Konstellationen mit bereits eingeschränkter Liquidität einen Anlegerschutz zu gewährleisten, überzeugt schließlich auch im Hinblick auf die Ursachen einer solchen Aktionärsstruktur, die sich in

923 Vgl. oben F.II.4.b)cc)(3); im Ergebnis auch *Kocher/Seiz*, DB 2016, 153, 156.

924 Vgl. zu diesen oben A.III.

925 Vgl. zur gesteigerten Transparenz für die Anleger durch die Börsennotierung oben A.IV.2.

926 Vgl. ähnlich auch *Bayer*, ZfPW 2015, 163, 200 f.; Regierungsentwurf zum Dritten Finanzmarktförderungsgesetz, BT-Drucks. 13/8933, 75.

Zukäufen des Großaktionärs finden und daher nicht zu einer Verschlechterung der rechtlichen Situation des Streubesitzes führen sollte.[927]

c) *Volkswirtschaftliche Bedeutung*

Nicht nur aus der Abwägung der (Individual-)Interessen der Anleger mit denen der sich vom regulierten Markt zurückziehenden Gesellschaft ergab sich der regulatorische Handlungsbedarf. Auch der Funktionsschutz des Kapitalmarktes gebot ein Einschreiten des Gesetzgebers.

Es ist für die Funktionsfähigkeit des Kapitalmarktes insbesondere zur Kapitalallokation von erheblicher Bedeutung, durch die Eröffnung einer effektiven Desinvestitionsmöglichkeit auf dem Sekundärmarkt die Bereitschaft der Anleger zur Investition auf dem Primärmarkt herbeizuführen.[928] Nur die Aussicht auf eine einfache und unkomplizierte Desinvestition mit durch Transparenz gering gehaltenen Transaktionskosten kann bei einem breiten Anlegerpublikum, welches mit dem Erwerb der Aktie rein finanzielle und keine unternehmerischen Ziele verfolgt[929], die Bereitschaft hervorrufen, eine entsprechende Investition zu tätigen.[930] Würde man nun einen Börsenrückzug ohne Abfindung nur unter dem nicht ausreichenden Schutz beispielsweise einer Fristenlösung zulassen, so könnte dies zu einer erheblichen Vertrauenseinbuße auf Seiten der Anlegerschaft führen, die bei Anlageentscheidungen die jederzeitige Möglichkeit des Verlustes der effektiven Veräußerungsmöglichkeit einbeziehen müsste. Investoren müssten sich vor der Kaufentscheidung gut überlegen, ob sie noch in Aktien (kleiner) Unternehmen investieren können.[931] Es ist daher auch um der Funktionsfähigkeit des Kapitalmarktes Willen dafür Sorge zu tragen, dass für Anleger (weiterhin) eine gewisse Sicherheit besteht, auf informierter Grundlage frei über die Desinvestition an einem möglichst liquiden Markt entscheiden zu können. Erneut ist an dieser Stelle anzumerken, dass es diesem Ergebnis nicht entgegensteht, dass auch aus anderen Gründen die Liquidität bereits tatsächlich eingeschränkt sein kann. Denn es

---

927 So auch *Bayer*, ZfPW 2015, 163, 200.

928 Vgl. *C. Fischer/Rudolph*, in: Obst/Hintner, Geld-, Bank- und Börsenwesen, 378 f.; *Oulds*, in: Bank- und Kapitalmarktrecht, Rn. 14.148, 14.168 f.

929 Vgl. *Escher-Weingart*, Deregulierung im Kapitalgesellschaftsrecht, 200.

930 Vgl. Wicke, DNotZ 2015, 488, 493 f., der die Börsennotierung als *„quasi conditio-sine-qua-non"* für die Investition bezeichnet; *Probst*, Rechtsfragen des regulären Börsenrückzugs, 271; *Hirte*, Vorschlag zur Änderung des Spruchverfahrensgesetzes, 2; *Streit*, ZIP 2002, 1279, 1284; *Kleppe*, Anlegerschutz beim Rückzug eines Unternehmens von der Börse, 72; so auch *DSW*, Öffentliche Anhörung zu dem Gesetzentwurf der Bundesregierung „Entwurf eines Gesetzes zur Umsetzung der Transparenzrichtlinie-Änderungsrichtlinie", BT-Drucksache 18/5010, hier: Stellungnahme der Deutschen Schutzvereinigung für Wertpapierbesitz e.V. 8, die den Anlegerschutz als Voraussetzung für investitionsbereite Anlegerschaft ansieht.

931 Vgl. *Reimann/Bergermann/Schwerdtfeger*, WiWo Online vom 4. Juli 2014.

ist auch in diesem Lichte jedenfalls erforderlich, in einem von der Gesellschaft aktiv herbeigeführten Fall der Liquiditätseinbuße – dem Delisting – die Anleger zu schützen und damit deren Vertrauen für eine Investition in Aktien zu stärken. Ein Delisting ohne einen effektiven Anlegerschutz würde ansonsten einseitiges Ausnutzen der Zwecke der Börse zur Kapitalbeschaffung (Primärmarkt) zugunsten des Emittenten zulassen, während die damit konzeptionell untrennbar verbundene Desinvestitionsmöglichkeit über dieselbe Plattform (Sekundärmarkt) zu Lasten der Anleger beschnitten würde.

Auf der anderen Seite darf die Börse freilich auch *„keine Einbahnstraße“* für Aktiengesellschaften sein.[932] Diese Börsenweisheit, die jedoch gleichermaßen für die Anleger zu gelten hat, verdient insofern Zustimmung, als eine auf alle Zeiten unumkehrbare Börsennotierung als Hemmnis bei der Entscheidung für einen Börsengang wirken würde.[933] Die Behauptung, dass verschärfte Delisting-Regelungen einer Attraktivitätssteigerung des Kapitalmarktes entgegenstünden[934], betrachtet den Kapitalmarkt jedoch zu einseitig, denn auch und gerade die Attraktivität des Kapitalmarktes *für die Anleger* gilt es in den Blick zu nehmen.[935] Daraus folgt, dass ein Börsenrückzug zumindest nicht jederzeit und ohne weitere Anforderungen möglich sein darf oder gar muss. Die Börsenreife darf nicht nach dem Grundsatz *„trial & error“* zu Lasten der Anleger unverbindlich getestet werden. Das Delisting muss daher weiterhin der normatypische Ausnahmefall sein, sodass es grundsätzlich gerechtfertigt erscheint, an einen Börsenrückzug hinsichtlich des Anlegerschutzes erhöhte Anforderungen zu stellen. Es ist eine Lösung anzustreben, die ein Delisting auch in wirtschaftlicher Hinsicht zumindest dann ermöglicht, wenn ein solches sich insgesamt als signifikant vorteilhaft darstellt, und den Börsenrückzug verhindert, bei dem ein einzelner Großaktionär oder eine bestimmte Aktionärsgruppe einseitig von einem Delisting profitiert, während die Nachteile für die (Klein-)Anleger kumuliert überwiegen.[936] Einen gangbaren Weg, dieses Ziel zu

---

932 Zitat von *Cord Gebhardt* (Geschäftsführer der Frankfurter Börse), in: *Mohr*, FAZ Online vom 31. Oktober 2014.

933 In diese Richtung auch *Koch/Harnos*, NZG 2015, 729, 730; vgl. Regierungsentwurf zum Dritten Finanzmarktförderungsgesetz, BT-Drucks. 13/8933, 75; ähnlich auch *Brellochs*, AG 2014, 633, 644; vgl. ferner *Bayer*, ZfPW 2015, 163, 220; *Casper*, in: FS Köndgen, 117, 137; zu einseitig aus Unternehmenssicht *Bungert/Leyendecker-Langner*, DB 2015, 2251, 2252 f.

934 So *Seibt*, Stellungnahme in Thesenform für die öffentliche Anhörung im Deutscher Bundestag-Finanzausschuss am 7. September 2015 zum (Regierungs-)Entwurf eines Gesetzes zur Umsetzung der Transparenzrichtlinie-Änderungsrichtlinie vom 26. Mai 2015 (BT-Drucks. 18/5010) nebst Änderungsanträgen.

935 Vgl. *DAI*, Aktionärszahlen des Deutschen Aktieninstituts 2017 vom 19. Februar 2018, 2, mit der Aufforderung an die Politik, die Rahmenbedingungen für die Aktienanlage so zu gestalten, dass es attraktiv ist, in Aktien anzulegen; ähnlich auch *Bayer*, NZG 2015, 1169, 1172, 1177, der einen Schaden für die Aktienkultur in der Zeit nach der *„Frosta“*-Entscheidung attestiert.

936 Ähnlich auch *Morell*, ZBB 2016, 67.

erreichen, stellt grundsätzlich die Verknüpfung des Delistings mit einem Erwerbsangebot an die Aktionäre dar. Denn in Fällen, in denen durch das Delisting tatsächlich eine signifikante Wertsteigerung für den Emittenten zu erwarten ist, wird sich zumindest regelmäßig ein (Groß-)Investor finden, der bereit ist, Anteile zu dem gegenwärtigen Börsenkurs oder tatsächlichen Unternehmenswert zu erwerben. Unterstützt wird diese Erwägung durch die Vorteile, die dem Erwerber durch den aufgrund des Verkaufsdrucks zu erwartenden verhältnismäßig günstigen Erwerb einer größeren Beteiligung auf einen Schlag entstehen. Damit erfüllt das Erfordernis des Erwerbsangebotes eine Filterfunktion für Fälle, in denen alleine oder weit überwiegend ein Großaktionär, der weder auf die Veräußerungsmöglichkeit über die Börse noch auf die durch das Listing gesteigerte Transparenz angewiesen ist[937], von einem Delisting zu Lasten der übrigen Anleger profitieren würde. Stattdessen ist die Durchführung eines Delistings in solchen Fällen mithin nur dann möglich, wenn gerade dasselbe eine signifikante Steigerung des Unternehmenswertes erwarten lässt und sich daher für einen oder mehrere Aktionäre oder einen außenstehenden Investor der Erwerb der Anteile der ausscheidenden Aktionäre im Rahmen eines Delistings zum gegenwärtigen Unternehmenswert oder Börsenkurs als profitabel darstellt.[938] Ferner ist bei der genauen Ausgestaltung des Anlegerschutzes darauf zu achten, dass die theoretisch bestehende Möglichkeit eines Delistings nicht durch ein langwieriges und kompliziertes Verfahren konterkariert wird, welches auf der einen Seite abschreckend auf börsenreife Unternehmen wirken könnte, ohne dass den betroffenen Anlegern auf der anderen Seite daraus ein Vorteil entstünde.[939]

d) Kein ausreichender Anlegerschutz über § 39 Abs. 2 und 5 BörsG (a. F.) in Verbindung mit den Börsenordnungen

Die oben bereits dargestellten Börsenordnungen[940], die über den Verweis in § 39 Abs. 5 BörsG (a. F.) nach dem Wegfall der „*Macrotron*"-Grundsätze den Mindestschutz für Anleger bei einem Delisting verkörperten, vermochten die entstandene Schutzlücke nicht zu schließen. Dies liegt bei der Fristenlösung entgegen der Auffassung des BGH in seinem „*Frosta*"-Beschluss auf der Hand.[941] Denn wie ursprünglich richtig vom BGH in dessen „*Macrotron*"-Urteil erkannt, entsteht bereits durch die Ankündigung des Delistings und dem ab diesem Zeitpunkt absehbaren Ende der Börsenzulassung für die Anleger ein hoher Verkaufsdruck, wenn sie nicht in einer Gesellschaft abseits der Börse verbleiben wollen.[942] Dies führt dazu, dass sich

937 Vgl. zu den Auswirkungen eines Delisting für einen Großaktionär oben A.V.
938 Vgl. ähnlich *Morell*, ZBB 2016, 67, 81.
939 Vgl. zutreffend in dieser Hinsicht ähnlich *Brellochs*, AG 2014, 633, 644.
940 Vgl. oben D.III.1.b).
941 Vgl. *Bayer*, ZfPW 2015, 163, 201 ff.; *Königshausen*, BB 2013, 3020, 3025; *Probst*, Rechtsfragen des regulären Börsenrückzugs, 22 Fn. 51.
942 Vgl. BGHZ 153, 47, 56 f. = NJW 2003, 1032, 1034 f. = NZG 2003, 280, 283.

bereits zu diesem Zeitpunkt ein Kursverlust einstellt und die Anleger nicht mehr die Möglichkeit haben, sich zu einem vom Delisting unbeeinflussten Börsenpreis von ihren Aktien zu trennen.[943]

Und auch die teilweise gewählten Abfindungsregelungen[944] waren aus verschiedenen Gründen für sich genommen wenig geeignet, den Anlegerschutz effektiv zu gewährleisten. Ohne auf die inhaltlichen Einzelheiten der verschiedenen Abfindungsregelungen einzugehen,[945] lässt sich dies schon auf einen mangelhaft ausgestalteten Rechtsschutz für betroffene Anleger zurückführen. Denn bereits das Bestehen eines (verwaltungs-)gerichtlich durchsetzbaren Anlegerschutzes wurde zumindest bis zum Inkrafttreten der Neuregelung Ende November 2015 teilweise bestritten.[946] Auch wenn nach der hier vertretenen Ansicht § 39 Abs. 2 BörsG (a. F.) und über den Verweis in Abs. 5 auch die Regelungen der Börsenordnungen drittschützende Wirkung zu Gunsten der von einem Delisting betroffenen Anleger entfalteten, war schon der Zugang zu einem effektiven Rechtsschutz in diesem Sinne nicht abschließend gesichert. Eine klare gesetzliche Ausgestaltung des Rechtsschutzes war damit schon aus Gründen der Rechtssicherheit angezeigt.

Jedoch selbst wenn man diese Unsicherheit außer Acht lässt, erschien die bestehende Ausgestaltung des Rechtsschutzes ausnahmslos gegen den Bestand des Delistings als solches über den Verwaltungsrechtsweg nicht interessengerecht. Denn Ziel des verwaltungsgerichtlichen Verfahrens, gestützt auf eine Missachtung des Anlegerschutzes im Sinne des § 39 Abs. 2 BörsG a.F. konkretisiert durch die jeweiligen Börsenordnungen, wäre stets zwingend die Kassation des Verwaltungsaktes – des Widerrufs durch die Börsengeschäftsführung. Zivilgerichtlicher Rechtsschutz war hingegen weder gegen das Fehlen eines von einer Börsenordnung etwaig vorgeschriebenen Hauptversammlungsbeschlusses noch gegen ein zu niedrig bemessenes Erwerbsangebot möglich.[947] Dass es in den meisten Fällen in erster Linie aber um die finanziellen Interessen der Anleger geht und damit hauptsächlich die Höhe einer zu zahlenden Abfindung streitig ist, berücksichtigte diese Lösung nicht. Stattdessen war sie auf der einen Seite häufig nicht geeignet, das Rechtsschutzziel eines finanziell angemessenen Ausgleichs für die betroffenen Anleger effizient zu erreichen, auf der anderen Seite für die Gesellschaft sperrig und umständlich, da erst mit dem rechtskräftigen Abschluss etwaiger

---

943 Vgl. zur Empirie bereits oben C.I.2.

944 Vgl. zu den Börsenordnungen nach der „*Frosta*“-Entscheidung mit Abfindungregelungen bereits oben D.III.1.b)bb).

945 Zu der gebotenen Methode zur Bestimmung der angemessenen Höhe des Angebots vgl. ausführlich unten F.II.4.b).

946 Vgl. negierend *Brellochs*, AG 2014, 633, 641 ff.; *Beck/Hedtmann*, BKR 2003, 190, 192 ff.; *Land/Behnke*, DB 2003, 2531, 2534; *Schmitt*, EWiR 2013, 673, 674; *Mayen*, ZHR 179 (2015), 1, 4 ff.; *Habersack*, in: Unternehmensfinanzierung am Kapitalmarkt, § 40 Rn. 23; ausführlich dazu bereits oben D.III.2.

947 Vgl. *Brellochs*, AG 2014, 633, 639; *Paschos/Klaaßen*, AG 2014, 33, 36; *Winter/Keßler*, Der Konzern 2014, 69, 72.

verwaltungsgerichtlicher Verfahren Rechtssicherheit hinsichtlich des Bestands des Delistings vorlag. Dass ein solcher Schwebezustand von beiden Seiten nicht angestrebt wird und daher die Ausnahme sein soll, hat auch der Gesetzgeber zutreffend erkannt, und in der Neuregelung den Bestand des Delistings und die Streitigkeiten über die Angemessenheit einer Abfindung getrennt, sodass heute nur noch in Ausnahmefällen eine verwaltungsrechtliche Anfechtungsklage in Betracht kommt.[948] Stattdessen soll regelmäßig losgelöst von dem Verwaltungsakt des Zulassungswiderrufs vor den Zivilgerichten über die Angemessenheit der finanziellen Kompensation gestritten werden können, um so *„einerseits dem veräußerungswilligen Anleger Rechtsschutz im Hinblick auf die Angemessenheit der Gegenleistung“* zu gewähren und andererseits sicherzustellen, *„dass das Delisting-Verfahren durchgeführt werden kann, ohne durch Streitigkeiten über die Höhe der Abfindung belastet zu werden.“*[949] Dieses Konzept steht auch mit dem System der Abfindungsansprüche im Aktien- und Umwandlungsrecht in Einklang, in dem abfindungsbezogene Streitigkeiten gerade ohne Einfluss auf den Bestand der jeweiligen Maßnahme bleiben.[950] Hinzu trat, dass bei der Ausgestaltung des Rechtsschutzes allein über die Börsenordnungen und der gerichtlichen Durchsetzung vor den Verwaltungsgerichten letztere wenig geeignet zur Klärung der im Kern regelmäßig kapitalmarktrechtlichen und abfindungsbezogenen Rechtsfragen erscheinen. Die gesellschaftsrechtlichen bzw. kapitalmarktrechtlichen Fragestellungen, insbesondere zur Ordnungsgemäßheit einer Abfindung, hätten stattdessen den sachnäheren Zivilgerichten zugewiesen werden müssen.[951] Der vor der Einführung der Neureglung bestehende Rechtsschutz war damit auch in dieser Hinsicht stark verbesserungswürdig.

Problematisch und insbesondere der Rechts- und Planungssicherheit abträglich waren die Regelungen daneben auch noch in anderer Hinsicht: Dies lag zum einen daran, dass die Börsenordnungen jederzeit durch die Börsengeschäftsführung abänderbar sind[952], sodass die Anleger zum maßgeblichen Zeitpunkt ihrer Investitionsentscheidung nicht absehen konnten, welche Anforderungen im Falle eines späteren Delistings die jeweilige Börsenordnung an das Delisting stellen würde.

Zum anderen leitet dieser Aspekt bereits über auf einen weiteren Grund dafür, dass die Börsenordnungen allein nur äußerst bedingt einen effektiven Anlegerschutz vermitteln konnten: Durch die dezentrale Ausgestaltung und die

---

948 Vgl. Beschlussempfehlung und Bericht des Finanzausschusses zum Gesetz zur Umsetzung der Transparenzrichtlinie-Änderungsrichtlinie, BT-Drucks. 18/6220, 86; dazu oben F.I.2.d)bb)(1).

949 Beschlussempfehlung und Bericht des Finanzausschusses zum Gesetz zur Umsetzung der Transparenzrichtlinie-Änderungsrichtlinie, BT-Drucks. 18/6220, 86.

950 Vgl. nur § 32 UmwG, §§ 304 Abs. 3 Satz 2, 305 Abs. 5 Satz 1, 320b Abs. 2 Satz 1, 327f Satz 1; ergänzend auch § 243 Abs. 4 Satz 2 AktG.

951 Vgl. insofern kritisch *Bayer*, ZfPW 2015, 163, 222; *Habersack*, JZ 2014, 147, 148; *Wicke*, DNotZ 2015, 488, 492.

952 Vgl. *Kubis*, in: MüKo-AktG, 3. Aufl., 2013, § 119 Rn. 87.

jederzeitige Abänderbarkeit fanden sich in den jeweiligen Statuten der Börsen sowohl im Grundsatz als auch in der detaillierten Ausgestaltung verschiedenste Regelungsmodelle. Für die Anleger bedeutete dies, dass sie sich mit den einzelnen Börsenordnungen detailliert auseinandersetzen mussten, um die Risiken eines Delistings einschätzen zu können. Dieser hohe Informationsaufwand führte wiederum zu gesteigerten Transaktionskosten, die gerade bei der Rechtsform der (börsennotierten) Aktiengesellschaft nicht gewollt sind und dem Charakter der Aktie als standardisiertes Produkt[953] widersprachen. Hinzu traten Zweifel daran, ob und gegebenenfalls wann sich die breite Masse der Aktionäre der Bedeutung der Regelungen der Börsenordnungen überhaupt bewusst würde.[954]

Eine von einigen Autoren als Lösung präsentierte Regulierung über den Wettbewerb[955] hätte sich im Zweifel sogar eher zu Lasten der Anleger auswirken können, da die Börsenplätze nicht nur um Anleger konkurrieren, sondern auch direkt um börsenreife Gesellschaften. Deren Leitung wird die Statuten der in Frage kommenden Börsen regelmäßig im Rahmen einer umfassenden rechtlichen Beratung genauestens prüfen. Ein Wettbewerb hätte sich daher in erster Linie um die Gunst der Aktiengesellschaften durch wenig strenge Anforderungen für ein Delisting entwickeln können. Jedenfalls private Anleger hingegen kalkulierten zumindest bisher wohl noch kaum die Gefahr eines Delistings ein und prüften für jede Gesellschaft gesondert die verschiedenen Anforderungen an ein Delisting.[956] Ein funktionierender Wettbewerb setzt jedoch eine umfassende Information der beteiligten Akteure voraus, die mithin auf Seiten der Anleger nicht ohne Weiteres angenommen werden kann.[957] Eine wirksame Regulierung über einen Wettbewerb der Börsenordnungen, bei dem der Anleger vor jeder Investitionsentscheidung die Statuten der in Rede stehenden Handelsplätze zu prüfen hätte, war daher weder realistisch noch erstrebenswert.

e) Ebenfalls kein ausreichender Anlegerschutz über die Verankerung der Börsennotierung in der Satzung

Ein ausreichender Anlegerschutz hätte – möglicherweise – auch durch die Festschreibung der Börsennotierung in der Satzung erreicht werden können. Doch auch hierbei bestanden schon hinsichtlich der rechtlichen Zulässigkeit eines solchen Vorgehens noch größere Unsicherheiten als bei der Frage nach dem

953 Vgl. *Koch*, in: Hüffer/Koch, AktG, § 23 Rn. 34; *A. Arnold*, in: KK-AktG, § 23 Rn. 130; *Pentz*, in: MüKo-AktG, § 23 Rn. 6.

954 In diese Richtung auch *Drygala*, VGR 2015, 75, 77.

955 Vgl. *Paschos/Klaaßen*, AG 2012, 33, 34; ähnlich auch *Arnold/Rothenburg*, DStR 2014, 150, 155 f.; *Auer*, JZ 2015, 71, 76; *Thomale/Walter*, ZGR 2016, 679, 724.

956 Vgl. *Janßen*, Capital Online vom 18. August 2014.

957 Vgl. *Drygala*, VGR 2015, 75, 77.

verwaltungsgerichtlichen Rechtsschutz gegen das Delisting.[958] Auch wenn nach der hier vertretenen Auffassung der Verankerung der Börsennotierung in der Satzung einer Aktiengesellschaft grundsätzlich keine durchgreifenden rechtlichen Bedenken gegenüberstehen, so wurde dies im Nachgang an die *„Frosta"*-Entscheidung bei Weitem nicht einheitlich so beurteilt. [959] Allein dies führte zunächst zu einer großen tatsächlichen Unsicherheit, wollte man den Anlegerschutz nach Wegfall der *„Macrotron"*-Grundsätze allein über die Ausgestaltung der Satzungen und die informierte privatautonome Investitionsentscheidung der Anleger sichergestellt wissen.

Parallel zu den Erwägungen, die bereits oben zu einem effektiven Anlegerschutz über die Börsenordnungen angestellt wurden, leitet dies hin zu einer weiteren wesentlichen Schwäche dieses Lösungsansatzes. Denn eine effektive Regulierung über einen Wettbewerb der Satzungen unterstellt eine bewusste Entscheidung der Anleger im Rahmen ihrer Investition für oder wider eine bestimmte Satzung mit oder ohne festgeschriebene Börsennotierung. Zwar mögen institutionelle bei ihrer Anlageentscheidung tatsächlich regelmäßig alle verfügbaren Parameter einbeziehen[960], jedoch wären auch private Anleger, deren Interesse an der Aktiengesellschaft sich regelmäßig auf finanzielle Aspekte beschränkt und nicht die gesellschaftsrechtliche und unternehmerische Ebene umfasst, dazu genötigt, vor jeder Anlageentscheidung gewissenhaft die Satzung der in Rede stehenden Gesellschaft im Hinblick auf eine festgeschriebene Börsennotierung zu studieren. Dieser Transaktionsaufwand lässt sich mit dem Wesen der börsennotierten Aktie als standardisiertes und daher einfach handelbares Finanzprodukt nicht in Einklang bringen. Dies gilt umso mehr, will man die Attraktivität der Investition in Aktien für weniger spezialisierte (Privat-)Anleger steigern oder zumindest erhalten.

Grundsätzlich gleichermaßen private und institutionelle Investoren betrifft die Abänderbarkeit der Satzung. Jedenfalls in den Fällen, in denen eine Gesellschaft einen dominierenden Großaktionär hatte, der in erster Linie von dem Delisting profitiert hätte, war es naheliegend, dass dieser die erforderliche Mehrheit für eine Änderung der Satzung aufbringen konnte.[961] Zumindest abgeschwächt werden konnte diese Gefahr durch die grundsätzlich zulässige Festlegung einer größeren Kapitalmehrheit bis zur Grenze einer faktischen Änderungssperre, was jedoch auch bei sinnvollen Delistings zu einer großen Trägheit der Gesellschaft führte.[962]

---

958 Vgl. zu der umstrittenen Möglichkeit einer Verankerung der Börsennotierung in der Satzung im Nachgang der *„Frosta"*-Entscheidung oben oben D.II.2 und hinsichtlich der heutigen Rechtslage unten F.III.1.

959 Vgl. auch hierzu die Darstellung oben D.II.2.

960 Vgl. auf die gezielte und informierte Anlageentscheidung institutioneller Anleger hinweisend *Auer*, JZ 2015, 71, 76; ähnlich auch *Brellochs*, AG 2014, 633, 644.

961 Vgl. dazu bereits oben D.II.2.

962 Vgl. dazu in Bezug auf die heutige Rechtslage noch unten F.III.1.

Darüber hinaus nähren auch die gegen ein allein in Widerspruch zur Satzung stehendes Delisting zur Verfügung stehenden Rechtsschutzmöglichkeiten die Zweifel an der Effektivität eines so ausgestalteten Anlegerschutzes. Weder eine bedingt zielführende verwaltungs- noch eine ebenfalls die gesamte Maßnahme betreffende aktienrechtliche Anfechtungsklage wären gegen den Zulassungs-Widerruf entgegen der Satzung statthaft. Was bliebe, wäre in erster Linie, den Vorstand bei entsprechenden Anhaltspunkten auf Unterlassung des Widerrufsantrags (ggf. im Wege des Eilrechtsschutzes[963]) zu verklagen und so das gesamte Delisting zu verhindern oder ihn bei einem Delisting-Antrag entgegen der Satzung gegebenenfalls über das Institut des besonderen Vertreters nachträglich nach § 93 Abs. 2 AktG auf Schadensersatz in Anspruch zu nehmen.[964] Dabei wären jedoch die erheblichen praktischen Schwierigkeiten bei dem Nachweis eines durch das Delisting kausal eingetretenen Schadens der Gesellschaft zu bedenken. Mitunter scheint dieser Ansatz wenig zielführend, da der Schaden der betroffenen Anleger sich nicht (zwingend) in einem solchen der Gesellschaft widerspiegelt. Praktisch ähnlich schwierig erschiene die Geltendmachung eines Anspruchs aus § 826 BGB. Würde es den Anlegern gelingen, die hohen Hürden der Anspruchsbegründung zu überwinden, so obläge ihnen auch hier der Nachweis eines konkret durch das Delisting eingetretenen Schadens. Es wäre gegebenenfalls die Möglichkeit geblieben, an dieser Stelle auf die Grundsätze zum Kursdifferenzschaden zurückzugreifen, jedoch darf nicht verkannt werden, dass nicht allein der Kursverlust, sondern ebenfalls erhebliche Transparenzeinbußen sowie der Verlust der Möglichkeit, sich zu einem späteren Zeitpunkt (zu einem möglicherweise gestiegenen bzw. erholten Kurs) über die Börse von seinem Investment zu trennen, den Anleger treffen. [965] Naturalrestitution in Form der Stellung eines neuerlichen Zulassungsantrags durch die Geschäftsführung wäre darüber hinaus zwar denkbar, jedoch kaum praktikabel.[966]

Im Ergebnis lässt sich damit festhalten: Auch die Möglichkeit einer Verankerung der Börsennotierung gewährleistete weder materiell-rechtlich noch unter prozessualen Gesichtspunkten einen ausreichenden und interessengerechten Anlegerschutz. Nach Aufgabe der „*Macrotron*“-Grundsätze durch die „*Frosta*“-Entscheidung bestand akuter gesetzlicher Regelungsbedarf im Hinblick auf einen angemessenen Anlegerschutz bei einem Delisting.

---

963 Den Vorstandsmitgliedern kann in solchen Fällen durch eine einstweilige Verfügung (§§ 935, 938 ZPO) die Stellung des Widerrufsantrages untersagt werden; vgl. dazu *Spindler*, in: MüKo-AktG, § 82 Rn. 47.

964 Vgl. stellvertretend *Koch*, in: Hüffer/Koch, AktG, § 82 Rn. 14; *Spindler*, in: MüKo-AktG, § 82 Rn. 45.

965 Dazu später noch ausführlicher unter F.II.4.b)aa).

966 Vgl. dazu bereits oben D.II.1.

2. Verortung der Regelung

Wurde nun also dargelegt, dass eine Neuregelung durch den Gesetzgeber nach der „*Frosta*"-Entscheidung des BGH geboten war, so ist im Folgenden deren konkrete Ausgestaltung im Hinblick auf die Regelungsziele eines angemessenen Anlegerschutzes und die Attraktivität der Börsennotierung auch aus Unternehmenssicht zu untersuchen und zu bewerten.

Ausgangspunkt vieler Überlegungen in der Literatur[967] und im Rahmen des Gesetzgebungsverfahrens[968] war zunächst die Entscheidung darüber, ob eine Neuregelung zur Verbesserung des Anlegerschutzes im Aktien- oder im Kapitalmarktrecht zu verankern sei.[969] Vermischt wurde diese Frage dabei jedoch häufig in einem zu hohen Maß mit der inhaltlichen Ausgestaltung der Regelung insbesondere in Bezug auf die Abfindung: So wurde eine aktienrechtliche Lösung überwiegend von dem Lager befürwortet, welches ganz überwiegend eine Abfindung zum Unternehmenswert und eine gerichtliche Überprüfbarkeit im Spruchverfahren forderte.[970] Diejenigen hingegen, die eine zu zahlende Abfindung im Grundsatz am durchschnittlichen Börsenkurs ausrichten wollten und sich gegen deren Überprüfbarkeit im Spruchverfahren aussprachen, verorteten die Neureglung weitestgehend im Kapitalmarktrecht.[971]

Mit der Wahl des Regelungsstandortes entweder im Kapitalmarktrecht oder im Aktienrecht ist jedoch eine bestimmte inhaltliche Ausgestaltung der Delisting-Regelung gerade hinsichtlich der Abfindung nicht zwingend determiniert.[972] Vielmehr wäre grundsätzlich auch eine Regelung im Börsengesetz denkbar gewesen, nach der sich die Höhe einer angemessenen Abfindung – ähnlich wie bei den

---

967 Vgl. *Bayer*, ZIP 2015, 853, 857 f.; *ders.*, ZfPW 2015, 163, 223; *Buckel/Glindemann/Vogel*, AG 2015, 373, 375; *Thomale*, ZGR 2013, 686, 711 ff.; *Wicke*, DNotZ 2015, 488, 494 ff.; *Brellochs*, AG 2014, 633, 645 f.; *Habersack*, JZ 2014, 147, 149.

968 Vgl. *Noack*, Stellungnahme zur Aktienrechtsnovelle 2014 und zu einer Regelung des sog. Delisting, 7; *Habersack*, Stellungnahme zum Entwurf eines Gesetzes zur Änderung des Aktiengesetzes (Aktienrechtsnovelle), 7; *Koch*, Stellungnahme zur Aktienrechtsnovelle 2014 und Änderungsanträgen, 6.

969 Vgl. rückblickend *Drygala*, VGR 2015, 75, 77 f.

970 Vgl. ausführlich *Bayer*, ZIP 2015, 853, 857 f.; vgl. auch *Hirte*, Vorschlag zur Änderung des Spruchverfahrensgesetzes, 2; *Wicke*, DNotZ 2015, 488, 494 ff., der eine Regelung im Spruchverfahrensgesetz selbst vorschlug.

971 Vgl. *Brellochs*, AG 2014, 633, 645; *Noack*, Stellungnahme zur Aktienrechtsnovelle 2014 und zu einer Regelung des sog. Delisting, 7; *Thomale*, ZGR 2013, 686, 711 ff.; *Brellochs*, AG 2014, 633, 645 f.; *Habersack*, JZ 2014, 147, 149.

972 Darauf weisen zu Recht hin *Koch/Harnos*, NZG 2015, 729, 730 f.; *Buckel/Glindemann/Vogel*, AG 2015, 373, 375; vgl. *Koch*, Stellungnahme zur Aktienrechtsnovelle 2014 und Änderungsanträgen, 5 f.; *Sanders*, Delisting, 80 ff.; anders jedoch *Bayer*, ZfPW 2015, 163, 220 ff., der davon ausgeht, dass eine börsenrechtliche Lösung bereits systematisch Orientierung am Börsenkurs nach sich zöge; vgl. auch *Drygala*, VGR 2015, 75, 77; tendenziell auch *Gegler*, BKR 2016, 273.

bekannten Strukturmaßnahmen – nach dem Unternehmenswert bestimmt und für deren Überprüfung das Spruchverfahren statthaft ist. Eine solche Zwitterstellung findet sich insbesondere im Übernahmerecht und ist damit der Gesetzessystematik durchaus nicht fremd.[973] Legt man dies zu Grunde, so muss man erkennen, dass das Delisting als Vorgang isoliert gesehen eher in den Kontext des Börsenrechts passt. Denn im Gegensatz zu den Strukturmaßnahmen im Aktien- und Umwandlungsrecht stellt es keinen innergesellschaftlichen Vorgang dar, sondern betrifft die Aktionäre in ihrer Eigenschaft als Anleger und nicht als Mitglieder.[974] Durch das Delisting verändert sich nicht die Gesellschaft selbst, sondern der Markt, auf dem Anleger untereinander mit deren Aktien handeln können.

Schließlich streitet für die kapitalmarktrechtliche Ausgestaltung im Börsengesetz in systematischer Hinsicht die Einordnung des Delistings als *actus contrarius* zur unstreitig dem Börsenrecht zuzuordnenden Börsenzulassung.[975] Wenn es auch theoretisch möglich erschiene, die verwaltungsrechtliche Dimension des Delistings im Börsenrecht zu regeln und weitere (gesellschaftsrechtliche) Anforderungen in einem anderen Gesetz aufzustellen, so ist es doch überzeugender, die Voraussetzungen des Delistings zentral und umfassend im sachnahen Börsengesetz zu regeln. Die vom Gesetzgeber gewählte Einbettung in die bestehende Regelung in § 39 BörsG erscheint daher als systematisch stimmig.

Darüber hinaus weist die börsenrechtliche Lösung einen entscheidenden Vorteil gegenüber einer solchen im Aktienrecht auf: Von der Neuregelung im Börsengesetz werden über die Anknüpfung an der Zulassung zum regulierten Markt an einer deutschen Börse ohne Weiteres[976] auch in Deutschland zugelassene Wertpapiere ausländischer Emittenten erfasst, sodass eine Inländerdiskriminierung verhindert wird.[977] Eine solche gilt es sowohl aus rechtpolitischer Sicht als auch unter dem Gesichtspunkt eines effektiven und möglichst lückenlosen Anlegerschutzes

---

973 Vgl. *Koch/Harnos*, NZG 2015, 729, 730.

974 So auch ausdrücklich Beschlussempfehlung und Bericht des Finanzausschusses zum Gesetz zur Umsetzung der Transparenzrichtlinie-Änderungsrichtlinie, BT-Drucks. 18/6220, 84: *„Da es sich beim Delisting – ebenso wie beim Listing – um einen kapitalmarktrechtlichen Vorgang und nicht um eine gesellschaftsrechtliche Strukturmaßnahme handelt, ist eine Regelung im Börsengesetz sachgerecht.“*; vgl. auch *Casper*, in: FS Köndgen, 117, 141.

975 Vgl. *Casper*, in: FS Köndgen, 117, 141.

976 Dafür hätte es der Klarstellung durch den Gesetzgeber in § 39 Abs. 4 BörsG nicht bedurft; vgl. dazu bereits oben F.I.3.

977 Vgl. *Koch/Harnos*, NZG 2015, 729, 731; *Bayer*, ZfPW 2015, 163, 221; *Groß*, AG 2015, 812, 814; *Buckel/Glindemann/Vogel*, AG 2015, 373, 375; *Noack*, Stellungnahme zur Aktienrechtsnovelle 2014 und zu einer Regelung des sog. Delisting, 7; *Habersack*, Stellungnahme zum Entwurf eines Gesetzes zur Ändeurng des Aktiengesetzes (Aktienrechtsnovelle), 7; *Koch*, Stellungnahme zur Aktienrechtsnovelle 2014 und Änderungsanträgen, 6.

zwingend zu vermeiden.[978] Die vom Gesetzgeber gewählte Verortung der Neuregelung in § 39 BörsG vermag daher insgesamt zu überzeugen.

3. Kein Hauptversammlungsbeschluss

Auch die Entscheidung des Gesetzgebers gegen eine Beteiligung der Hauptversammlung beim Delisting vermag sowohl unter dogmatischen als auch unter praktischen Gesichtspunkten zu überzeugen. Nachdem bereits nach der Delisting-Entscheidung des BVerfG und dem „*Frosta*“-Beschluss des BGH weitgehend Einigkeit bestand, dass ein Hauptversammlungsbeschluss im Rahmen eines regulären Delistings nicht zu fordern sei[979], verfestigte sich diese zutreffende Auffassung im Hinblick auf die Neuregelung weiter.[980]

a) Absehen von Hauptversammlungsbeschluss systematisch überzeugend

Es überzeugt bereits aus systematischer Sicht, einen Hauptversammlungsbeschluss für das Delisting nicht zu fordern. Denn wie zuvor bereits dargelegt[981] stellt es weder eine Strukturmaßnahme dar noch ist es mit einer solchen strukturell zu vergleichen.[982] Die Aktionäre werden als Anleger und nicht als Gesellschafter betroffen – das Delisting betrifft in erster Linie die Handelbarkeit und den Wert

978 Vgl. *Buckel/Glindemann/Vogel*, AG 2015, 373, 375; so verweisen *Harnos*, ZHR 179 (2015), 750, 757, sowie *Koch/Harnos*, NZG 2015, 729, 731, auf die empirische Studie von *Bayer/Hoffmann*, AG 2015, R55, nach der im Jahre 2014 bei vier von 39 Delistings der Widerrufsantrag von einer ausländischen Gesellschaft gestellt wurde.

979 Vgl. dazu ausführlich bereits oben B.VI.3.b) sowie C.III.2.c)dd); so *Habersack*, ZHR 176 (2012), 463, 468 f.; *Kiefner/Gillessen*, AG 2012, 645, 654; *Bungert/Wettich*, DB 2012, 2265, 2268; *Thomale*, ZGR 2013, 686, 704; *Mense/Klie*, GWR 2013, 505, 508; *Arnold/Rothenburg*, DStR 2014, 150, 154; *Roßkopf*, ZGR 2014, 487, 497 f.; *Wasmann/Glock*, DB 2014, 105, 107; *Brellochs*, AG 2014, 633, 645; *Weidemann/Weiß*, BKR 2014, 169, 170; **a. A.**: *Klöhn*, NZG 2012, 1041, 1046; *Drygala/Staake*, ZIP 2013, 905, 912 ff.; *Stöber*, BB 2014, 9, 13 ff.; *Heidel/Lochner*, in: Heidel, AktG, Vor §§ 327a ff. Rn. 19.

980 Vgl. *Buckel/Glindemann/Vogel*, AG 2015, 373, 378; *Koch/Harnos*, NZG 2015, 729, 735; *Groß*, AG 2015, 812, 813 f.; *Bungert/Leyendecker-Langner*, ZIP 2016, 49, 50; *Noack*, Stellungnahme zur Aktienrechtsnovelle 2014 und zu einer Regelung des sog. Delisting, 8; *Verse*, in: FS Baums, Bd. II, 1317, 1321 f.; *Gegler*, BKR 2016, 273, 274 f.; **a. A.**: tendenziell *Bayer*, ZIP 2015, 853, 858; *ders.*, ZfPW 2015, 163, 223; *Wicke*, DNotZ 2015, 488, 494 ff.; vgl. *DAV*, Stellungnahme durch den Ausschuss Bank- und Kapitalmarktrecht zu dem Änderungsantrag der Fraktionen CDU/CSU und der SPD zum Entwurf des Gesetzes zur Umsetzung der Transparenzrichtlinie-Änderungsrichtlinie, hier: Delisting, 13.

981 Vgl. in verfassungsrechtlicher Hinsicht ausführlich oben C.II.1.

982 Mittlerweile ganz herrschende Auffassung, vgl. stellvertretend *Verse*, in: FS Baums, Bd. II, 1317, 1322.

eines Gutes und nicht das Gut (= Mitgliedschaft) selbst.[983] Als Anknüpfungspunkt für einen effektiven Anlegerschutz ist es daher auch nicht geboten, die nur mittelbar tangierte mitgliedschaftsrechtliche Dimension über gesellschaftliche Mitentscheidungsrechte zu schützen. Zu erkennen ist vielmehr, dass das Delisting die Veräußerbarkeit der Mitgliedschaft über die Börse betrifft. Dies berührt jedoch nicht unmittelbar die mitgliedschaftliche Stellung des Aktionärs, sondern einzig dessen Desinvestitionsmöglichkeiten als Kapitalanleger, sodass der gebotene Anlegerschutz allein in finanzieller Hinsicht über eine angemessene Abfindung zu realisieren ist.[984] An dieser systematischen Einordnung ändert auch der Umstand nichts, dass sich Anleger bei einem Delisting möglicherweise faktisch aus finanziellen Gründen zur Veräußerung ihres Investments gezwungen sehen können. Dieser Aspekt ist jedoch allein bei der Bemessung des auszugleichenden finanziellen Nachteils von Bedeutung. Denn auch dieses Ausstrahlen eines etwaigen wirtschaftlichen Veräußerungszwangs auf die mitgliedschaftliche Ebene ist im Kern finanzieller Natur und sollte daher auch auf dieser Ebene durch die Gewährung einer angemessenen Gegenleistung für die gesamte Mitgliedschaft kompensiert werden.[985]

Auch die besonderen Publizitätspflichten, die mit der Börsennotierung einhergehen und mit einem vollständigen Delisting wegfallen, dienen in erster Linie der Information und dem Schutz der Anleger als Handelsteilnehmer in ihrer Gesamtheit und der Funktionsfähigkeit des Kapitalmarktes[986] und betreffen daher nicht die Mitgliedschaft des Anlegers, sondern dessen Aktien als Anlageinstrument.[987] Auf den Wegfall dieser Informationsquellen durch ein Delisting ist daher ebenfalls nicht mit dem Mittel der gesellschaftlichen Mitbestimmung in der Hauptversammlung zu reagieren, sondern mit einem den finanziellen Anlegerinteressen entsprechenden finanziellen Ausgleich. Die Entscheidung des Gesetzgebers, im Rahmen der Neuregelung des Anlegerschutzes nach der „*Frosta*"-Entscheidung auf einen

---

983 Ähnlich *Koch/Harnos*, NZG 2015, 729, 735.

984 So *Arnold/Rothenburg*, DStR 2014, 150, 154; vgl. auch Beschlussempfehlung und Bericht des Finanzausschusses zum Gesetz zur Umsetzung der Transparenzrichtlinie-Änderungsrichtlinie, BT-Drucks. 18/6220, 86, worin auf einen umfassenden Anlegerschutz durch die detaillierte Abfindungsregelung verwiesen wird.

985 Vgl. dazu noch ausführlich unten F.II.4.b)aa).

986 Vgl. zum gesamten Insiderrecht nach MAR *Krause*, in: Handbuch zum Marktmissbrauchsrecht, § 10 Rn. 2; ausdrücklich zu Art. 17 MAR *Klöhn*, in: Klöhn, MAR, Art. 17 Rn 5; speziell zu § 15 WpHG (a. F., entspricht weitgehend Art. 17 Abs. 1 MAR) *Zimmer/Kruse*, in: Schwark/Zimmer, Kapitalmarktrecht, § 15 WpHG Rn. 6 oder zu § 21 WpHG (a. F.) präzise zwischen dem Schutz der Aktionäre und dem Schutz der Anleger unterscheidend *Schneider*, in: Assmann/Schneider, WpHG, Vor § 21 Rn. 18 f.

987 Anders wohl das Verständnis bei *Drygala/Staake*, ZIP 2013, 905, 908 ff., die das Delisting im Anschluss an die Delisting-Entscheidung des BVerfG aufgrund der zahlreichen Sondervorschriften als Formwechsel einordneten.

Hauptversammlungsbeschluss zu verzichten, überzeugt daher unter systematischen Aspekten ausnahmslos.

b) *Kein praktischer Mehrwert über Information hinaus*

Neben den systematischen Argumenten stützen auch pragmatische Erwägungen die gesetzgeberische Entscheidung gegen die Erforderlichkeit eines Hauptversammlungsbeschlusses.

So wird gegen einen obligatorischen Hauptversammlungsbeschluss mit Recht eingewandt, dass in der Vergangenheit in den allermeisten Fällen eines Delistings ohnehin ein Großaktionär die Maßnahme stützte, sodass ein Hauptversammlungsbeschluss – jedenfalls mit einfacher Mehrheit – weitgehend einen bloßen Formalakt darstellen würde.[988] Gestützt wird diese Erwägung nunmehr durch das gesetzlich angeordnete Abfindungsangebot, welches in der Praxis ebenfalls häufig allein von einem beherrschenden oder mehreren beherrschenden Aktionären gestemmt werden kann, sodass auf diese Weise regelmäßig bereits sichergestellt ist, dass der Widerrufsantrag von der Stimmenmehrheit getragen wird.[989]

Um dieser typischen Ausgangssituation zum Trotz über einen Hauptversammlungsbeschluss einen effektiven Schutz der Minderheit zu erreichen, wurde vereinzelt vorgeschlagen, bei der Entscheidung über das Delisting auf die Mehrheit der Minderheitsaktionäre abzustellen.[990] Ein solcher Ansatz überzeugt jedoch nicht. Nicht zuletzt würde so ein erhebliches Blockadepotential für die Minderheit geschaffen, da auch mit einem finanziell angemessenen Ausgleich keine Möglichkeit bestünde, ohne deren Zustimmung ein wirtschaftlich für den Emittenten sinnvolles Delisting zu betreiben.[991] Es entstünde so ein – zwar untypisches, jedoch nicht weniger problematisches – Ungleichgewicht zu Lasten des Mehrheitsaktionärs. Auch diesen betrifft das Delisting, sodass es nicht gerechtfertigt erscheint, ihm das zentralste Mitgliedschaftsrecht – sein Stimmrecht – generell zu verwehren und die Entscheidungskompetenz allein der Minderheit zu übertragen. Diese

---

988 Vgl. *Koch/Harnos*, NZG 2015, 729, 735; *Brellochs*, AG 2014, 633, 645; *Arnold/Rothenburg*, DStR 2014, 150, 154; *Noack*, Stellungnahme zur Aktienrechtsnovelle 2014 und zu einer Regelung des sog. Delisting, 8; *Verse*, in: FS Baums, Bd. II, 1317, 1321; vgl. zur Diskussion bereits im Anschluss an die *„Macrotron“*-Entscheidung des BGH oben B.III.4.a)bb). Plakativ daraus *Bungert*, BB 2000, 53, 55 und *Wirth/Arnold*, ZIP 2000, 111, 114 f., die das Erfordernis eines Hauptversammlungsbeschlusses als bloße *„Förmelei“* ansahen, sowie *Schiessl*, AG 1999, 442, 452, der einen solchen gar als *„Farce“* bezeichnete.

989 Vgl. *Brellochs*, AG 2014, 633, 645.

990 Vgl. *Zetzsche*, CBC-RPS 0053/2013 Online, 18.

991 Vgl. eine solche Lösung aus rechtsvergleichender Sicht für Deutschland zutreffend ablehnend *Verse*, in: FS Baums, Bd. II, 1317, 1321 f.; näher zur Unterscheidung zwischen *„gesunden und gefährlichen“* Gründen für ein Delisting *Thomale/Walter*, ZGR 2016, 679, 696 ff.

Einschätzung stützt auch die Systematik des deutschen Aktienrechts, wenn es auf den Fall widerstreitender Interessen von Mehrheitsaktionär und Minderheitsaktionären auch in anderen Fällen gerade nicht mit einem Stimmverbot, sondern mit detaillierten Regelungen zu einem angemessenen (finanziellen) Ausgleich reagiert.[992] Neben diesen Erwägungen wären ferner erhebliche praktische Abgrenzungsschwierigkeiten bei der Bestimmung der stimmberechtigten Minderheit zu erwarten. Man denke nur an den Fall, dass mehrere Aktionäre mit großen Beteiligungen unter 50 % gemeinsam ein Delisting betreiben wollten.

Was also an Mehrwert des Erfordernisses eines Hauptversammlungsbeschlusses bleibt, wenn man mit Recht davon ausgeht, dass die Beschlussmehrheit regelmäßig keine praktisch relevante Hürde darstellt, ist die Hauptversammlung als Informationsquelle für die Anleger. Befürwortet man allerdings die vom Gesetzgeber gewählte grundsätzliche Bemessung der angemessenen Angebotshöhe anhand des durchschnittlichen Börsenkurses, trägt dem dann verhältnismäßig geringen Informationsbedarf der Anleger bereits die nach § 39 Abs. 2 Satz 3 Nr. 1 BörsG zu erstellende Angebotsunterlage gebührend Rechnung. Doch auch, wenn man diesem Ansatz nicht folgt und stattdessen eine am Unternehmenswert orientierte Abfindung der Aktionäre fordert, so wird dem Informationsbedürfnis der betroffenen Anleger bereits effektiv durch die Angebotsunterlage Rechnung getragen.[993] Dies würde ferner auch systematisch im Hinblick auf die bereits oben dargelegte und vom Gesetzgeber gewollte Trennung von der Frage nach dem Bestand der Maßnahme und der nach einer angemessenen finanziellen Kompensation überzeugen. Unabhängig davon, ob man die Abfindung also nun am Börsenkurs ausrichten oder den anteiligen Unternehmenswert heranziehen will, brächte ein etwaiger Hauptversammlungsbeschluss folglich keinen Mehrwert für einen effektiven Anlegerschutz, da der Beschluss insbesondere nicht zur Information der Anleger benötigt wird.

Dem verschwindend geringen Mehrwert stünden ein unverhältnismäßiger Aufwand im Zusammenhang mit der Hauptversammlung und Risiken für den Emittenten gegenüber. Mag auch, wie oben bereits knapp angeführt, der immer wieder genannte und gefürchtete *„aktivistische Aktionär“* im Zusammenhang mit Delistings in der Vergangenheit eher Schreckgespenst als reale Gefahr gewesen sein, so ist doch zu konstatieren, dass bei einem weitgehend überflüssigen Hauptversammlungsbeschluss die Anfechtungsrisiken wegen formaler Fehler für die Gesellschaft unverhältnismäßig hoch erscheinen.[994] Auch wirtschaftlich sinnvolle

---

992 Als plakatives Beispiel führt *Verse*, in: FS Baums, Bd. II, 1317, 1323, den Abschluss eines Beherrschungsvertrags mit dem Mehrheitsaktionär an.

993 Vgl. *Koch/Harnos*, NZG 2015, 729, 735; *Verse*, in: FS Baums, Bd. II, 1317, 1321 f.; im Ergebnis auch *Buckel/Glindemann/Vogel*, AG 2015, 373, 379.

994 Vgl. zu der nur vermeintlichen Gefahr der *„aktivistischen Aktionäre“* im Zusammenhang mit Delistings in der Vergangenheit oben E.II; darauf hinweisend aber *Buckel/Glindemann/Vogel*, AG 2015, 373, 379.

Delistings, bei denen den Anlegerinteressen durch eine angemessene Abfindung Genüge getan wird, würden durch das Erfordernis eines Hauptversammlungsbeschlusses ohne Not verkompliziert und es entstünden weiter Unwägbarkeiten für einen etwaigen Bieter und den Emittenten selbst, ohne auf der anderen Seite einen echten Mehrwert für den Anlegerschutz mit sich zu bringen.

c) *Einstimmiger Hauptversammlungsbeschluss als Ausnahme von der Angebotspflicht*

Überlegenswert wäre – wohl nur *de lege ferenda*[995] – allein eine Ausnahme von der Abfindungspflicht bei Vorliegen eines einstimmigen Hauptversammlungsbeschlusses: So könnte beispielsweise in Konstellationen, in denen eine Kosteneinsparung durch den Rückzug von der Börse zwingend notwendig ist und den Vorteilen der Börsennotierung für die Anleger demgegenüber kaum mehr Bedeutung zukommt, eine einstimmige Abstimmung in der Hauptversammlung ausnahmsweise eine Abfindung entbehrlich machen.[996] Auf diese Weise könnte eine Lähmung jedenfalls in Extremfällen verhindert werden, in denen ein Delisting unstreitig zum Vorteil aller Anleger – der Vorteil der Gesellschaft wird regelmäßig nicht ausreichen – gereicht und daher auch ausnahmsweise eine Stimmbindung der Aktionäre aus deren mitgliedschaftlicher Treuepflicht denkbar wäre. [997] Welche praktische Relevanz jedoch eine solche Regelung haben würde, erscheint fraglich. Jedenfalls dürfte die Bindung der Aktionäre nur in Ausnahmefällen anzunehmen sein, um die berechtigte gesetzgeberische Intention eines effektiven Anlegerschutzes nicht zu unterlaufen. Dies ergibt sich auch aus der Systematik der Bindung durch Treupflicht selbst, die wesentlich geringer ist, wenn es um die Ausübung eigennütziger Rechte geht.[998] Dies ist bei einer Entscheidung über das Delisting in der Hauptversammlung, die gleichzeitig einem Verzicht auf einen finanziellen

---

995 *Brellochs*, Stellungnahme im Rahmen der Anhörung des Finanzausschusses des Deutschen Bundestags am 7. September 2015 zum Gesetzesentwurf der Bundesregierung „Entwurf eines Gesetzes zur Umsetzung der Transparenzrichtlinie-Änderungsrichtlinie", BT-Drucks. 18/5010 und zum Änderungsantrag der Fraktionen der CDU/CSU und SPD zum Delisting vom 31. August 2015, 21, erwägt sogar eine teleologische Reduktion *de lege lata*.

996 Vgl. *Brellochs*, Stellungnahme im Rahmen der Anhörung des Finanzausschusses des Deutschen Bundestags am 7. September 2015 zum Gesetzesentwurf der Bundesregierung „Entwurf eines Gesetzes zur Umsetzung der Transparenzrichtlinie-Änderungsrichtlinie", BT-Drucks. 18/5010 und zum Änderungsantrag der Fraktionen der CDU/CSU und SPD zum Delisting vom 31. August 2015, 21; *Kastl*, Der Rückzug kapitalmarktfähiger Unternehmen von der Börse, 342.

997 Vgl. zur Stimmbindung durch Treuepflicht BGHZ 129, 136 = NJW 1995, 1739 = AG 1995, 368; *Bungeroth*, in: MüKo-AktG, Vor § 53a § 75 Rn. 27; *Koch*, in: Hüffer/Koch, AktG, § 53a Rn. 20.

998 Vgl. *Koch*, in: Hüffer/Koch, AktG, § 53a Rn. 17.

Ausgleich durch die betroffenen Anleger gleichkommen würde, unstreitig der Fall. Übrig blieben danach – wie oben angedeutet – in erster Linie Fälle, in denen den Vorteilen der Gesellschaft durch ein Delisting effektiv kaum mehr Nachteile für die Aktionäre gegenüberstehen, und Sanierungssituationen, in denen ein dringendes Interesse der AG einen entsprechenden Beschluss zwingend erforderlich macht.[999]

4. Übernahmerechtliches Angebot nach § 39 Abs. 2 Satz 3 Nr. 1 BörsG

a) *Sachlicher Anwendungsbereich und Ausnahmen*

aa) *Erstreckung der Angebotspflicht auf Fälle des Downlistings*

Wie bereits dargestellt, hat sich der Gesetzgeber trotz der Annäherung des (qualifizierten) Freiverkehrs an den regulierten Markt, zuletzt durch die Marktmissbrauchsverordnung (MAR)[1000], und trotz empirischer Studien, die für Downlistings bis dato kaum spürbare Kursverluste feststellen[1001], für das Erfordernis eines Abfindungsangebots nach § 39 Abs. 2 Satz 3 Nr. 1 BörsG auch bei einem Downlisting aus dem regulierten Markt in den Freiverkehr entschieden.[1002] Diese Entscheidung überzeugt sowohl unter systematischen als auch unter praktischen Gesichtspunkten.[1003]

---

999 Vgl. zu gesteigerten Treupflichten in Sanierungssituationen *Seibt*, ZIP 2014, 1909, 1910f.; *Koch*, in: Hüffer/Koch, AktG, § 53a Rn. 20; zu Delisting in der Insolvenz ausführlich *Häller*, ZIP 2016, 1903.

1000 VO Nr. 596/2014 des Europäischen Parlaments und des Rates vom 16. April 2016.

1001 Vgl. *Bayer/Hoffmann*, AG 2015, R55, R57; *Thomale/Walter*, ZGR 2016, 679, 709 ff.

1002 Vgl. instruktiv zu den Auswirkungen auf den Freiverkehr *Rubner/Pospiech*, GWR 2016, 228.

1003 Die Anwendung der anlegerschützenden Regeln auch bei einem Rückzug in den qualifizierten Freiverkehr begrüßend *Buckel/Glindemann/Vogel*, AG 2015, 373, 376; *Bayer*, ZfPW 2015, 163, 224; *ders.*, ZIP 2015, 853, 858 f.; *ders.*, NZG 2015, 1169, 1176; *Drygala*, VGR 2015, 75, 80; *Arnold/Rothenburg*, DStR 2014, 150, 154; *Groß*, AG 2015, 812, 814; *Wicke*, DNotZ 2015, 488, 497; *Koch/Harnos*, NZG 2015, 729, 731 f.; *Noack*, Stellungnahme zur Aktienrechtsnovelle 2014 und zu einer Regelung des sog. Delisting, 8; *Koch*, Stellungnahme zur Aktienrechtsnovelle 2014 und Änderungsanträgen, 6; *Habersack*, Stellungnahme zum Entwurf eines Gesetzes zur Änderung des Aktiengesetzes (Aktienrechtsnovelle 2014), 7; *Verse*, in: FS Baums, Bd. II, 1317, 1319 ff.; *Harnos*, ZHR 179 (2015), 750, 755; **a. A.** unter Verweis auf die fehlenden Kursverluste *Bungert/Leyendecker-Langner*, DB 2015, 2251, 2253; *Seibt*, Stellungnahme in Thesenform für die öffentliche Anhörung im Deutscher Bundestag-Finanzausschuss am 7. September 2015 zum (Regierungs-)Entwurf eines Gesetzes zur Umsetzung der Transparenzrichtlinie-Änderungsrichtlinie vom 26. Mai 2015 (BT-Drucks. 18/5010) nebst Änderungsanträgen; *Thomale/Walter*, ZGR 2016, 679, 719; in diesem Punkt der Kritik zustimmend *Kocher/Seiz*, DB 2016, 153; *Linnerz/*

Zunächst ist nochmals in Erinnerung zu rufen, welche Gründe hinter der Entscheidung des Gesetzgebers und seinerzeit des BGH in dessen „*Macrotron*"-Entscheidung standen, eine Abfindungszahlung für den Fall des Delistings zwingend vorzuschreiben: Durch den Verlust der Börsennotierung werde die faktische Veräußerbarkeit der betroffenen Aktien derart eingeschränkt, dass dies nur zulässig sein sollte, wenn dafür eine finanzielle Kompensation gewährt würde. [1004] Ein von den meisten Studien im Hinblick auf ein Downlisting allein betrachteter Kursverlust dient insofern zwar als verhältnismäßig leicht messbarer Indikator für die Nachteile der betroffenen Anleger durch die Maßnahme, jedoch dürfen weitere zentrale Auswirkungen wie insbesondere eine verminderte Liquidität darüber nicht aus den Augen verloren werden. Genau ein solcher Liquiditätsverlust ließ sich tatsächlich in der Vergangenheit auch bei Downlistings regelmäßig feststellen, sodass eine Gleichbehandlung von De- und Downlisting bereits unter diesem Aspekt durchaus gerechtfertigt erscheint.[1005]

(1) Fortbestehendes Regelungsgefälle zwischen Freiverkehr und reguliertem Markt

Weiter ist zu konstatieren, dass trotz der Annäherung der beiden Marktsegmente aus der Sicht der Anleger noch immer ein zu beachtendes Regelungsgefälle besteht. So gelten weiterhin insbesondere die sowohl dem Anleger- als auch dem Funktionsschutz dienenden Vorschriften über die Beteiligungspublizität (§§ 33 ff. WpHG)[1006] nach § 33 Abs. 4 WpHG nur für börsennotierte Gesellschaften – nicht aber im Freiverkehr.[1007] Praktisch ebenfalls von großer Bedeutung sind die Bestimmungen zur Stärkung der rechtlichen Stellung von Minderheitsaktionären bei Unternehmensübernahmen im WpÜG[1008], für dessen Anwendbarkeit es nach § 1 Abs. 1 WpÜG

Freyling, BB 2017, 1354, 1357 ff., die sich gleichzeitig aus wenig überzeugenden Gründen für die analoge Anwendung des § 39 BörsG auf den Rückzug aus dem qualifizierten Freiverkehr aussprechen.

1004 Vgl. Beschlussempfehlung und Bericht des Finanzausschusses zum Gesetz zur Umsetzung der Transparenzrichtlinie-Änderungsrichtlinie, BT-Drucks. 18/6220, 85; BGHZ 153, 47, 54 f. = NJW 2003, 1032, 1034 = NZG 2003, 280, 282.

1005 Vgl. *Doumet/Limbach/Theissen*, ZfbF 2016, 253; darauf hinweisend auch *Harnos*, ZHR 179 (2015), 750, 754.

1006 Vgl. RL 2004/109/EG, Erwägungsgründe 1, 7 und 27; Regierungsentwurf zum Zweiten Finanzmarktförderungsgesetz, BT-Drucks. 12/6679, 33, 52; Regierungsentwurf zum Anlegerschutz- und Funktionsverbesserungsgesetz, BT-Drucks. 17/3628, 17; *Schürnbrand*, in: Emmerich/Habersack, Aktien- und GmbH-Konzernrecht, Vor §§ 21 ff. WpHG Rn. 1.

1007 Vgl. *Verse*, in: FS Baums, Bd. II, 1317, 1320; kritisch hingegen *von Berg*, Marktrückzug, 441 f.

1008 Vgl. allgemein zum Zweck des WpÜG Regierungsentwurf zum WpÜG, BT-Drucks. 14/7034, 30.

auf die Zulassung zum regulierten Markt ankommt. Speziell das Pflichtangebot bei Kontrollwechsel nach § 35 WpÜG ist daher bei einer Notierung im – auch qualifizierten – Freiverkehr nicht erforderlich. Ferner knüpfen zahlreiche Regelungen des Aktiengesetzes an der Börsennotierung i. S. d. Definition in § 3 Abs. 2 AktG an. Es besteht mithin auch nach Inkrafttreten der MAR weiterhin ein deutliches Regelungsgefälle zwischen dem regulierten Markt und dem Freiverkehr allgemein. Selbst wenn für einzelne Freiverkehrssegmente in den Geschäftsbedingungen der Börsen konkret vergleichbare Regelungen angeordnet werden, so sind die privatrechtlichen Regelwerke jederzeit weitgehend durch den Börsenbetreiber abänderbar.[1009]

(2) Klassische Funktionen der Marktsegmente

Für die getroffene Unterteilung spricht weiterhin die den einzelnen Marktsegmenten gesetzgeberisch zugeteilte Rolle im Zusammenspiel der verschiedenen Handelsplätze. Während die Notierung im regulierten Markt eine besondere Seriosität verbürgt, soll der Freiverkehr Emittenten einen attraktiven Einstieg in den Kapitalmarkt ermöglichen.[1010] Dieser klassischen Aufteilung entspricht die nunmehr vom Gesetzgeber in § 39 Abs. 1 BörsG aufgegriffene Anknüpfung an der Zulassung zum regulierten Markt. Denn so steht es jedem Anleger frei, den *„sicheren Hafen"*[1011] des regulierten Marktes anzusteuern, der seit jeher durch ein besonders hohes Anlegerschutzniveau und eine staatliche Organisation charakterisiert wird. Auf der anderen Seite hat gleichzeitig auch ein jeder Emittent die Möglichkeit, sich je nach seinen konkreten Bedürfnissen für die gesteigerte Seriosität im regulierten Markt oder für den allgemein – und nun insbesondere hinsichtlich des Börsenrückzugs – weniger streng reglementierten, privatrechtlich ausgestalteten Freiverkehr zu entscheiden. Der Einwand zu hoher Marktzutrittsschranken durch die gesetzlichen Anforderungen an ein reguläres Delisting[1012] lässt sich so zumindest insofern entkräften, als Unternehmen, die ein Going Public in Betracht ziehen, sich jedoch gleichzeitig bereits die Möglichkeit eines erneuten Going Private offenhalten möchten, zunächst die Notierung im Freiverkehr als ersten Schritt an den Kapitalmarkt wählen können. Anleger, die sich bewusst für ein solches Investment im Freiverkehr entscheiden, sind in diesem Segment – trotz teilweise erheblicher Kursverluste beim Verlassen desselben – zugleich aufgrund der hier nur geringeren gerechtfertigten Erwartungen weniger schutzwürdig, sodass die Nicht-Anwendung der Anlegerschutzregeln in § 39 BörsG gerechtfertigt erscheint.[1013]

1009 Vgl. *Harnos*, ZHR 179 (2015), 751, 755.

1010 Vgl. *Koch/Harnos*, NZG 2015, 729, 732.

1011 *Buckel/Glindemann/Vogel*, AG 2015, 373, 376.

1012 Vgl. zu dieser Kritik *Bayer*, ZfPW 2015, 163, 169 f. mit Hinweis auf Argumentation der Geschäftsführung der Frankfurter Wertpapier Börse.

1013 In diese Richtung auch *Buckel/Glindemann/Vogel*, AG 2015, 373, 376.

Im Ergebnis entsteht auf diese Weise ein allokativer Wettbewerb zwischen reguliertem Markt und Freiverkehr, in dessen Rahmen die einzelnen Marktakteure entsprechend ihrer Interessen verschiedene Handlungsalternativen haben. Dabei können die Marktteilnehmer sich durch die Neuregelung anhand des klaren, verhältnismäßig leicht zu bestimmenden Parameters des regulierter Marktes bewusst für oder gegen einen besonderen gesetzlichen Anlegerschutz im Falle eines Delistings entscheiden, statt eine unübersichtliche Vielfalt an jederzeit änderbaren Regelungen in Satzungen der Börsen oder der Emittenten in jedem Einzelfall überblicken und bewerten zu müssen.[1014] Für die Entscheidung des Emittenten für ein bestimmtes Handelssegment im Rahmen eines Going Public gilt dies genauso wie für den einzelnen Anleger bei dessen Anlageentscheidung. Und auch wenn kaum alle potentiellen Aktionäre konkret die Möglichkeit eines Delistings in diese Entscheidung einbeziehen werden, so werden doch Anleger, die generell besonderen Wert auf ein hohes Anlegerschutzniveau und eine staatliche Regulierung legen, im Zweifel entweder direkt im regulierten Markt investieren oder jedenfalls solche Investmentfonds bevorzugen, die ihr Kapital allein in entsprechende Werte im regulierten Markt anlegen, und letztlich ihren Interessen entsprechend jedenfalls mittelbar unter den Schutz des § 39 Abs. 2 BörsG fallen.

(3) Kohärente Regelung

Ferner fügt sich das gewählte Konzept – anders als eine Grenzziehung erst unterhalb des (qualifizierten) Freiverkehrs es getan hätte – ohne Friktionen in das bestehende Regelungsgefüge ein. So knüpft die Vorschrift zum kalten Delisting im Rahmen einer rechtsformwahrenden Verschmelzung in § 29 Abs. 1 Satz 1 2. Fall UmwG ebenfalls an der Börsennotierung an.[1015] Nicht nur aus Gründen der systematischen Kohärenz war ein Widerspruch zu der Regelung für das reguläre Delisting durch den Gesetzgeber hier zu vermeiden. Auch praktisch hätten unterschiedliche Anknüpfungspunkte in § 39 BörsG und § 29 Abs. 1 Satz 1 2. Fall UmwG dazu geführt, dass die umwandlungsrechtliche Abfindungspflicht durch ein dann abfindungsfreies Downlisting weiterhin umgangen werden könnte.[1016]

Schließlich ist eine Unterscheidung zwischen einfachem und qualifiziertem Freiverkehr dem Aktiengesetz genauso fremd wie die Unterscheidung zwischen einer nur im Freiverkehr notierten Gesellschaft und einer solchen, deren Anteile lediglich über andere nicht von den Börsen betriebene Handelsplattformen vertrieben werden. Wollte man den Anlegerschutz statt am Rückzug vom regulierten Markt am Verlassen des qualifizierten Freiverkehrs anknüpfen, so müsste

1014 Vgl. zu der hier abgelehnten Regulierung allein über einen Wettbewerb der Börsenplätze und Satzungen oben F.II.1.d).

1015 Vgl. zu der gesetzgeberischen Wertung in § 29 Abs. 1 Satz 1 2. Fall UmwG für das reguläre Delisting bereits oben C.III.2.c).

1016 Ähnlich auch *Buckel/Glindemann/Vogel*, AG 2015, 373, 376; zu Umgehungskonstellationen in der Folge der „*Frosta*"-Entscheidung vgl. bereits oben E.I.1.

künstlich eine bisher im Gesetz so nicht vorgesehene Unterteilung vorgenommen werden. Eine solche Regelung wäre dann jedoch zwingend erforderlich, um die Umgehung des gesetzlichen Anlegerschutzes im Wege eines gestuften Delistings zu verhindern.[1017] Dies wiederum hätte erhebliche Abgrenzungsprobleme mit sich gebracht, da das Gesetz wie oben angeführt keine Unterscheidung zwischen qualifiziertem und einfachem Freiverkehr kennt und die konkrete Ausgestaltung der Freiverkehrssegmente den privatrechtlich organisierten Börsen obliegt, sodass eine Grenzziehung praktisch kaum möglich erscheint.[1018] Einzig klares Abgrenzungskriterium, welches das Gesetz *de lege lata* liefert, ist und bleibt hingegen die Börsennotierung nach § 3 Abs. 2 AktG.[1019] Noch immer knüpfen an diesen Begriff zudem zahlreiche Sonderregelungen des Aktienrechts an, sodass auch von dieser Warte aus betrachtet die vom Gesetzgeber getroffene Unterscheidung plausibel erscheint.[1020] Im Ergebnis vermag diese Grenzziehung damit durchgehend zu überzeugen. Es wäre hingegen systemfremd – im Hinblick auf § 29 Abs. 1 Satz 1 2. Fall UmwG wie dargelegt sogar widersprüchlich – und impraktikabel, für den gesetzlichen Anlegerschutz nicht auf die Zulassung zum regulierten Markt abzustellen, sondern ein Downlisting nicht zu erfassen und stattdessen erst an das Absinken unter die Stufe des (qualifizierten) Freiverkehrs anzuknüpfen.[1021]

Soll die ursprüngliche Rollenverteilung zwischen reguliertem Markt und Freiverkehr *de lege ferenda* jedoch vollends aufgegeben werden, so müsste dies konsequenterweise gesetzesübergreifend geschehen und der Begriff der Börsennotierung insbesondere in § 3 Abs. 2 AktG und in § 29 Abs. 1 Satz 1 2. Fall UmwG angepasst werden als auch die Anwendbarkeit des WpÜG und der §§ 33 ff. WpHG für Werte im Freiverkehr durch den Gesetzgeber sichergestellt werden und damit die neue Einteilung gesetzlich anerkannt werden. Erst nach einer solchen *„großen Lösung"* wäre dann auch im Rahmen von § 39 Abs. 2 BörsG an diesem Kriterium anzuknüpfen. Der qualifizierte Freiverkehr würde für Anleger dann dem regulierten Markt

---

1017 Vgl. ähnlich jedoch mit anderem Ergebnis *Linnerz/Freyling*, BB 2017, 1354, 1358; *Sanders*, Delisting, 131; vgl. auch schon die Argumentation in der Diskussion zum Downlisting nach der „*Macrotron*"-Entscheidung oben B.III.4.d) und wiederum nach der Entscheidung des BVerG zum Delisting aus dem Jahr 2012 oben B.VI.4.

1018 Kritisch dazu auch schon *Koch*, Stellungnahme zur Aktienrechtsnovelle 2014 und Änderungsanträgen, 6; vgl. auch *Verse*, in: FS Baums, Bd. II, 1317, 1320; *Kocher/Seiz*, DB 2016, 153.

1019 „Börsennotiert im Sinne dieses Gesetzes sind Gesellschaften, deren Aktien zu einem Markt zugelassen sind, der von staatlich anerkannten Stellen geregelt und überwacht wird, regelmäßig stattfindet und für das Publikum mittelbar oder unmittelbar zugänglich ist."

1020 Vgl. §§ 76 Abs. 4, 87 Abs. 1 Satz 2, 93 Abs. 6, 96 Abs. 2 und 3, 100 Abs. 2 Satz 1 Nr. 4, 111 Abs. 5, 120 Abs. 4, 134 Abs. 1 Satz 2, Abs. 3 Satz 3 und 4, 142 Abs. 2 Satz 1, 161 Abs. 1, 171 Abs. 2 Satz 2 AktG; so auch *Verse*, in: FS Baums, Bd. II, 1317, 1320.

1021 Darauf weisen zu Recht hin *Koch/Harnos*, NZG 2015, 729, 731 f.; so aber tendenziell *Linnerz/Freyling*, BB 2017, 1354, 1358 ff.

in seiner rechtlichen Ausgestaltung und Seriosität umfassend gleichgestellt werden, sodass sich die oben angestellten Erwägungen zur bewussten Entscheidung der Marktteilnehmer auf die dann neu zentral im Gesetz verankerte Unterscheidung übertragen ließen. Es hätte mithin eine Entscheidung zwischen dem sicheren Hafen des regulierten Marktes *und* dem diesem dann gleichgestellten qualifizierten Freiverkehr auf der einen Seite und dem weniger regulierten einfachen Freiverkehr und dem Handel an alternativen Handelsplätzen andererseits zu erfolgen. Die Anwendbarkeit der Anlegerschutzvorschrift müsste einzig und allein vom Unterschreiten dieser neuen klaren Grenze abhängen, damit neuerliche Abgrenzungsprobleme vermieden würden. Bis der Gesetzgeber eine solche große Lösung mit all den oben genannten Anpassungen vorgenommen hat, sollte es jedoch bei der getroffenen Unterscheidung bleiben, um Friktionen zu vermeiden und der *de lege lata* noch immer bestehenden gesetzlichen Grenzziehung zu entsprechen.

bb) Ausnahmen von der Angebotspflicht

(1) Partielles Delisting

Die Ausnahme von der Angebotspflicht in § 39 Abs. 2 Satz 3 Nr. 2 a) BörsG, die ein *partielles* Delisting auch ohne ein entsprechendes Abfindungsangebot zulässt, vermag uneingeschränkt zu überzeugen und ist auch nie ernsthaft in Frage gestellt worden.[1022]

Bleibt die Zulassung an einer anderen inländischen Börse zum Handel im regulierten Markt bestehen, behält der betroffene Anleger einen qualitativ gleichwertigen Handelsplatz und so auch eine gleichwertige Veräußerungsmöglichkeit. Dass allein der quantitative Verlust eines von mehreren gleichwertigen Handelsplätzen zu beachtenswerten Nachteilen für die Aktionäre führen würde, ist nicht bekannt, zumal auch die Geltung rechtlicher Sondervorschriften lediglich von der Börsennotierung als solcher abhängt, sodass sich Mehrfachnotierungen in dieser Hinsicht als irrelevant darstellen.

Wesentlich schwieriger gestaltet sich die Bewertung der Regelung des § 39 Abs. 2 Satz 3 Nr. 2 b) BörsG, die die Ausnahme des partiellen Delistings auf fortbestehende Zulassungen an organisierten Märkten in anderen Mitgliedstaaten der Europäischen Union und anderen Vertragsstaaten des Abkommens über den Europäischen Wirtschaftsraum erweitert, soweit für einen Widerruf der Zulassung zum Handel an diesen Märkten dem Abfindungsangebot der deutschen Regelung entsprechende Voraussetzungen gelten.

So war die Beschränkung auf Märkte innerhalb der Europäischen Union und des Europäischen Wirtschaftsraums bereits kurz nach Einführung der Regelung

1022 Vgl. *Habersack*, Stellungnahme zum Entwurf eines Gesetzes zur Änderung des Aktiengesetzes (Aktienrechtsnovelle 2014), 7; *ders.*, ZHR 176 (2012), 463, 464; *Koch/Harnos*, NZG 2015, 729, 732; *Wicke*, DNotZ 2015, 488, 497; *Kubis*, in: MüKo-AktG, § 119 Rn. 93.

Anlass für – in Teilen berechtigte – Kritik.[1023] Jedenfalls im Sinne des Anlegerschutzes angebracht erscheint es, aufgrund heute weitgehend gemeinschaftsrechtlich geprägter Publizitätsvorschriften ein ausgleichungspflichtiges Schutzgefälle für die Fälle einer fortbestehenden Notierung an einem organisierten Markt in einem anderen Mitgliedstaat der Europäischen Union oder einem anderen Vertragsstaaten des Abkommens über den Europäischen Wirtschaftsraum zu verneinen.[1024] Dies mag auf den ersten Blick in Widerspruch zu der Einbeziehung eines Downlistings in den qualifizierten Freiverkehr in den Anwendungsbereich der Abfindungspflicht aus § 39 Abs. 2 Satz 3 Nr. 1 BörsG stehen: Wenn doch im Falle von ausländischen Märkten die Geltung europäischer Transparenzanforderungen als ausreichend angesehen wird, warum soll dies nicht auch für den qualifizierten Freiverkehr gelten, der gerade aufgrund von solchen europäischen Vorgaben (zuletzt durch die MAR[1025]) immer weiter dem regulierten Markt gleicht? Verkannt werden darf jedoch nicht, dass wie bereits ausgeführt (noch immer) auch auf europäischer Ebene kein völliger Gleichlauf zwischen der Ausgestaltung des Anlegerschutzes im qualifizierten Freiverkehr und im regulierten Markt besteht.[1026] Ferner wird durch die Erfassung von fortbestehenden Notierungen nur in ausländischen *regulierten* Märkten sichergestellt, dass es sich dabei um öffentlich-rechtlich organisierte Märkte handelt, was einen wesentlichen Unterschied zur Konstellation des Downlisting darstellt. Gerade dies ist ein gewichtiger Grund für die Erfassung des Downlistings durch § 39 BörsG.[1027] Schließlich stellt sich im Falle einer fortbestehenden Notierung im Sinne des § 39 Abs. 2 Satz 3 Nr. 2 b) BörsG die für abfindungsfreie Downlistings zu befürchtende Umgehungsproblematik nicht, da ein gleichwertiger Anlegerschutz für den Fall eines Delistings am verbleibenden Markt gewährleistet sein muss.[1028] Der Fall eines Downlistings ist daher insgesamt nicht mit dem Fall eines partiellen Downlistings mit verbleibender Notierung an einem regulierten Markt i. S. v. § 39 Abs. 2 Satz 3 Nr. 2 b) BörsG vergleichbar, sodass es keinen Widerspruch darstellt, beide Fälle unterschiedlich zu behandeln.

Ist diese nur scheinbare Unstimmigkeit geklärt, ist jedoch weiterhin nicht auf den ersten Blick nachzuvollziehen, warum der Gesetzgeber große Märkte wie die New York Stock Exchange von vornherein aus dem Anwendungsbereich dieser

---

1023 Vgl. *Seibt*, Stellungnahme in Thesenform für die öffentliche Anhörung im Deutscher Bundestag-Finanzausschuss am 7. September 2015 zum (Regierungs-)Entwurf eines Gesetzes zur Umsetzung der Transparenzrichtlinie-Änderungsrichtlinie vom 26. Mai 2015 (BT-Drucks. 18/5010) nebst Änderungsanträgen, 8; *Groß*, AG 2015, 812, 815 f.; *Bungert/Leyendecker-Langner*, ZIP 2016, 49, 52; *Kastl*, Der Rückzug kapitalmarktfähiger Unternehmen von der Börse, 340.

1024 Vgl. *Koch/Harnos*, NZG 2015, 729, 732; *Harnos*, ZHR 179 (2015), 750, 773.

1025 VO Nr. 596/2014 des Europäischen Parlaments und des Rates vom 16. April 2016.

1026 Vgl. dazu bereits oben F.I.2.d)aa)(2).

1027 Vgl. zu der jederzeitigen Abänderbarkeit bereits oben F.II.1.d).

1028 Vgl. zu der engen Auslegung dieses Merkmals bereits oben F.I.2.a).

Ausnahme herausgenommen hat, obwohl diese eine große Fungibilität der Aktien und einen hohen Grad an Anlegerschutz[1029] gewährleisten könnten.[1030]

Diese kritische Sichtweise berücksichtigt jedoch nicht ausreichend das Ziel des Gesetzgebers, eine im Grundsatz einfach handhabbare Regelung, anhand derer die Börsengeschäftsführung eine schnelle und leicht überprüfbare Entscheidung über das *Ob* des Zulassungswiderrufs treffen kann, zu schaffen.[1031] Erforderlich dafür, und um Rechtsunsicherheiten sowohl für Anleger als auch für Emittenten in dieser Hinsicht zu vermeiden, ist die Schaffung präziser, genau definierter Tatbestandsmerkmale. Hätte der Gesetzgeber statt der örtlichen Beschränkung eine generelle Umschreibung, beispielweise im Sinne eines *„anderen organisierten Marktes,*[1032] *auf dem vergleichbare Preisbildungs und Anlegerschutzregelungen gelten"* gewählt, so hätte dies stetige Diskussionen und Unsicherheiten über die Auslegung des Tatbestandsmerkmals der *„Vergleichbarkeit"* der Regelungen an dem verbleibenden Handelsplatz zur Konsequenz gehabt. Über diese hätten in der Folge zunächst die Börsengeschäftsführung und regelmäßig anschließend die Verwaltungsgerichte in aufwändigen Anfechtungsverfahren entscheiden müssen.[1033] Gerade dieses Ergebnis ließe sich jedoch mit der berechtigten Intention des Gesetzgebers, schnell Rechtssicherheit über den Bestand des Zulassungswiderrufs zu ermöglichen und stattdessen den Schwerpunkt des gerichtlichen Rechtsschutzes auf die vermögensrechtliche Perspektive zu verlagern, nicht vereinen.

Als Alternative bliebe nur die umständliche und wenig praktikable Nennung aller Märkte außerhalb der EU und des EWiR, die der Gesetzgeber konkret als ausreichenden Ersatz für die Zulassung an einem nationalen regulierten Markt erachtet. Da für diese Märkte jedoch selbstredend die europäischen Mindeststandards keine Geltung entfalten, hätte der Gesetzgeber auf etwaige Änderungen des Schutzniveaus stets unverzüglich durch eine Anpassung des § 39 BörsG zu reagieren, sobald das Anlegerschutzniveau und oder andere für die Anleger wesentliche Regelungsaspekte durch eine Änderung nicht mehr mit denen zu vergleichen wären, die im regulierten Markt in Deutschland gelten.

1029 Vgl. zum US-amerikanischen Recht *Kirmse*, in: Beiträge zum Transnationalen Wirtschaftsrecht, 14 f.

1030 Vgl. kritisch *Groß*, AG 2015, 812, 816; *Bungert/Leyendecker-Langner*, ZIP 2016, 49, 52; *Kastl*, Der Rückzug kapitalmarktfähiger Unternehmen von der Börse, 340 f.

1031 Vgl. Beschlussempfehlung und Bericht des Finanzausschusses zum Gesetz zur Umsetzung der Transparenzrichtlinie-Änderungsrichtlinie, BT-Drucks. 18/6220, 86; dazu schon oben F.I.2.d)aa)(2).

1032 Vgl. den Vorschlag von *Kastl*, Der Rückzug kapitalmarktfähiger Unternehmen von der Börse, 389, der jedoch keinerlei Einschränkung zu geltenden Anlegerschutzvorschriften an dem verbleibenden Marktplatz außerhalb der Situation des Delistings enthält.

1033 Es wären regelmäßig zeit- und kostenintensive Gutachten über die Vergleichbarkeit von (den Verwaltungsgerichten gegebenenfalls zunächst gänzlich unbekannten) ausländischen Regelungen einzuholen.

Es erscheint somit im Ergebnis gerechtfertigt, dass der Gesetzgeber sich mit der klaren Begrenzung auf organisierte EU- und EWiR-Märkte für ein möglichst hohes Maß an Rechtssicherheit für Börsengeschäftsführungen, Anleger und betroffene Emittenten im Hinblick auf die Rechtmäßigkeit und damit den Bestand der Widerrufsentscheidung entschieden hat. Dass dies im Hinblick auf einzelne große und seriöse Handelsplätze außerhalb der EU und des EWiR – wie beispielweise die New York oder Tokyo Stock Exchange – zu auf den ersten Blick befremdlichen Ergebnissen führt, ist unter dieser Prämisse hinzunehmen.[1034]

(2) Insolvenz

Ob und wie ein Delisting nach der Eröffnung des Insolvenzverfahrens unter erleichterten Voraussetzungen möglich ist, war bereits zu Zeiten der „*Macrotron*"-Rechtsprechung vereinzelt thematisiert worden.[1035] Auch von verschiedenen Börsenordnungen wurde das Thema aufgegriffen und die Anforderungen für ein Delisting für die Fälle der Insolvenz wurden abgesenkt.[1036] Der Gesetzgeber hat jedoch in § 39 Abs. 2 Satz 3 BörsG keine Ausnahme von der Abfindungspflicht für den Fall der Insolvenz des Emittenten vorgesehen. Auch Wertpapiere insolventer Emittenten fallen daher nach dem Wortlaut der Vorschrift unter den Anwendungsbereich des Abfindungsangebots nach § 39 Abs. 2 Satz 3 Nr. 1 BörsG.

Würde man auch in der Situation der Insolvenz des Emittenten strikt am Erfordernis des Abfindungsangebots festhalten, so würde dies regelmäßig auf eine faktische Delisting-Sperre hinauslaufen: Denn von der (drohend) zahlungsunfähigen (§§ 17 f. InsO) oder überschuldeten Gesellschaft (§ 19 InsO) können in der Insolvenz finanzielle Mittel für die Zahlung einer Abfindung an die Aktionäre aufgebracht werden. Auch ein Großaktionär oder Investor wird in der Insolvenz kaum ein Angebot zum Erwerb der von einem etwaigen Delisting betroffenen

---

1034 Eine nachgelagerte Frage wäre ferner die nach einem vergleichbaren Anlegerschutz zur Verhinderung von Umgehungspotentialen, vgl. insofern zum Fehlen eines verpflichtenden Abfindungsangebots im US-amerikanischen Recht *Verse*, in: FS Baums, Bd. II, 1317, 1323 f.

1035 Vgl. auf die Diskussion vor der „*Frosta*"-Entscheidung des BGH hinweisend *Haas/Mock*, in: Insolvenzrechts-Handbuch, 4. Aufl., 2010, § 93 Rn. 78; gegen eine Anwendung bisher auch *Grub/Streit*, BB 2004, 1397, 1406; *Kreymborg/Land/Undritz*, ZInsO 2011, 71, 72 ff.; *Ott/Brauckmann*, ZIP 2004, 2117, 2122; *Schlette/Bouchon*, in: Fuchs, WpHG, § 11 Rn. 15; *Kamischke*, Kapitalmarktrechtliche Pflichten in der Insolvenz, 174 f.; *Schulz*, Der Debt to Equity Swap in der Insolvenz, 306 f.; *Warmer*, Börsenzulassung und Insolvenz der Aktiengesellschaft, 348; **a. A.**: *Lau*, Die börsennotierte Aktiengesellschaft in der Insolvenz, 59.

1036 Vgl. § 56 Abs. 6 BörsO Düsseldorf vom 18. Dezember 2014; im Vorfeld der Neuregelung eine Ausnahme befürwortend auch *Koch*, Stellungnahme zur Aktienrechtsnovelle 2014 und Änderungsanträgen, 7.

Wertpapiere abgeben.[1037] Dies gilt gerade in den Fällen, in denen eine Sanierung nicht in Aussicht steht und damit gleichzeitig der Nutzen einer fortbestehenden Börsenzulassung deren Kosten keinesfalls mehr aufwiegen kann, sodass aus wirtschaftlicher Sicht ein Delisting eigentlich zwingend geboten wäre.[1038]

Es fragt sich daher, ob dieses jedenfalls aus Sicht des Emittenten (und dessen Gläubigern) unbefriedigende Ergebnis gerechtfertigt ist durch schützenswerte Interessen der betroffenen Anleger.

Wenn man der Abfindungspflicht bei einem Delisting richtigerweise rein vermögensrechtlichen und nicht mitgliedschaftsrechtlichen Charakter beimisst, so erscheint eine Ausnahme nach Eröffnung des Insolvenzverfahrens aus teleologischer Sicht dann gerechtfertigt, wenn eben der vermögensrechtliche Wert der Beteiligung in dieser Situation gen Null tendiert. Im Falle der Liquidation sind die Anleger als Anteilseigner nachrangig zu befriedigen (vgl. § 199 Satz 2 InsO), sodass den Anteilen nach Eröffnung des Insolvenzverfahrens praktisch kaum mehr ein messbarer Vermögenswert zukommt.[1039] Und auch im Falle der Sanierung einer Aktiengesellschaft, in dem der Erhalt der Beteiligung und die Erholung des Wertes grundsätzlich zumindest in Aussicht steht, kommt es regelmäßig im Rahmen des Insolvenzplans zu einer Kapitalherabsetzung auf Null.

Zwar ist nach alledem zu bedenken, dass jedenfalls theoretisch Konstellationen denkbar sind, in denen ein verbleibender Wert des Investments grundsätzlich für eine Abfindungspflicht auch in der Insolvenz spricht. Jedoch ist in diesen Konstellationen die insolvenzrechtliche Wertung der nachrangigen Befriedigung der Anteilseigner (vgl. § 199 Satz 2 InsO) zu beachten: Selbst wenn ein – in der Regel verschwindend geringer – Wert der Aktie verbleiben sollte, haben die vermögensrechtlichen Interessen der Aktionäre gegenüber der Befriedigung der Insolvenzgläubiger zurückzustehen, sodass ein Delisting zum Zwecke der Kostensenkung und des Erhalts der Insolvenzmasse aus teleologischer Sicht ohne Pflichtangebot nach § 39 Abs. 2 Satz 3 Nr. 1 BörsG zulässig sein muss. Die ohnehin bereits stark eingeschränkten Aktionärsinteressen rechtfertigen im Fall der Insolvenz keinen weitergehenden Anlegerschutz.

Das Fehlen einer Ausnahme von der Abfindungspflicht kann jedoch aufgrund der inhaltlichen Befassung mit der Sondersituation der Insolvenz im Gesetzgebungsverfahren[1040] nicht als planwidrig bezeichnet werden, sodass die Regelung des § 39 Abs. 2 Satz 3 Nr. 1 BörsG ab Eröffnung der Insolvenz nicht bereits bereits

---

1037 Vgl. *Häller*, ZIP 2016, 1903, 1905; ähnlöich wie hier jedoch für eine entsprechende Ausnahme *de lege ferenda*: *von Berg*, Marktrückzug, 461 f.

1038 Ähnlich *Häller*, ZIP 2016, 1903.

1039 Vgl. dazu *Lau*, Die börsennotierte Aktiengesellschaft in der Insolvenz, 87; *Häller*, ZIP 2016, 1903, 1907; *Kocher/Widder*, NZI 2010, 925, 931.

1040 Vgl. den Hinweis im Bericht des Finanzministeriums, 4 f., (n. v.) in der Anlage zu *Wissenschaftliche Dienste*, Dokumentation WD4-3000–019/18.

de lege lata im Wege der teleologischen Reduktion unangewendet bleiben kann.[1041] Da die Anwendung der Regelungen des § 39 BörsG in der Insolvenz auch der bisher gelebten Praxis entspricht, ist eine Aufnahme der Ausnahme für den Fall der Insolvenz des Emittenten in den Gesetzestext in jedem Fall unverzichtbar.[1042]

(3) Vorheriges Übernahmeangebot

Wesentlich intensiver als eine Ausnahme von der Abfindungspflicht in der Insolvenz des Emittenten wurde im Vorfeld der Neufassung des § 39 BörsG eine Ausnahme für den Fall eines bereits im Vorfeld des Delistings gestellten Übernahmeangebots diskutiert. So entfesselte ein entsprechender Regelungsentwurf der Regierungskoalition[1043] einen Sturm der Entrüstung insbesondere im Lager der Anlegerschutzverbände.[1044] Nach § 39 Abs. 2 Satz 3 Nr. 2 der vorgeschlagenen

---

1041 Im Ergebnis zustimmend, jedoch teilweise bereits *de lege lata*, *Verse*, in: FS Baums, Bd. II, 1317, 1324; *Kastl*, Der Rückzug kapitalmarktfähiger Unternehmen von der Börse, 341; im Vorfeld der Neuregelung auch *Koch/Harnos*, NZG 2015, 729, 732; tendenziell auch *Brellochs*, Stellungnahme im Rahmen der Anhörung des Finanzausschusses des Deutschen Bundestags am 7. September 2015 zum Gesetzesentwurf der Bundesregierung „Entwurf eines Gesetzes zur Umsetzung der Transparenzrichtlinie-Änderungsrichtlinie“, BT-Drucks. 18/5010 und zum Änderungsantrag der Fraktionen der CDU/CSU und SPD zum Delisting vom 31. August 2015, 22; **a. A.**: *Häller*, ZIP 2016, 1903, 1907 f.

1042 Vgl. aus der Praxis den Fall der insolventen Asian Bamboo AG, für deren Aktien der Insolvenzverwalter nach einer Ad-hoc-Mitteilung vom 6. Juni 2016 den Widerruf der Zulassung zum regulierten Markt der Frankfurter Wertpapierbörse beantragte, ohne dass ein Erwerbsangebot vorgelegt wurde. Daraufhin erging ein Ablehnungsbescheid der Geschäftsführung der Frankfurter Wertpapierbörse, der nach der Rücknahme des Widerspruchs durch den Insolvenzverwalter am 30. Dezember 2016 rechtskräftig wurde.

1043 Vgl. Gesetzesentwurf der Regierungskoalition vom 31. August 2015, abgedruckt in SpruchZ vom 3. September 2015, Nr. 13, 280 ff.

1044 Vgl. *DSW*, Öffentliche Anhörung zu dem Gesetzentwurf der Bundesregierung „Entwurf eines Gesetzes zur Umsetzung der Transparenzrichtlinie-Änderungsrichtlinie“, BT-Drucksache 18/5010, hier: Stellungnahme der Deutschen Schutzvereinigung für Wertpapierbesitz e.V., 7; *SdK*, Stellungnahme der SdK zum Änderungsantrag der Fraktionen der CDU/CSU und SPD zum Entwurf eines Gesetzes zur Umsetzung der Transparenzrichtlinie-Änderungsrichtlinie, Bundestagsdrucksache 18/5010, kurz „Delisting“, 2, 8 ff.; *BRAK*, Stellungname Nr. 37/2015, Oktober 2015 zum Änderungsantrag vom 31. August 2015 zum Entwurf eines Gesetzes zur Umsetzung der Transparenzrichtlinie-Änderungsrichtlinie (Delisting) – BT-Drucks. 18/5010 –, , 6; aus der Wissenschaft *Drygala/Peres*, Legal Tribune Online vom 7. September 2015; *Wackerbarth*, Fernuni-Hagen-Blog vom 30. Juli 2015; **a. A.** und sogar für eine Ausweitung des Zeitraums der Erleichterung *Seibt*, Stellungnahme in Thesenform für die öffentliche Anhörung im Deutscher Bundestag-Finanzausschuss am 7. September 2015 zum (Regierungs-)Entwurf eines Gesetzes zur Umsetzung der Transparenzrichtlinie-Änderungsrichtlinie vom 26. Mai 2015 (BT-Drucks. 18/5010) nebst

Neuregelung des BörsG sollte ein Delisting ohne Abfindungsangebot auch dann zulässig sein, wenn

> *„nicht länger als sechs Monate vor der Antragstellung ein Übernahme- oder Pflichtangebot nach den Vorschriften des Wertpapiererwerbs- und Übernahmegesetzes abgewickelt wurde, das auf den Erwerb aller Wertpapiere, die Gegenstand des [Delisting-] Antrags sind, gerichtet war."*

Treibend für die vorgeschlagene Ausnahme war die Überlegung, dass Anleger, welche ein Übernahmeangebot bewusst nicht annähmen und damit die Chance zur Desinvestition sehenden Auges verstreichen ließen, im Hinblick auf ein nachfolgendes Delisting nicht mehr schutzwürdig seien. Gleiches gelte für Anleger, die erst nach einem Übernahmeangebot Aktien des Emittenten erwürben.[1045] Beide Anlegergruppen hätten aufgrund des Übernahmeangebotes mit einem späteren Delisting rechnen müssen und daher bei dieser Gelegenheit eine freie Desinvestitionsentscheidung treffen oder von der Investition von vornherein absehen können.

Diesen Thesen ist entschieden entgegenzutreten und der Entscheidung des Gesetzgebers gegen eine entsprechende Ausnahme vollumfänglich zuzustimmen. Es stellt gerade keine freie Desinvestitionsentscheidung dar, wenn der Anleger – allein um sich vor den negativen Auswirkungen eines in Aussicht gestellten Delistings zu schützen – ein aus seiner Sicht eigentlich unangemessenes Übernahmeangebot annehmen muss.[1046] Durch eine solche Regelung wäre das oben bereits als Folge der „*Frosta*"-Entscheidung dargestellte[1047] und im Grundsatz bereits aus Zeiten vor der „*Macrotron*"-Rechtsprechung gefürchtete[1048] Szenario eines Druckaufbaus mittels der unverbindlichen Ankündigung eines Delistings gesetzlich verankert worden. Zentrale Aufgabe des Gesetzgebers bei der Neufassung der Regelung zum Zwecke des Anlegerschutzes war es jedoch gerade, solche Konstellationen, in denen einseitig die Regelungen zum Delisting von einem Großaktionär ausgenutzt werden können, um die (Klein-)Anleger zur Annahme eines

---

Änderungsanträgen, 8 f.; *Bungert/Leyendecker-Langner*, DB 2015, 2251, 2253; *Bungert*, DB Heft 25 M5.

1045 Vgl. Begründung zum Gesetzesentwurf der Regierungskoalition vom 31. August 2015, abgedruckt in SpruchZ vom 3. September 2015, Nr. 13, 280 ff.; F.I.1.d).

1046 Zutreffend insofern *BRAK*, Stellungname Nr. 37/2015, Oktober 2015 zum Änderungsantrag vom 31. August 2015 zum Entwurf eines Gesetzes zur Umsetzung der Transparenzrichtlinie-Änderungsrichtlinie (Delisting) – BT-Drucks. 18/5010 –, 6; *SdK*, Stellungnahme der SdK zum Änderungsantrag der Fraktionen der CDU/CSU und SPD zum Entwurf eines Gesetzes zur Umsetzung der Transparenzrichtlinie-Änderungsrichtlinie, Bundestagsdrucksache 18/5010, kurz „Delisting", 8; *Casper*, in: FS Köndgen, 117, 145.

1047 Vgl. oben E.I.1.d).

1048 Vgl. schon *Anders/Pfüller*, NZG 2003, 459, 462; *Steck*, AG 1998, 460.

Übernahmeangebots zu „*erpressen*"[1049], zu verhindern. Es sei an dieser Stelle nur kurz auf die taktischen Möglichkeiten für einen Großaktionär hingewiesen, auch wenn tatsächlich nach dem Übernahmeangebot ein Delisting erfolgen sollte: Wäre die vorgeschlagene Regelung tatsächlich Gesetz geworden, so wäre für die Angemessenheit des Angebots im Sinne des § 31 WpÜG auf den Zeitraum drei Monate vor dem Übernahmeangebot abzustellen gewesen, welches wiederum bis zu sechs Monaten vor dem Antrag auf Widerruf der Börsenzulassung gelegen haben könnte. Im Ergebnis hätte also auf diesem Wege eine völlig andere Berechnungsgrundlage herbeigeführt werden können als vom Gesetzgeber in § 39 Abs. 2 Satz 3 Nr. 1 BörsG (Durchschnittskurs der letzten sechs Monate vor der Antragstellung) vorgesehen. Auch die anderen Modifikationen für das Angebot im Rahmen eines Delistings, die der Gesetzgeber gegenüber § 31 WpÜG bewusst vorgenommen hat, hätten so umgangen werden können.

Darüberhinaus ist auch nicht zu erkennen, warum Anleger aufgrund eines vorangegangenen Übernahmeangebots im Hinblick auf ein späteres Delisting weniger schutzwürdig wären. Es mag zutreffen, dass nach einem Übernahmeangebot häufig Veränderungen in der Gesellschaft stattfinden, jedoch ist nicht nachvollziehbar, wieso derjenige Anleger, der sich gegen die Annahme des Angebots zu einem aus seiner Sicht möglicherweise (zu diesem Zeitpunkt) unangemessenen und nur an § 31 WpÜG ausgerichteten Preis entscheidet, diesen Veränderungen im Hinblick auf ein Delisting schutzlos ausgeliefert sein sollte. Eine Wertung oder Regelung, nach der ein Übernahmeangebot den Anlegerschutz für die Zukunft außer Kraft setzen würde und ablehnende Anleger auf diese Weise faktisch bestrafen würde, ist dem deutschen Kapitalmarktrecht fremd und mit den Wertungen des WpÜG im Übrigen nicht vereinbar.[1050] Auch ersetzt ein Pflichtangebot nach § 35 Abs. 1 Satz 1 WpÜG den Anlegerschutz nicht, sondern soll ihn vielmehr verbessern und ergänzen, indem eine Exit-Möglichkeit geboten wird, um nach einer Übernahme faktisch *trotz* des gesetzlichen Anlegerschutzes bestehende Schutzlücken zu kompensieren.[1051] Insbesondere wird der aus Sicht der Minderheitsaktionäre bestehenden Gefahr begegnet, dass es nach einer Übernahme zu Gewinn- und Vermögensverlagerungen zu ihren Lasten kommt, die von dem Einzelausgleichsystem der §§ 311 ff. AktG unter Umständen nicht zureichend erfasst werden.[1052] Aufgrund

---

1049 *Kastl*, Der Rückzug kapitalmarktfähiger Unternehmen von der Börse, 308.

1050 Vgl. auf § 39a WpÜG hinweisend *Wackerbarth*, Fernuni-Hagen-Blog vom 30. Juli 2015.

1051 Vgl. Regierungsentwurf zum WpÜG, BT-Drucks. 14/7034, 30; *Meyer*, in: Angerer/Geibel/Süßmann, WpÜG, § 35 Rn. 9.

1052 Vgl. *Schlitt/Ries*, in: MüKo-AktG, § 35 WpÜG Rn. 5; *Cahn/Senger*, FB 2002, 277, 290; *Fleischer/Kalss*, Das neue Wertpapiererwerbs- und Übernahmegesetz, 132; *Hommelhoff/Witt*, in: Haarmann/Schüppen, WpÜG, Vor §§ 35 bis 39 Rn. 33; *Meyer*, in: Angerer/Geibel/Süßmann, WpÜG, § 35 Rn. 9; *Baums/Hecker*, in: Baums/Thoma, WpÜG, Vor § 35 Rn. 90 (August 2016).

des Bestehens eines Übernahmeangebotes gerade eine Schutzwürdigkeit der Anleger generell zu verneinen, würde dem Zweck der Regelung über das Pflichtangebot diametral entgegenstehen.

Eine Ausnahme von der Angebotspflicht für die Fälle eines vorherigen Übernahmeangebots hätte somit aus den aufgezeigten Gründen auch den intendierten Anlegerschutz für das Delisting in einem wesentlichen Punkt *ad absurdum* geführt und sogar ins Gegenteil verkehrt: Denn im Gegensatz zum *Status-quo* vor der Neuregelung hätte der rückzugswillige Emittent bei Erfüllung der Voraussetzungen des § 39 BörsG (n. F.) wohl nicht einmal mehr die einzelnen Regelungen der Börsenordnungen – sei es auch nur eine verlängerte Wirksamkeitsfrist – beachten müssen.[1053] Es ist daher uneingeschränkt zu begrüßen, dass der Gesetzgeber letztendlich die berechtigte Kritik gehört hat und rechtzeitig Abstand von einer solchen Gestaltung des § 39 BörsG genommen hat.[1054]

Dass sich das Delisting-Angebot mit einem Übernahmeangebot kombinieren lässt, ist hingegen nicht zu beanstanden und wird auch von der BaFin gebilligt, solange das Übernahmeangebot die Voraussetzungen des § 39 BörsG erfüllt, insbesondere dessen Höhe nach dem 6-Monats-Durchschnittskurs bestimmt ist und bedingungsfrei ist.[1055]

b) Bemessung des Angebots

Kernpunkt der Diskussion um den Anlegerschutz bei einem Delisting ist auch nach der Einführung des neuen § 39 BörsG wie schon bereits in deren Vorfeld die Bemessung der angemessenen Kompensation der Anleger. Es stehen sich dabei

1053 Vgl. zutreffend *DSW*, Öffentliche Anhörung zu dem Gesetzentwurf der Bundesregierung „Entwurf eines Gesetzes zur Umsetzung der Transparenzrichtlinie-Änderungsrichtlinie“, BT-Drucksache 18/5010, hier: Stellungnahme der Deutschen Schutzvereinigung für Wertpapierbesitz e.V., 7.

1054 Vgl. *DSW*, Öffentliche Anhörung zu dem Gesetzentwurf der Bundesregierung „Entwurf eines Gesetzes zur Umsetzung der Transparenzrichtlinie-Änderungsrichtlinie“, BT-Drucksache 18/5010, hier: Stellungnahme der Deutschen Schutzvereinigung für Wertpapierbesitz e.V., 7; *SdK*, Stellungnahme der SdK zum Änderungsantrag der Fraktionen der CDU/CSU und SPD zum Entwurf eines Gesetzes zur Umsetzung der Transparenzrichtlinie-Änderungsrichtlinie, Bundestagsdrucksache 18/5010, kurz „Delisting“, 8; aber auch *Groß*, AG 2015, 812, 817; *BRAK*, Stellungname Nr. 37/2015, Oktober 2015 zum Änderungsantrag vom 31. August 2015 zum Entwurf eines Gesetzes zur Umsetzung der Transparenzrichtlinie-Änderungsrichtlinie (Delisting) – BT-Drucks. 18/5010 –, 6; *Drygala/Peres*, Legal Tribune Online vom 7. September 2015; *Kastl*, Der Rückzug kapitalmarktfähiger Unternehmen von der Börse, 307 ff.

1055 Vgl. den Bericht des Finanzministeriums zur Evaluierung des § 39 BörsG, 3 f., (n. v.) in der Anlage zu *Wissenschaftliche Dienste*, Dokumentation WD4-3000-019/18; vgl. zu den zuzulassenen Ausnahmen gerade zur Gewährleistung eines effektiven Anlegerschutzes unten F.II.4.c).

im Wesentlichen zwei Lager gegenüber: Auf der einen Seite stehen die Befürworter einer Orientierung des Angebots am durchschnittlichen Börsenkurs in einem näher zu bestimmenden Referenzzeitraum, in der Sache häufig mit Parallelen zum Übernahmerecht, für die sich letztendlich auch der Gesetzgeber entschieden hat. Häufig sind es auch diejenigen Stimmen, die eine börsenrechtliche Verortung der Problematik befürworten, wobei sich dieser Zusammenhang wie bereits oben dargelegt nicht als zwingend darstellt.[1056] Die Gegenauffassung will hingegen die Höhe des Angebots – im Ergebnis wie bei Strukturmaßnahmen – nach dem vollen Beteiligungswert bestimmen. Meist geht damit einher konsequenterweise die Forderung nach einer Überprüfbarkeit der Angebotshöhe im Spruchverfahren.

aa) Ermittlung des vollen Anteilswertes als angemessene Kompensation

Für die Bestimmung der angemessenen Kompensation bei einem Delisting ist zunächst herauszuarbeiten, worin letztlich der durch das Delisting verursachte auszugleichende wirtschaftliche Verlust der Anleger besteht.

Unmittelbar werden durch das Delisting – wie vom Gesetzgeber im Grundsatz zutreffend erkannt – lediglich die leichtere Handelbarkeit der Aktie sowie teilweise deren rechtlicher Rahmen beeinträchtigt; die Mitgliedschaft der Aktionäre als solche wird hingegen nicht berührt.[1057] Daraus wird teilweise der vorschnelle Schluss gezogen, die Berechnung der zu leistenden Abfindung habe anders als in den Fällen der Umwandlung (§ 29 UmwG) oder des Squeeze-outs (§ 327b AktG) nicht anhand des vollen Wertes der Anteile zu erfolgen, sondern könne ohne Weiteres von dem durchschnittlichen Börsenkurs im Rahmen einer einfachen Rechenoperation abgeleitet werden.[1058] Jedoch greift dieser Gedanke deutlich zu

---

1056 Vgl. dazu oben unter F.II.2.

1057 Vgl. Beschlussempfehlung und Bericht des Finanzausschusses zum Gesetz zur Umsetzung der Transparenzrichtlinie-Änderungsrichtlinie, BT-Drucks. 18/6220, 84 mit Verweis auf BVerfGE 132, 99 = NJW 2012, 3081 = NZG 2012, 826; zustimmend oben C.II.1; vgl. ferner *Middelberg*, Plenarprotokoll 18/127, 12379: *„Jetzt haben einige Kritiker gesagt: Ihr müsst aber eigentlich die alte Rechtssituation wiederherstellen, Entschädigung zum Ertragswert, Spruchverfahren usw. – Wir meinen, dass das nicht der Fall sein sollte. Denn beim Delisting verliert man nicht den Anteilswert an sich, sondern man verliert nur die Handelbarkeit dieses Anteilswertes an der Börse. Das ist etwas anderes als beim Squeezeout, wenn man aus dem Unternehmen hinausgedrückt wird. Dann muss man eine Entschädigung zum Ertragswert erhalten, also zum eigentlichen Wert des Anteils. Beim Delisting verliere ich nur den Wert der Handelbarkeit der Aktie. Das ist etwas anderes. Deshalb ist es angemessen, hierbei auf den Börsenkurs abzustellen.“*

1058 Vgl. so bereits im Vorfeld der Neuregelung im November 2015 *Brellochs*, AG 2014, 633, 645; *ders.*, BZ vom 9. Mai 2015, 13; *Buckel/Glindemann/Vogel*, AG 2015, 373, 375; *Bungert/Leyendecker-Langner*, DB 2015, 2251, 2254; *Seibt*, Stellungnahme in Thesenform für die öffentliche Anhörung im Deutscher Bundestag-Finanzausschuss am 7. September 2015 zum (Regierungs-)Entwurf eines Gesetzes zur Umsetzung der

kurz: Denn wollte man tatsächlich nur den Wert der Börsennotierung ausgleichen, so wäre erforderlich, dass die Aktionäre ihre Anteile an der dann nicht mehr börsennotierten AG behielten und *zusätzlich* einen finanziellen Ausgleich im Sinne eines Fungibilitätsausgleichs für den Verlust der Börsennotierung durch das Delisting erhielten.[1059] Dies erscheint jedoch bereits aus rein praktischer Sicht nicht als gangbare Lösung, denn zur Ermittlung der Höhe des Fungibilitätsausgleichs wäre jedenfalls der Börsenkurs im Zeitpunkt der Bekanntgabe der Delisting-Absicht mit einem hypothetischen Börsenkurs nach dem Delisting zu vergleichen, dessen präzise Berechnung kaum möglich erscheint.[1060] Beachtet werden müsste überdies, dass Delisting-unabhängige Kursbewegungen aus der Berechnung ausgenommen werden müssten. Dass ein solches Konzept kaum eine praktikable Lösung darstellt und sich überdies nur schwerlich in die bestehende Systematik des Kapitalmarkt- und Aktienrechts einpassen lassen würde[1061], liegt auf der Hand.[1062]

(1) Kompensation des Verlustes der Beteiligung

Wenn man sich also im Grundsatz überzeugend und vor allem praktikabel für eine Kompensation über eine Exit-Möglichkeit entscheidet, so wie es der Gesetzgeber getan hat, darf dabei jedoch nicht verkannt werden, dass die betroffenen Anleger zwar nicht unmittelbar ihre Beteiligung wie im Falle des aktienrechtlichen Squeeze-outs oder anderen abfindungspflichtigen Strukturmaßnahmen verlieren, jedoch angesichts der zu erwartenden Kursverluste und verminderten Handelbarkeit für

---

Transparenzrichtlinie-Änderungsrichtlinie vom 26. Mai 2015 (BT-Drucks. 18/5010) nebst Änderungsanträgen, 7; *Habersack*, Stellungnahme zum Entwurf eines Gesetzes zur Änderung des Aktiengesetzes (Aktienrechtsnovelle 2014), 6; nun auch *Verse*, in: FS Baums, Bd. II, 1317, 1325; *Casper*, in: FS Köndgen, 117, 139, 142.

1059 Vgl. zutreffend zwischen *„Ersatz der Handelbarkeit"* und Verkaufsangebot unterscheidend *Koch/Harnos*, NZG 2015, 729, 733; *Kastl*, Der Rückzug kapitalmarktfähiger Unternehmen von der Börse, 318; dies vermischt hingegen beispielsweise *Habersack*, Stellungnahme zum Entwurf eines Gesetzes zur Änderung des Aktiengesetzes (Aktienrechtsnovelle 2014), 6, wenn er einerseits von einem reinen Fungibilitätsausgleich spricht, andererseits jedoch ein Kaufangebot fordert.

1060 Vgl. *Koch/Harnos*, NZG 2015, 729, 733; zu den Schwierigkeiten bei der Ermittlung der Auswirkungen des Delistings auf den Börsenkurs im Rahmen der durchgeführten empirischen Untersuchungen vgl. bereits oben C.I.

1061 Vgl. zur Systematik *Koch/Harnos*, NZG 2015, 729, 733, die als Regelung für eine gesonderte Ausgleichszahlung auf § 304 AktG verweisen, aber zutreffend entscheidende Unterschiede herausstellen.

1062 So im Ergebnis auch *Harnos*, ZHR 179 (2015), 750, 759; *Kastl*, Der Rückzug kapitalmarktfähiger Unternehmen von der Börse, 318 f.; bereits vor der Neufassung des § 39 BörsG *Koch/Harnos*, NZG 2015, 729, 733; *Buckel/Glindemann/Vogel*, AG 2015, 373, 379; *IDW*, Änderungsantrag der Fraktionen der CDU/CSU und SPD zum Regierungsentwurf eines Gesetzes zur Umsetzung der Transparenzrichtlinie-Änderungsrichtlinie – Thema Delisting 2.

einen rational handelnden Marktteilnehmer ein wirtschaftlicher Zwang besteht, sich von seinem Investment zu trennen.[1063] Im Hinblick auf institutionelle Anleger, die teilweise durch ihre Statuten dazu verpflichtet sind, nur in börsennotierte Werte zu investieren und nicht am regulierten Markt gehandelte Werte zu veräußern, lässt sich daneben häufig im Ergebnis gar ein – jedenfalls mittelbarer – rechtlicher Zwang zum Exit feststellen.[1064] Von einer freien Desinvestitionsentscheidung kann jedoch auch im Fall der Privatanleger weder im Hinblick auf die angebotene Gegenleistung noch auf den Zeitpunkt der Desinvestition gesprochen werden. Auch wenn es sich bei dem Delisting wie oben bereits ausgeführt nicht um eine gesellschaftsrechtliche Strukturmaßnahme handelt, von der die Mitgliedschaft der Aktionäre unmittelbar betroffen wird, ist indes in der Frage des finanziellen Ausgleichs daher eine Abfindung für den Wert der gesamten Beteiligung zu fordern, die der Anleger angesichts des Delistings aufgibt.

Gestützt wird dieses Ergebnis von der Tatsache, dass die betroffenen Anleger durch das Delisting gerade nicht bloß die Möglichkeit der Veräußerung innerhalb des Referenzzeitraums verlieren, sondern auch – und dies gilt gerade in Zeiten einer Börsenkrise und/oder der Unterbewertung der Gesellschaft an der Börse als typisches Szenario für ein Delisting[1065] – die Chance, an einer Erholung des Kurses zu partizipieren und sich eben erst dann von ihrem Investment zu trennen.[1066] Dies spricht insofern für eine Orientierung des finanziellen Ausgleichs an dem wahren Wert des Investments, berechnet anhand des Unternehmenswerts, als zu erwarten ist, dass sich ein beispielsweise von externen, gesamtwirtschaftlichen Ereignissen und phasenweisen Marktstimmungen beeinflusster Börsenkurs in einem funktionierenden Marktumfeld mittel- bis langfristig (wieder) an den tatsächlichen Wert der Beteiligung anpassen wird.[1067] Stellt man hingegen auf den Durchschnittskurs

---

1063 Vgl. *Bayer*, ZfPW 2015, 163, 221 f.; *ders.*, NZG 2015, 1169, 1173; *ders.*, ZIP 2015, 853, 857; *Koch*, Stellungnahme, zur Aktienrechtsnovelle 2014 und Änderungsanträgen, 5 und *Koch/Harnos*, NZG 2015, 729, 733; vgl. bereits zutreffend im Anschluss an die „*Macrotron*"-Entscheidung *Adolff/Tieves*, BB 2003, 797, 804 Fn. 115; *Benecke*, WM 2004, 1122, 1126; *Wilsing/Kruse*, WM 2003, 1110, 1112; *Dreier*, in: Dreier/Fritzsche/Verfürth, SpruchG, Annex zu § 1 Rn. 27; zu kurz greifend hingegen *Kumpan*, in: Baumbach/Hopt, HGB, § 39 BörsG Rn. 9 sowie *Sanders*, Delisting, 95 ff., die allein auf den Verlust der Verkehrsfähigkeit abstellen.

1064 Vgl. *SdK*, Stellungnahme der SdK zum Änderungsantrag der Fraktionen der CDU/CSU und SPD zum Entwurf eines Gesetzes zur Umsetzung der Transparenzrichtlinie-Änderungsrichtlinie, Bundestagsdrucksache 18/5010, kurz „Delisting", 12 f.

1065 Vgl. *Benger/Brenscheid*, platow.de-Kolumne vom 25. April 2014; *Bayer*, NZG 2015, 1169, 1173; *ders.*, ZIP 2015, 854, 857; *von Berg*, Marktrückzug, 432.

1066 Vgl. *Bayer*, ZfPW 2015, 163, 221 f.; *ders.*, NZG 2015, 1169, 1173; *Kastl*, Der Rückzug kapitalmarktfähiger Unternehmen von der Börse, 319; *IDW*, Änderungsantrag der Fraktionen der CDU/CSU und SPD zum Regierungsentwurf eines Gesetzes zur Umsetzung der Transparenzrichtlinie-Änderungsrichtlinie – Thema Delisting, 2.

1067 Vgl. insofern zutreffend die Einschätzung der Bundesregierung in Zusammenhang mit der Änderung des § 71 AktG durch das Gesetz zur Kontrolle und Transparenz

der letzten sechs Monate ab, so nimmt man den Aktionären das Recht, den Zeitpunkt, in dem sie sich zu einer Desinvestition entscheiden, autonom zu bestimmen. Der Bieter – häufig ein Großaktionär, der bereits eng mit dem Management zusammenarbeiten muss, um das Delisting zu ermöglichen[1068] – kann hingegen nach seinen Interessen den Zeitpunkt frei wählen und so geschickt eine bestimmte kurzfristige Kursentwicklung in den Sechs-Monats-Zeitraum mitaufnehmen oder durch Abwarten aus diesem hinausfallen lassen, um einen möglichst geringen Angebotspreis zu bezwecken.[1069] Es wäre daher unbillig, die Anleger mit einem zeitlich von dem Großaktionär gesteuerten Durchschnittskurs abzuspeisen, zumal diese sich ja gerade bewusst gegen den Verkauf innerhalb des Zeitraums der letzten sechs Monate entschieden haben und offenbar selbst zum Zeitpunkt des höchsten Kurses innerhalb dieses Zeitraums nicht von einer angemessenen Bewertung ihrer Beteiligung durch die Börse ausgegangen waren.

(2) Keine Gleichstellung mit Übernahmesituation

Dass trotz dieser aufgezeigten Schwächen und Probleme das Übernahmerecht in einer auf den ersten Blick ähnlichen – aber am Ende eben doch nicht komplett vergleichbaren – Situation in § 31 WpÜG eine Errechnung der Angebotshöhe grundsätzlich anhand des durchschnittlichen Börsenkurses vorschreibt, vermag ebenfalls die berechtigte Kritik im Hinblick auf die Sondersituation des Delistings nicht zu entkräften. Denn die Sonderstellung des Übernahmerechts ist in erster Linie praktischen Umständen geschuldet.[1070] Auch hier hat der Gesetzgeber dem Grunde nach erkannt, dass aufgrund der *„Vielgestaltigkeit der möglichen zu regelnden Sachverhalte"* eine offene Formulierung im Sinne einer *„angemessenen Abfindung"* nach dem Vorbild der §§ 29 Abs. 1 Satz 1, 207 Abs. 1 Satz 1 UmwG

---

im Unternehmensbereich (KonTraG), dass ein funktionierender Kapitalmarkt mittelfristig eine zutreffende Unternehmensbewertung abbildet, BT-Drucks. 13/9712, 13; ähnlich, wenn auch in anderer Hinsicht, *Grzimek*, in: Angerer/Geibel/Süßmann, WpÜG, § 327b AktG Rn. 24.

1068 Daher sieht insbesondere *Bayer* sogar die Gefahr einer gezielten Steuerung des Börsenkurses durch überlegte Information des Kapitalmarktes unterhalb der Grenze des Art. 15 MAR, *Bayer*, NZG 2015, 1169, 1174.

1069 Vgl. *Wieneke/Schulz*, AG 2016, 809, 810; *BRAK*, Stellungname Nr. 37/2015, Oktober 2015 zum Änderungsantrag vom 31. August 2015 zum Entwurf eines Gesetzes zur Umsetzung der Transparenzrichtlinie-Änderungsrichtlinie (Delisting) – BT-Drucks. 18/5010 –, 5; DAV, Stellungnahme durch den Ausschuss Bank- und Kapitalmarktrecht zu dem Änderungsantrag der Fraktionen CDU/CSU und der SPD zum Entwurf des Gesetzes zur Umsetzung der Transparenzrichtlinie-Änderungsrichtlinie, hier: Delisting, 11; *DSW*, Öffentliche Anhörung zu dem Gesetzentwurf der Bundesregierung „Entwurf eines Gesetzes zur Umsetzung der Transparenzrichtlinie-Änderungsrichtlinie", BT-Drucksache 18/5010, hier: Stellungnahme der Deutschen Schutzvereinigung für Wertpapierbesitz e.V., 9; *Bayer*, NZG 2015, 1169, 1174.

1070 Vgl. den Vergleich zum Delisting ziehend *Koch/Harnos*, NZG 2015, 729, 733.

angezeigt ist.[1071] Aufgrund der besonders engen zeitlichen Vorgaben entschied sich der Gesetzgeber jedoch für die vereinfachende Ausrichtung am Börsenkurs.[1072] Der entscheidende Unterschied zwischen der Konstellation des § 31 WpÜG und der eines Delistings ist jedoch in der Person des Abfindungsschuldners zu erblicken: In der Konstellation eines herkömmlichen Angebots nach § 31 WpÜG steht der Bieter außerhalb des Emittenten und hat somit grundsätzlich keinen Einblick in die Buchhaltung der Gesellschaft – eine Unternehmensbewertung durchzuführen, die dem Übernahmeangebot zugrunde gelegt werden könnte, ist bereits aus diesem Grunde kaum praktikabel.[1073] Anders stellt sich die Lage bei einem Delisting dar. Da nur der Vorstand und nicht der Bieter selbst den Widerrufsantrag bei der Börse stellen kann, ist letzterer bereits zwingend auf die Abstimmung mit dem Management des Emittenten angewiesen. Und auch andersherum wird der Vorstand nicht in der Lage sein, ohne das Angebot eines externen Bieters die gesetzlichen Anforderungen des § 39 Abs. 2 Satz 3 Nr. 1 BörsG zu erfüllen, es sei denn, der Emittent kann ausnahmsweise selbst das vorgeschriebene Angebot unter Beachtung des § 71 Abs. 1, 2 AktG unterbreiten.[1074] Es ist daher festzuhalten, dass der Bieter im Rahmen des geplanten Börsenrückzugs entweder eng mit dem Management des Emittenten zusammenarbeitet[1075] oder das Angebot sogar vom Emittenten selbst abgegeben wird. In beiden Fällen ist der Bieter damit nicht wie bei einem gewöhnlichen Übernahmeangebot als Außenstehender zu behandeln und hat sehr wohl die Möglichkeit, die Abfindung an einer Unternehmensbewertung auszurichten.[1076] Im Übrigen ist eine solche auch – nach dem Vorbild des Squeeze-outs, § 327b AktG – zu fordern, um eine effektive gerichtliche Überprüfung des finanziellen Ausgleichs zu ermöglichen.[1077]

Schließlich ist auch an dieser Stelle die deutlich divergierende Ausgangslage für die betroffenen Aktionäre bei einem Delisting in den Blick zu nehmen: Zur gewöhnlichen Situation eines Übernahmeangebots hinzu kommt wie dargelegt

---

1071 Vgl. Regierungsentwurf zum WpÜG, BT-Drucks. 14/7034, 55.

1072 Vgl. Regierungsentwurf zum WpÜG, BT-Drucks. 14/7034, 55; vgl. auch zur folgenden Gegenüberstellung einer herkömmlichen Übernahmesituation mit der eines Delistings *Koch/Harnos*, NZG 2015, 729, 733.

1073 Vgl. *Noack*, in: Schwark/Zimmer, Kapitalmarktrecht, § 31 WpÜG Rn. 36.

1074 Der Katalog des § 71 Abs. 1 Nr. 3 AktG, der den Erwerb eigener Aktien (bis zur 10%-Grenze des Abs. 2) gestattet, sollte in diesem Zusammenhang um den Fall des Erwerbs im Rahmen des § 39 Abs. 2 Satz 3 Nr. 1 BörsG erweitert werden, da es sich dabei ebenfalls um eine Abfindungspflicht handelt, die nach dem Wortlaut des Gesetzes grundsätzlich auch von der Gesellschaft selbst erfüllt werden kann. Vgl. dazu auch *Brellochs*, AG 2014, 633, 645; *Koch/Harnos*, NZG 2015, 729, 734.

1075 Vgl. ausführlich zum Inhalt einer sog. *„Delisting-Vereinbarung"* zwischen Bieter und Gesellschaft *Wieneke/Schulz*, AG 2016, 809, 813 f.

1076 In dieser Hinsicht zutreffend *Bungert/Leyendecker*, ZIP 2016, 49, 51.

1077 Vgl. zur gerichtlichen Durchsetzung oben F.I.2.d)bb)(2) und zu deren kritischer Bewertung noch unten F.II.5.

ein enormer wirtschaftlicher Verkaufsdruck, verstärkt durch den Wegfall verschiedener kapitalmarktrechtlicher Kontrollmechanismen, sodass sich die betroffenen Aktionäre aus wirtschaftlicher Sicht vernünftigerweise von ihren Anteilen trennen müssen und daher *aus finanzieller Warte* die Konstellation eines Angebots bei einem Delisting eher mit der eines aktienrechtlichen Squeeze-Outs als mit der eines gewöhnlichen Übernahmeangebots vergleichbar ist, sodass die generelle Ausrichtung am Börsenkurs wie im Rahmen von § 31 WpÜG verfehlt erscheint.

(3) Flexible Regelung als interessengerechte Antwort auf verschieden Delisting-Konstellationen

Im Hinblick auf die von Befürwortern der Heranziehung des Börsenkurses geäußerten Bedenken hinsichtlich mangelnder Planungssicherheit für den Bieter ist zunächst auf die von den Strukturmaßnahmen bekannte und für das Delisting in § 39 Abs. 6 BörsG übernommene strikte Trennung zwischen Wirksamkeit der Maßnahme und Streitigkeiten über die Höhe des finanziellen Ausgleichs zu verweisen. Auf diese Weise wird bereits ein Mindestmaß an Planungssicherheit hinsichtlich der Durchführung des Börsenrückzugs für die Beteiligten gewährleistet, unabhängig von der Frage, wie im Detail die Bemessung der Abfindung zu erfolgen hat. Um jedoch der nicht ganz zu unrecht geäußerten Kritik eines umständlichen und langen Verfahrens bei einer grundsätzlichen Bestimmung der Angebotshöhe anhand einer Unternehmensbewertung[1078] ausreichend zu begegnen und einen angemessenen Ausgleich zwischen den Interessen des Bieters und der Anleger herzustellen, könnte ferner die neuere instanzgerichtliche Rechtsprechung zu §§ 305, 327b AktG herangezogen werden, nach der das Gericht die Bewertungsmethode gemäß § 287 Abs. 2 ZPO nach seinem eigenen Ermessen wählt.[1079] So könnte – nur – in unproblematisch gelagerten Konstellationen weiterhin der Börsenkurs als einfache Berechnungsgrundlage herangezogen werden. In den verschiedensten Situationen, in denen der Börsenkurs den Wert der Beteiligung nur unzureichend widerspiegelt, müsste jedoch eine Unternehmensbewertung bemüht werden, ohne dass es dafür kleinteilig formulierter Ausnahmetatbestände im Gesetz bedürfte.[1080]

1078 Vgl. *Brellochs*, AG 2014, 633, 644; *Bungert/Leyendecker-Langner*, DB 2015, 2251, 2253; *Casper*, in: FS Köndgen, 117, 142; gerade auch die betroffenen Anleger in den Blick nehmend *Koch/Harnos*, NZG 2015, 729, 733.

1079 Vgl. LG Frankfurt NZG 2010, 1141, 1142 f. = ZIP 2010, 1947, 1948; OLG Frankfurt AG 2012, 513, 514 ff. = ZIP 2012, 124, 126; OLG München AG 2012, 749, 750 ff. = NZG 2012, 1432 (Ls.); OLG Stuttgart AG 2011, 795, 800; OLG Stuttgart NZG 2013, 1179, 1180 = AG 2013, 840, 841; auf diese Entwicklung im Zusammenhang mit dem Delisting hinweisend *Koch*, Stellungnahme zur Aktienrechtsnovelle 2014 und Änderungsanträgen, 7; *Koch/Harnos*, NZG 2015, 729, 733 (zurückhaltend mit Blick auf die Wechselwirkung für den Squeeze-out).

1080 Vgl. kritisch *Ruthardt/Hachmeister*, NZG 2014, 41 ff.; eine Bewertung anhand des Börsenkurses muss daher immer dann ausscheiden, wenn ernsthaft eine Unterbewertung an der Börse zu besorgen ist.

Gerade diese Flexibilität in der Bewertung erscheint als entscheidender Vorteil gegenüber dem *Status-quo*, in dem für ein Abweichen von der Berechnung anhand des Börsenkurses eng abgesteckte Voraussetzungen vorliegen müssen. Insbesondere erfasst § 39 Abs. 3 Satz 3 Nr. 1 und 2 BörsG derzeit nur Ad-hoc-Verstöße und Marktmanipulationen, die der Gesellschaft oder dem Bieter zugerechnet werden können. Jedoch geht aus den Gesetzesmaterialien zutreffend hervor, dass es in § 39 Abs. 3 Satz 3 BörsG eben nicht um die Sanktionierung eines bestimmten Verhaltens des Bieters oder des Emittenten geht, sondern in erster Linie darum, im Ergebnis verfälschte Börsenkurse bei der Bemessung der Angebotshöhe zu eliminieren.[1081] Wenn man diese überzeugende Intention jedoch zu Grunde legt, muss man erkennen, dass die aktuelle Regelung des § 39 Abs. 3 Satz 3 BörsG zu kurz greift. Es kann sich nämlich für den tatsächlichen Einfluss auf die Aussagekraft des Börsenkurses kein Unterschied daraus ergeben, wem der konkrete Verstoß angelastet werden kann.[1082] Und sogar noch weitergehend: Es kann für die tatsächliche Aussagekraft des Börsenkurses sogar dahinstehen, ob überhaupt ein Verstoß gegen kapitalmarktrechtliche Informationsvorschriften vorliegt oder der Börsenkurs den wahren Wert der Beteiligung momentan aus anderen Gründen nicht ausreichend wiederzugeben vermag. Denkbar sind beispielsweise Kurseinbußen, die mit externen Ereignissen oder gesamtwirtschaftlichen Stimmungsschwankungen zusammenhängen. Auch in diesen Fällen ist der Börsenkurs als Bewertungsgrundlage zu verwerfen, um die Anleger nicht unangemessen zu benachteiligen. Auf der anderen Seite stellte dies für den Bieter keinen unzumutbaren Nachteil dar, in all diesen Fällen die Angebotshöhe an einer Unternehmensbewertung auszurichten, da er als Gegenleistung eben auch nicht nur den Börsenwert, sondern den tatsächlichen Wert der erworbenen Beteiligung erhält. Er hat im Rahmen des Delistings nämlich gerade keinen Anspruch darauf, Beteiligungen besonders günstig zu erwerben, der ihm so vermeintlich entzogen würde. Das Angebot im Rahmen eines Delistings würde für den Bieter vielmehr allein als wirtschaftlich attraktiv erscheinen, wenn er nicht lediglich eine Unterbewertung der Gesellschaft an der Börse durch das Delisting dazu nutzen möchte, Anteile günstig zu erwerben, sondern er tatsächlich mit einer zukünftigen Steigerung des Unternehmenswerts bedingt durch den Wegfall der Börsenzulassung rechnet.

1081 Vgl. Beschlussempfehlung und Bericht des Finanzausschusses zum Gesetz zur Umsetzung der Transparenzrichtlinie-Änderungsrichtlinie, BT-Drucks. 18/6220, 85; mangels Sanktionscharakters ist daher auch die Kritik von *Wackerbarth*, WM 2016, 385, 387 f. verfehlt, der eine Zuzahlungspflicht des Bieters ausgerichtet an einer Unternehmensbewertung bei Verstößen des Emittenten als rechtswidrig erachtet und dabei verkennt, dass es nur um die Angemessenheit der Gegenleistung des Bieters und nicht eine *„Bestrafung"* desselben für fremdes Verschulden geht.

1082 In diese Richtung auch *Harnos*, ZHR 179 (2015), 750, 770; **a. A.**: *Verse*, in: FS Baums, Bd. II, 1317, 1330.

So sind zahlreiche und kaum fassbare Konstellationen denkbar, in denen der Börsenkurs nicht dem wahren Wert der Beteiligung entspricht und ein finanzieller Ausgleich nicht anhand desselbigen bemessen werden darf.[1083] Im Sinne der Einzelfallgerechtigkeit ist es daher angezeigt, nicht pauschal auf den Börsenkurs abzustellen und einzelne zu kurz greifende Ausnahmen vorzusehen, sondern durch eine allgemein gefasste Regelung, die wie der im wirtschaftlichen Ergebnis[1084] für die Anleger vergleichbare Squeeze-out eine *„angemessene Abfindung"* vorsieht. Um auf der einen Seite trotzdem eine möglichst einfache Berechnung deren Höhe vorzunehmen und auf der anderen Seite gleichzeitig der Inhomogenität der verschiedenen Marktkonstellationen bei einem Delisting Rechnung zu tragen, könnten die Gerichte wie dargelegt flexibel auf die jeweiligen Gegebenheiten eingehen und gemäß § 287 Abs. 2 ZPO nach ihrem Ermessen zwischen einer Bemessung anhand einer Unternehmensbewertung und in unzweifelhaften Fällen der Heranziehung des Börsenkurses wählen.[1085]

bb) Ermittlung des vollen Anteilswertes als kohärente Lösung

Es überzeugt also wie dargestellt unter der Prämisse einer angemessenen finanziellen Kompensation für die von einem Delisting betroffenen Anleger nicht, deren Höhe bis auf wenige Ausnahmen strikt an dem durchschnittlichen Börsenkurs auszurichten.

Jedoch auch aus systematischer Sicht bedarf es einer Ausgestaltung, die verschiedene Umgehungs- und Ausnutzungspotentiale minimiert. So stellt das Delisting bei der *de lege lata* nach § 39 Abs. 3 Satz 2 BörsG vorgegebenen Berechnung grundsätzlich anhand des gewichteten durchschnittlichen Börsenkurses während der letzten sechs Monate vor der Veröffentlichung des Angebots sowohl zu einem herkömmlichen Übernahmeangebot als auch zu einem aktienrechtlichen

---

1083 Vgl. *BRAK*, Stellungname Nr. 37/2015, Oktober 2015 zum Änderungsantrag vom 31. August 2015 zum Entwurf eines Gesetzes zur Umsetzung der Transparenzrichtlinie-Änderungsrichtlinie (Delisting) – BT-Drucks. 18/5010 –, 5, die davon ausgeht, dass es an einer effizienten Abbildung des wahren Wertes durch den Börsenkurs *„regelmäßig"* fehlt; ähnlich *IDW*, Änderungsantrag der Fraktionen der CDU/CSU und SPD zum Regierungsentwurf eines Gesetzes zur Umsetzung der Transparenzrichtlinie-Änderungsrichtlinie – Thema Delisting, 2; *Morell*, AcP 2017, 61, 91.

1084 Zu strukturellen Unterschieden auf der einen und wirtschaftlich vergleichbaren Folgen auf der anderen Seite bereits oben unter C.II.1.

1085 So auch *Koch*, Stellungnahme zur Aktienrechtsnovelle 2014 und Änderungsanträgen, 7; vgl. grundlegend zum Regel-Ausnahmeverhältnis und dessen Einfluss auf eine interessengerechte Abfindungsregelung für das Delisting *Morell*, AcP 2017, 61, 79 ff., 104 ff., der eine Mischregelung vorschlägt, die zwar den Börsenkurs als Ausgangspunkt vorsieht, im Ergebnis jedoch über eine Generalklausel dem Gericht die Möglichkeit eröffnet, eine Unternehmensbewertung heranzuziehen.

Squeeze-out eine weitere taktische Alternative dar, die so nicht der Intention des Gesetzgebers entsprechen kann.

Anstelle eines Übernahmeangebots, bei dem der Bieter häufig einen Aufschlag zahlen muss, um die Aktionäre zu einem Verkauf ihrer Anteile bewegen zu können, besteht für einen Großaktionär die Möglichkeit, in Abstimmung mit dem Management ein Delisting in die Wege zu leiten. Zum einen kann die dabei zugrunde zu legende Angebotshöhe je nach Kursentwicklung aufgrund des auf sechs Monate verlängerten Referenzzeitraums deutlich zugunsten des Großaktionärs von dem bei einem regulären Übernahmeangebot zugrunde zu legenden Berechnungsergebnis abweichen.[1086] Dadurch entsteht für den übernahmewilligen Großaktionär, der nicht auf eine Börsennotierung angewiesen ist, im Ergebnis mithin eine alternative Vorgabe für die Mindesthöhe seines Kaufangebotes, die er im Wege der Verbindung seines Angebots mit einem Delisting anstelle der üblichen Berechnung nach seinen Interessen wählen kann.

Daneben noch relevanter erscheint jedoch der Einsatz dieser neuen Angebotsart[1087] im Hinblick auf die Annahmemotivation der Angebotsempfänger. Während bei einer regulären Übernahmesituation die Aktionäre der Zielgesellschaft in erster Linie den Wert ihrer Beteiligungen abschätzen müssen, um zu einer Entscheidung über die Annahme des Angebots zu gelangen, ist im Rahmen eines Delistings ferner der Wegfall der Börsennotierung als Handelsplatz und der – je nach konkreter Ausgestaltung der Maßnahme (Delisting/Downlisting) unterschiedlich weitreichende – Wegfall von kapitalmarktrechtlichen Anlegerschutzvorschriften und im Ergebnis damit von Transparenz einzupreisen. Aufgrund dieser Erwägung und den daraus resultierenden auch wirtschaftlichen Effekten[1088] erhöht sich für die Aktionäre der Verkaufsdruck ungemein, sodass seltener mit einem sonst zu erwartenden Aufschlag zu rechnen ist und der Bieter die Anteile vergleichsweise günstig einsammeln kann.[1089]

Ein ähnliches Bild bietet sich beim aktienrechtlichen Squeeze-out; gerade im Hinblick auf die häufig großen Unterschiede zwischen einem im Spruchverfahren anhand einer Unternehmensbewertung festgestellten und dem anhand des

---

1086 Vgl. *DAV*, Stellungnahme durch den Ausschuss Bank- und Kapitalmarktrecht zu dem Änderungsantrag der Fraktionen CDU/CSU und der SPD zum Entwurf des Gesetzes zur Umsetzung der Transparenzrichtlinie-Änderungsrichtlinie, hier: Delisting, 12.

1087 Vgl. *Wieneke/Schulz*, AG 2016, 809, 811, mit Verweis auf die neuere Praxis der BaFin bei dem kombinierten Übernahme- und Delisting-Angebot bezüglich der ISARIA Wohnbau AG (Angebotsunterlage vom 28. Juli 2016).

1088 Vgl. zu den empirisch nachgewiesenen Kursverlusten oben C.I.2.

1089 Aufgrund der von dem Verkaufsdruck geprägten Annahmequote dürfte ein Angebot im Rahmen eines Delistings im Übrigen auch nicht als Grundlage für einen – ohnehin nur bei börsennotierten Gesellschaften möglichen – übernahmerechtlichen Squeeze-out nach § 39a Abs. 1 WpÜG herangezogen werden können.

durchschnittlichen Börsenkurses errechneten Anteilswert[1090] könnte der Großaktionär die durch das Delisting entstehende Drucksituation nutzen, um alternativ oder im Vorfeld eines aktienrechtlichen Squeeze-outs Aktien günstig zu erwerben. Denn im Rahmen des Delistings nach § 39 Abs. 3 Satz 2 BörsG ist grundsätzlich der durchschnittliche Börsenkurs (der letzten sechs Monate) maßgeblich und angesichts des Verkaufsdrucks werden sich in der Regel zahlreiche Aktionäre zur Annahme des Angebots genötigt sehen. Eine im Spruchverfahren überprüfbare Abfindung anhand einer Unternehmensbewertung gibt es im Rahmen des Delisting nach aktueller Gesetzeslage anders als grundsätzlich nach § 327b AktG dabei nicht. Dem Großaktionär wird damit im Ergebnis ein Instrument an die Hand gegeben, mit dem er die Aktionäre auch außerhalb des dafür vorgesehenen Instituts des aktienrechtlichen Squeeze-outs und der Absicherung einer angemessenen im Spruchverfahren überprüfbaren Abfindung faktisch aus der Gesellschaft herausdrängen kann. Diesem jedenfalls weitgehend alternativen Verhältnis zum Squeeze-out ist durch eine kohärente Regelung für das Delisting in Zukunft Rechnung zu tragen, indem die Abfindung beim Delisting nach dem Vorbild des Squeeze-out ausgestaltet und damit eine Umgehung der Regelungen diesen verhindert wird.

Eine weitere, noch deutlichere Friktion, die durch die derzeitige Anlegerschutz-Regelung nicht vollends beseitigt wird, ergibt sich im Zusammenhang mit der Regelung des § 29 Abs. 1 Satz 1 Halbs. 1 2. Alt. UmwG. Wie bereits oben dargestellt, ließe es sich mit der Wertung der Vorschrift aus dem Umwandlungsrecht nicht vereinen, für das reguläre Delisting keine Abfindung vorzusehen, während § 29 Abs. 1 Satz 1 Halbs. 1 2. Alt. UmwG für das kalte Delisting durch rechtsformwahrende Verschmelzung eine solche vorschreibt.[1091] Zwar hat der Gesetzgeber diese Unstimmigkeit mit der Einführung des gesetzlich vorgeschriebenen Angebots in § 39 Abs. 2 Satz 3 Nr. 1 BörsG teilweise ausgebessert, jedoch es verbleibt ein Regelungsgefälle. Bedenkt man nämlich, dass auch im Rahmen des § 29 Abs. 1 Satz 1 Halbs. 1 2. Alt. UmwG treibendes Moment für die angemessene und im Spruchverfahren überprüfbare Abfindung allein das mit der Verschmelzung einer börsennotierten auf eine nicht börsennotierte Aktiengesellschaft einhergehende kalte Delisting ist[1092], so leuchtet es doch kaum ein, für das in der Wirkung identische reguläre Delisting divergierende Regelungen zur Höhe und Überprüfung des finanziellen Ausgleichs zu schaffen.

1090 Vgl. zu den großen Unterschieden zwischen der Höhe eines Übernahmeangebots nach dem WpÜG und des anlässlich eines Squeeze-outs im Spruchverfahren ermittelten Wertes *VzfK*, Stellungnahme der Verbraucherzentrale zum Änderungsvorschlag von CDU/CSU und SPD vom 21. September; vgl. ebenfalls den Hinweis von *Hirte* im Bundestag, Plenarprotokoll 18/127, 12385.

1091 Vgl. oben E.I.1; vgl. auf die Parallelen hinweisend, jedoch mit gegenteiligen Schlussfolgerungen auch *Brellochs*, AG 2014, 633, 645 sowie *Buckel/Glindemann/Vogel*, AG 2015, 373, 377.

1092 Vgl. dazu bereits ausführlich oben C.III.2.c).

cc) Bestehende Ausnahmen von der Bemessung nach dem Börsenkurs

(1) Kein Differenzanspruch auch für das Angebot ablehnende Anleger

Ungeachtet der Tatsache, dass die Bemessung der finanziellen Kompensation in § 39 Abs. 2 Satz 3 Nr. 1 BörsG grundsätzlich anhand des durchschnittlichen Börsenkurses wie oben dargelegt generell nicht zu überzeugen vermag, sind auch die *de lege lata* bestehenden Ausnahmetatbestände im Einzelnen nur sehr bedingt zielführend und klar ausgestaltet.

Sowohl die Ausnahmen in § 39 Abs. 3 Satz 3 Nr. 1 und 2 BörsG als auch in Satz 4 sehen als Rechtsfolge die nachträgliche oder originäre Anpassung der Gegenleistung zugunsten der Aktionäre anhand einer Unternehmensbewertung – regelmäßig im Wege eines Differenzanspruchs – vor. Zu untersuchen ist, ob auch solche Anleger noch von einer nachträglichen Erhöhung des Angebots profitieren können, die dieses ursprünglich abgelehnt hatten. Da im Rahmen der Ausnahme des § 39 Abs. 3 Satz 4 BörsG eine Marktenge bereits zum Zeitpunkt der erstmaligen Vorlage der Angebotsunterlage leicht festzustellen ist und die BaFin daher von vornherein ein an einer Unternehmensbewertung ausgerichtetes Angebot des Bieters fordern muss[1093], spielt die Problematik hier auf den ersten Blick eine geringere Rolle als in den Fällen des § 39 Abs. 3 Satz 3 Nr. 1 und 2 BörsG, in denen das Angebot zunächst allein am Börsenkurs ausgerichtet war. Jedoch ist zu bedenken, dass auch ein an einer von Bieterseite eingebrachten Unternehmensbewertung ausgerichtetes Angebot zunächst von einem Aktionär als zu niedrig erachtet und abgelehnt werden mag, dieses jedoch später im Rahmen der gerichtlichen Überprüfung noch erhöht werden kann. Die Frage, ob ein ursprünglich ausschlagender Aktionär nach einer gerichtlichen Erhöhung das Angebot nach Ablauf der grundsätzlich höchsten zehn Wochen langen Annahmefrist nach § 16 Abs. 1 WpÜG noch annehmen kann, stellt sich folglich für alle Ausnahmetatbestände.[1094]

Obwohl es einleuchtet, den Aktionären zunächst die Möglichkeit zu gewähren, die Höhe des Angebots gerichtlich klären zu lassen, um dann auf dieser Grundlage eine Entscheidung über ihren Exit treffen zu können, sieht das Gesetz weder eine entsprechende Verlängerung der Annahmefrist über § 16 Abs. 1 WpÜG hinaus noch eine andere Lösung zu Gunsten der betroffenen Aktionäre vor. Und auch der auf den Aktionären ohnehin lastende Verkaufsdruck aufgrund des in Aussicht gestellten Delistings würde sich noch weiter verstärken, wenn die Aktionäre, um die Chance auf eine erhöhte Abfindung zu erhalten, bereits ein aus ihrer Sicht

---

1093 Vgl. zur Prüfung des Angebots durch die BaFin oben F.I.2.d)aa)(1).

1094 Daneben stellt sich dieselbe Problematik auch bei einer sonstigen fehlerhaften Preisbildung, z.B. durch Nicht-Berücksichtigung relevanter Vorerwerbe; im Rahmen der verwaltungsgerichtlichen Kontrolle ist dieser Problematik aufgrund des klaren Wortlauts des § 39 Abs. 6 BörsG nicht beizukommen.

(zunächst) zu niedrig bemessenes Angebot annehmen müssten.[1095] Jedoch spricht auch das grundsätzlich auf das Delisting zu übertragende Postbank-Urteil des BGH in Übernahmesituationen lediglich denjenigen Aktionären ausdrücklich einen Anspruch in Höhe der Differenz zwischen angebotener und gerichtlich festgestellter Mindestabfindung zu, die das Angebot zuvor angenommen haben. [1096] Zwar verhält es sich nicht explizit zu denjenigen Aktionären, die das Angebot zunächst nicht angenommen haben. Jedoch haben sich auch einzelne Versuche, aus § 39c WpÜG analog ein nachträgliches Andienungsrecht zu entwickeln, insbesondere mit Blick auf den eindeutigen Wortlaut des § 31 Abs. 5 WpÜG, der einen Differenzanspruch nur denjenigen Inhabern der Aktien zuspricht, *„die das Angebot angenommen haben"*, nicht durchsetzen können.[1097]

Schließlich lässt sich auch den Gesetzesmaterialien zum Delisting lediglich ein Anspruch für die Gruppe der annehmenden Aktionäre entnehmen, wenn ausdrücklich auf den eben zitierten § 31 Abs. 5 WpÜG verwiesen und an anderer Stelle von einem Anspruch des *„Anleger[s], der das Angebot angenommen hat"*, gesprochen wird.[1098]

Für das Delisting käme grundsätzlich eine andere Lösung in Betracht: Eine Analogie zu der den Fall des kalten Delistings durch Verschmelzung einer börsennotierten auf eine nicht börsennotierte Aktiengesellschaft betreffenden Vorschrift des § 31 Satz 2 UmwG, der die Frist zur Annahme auf zwei Monate nach der Bekanntgabe der rechtskräftigen Entscheidung in einem Spruchverfahren ausdehnt. Zwar böte sich eine entsprechende Anwendung der Regelung bereits mit Blick auf die Austauschbarkeit von regulärem und kaltem Delisting aus systematischer sowie aus teleologischer Sicht an, jedoch ist eine solche *de lege lata* kaum zu begründen. Denn erste Voraussetzung für eine Analogie ist eine planwidrige Regelungslücke, an der mit Blick auf die ausdrückliche Erwähnung nur der annehmenden Aktionäre in den Gesetzesmaterialien bereits begründete Zweifel bestehen. Und auch an der vergleichbaren Interessenlage würde eine Analogie nach derzeitiger Gesetzeslage wohl scheitern: Denn anders als für den Fall des kalten Delistings in § 29 Abs. 1 Satz 1 Halbs. 1 2. Alt. UmwG sieht das Gesetz in § 1 Abs. 1 Nr. 3 KapMuG statt eines Spruchverfahrens lediglich ein Kapitalmusterverfahren für

---

1095 Vgl. bereits kritisch ohne auf den ungleich erhöhten Druck in der spezifischen Delisting-Situation einzugehen *Krause*, in: Assmann/Pötzsch/Schneider, WpÜG, § 31 Rn. 130; *Wackerbarth*, in: MüKo-AktG, § 31 WpÜG Rn. 82; im Zusammenhang mit dem Delisting *Drygala*, VGR 2015, 75, 85.

1096 BGHZ 202, 180, 186 f. = NJW-RR 2014, 1248, 1249 f. = NZG 2014, 985, 986 f.; zu Ansprüchen von Aktionären, die das Angebot zunächst nicht angenommen haben, finden sich in dem Urteil keine Ausführungen.

1097 Vgl. ein solches nachträgliches Andienungsrecht bejahend *Witt*, DStR 2014, 2132, 2134; dagegen *Verse*, in: FS Baums, Bd. II, 1317, 1334 ff.; *ders.*, Der Konzern 2015, 1, 3.

1098 Vgl. Beschlussempfehlung und Bericht des Finanzausschusses zum Gesetz zur Umsetzung der Transparenzrichtlinie-Änderungsrichtlinie, BT-Drucks. 18/6220, 85 f.

den Fall des Delistings vor. Eine in diesem Verfahren ergehende Entscheidung entfaltet jedoch – anders als die Entscheidung im Spruchverfahren gemäß § 13 Satz 2 SpruchG – gerade keine *Erga-omnes*-Wirkung, §§ 22 Abs. 1 Satz 2, 23 Abs. 1 Satz 4 KapMuG. Damit fehlt zum einen der Anknüpfungspunkt für die nachträgliche Annahmefrist. Zum anderen wäre das Angebot für nicht an dem Verfahren beteiligte Aktionäre auch überhaupt nicht rechtskräftig erhöht. Es fehlt damit *de lege lata* an einer Vergleichbarkeit als Voraussetzung der Analogie. Nach geltendem Recht lässt sich dem misslichen Ergebnis, dass den Aktionären, die ein zu Unrecht zu niedriges Angebot zunächst abgelehnt hatten, folglich nicht befriedigend beikommen. Bei einer Überarbeitung des Gesetzes würde sich hingegen eine systematisch stimmige und kohärente Lösung nach dem Vorbild der Regelungen zur Variante des kalten Delistings in § 31 Satz 2 UmwG aufdrängen. Freilich ginge diese Änderung nur einher mit der generellen Anwendbarkeit des Spruchverfahrens auf das Delisting.[1099]

(2) § 39 Abs. 3 Satz 3 Nr. 1 und 2 BörsG

(a) Keine rechtskräftige Feststellung eines Verstoßes erforderlich

Speziell im Hinblick auf § 39 Abs. 3 Satz 3 Nr. 1 und 2 BörsG ist zunächst erneut knapp auf die durch eine entsprechende Passage in den Gesetzesmaterialien[1100] aufgekommene Unsicherheit hinsichtlich der Frage, ob es für den Tatbestand der Ausnahmen der rechtskräftigen Feststellung eines entsprechenden Verstoßes gegen Art. 15 oder Art. 17 Abs. 1 MAR bedarf, einzugehen. Wie bereits oben aufgezeigt, verbietet sich ein solches Verständnis unter der Prämisse eines effektiven Anlegerschutzes: In erster Linie liegt dies darin begründet, dass einzelnen Anlegern keinerlei rechtliche Handhabe zur Verfügung steht, um eine rechtskräftige Entscheidung der BaFin herbeizuführen, die ihrerseits auch trotz eines objektiven Verstoßes regelmäßig auf eine isolierte Feststellung desselbigen verzichten wird.[1101] Da jedoch das in der Gesetzesbegründung anklingende Erfordernis der rechts- oder bestandskräftigen Feststellung eines Verstoßes im Sinne des § 39 Abs. 3 Satz 3 Nr. 1 und 2 BörsG keinerlei Eingang in den Wortlaut der Regelung gefunden hat, lässt sich dieses unbefriedigende Ergebnis bereits *de lege lata* vermeiden, indem dieses Tatbestandsmerkmal nicht in die Vorschrift hineingelesen wird.

1099 So zutreffend *Verse*, in: FS Baums, Bd. II, 1317, 1335 f.; zu den Vorteilen des Spruchverfahrens noch ausführlicher unten F.II.5.

1100 Vgl. Beschlussempfehlung und Bericht des Finanzausschusses zum Gesetz zur Umsetzung der Transparenzrichtlinie-Änderungsrichtlinie, BT-Drucks. 18/6220, 85.

1101 Vgl. zu diesem Ergebnis bereits *de lege lata* oben F.I.2.d)bb)(2)(c).

(b) Kursmanipulation „*nach oben*"

Es liegt in den bisherigen Ausnahmen, die zu der Heranziehung einer Unternehmensbewertung führen, im Hinblick auf den Tatbestand des § 39 Abs. 3 Satz 3 Nr. 1 und 2 BörsG noch weiteres Konfliktpotential versteckt. Problematisch erscheint zunächst, dass nach dem Wortlaut der Vorschrift jede Verletzung einer Ad-hoc-Pflicht durch den Emittenten sowie jede Marktmanipulation durch den Bieter oder Emittenten zu einer Ausnahme von der Berechnung nach dem Börsenkurs und einem Differenzanspruch der Aktionäre führt. Keine Unterscheidung trifft das Gesetz dabei danach, ob dadurch überhaupt eine Kursveränderung zu Lasten der betroffenen Aktionäre eingetreten ist oder durch die Pflichtverletzung nicht vielmehr eine Verschiebung des Kurses zu ihren Gunsten erfolgte. Denn durch eine Verfälschung des Börsenkurses nach oben steigt auch das der Abfindung grundsätzlich zugrunde zu legende Berechnungsergebnis. In diesen Fällen besteht im Vergleich zu den Fällen ohne eine Verfälschung des Börsenkurses und der Bemessung der Mindesthöhe des Angebots anhand desselben also keine Schutzbedürftigkeit der Aktionäre, wenngleich es trotzdem möglich ist, dass aufgrund einer allgemeinen Unterbewertung an der Börse die Berechnung anhand einer Unternehmensbewertung für die Aktionäre günstiger wäre. Jedoch ist dies ein allgemeines Problem der grundsätzlichen Bemessung anhand des Börsenkurses und keines, welches in den Ausnahmetatbeständen des § 39 Abs. 3 Satz 3 Nr. 1 und 2 BörsG begründet liegt.[1102]

Die Heranziehung der Unternehmensbewertung zur Berechnung eines Differenzanspruchs für die Aktionäre kann der Gesetzgeber so hingegen nicht für die Fälle der positiven Kursbeeinflussung gewollt haben. Dies ergibt sich schon eindeutig aus der Ausgestaltung der Rechtsfolge als Differenzanspruch: Denn ein Anspruch auf eine solche (positive) Differenz setzt denklogisch voraus, dass der Gesetzgeber davon ausgeht, dass bei der Unternehmensbewertung regelmäßig ein höherer Wert festgestellt wird, als bei der Heranziehung des beeinflussten Börsenkurses. Treibendes Moment für diese Differenz muss ferner der Verstoß gegen Art. 17 Abs. 1 oder 15 MAR sein, da es sonst auch in allen anderen Fällen zu einer von den Ausnahmetatbeständen gerade nicht erfassten Unterbewertung an der Börse kommen kann, für die der Gesetzgeber *de lege lata* jedoch gerade keine Unternehmensbewertung vorgesehen hat.

Aufgrund dieser teleologischen Erwägungen, die hinter den Ausnahmen des § 39 Abs. 3 Satz 3 Nr. 1 und 2 BörsG stehen erscheint es daher bereits *de lege lata* bei einer solchen „*Kurspflege nach oben*"[1103] durch Bieter oder Emittent sachgerecht, eine Unternehmensbewertung in Folge einer teleologischen Reduktion nicht

1102 Zu den Argumenten gegen die Berechnung grundsätzlich anhand des Börsenkurses bereits ausführlich oben F.II.4.b)aa) sowie F.II.4.b)bb).

1103 *Harnos*, ZHR 179 (2015), 750, 762.

zu verlangen.[1104] Eine Anpassung des Wortlauts in diesem Sinne wäre jedoch aus Klarstellungsgründen wünschenswert, sollte das Regel-Ausnahme-Verhältnis zwischen Börsenkurs und Unternehmensbewertung grundsätzlich beibehalten werden.

(c) Zurechenbare Verstöße

Einigkeit besteht in der Literatur weitgehend hinsichtlich der Erfassung auch solcher Verstöße gegen das Verbot der Marktmanipulation, die dem Emittenten oder dem Bieter selbst nicht unmittelbar (über § 31 BGB analog[1105]) zurechenbar sind, sondern von einer mit ihnen gemeinsam handelnden Person oder deren Tochterunternehmen begangen werden.[1106] Einer Einbeziehung dieser Gruppen zum Zwecke des Umgehungsschutzes vor *„outgesourcten"* Manipulationen ist bereits nach geltendem Recht zuzustimmen.[1107] Insbesondere aufgrund der vom Gesetzgeber gewählten Nähe zum Übernahmerecht lässt sich dazu der Rechtsgedanke des § 31 Abs. 4 bis 6, § 4 WpÜG-AngebVO heranziehen, wonach bei der Berechnung der Gegenleistung auch Vorerwerbe einer mit dem Bieter gemeinsam handelnden Person oder deren Tochterunternehmen zu berücksichtigen sind. Erfolgt in diesem Zusammenhang auch eine Zurechnung im Falle eines Delistings, spricht nichts dagegen, auch eine Zurechnung für einen anderen Fall der Anpassung der Gegenleistung aufgrund eines Verhaltens eben dieser Gruppen ebenfalls zu erfassen. Auch wenn sich dieses Ergebnis bereits *de lege lata* über eine entsprechende Anwendung herleiten lässt, wäre eine Klarstellung auch hier jedenfalls wünschenswert, sollte es der Gesetzgeber entgegen der hier vertretenen Ansicht grundsätzlich bei den engen Ausnahmen von der Bemessung der Angebotshöhe anhand des Börsenkurses belassen.

(d) Relevanz von Verstößen vor Beginn der Sechs-Monats-Periode

Zu Recht kritisiert wurde bereits unmittelbar nach Inkrafttreten der Neuregelung ferner die missverständliche Formulierung hinsichtlich der zeitlichen Relevanz von Kursmanipulationen, die unter den Tatbestand des § 39 Abs. 3 Satz 3 Nr. 1 und

---

1104 So zutreffend *Kocher/Seiz*, DB 2016, 153, 155; *Verse*, in: FS Baums, Bd. II, 1317, 1328; **a. A.**: *Harnos*, ZHR 179 (2015), 750, 767, der allerdings feststellt, dass dieses Ergebnis kontraintuitiv, jedoch *de lege lata* zu akzeptieren sei.

1105 Vgl. zur Zurechnung des Verhaltens von Vorstandsmitgliedern und Personen, denen *„durch die allgemeine Betriebsregelung und Handhabung bedeutsame, wesensmäßige Funktionen der juristischen Person zur selbstständigen, eigenverantwortlichen Erfüllung zugewiesen wurden"* über § 31 BGB analog *Harnos*, ZHR 179 (2015), 750, 765, mit Verweis auf BGHZ 49, 19, 21 = NJW 1968, 391.

1106 Vgl. *Wackerbarth*, WM 2016, 385, 388; *Harnos*, ZHR 179 (2015), 750, 766 f.; *Verse*, in: FS Baums, Bd. II, 1317, 1331.

1107 So zustimmungswürdig *Harnos*, ZHR 179 (2015), 750, 767; ebenso *Verse*, in: FS Baums, Bd. II, 1317, 1331.

2 BörsG fallen.[1108] Folgt man streng dem Wortlaut der Norm, so führen lediglich solche Verstöße zu einer Abweichung von dem durchschnittlichen Börsenkurs der letzten sechs Monate vor der Ankündigung des Delistings, die „*während dieses Zeitraums*" begangen werden. Auf der Hand liegt jedoch, dass auch solche Verstöße die Aussagekraft des Börsenkurses als Bemessungsgrundlage für die Angebotshöhe in Frage stellen, die zwar bereits vor dem maßgeblichen Sechs-Monats-Zeitraum begangen wurden, deren Folgen für den Börsenkurs jedoch in diesen hineinwirken. Diesem Problem kann dadurch begegnet werden, dass die Verletzung einer Ad-Hoc-Pflicht oder der Verstoß gegen das Verbot der Marktmanipulation als andauernder Zustand aufgefasst wird, der bis zur Nachholung der unterlassenen Mitteilung oder der Korrektur unrichtiger Angaben andauert.[1109] Da es im Rahmen des Delistings nicht um den Strafcharakter insbesondere des Verbots der Marktmanipulation, sondern die durch ein bestimmtes Verhalten des Bieters oder des Emittenten bedingte faktische Kursbeeinflussung geht, ist eine solche Ausdehnung des Wortlautes im Übrigen ohne Weiteres mit Art. 103 Abs. 3 GG vereinbar. Die Problematik lässt sich folglich mit dem geltenden Recht ausreichend in den Griff bekommen, was jedoch nicht bedeutet, dass eine eindeutige gesetzliche Befassung mit dem Thema nicht angezeigt wäre.

(e) Keine Ausnahme bei Selbstbefreiung gemäß Art. 17 Abs. 4 MAR

Überprüfenswert erscheint auch die Ausklammerung des Art. 17 Abs. 4 MAR aus dem Ausnahmetatbestand des § 39 Abs. 3 Satz 3 Nr. 1 BörsG. So sollte nach Gesetzesmaterialien auch dann keine Unternehmensbewertung erforderlich sein, wenn der Börsenkurs zwar aufgrund einer unterbliebenen positiven Ad-hoc-Mitteilung objektiv zu niedrig ist, der Emittent aber gemäß Art. 17 Abs. 4 MAR aufgrund berechtigter Interessen des Emittenten ausnahmsweise erlaubtermaßen von der Veröffentlichung absieht.[1110]

Sieht der Gesetzgeber dieses Ergebnis als durch die berechtigten Interessen des Emittenten gerechtfertigt an[1111], so verkennt er damit die unterschiedliche Schutzrichtung des § 39 Abs. 3 BörsG gegenüber Art. 17 Abs. 4 MAR. Denn entscheidend

1108 Vgl. *Verse*, in: FS Baums, Bd. II, 1317, 1331 f.; *Bayer*, NZG 2015, 1169, 1175 f.; *Casper*, in: FS Köndgen, 117, 143; vgl. auch *Hirte*, Plenarprotokoll 18/127, 12385.

1109 Vgl. in diese Richtung in erster Linie *Bayer*, NZG 2015, 1169, 1175 f. und auch *Hirte*, Plenarprotokoll 18/127, 12385.

1110 Vgl. hinsichtlich der insofern im Wesentlichen übereinstimmenden Vorgängervorschrift des § 15 Abs. 3 WpHG (a. F.) Beschlussempfehlung und Bericht des Finanzausschusses zum Gesetz zur Umsetzung der Transparenzrichtlinie-Änderungsrichtlinie, BT-Drucks. 18/6220, 85; *Bayer*, NZG 2015, 1169, 1176 und *Harnos*, ZHR 179 (2015), 750, 761; vgl. zu den Voraussetzungen der Selbstbefreiung die ausführliche Kommentierung von *Klöhn*, in: Klöhn, MAR, Art. 17 Rn. 143 ff.

1111 Vgl. Beschlussempfehlung und Bericht des Finanzausschusses zum Gesetz zur Umsetzung der Transparenzrichtlinie-Änderungsrichtlinie, BT-Drucks. 18/6220, 85.

für die Abweichung von der Berechnung anhand des Börsenkurses zugunsten einer Unternehmensbewertung ist eben nicht, ob ein bestimmtes Verhalten in anderem Kontext verboten oder strafbewehrt ist, sondern, ob ein bestimmter Umstand wie die unterlassene Ad-hoc-Mitteilung Zweifel an der Aussagekraft des Börsenkurses über den tatsächlichen Wert der Beteiligung begründen.[1112] Diese Erwägung wird im Übrigen dadurch gestützt, dass allgemein (zutreffend) davon ausgegangen wird, dass für einen Verstoß im Sinne des § 39 Abs. 3 Satz 3 Nr. 1 BörsG kein Verschulden erforderlich sei, da es allein um die objektive Verfälschung des Börsenkurses gehe, die eine Unternehmensbewertung erforderlich mache. Die berechtigten Interessen des Emittenten, auf die der Gesetzgeber pauschal verweist und die zu einer Befreiung von der Ad-hoc-Pflicht gemäß Art. 17 Abs. 4 MAR führen, werden durch das Erfordernis einer Unternehmensbewertung regelmäßig überhaupt nicht in Frage gestellt. Diese betrifft eine andere Ebene: Der Emittent kann sehr wohl weiterhin aufgrund berechtigter Geheimhaltungsinteressen von der Pflicht zur Ad-hoc-Mitteilung befreit sein, aber gleichzeitig eine im Zuge des Delistings gezahlte Abfindung nachträglich über eine Unternehmensbewertung und einen entsprechenden Differenzanspruch korrigiert werden.

Neben dem Aspekt der im Rahmen von § 39 Abs. 3 Satz 3 Nr. 1 BörsG nicht maßgeblich betroffenen Geheimhaltungsinteressen des Emittenten ist zu erkennen, dass es anders als im gewöhnlichen Anwendungsbereich des Art. 17 Abs. 4 MAR für den Schutz der Interessen der Anleger auch nicht ausreicht, dass ein Informationsnachteil gegenüber anderen gleichgestellten Handelsparteien vermieden wird, indem nach Art. 17 Abs. 4 Nr. 2 MAR die Geheimhaltung der Information sichergestellt wird. Denn während durch diese Waffengleichheit im Hinblick auf die Befreiung nach Art. 17 Abs. 4 MAR den Interessen der Anleger in einem Mindestmaß Rechnung getragen wird, ist bei einem Delisting regelmäßig davon auszugehen, dass Bieter und Emittent entweder identisch oder jedenfalls derart miteinander verzahnt sind, dass es in der Realität kaum möglich sein wird, ein erhebliches Informationsungleichgewicht zwischen den Anlegern und dem Bieter zu verhindern. Dieses Ungleichgewicht war wohl auch dem Gesetzgeber durchaus bewusst, jedoch entschied er sich – wohl fehlgeleitet von der Vorstellung, die Geheimhaltungsinteressen hier parallel zu Art. 17 Abs. 4 MAR zu schützen – dafür, eine aufgrund der Selbstbefreiung unterbliebene Mitteilung nicht unter den Tatbestand des § 39 Abs. 3 Satz 3 Nr. 1 BörsG zu fassen. In den Fällen eines Delistings ist es jedoch vielmehr von Bedeutung, dass bereits ein ad-hoc-pflichtiger Umstand eingetreten ist, der den (Börsen-)Wert der Beteiligung erhöht hätte, dieser jedoch nicht bei dessen finanziellen Bewertung über die Börse eingepreist wurde. Die Börse bildet daher auch in diesen Fällen einer Selbstbefreiung nicht den tatsächlichen Wert ab. Bereits um eine einseitige Ausnutzung des Wissensvorsprungs um

1112 So ausdrücklich Beschlussempfehlung und Bericht des Finanzausschusses zum Gesetz zur Umsetzung der Transparenzrichtlinie-Änderungsrichtlinie, BT-Drucks. 18/6220, 85.

den kursrelevanten Umstand durch ein an einem objektiv zu niedrig bemessenen Börsenkurs zu verhindern, ist daher auch in den Fällen des Art. 17 Abs. 4 MAR den betroffenen Anlegern ein an einer Unternehmensbewertung ausgerichteter Differenzanspruch zu gewähren. Schließlich stellt dieses Vorgehen auch keinerlei Bestrafung des Emittenten für ein nach Art. 17 Abs. 4 MAR erlaubtes Verhalten dar. Ein solcher Widerspruch in der Rechtsordnung kann nämlich nicht erkannt werden, wenn man sich nochmals Sinn und Natur des 39 Abs. 3 Satz 3 Nr. 1 BörsG vor Augen führt[1113]: Den Ausschluss eines *objektiv* durch unterbliebene oder falsche Ad-hoc-Mitteilungen beeinflussten und somit nicht aussagekräftigen Börsenkurses. Unabhängig von einem Vorwurf an den Emittenten oder den Bieter. Ohne Sanktionscharakter.

(f) Unklare Gegenausnahme in § 39 Abs. 3 Satz 3 2. HS BörsG

Werden die dargestellten Schwierigkeiten bei der Subsumtion unter die Ausnahmen in § 39 Abs. 3 Satz 3 Nr. 1 und Nr. 2 BörsG bewältigt und der Tatbestand bejaht, sieht das Gesetz grundsätzlich vor, dass der Bieter zur Zahlung eines Differenzbetrages zwischen der im Angebot genannten Gegenleistung und der Gegenleistung verpflichtet ist, die dem anhand einer Bewertung des Emittenten ermittelten Wert des Unternehmens entspricht. Jedoch kennt das Gesetz auch von dieser als Ausnahme ausgestalteten Rechtsfolge eine Rückausnahme für den Fall, dass die in den Nummern 1 und 2 bezeichneten Verstöße nur *„unwesentliche Auswirkungen"* auf den nach Satz 2 errechneten Durchschnittskurs hatten.[1114] Erneut ist zwar die Intention des Gesetzgebers nachvollziehbar, aufgrund mangelnder Auswirkungen eines Verstoßes nun doch den leichter zu ermittelnden durchschnittlichen Börsenkurs für die Bemessung der Angebotshöhe heranzuziehen, jedoch scheitert er wiederholt an der konkreten Ausgestaltung. Neben der generellen Erwägung, dass es weder für eine Ausnahme noch für eine Rückausnahme darauf ankommen kann, ob *„die in den Nummern 1 und 2 bezeichneten Verstöße"* nur unwesentliche Auswirkungen auf den Börsenkurs haben, sondern, ob der Börsenkurs den Wert der Beteiligung *insgesamt* korrekt widerspiegelt, ist zu bemängeln, dass durch die Regelung weitere Rechtsunsicherheit entsteht. Denn es finden sich weder in den Gesetzesmaterialien noch im Gesetz selbst Anhaltspunkte dafür, wann Auswirkungen auf den Börsenkurs als *„unwesentlich"* einzustufen wären.[1115] Weder für die Anleger noch für den Bieter ist der Ausgang eines etwaigen Rechtsstreits in dieser Hinsicht abzuschätzen. Für den Bieter, dem die Darlegungs- und Beweislast für das Vorliegen der Gegenausnahme obliegt, kommt hinzu, dass ein solcher Nachweis

1113 Ähnlich auch *Harnos*, ZHR 179 (2015), 750, 770.

1114 Vgl. zur Auslegung dieses Begriffs bereits oben F.I.2.b)cc).

1115 Vgl. die Überlegungen zur Grenzziehung oben unter F.I.2.b)cc); kritisch hinsichtlich Rechtssicherheit und Beweisschwierigkeiten zu Recht *Kocher/Seiz*, DB 2016, 153, 155; *Casper*, in: FS Köndgen, 117, 144; *Harnos*, ZHR 179 (2015), 750, 769; *Wackerbarth*, WM 2016, 385, 388.

im Nachhinein faktisch kaum mehr zu führen sein wird, da die hypothetische Entwicklung von Börsenkursen in der Vergangenheit regelmäßig nicht mit der notwendigen Sicherheit rekonstruiert werden kann.

(3) § 39 Abs. 3 Satz 4 BörsG

Neben den aufgezeigten Problemen mit den Ausnahmetatbeständen in 39 Abs. 3 Satz 3 BörsG vermag auch die „*Marktenge*"-Ausnahme in § 39 Abs. 3 Satz 4 BörsG nicht vollständig zu überzeugen. Zwar ist der Grundgedanke plausibel und passt zur im Grundsatz überzeugenden Intention des Gesetzgebers, nicht aussagekräftige Kurse bei der Berechnung der Angebotshöhe zu eliminieren. Jedoch führt die konkrete Ausgestaltung im Ergebnis zu mitunter befremdlichen Ergebnissen. Denn es wird gerade dann eine Berechnung anhand einer Unternehmensbewertung angeordnet, wenn gerade kaum noch Handel stattfindet, sodass der Börsennotierung für die Anleger wohl jedenfalls unter Ausklammerung des anlegerschützenden Normengeflechts, welches mit der Börsenzulassung verbunden ist, regelmäßig ein vergleichsweise geringer Wert beizumessen ist. Jedenfalls im Vergleich zu dem Börsenrückzug eines Emittenten mit liquiden Anteilen, bei dem selbst bei einer allgemeinen Unterbewertung durch den Kapitalmarkt allein der Börsenkurs für die Höhe des Angebots maßgeblich sein soll, obwohl der Wert der Börsennotierung für die Anleger unter dem Gesichtspunkt der Liquidität wohl noch höher ist, erscheint kontraintuitiv und inkonsistent.[1116]

c) Ausgestaltung des Abfindungsangebots im Übrigen

Nachdem ausführlich kritisch auf die Angebotshöhe sowie deren Berechnung eingegangen wurde, sollen nun anschließend die rechtlichen Rahmenbedingung des Angebots im Rahmen eines Delistings untersucht und einer kritischen Würdigung unterzogen werden.

Nach all der vorangegangenen Kritik ist zunächst ein Lob an den Gesetzgeber hinsichtlich der Wahl der sogenannten *Bedingungslösung* auszusprechen.[1117] Indem die verwaltungsrechtliche Zulässigkeit des Widerrufs der Börsenzulassung an das Vorliegen eines entsprechenden Angebots geknüpft wird, wird für alle Beteiligten rechtssicher ein Zusammenhang von Angebot und Delisting hergestellt, ohne unnötige Vorgaben über den Angebotsschuldner zu diktieren; Angebotsschuldner ist, wer das Angebot unterbreitet. Für die finanziellen Interessen der Anleger spielt es – soweit das Angebot ausreichend über die Bestätigung eines unabhängigen

1116 Vgl. *Bayer*, NZG 2015, 1169, 1175.

1117 Vgl. bereits zutreffend nach der „*Macrotron*"-Entscheidung *Heidel*, DB 2003, 544, 549; *Hoffmann*, in: Spindler/Stilz, AktG, 1. Aufl., 2007, § 119 Rn. 43; *Krolop*, NZG 2005, 546 f.; *Kubis*, in: MüKo-AktG, 2. Aufl., 2004, § 119 Rn. 88; *Heidelbach*, in: Schwark/Zimmer, Kapitalmarktrecht, 3. Aufl., 2004, § 38 BörsG Rn. 35; dazu schon oben B.III.4.b)cc).

Wertpapierdienstleistungsunternehmens gemäß § 13 Abs. 1 Satz 2 WpÜG gesichert ist – keine Rolle, ob selbiges vom Emittenten selbst, einem Großaktionär oder einem Dritten stammt.[1118] Auch entfallen für die Aktionäre Unsicherheiten hinsichtlich des Schuldners im Streitfall: Sie müssen sich nicht damit beschäftigen, welche von verschiedenen Personen als Schuldner ihrer finanziellen Ausgleichsansprüche in Frage kommt oder sich gar mit internen Vereinbarungen zwischen Bieter und Emittent auseinander setzen.[1119]

Weniger eindeutig fällt hingegen die Beurteilung der vom Gesetzgeber angeordneten strikten Bedingungsfeindlichkeit des Delisting-Angebotes in § 39 Abs. 3 Satz 1 BörsG aus. Mit der Regelung soll zum Schutze der Anleger sichergestellt werden, dass das Angebot zum Zeitpunkt der verwaltungsrechtlichen Entscheidung über den Zulassungswiderruf verbindlich ist und nicht durch den Eintritt einer auflösenden oder Nicht-Eintritt einer aufschiebenden Bedingung nachträglich wegfallen kann.[1120]

Im Lichte dieser Intention könnte zunächst eine teleologische Reduktion dahingehend diskutiert werden, ob das Angebot unter der aufschiebenden Bedingung der Stellung eines Widerrufsantrages durch den Emittenten oder gar den Widerruf der Börsenzulassung selbst gestellt werden kann.[1121] Für Letzteres besteht jedoch schon kaum praktischer Bedarf: Denn stellt der Emittent einen Antrag und das Angebot nach § 39 Abs. 2 Satz 3 Nr. 1 BörsG liegt vor, muss die Börse diesem stattgeben.[1122] Mängel der Angebotsunterlage werden entweder bereits von der BaFin festgestellt und die Veröffentlichung untersagt oder sind ohne Relevanz für die verwaltungsrechtliche Entscheidung über den Zulassungswiderruf. Grundsätzlich denkbar ist hingegen, dass der Bieter eine Angebotsunterlage nach § 39 Abs. 2 Satz 3 Nr. 1 BörsG veröffentlicht, der Emittent jedoch in der Folge bereits von der Antragsstellung absieht. Hier könnte eine aufschiebende Bedingung des Angebots grundsätzlich helfen. Negative Auswirkungen für die vom Gesetzgeber ins Auge gefasste Verbindlichkeit des Angebots zum Zeitpunkt der Widerrufsentscheidung wären dabei jedenfalls nicht zu befürchten, da diese erst nach Eintritt der Bedingung – der Antragsstellung – zu erfolgen hätte. Würde der Antrag hingegen nicht gestellt, verschlechterte sich die Position der Anleger auch nicht im Vergleich zur Situation vor dem Angebot, da sie ihre Anteile behielten und es nicht zu einem Delisting kommen würde. Eine solche Bedingung würde im Gegenteil sogar zugunsten des Anlegerschutzes verhindern, dass ein (mit dem Delisting-Angebot kombiniertes Übernahme-)Angebot nur unter dem Eindruck des drohenden

1118 Vgl. *Buckel/Glindemann/Vogel*, AG 2015, 373, 380.

1119 Im Ergebnis ebenfalls für die Bedingungslösung plädierend *Bayer*, ZfPW 2015, 163, 222.

1120 Vgl. Beschlussempfehlung und Bericht des Finanzausschusses zum Gesetz zur Umsetzung der Transparenzrichtlinie-Änderungsrichtlinie, BT-Drucks. 18/6220, 85.

1121 *Kocher/Seiz*, DB 2016, 153, 156; wohl auch *Wieneke/Schulz*, AG 2016, 809, 812.

1122 Vgl. zur Ausgestaltung als gebundene Entscheidung oben F.I.2.d)aa)(2).

Delistings (verbindlich) angenommen wird und ein Börsenrückzug letztendlich mangels Antragsstellung durch den Emittenten überhaupt nicht erfolgt.[1123] Auf der anderen Seite wäre der Bieter davor geschützt, ein bedingungsloses Angebot allein in Erwartung des Börsenrückzugs unterbreitet zu haben und an dieses letztlich auch dann gebunden zu sein, wenn der Emittent (aus dem Bieter möglicherweise unbekannten Gründen) von der Antragsstellung absieht. Letzterer Problematik kann jedoch der Bieter selbst durch den Abschluss einer verbindlichen Vereinbarung mit dem Emittenten über die Unterbreitung des Angebots auf der einen und die Stellung des Widerrufsantrags durch den Emittenten auf der anderen Seite entgegenwirken.[1124] Der Schutz der Anleger kann in diesem Zusammenhang ebenfalls auch ohne eine Bedingung weitgehend über den Inhalt der Angebotsunterlage gemäß § 2 Nr. 7a WpÜG-AngebVO sichergestellt werden: Danach muss diese Angaben zu dem bevorstehenden Antrag der Zielgesellschaft auf Zulassungswiderruf enthalten. Dies wird man so verstehen müssen, dass der Bieter darin anzugeben hat, inwieweit bereits eine verbindliche Vereinbarung mit dem Emittenten über die Stellung des Widerrufsantrags vorliegt oder wie weit die Planungen vorangeschritten sind. Damit kann der Anleger unter Heranziehung der Angebotsunterlage selbst entscheiden, welche Wahrscheinlichkeit er dem angekündigten Delisting beimisst und sich entsprechend für oder gegen die Annahme des Delisting-Angebots entscheiden. Läuft das Angebotsverfahren zum Zeitpunkt der Widerrufsentscheidung noch, stellt sich die Problematik von vornherein kaum, da die Antragsstellung von den Anlegern zunächst abgewartet werden kann. Mit letzter Sicherheit ließe sich sowohl für den Bieter als auch für die Anleger die Verknüpfung von Angebot und Delisting jedoch nur gewährleisten, wenn man das Angebot stets als aufschiebend bedingt durch den Antrag auf Zulassungswiderruf auffassen würde. Eine solche Sichtweise ist *de lege lata* jedoch kaum mit dem diametral entgegengesetzten Wortlaut des § 39 Abs. 3 Satz 1 BörsG vereinbar.

Neben den anfangs erwähnten Bedingungen wird vereinzelt auch diskutiert, jedenfalls ein Angebot unter der Bedingung fusionskontrollrechtlicher und sonstiger regulatorischer Freigaben zuzulassen, wie diese auch bei einem Pflichtangebot nach dem WpÜG als zulässig erachtet wird.[1125] Jedoch überzeugt dieser Ansatz nicht, da die behördlichen Freigaben zwar nicht unmittelbar vom Bieter

---

1123 Darauf weisen *Wieneke/Schulz*, AG 2016, 809, 812 grundsätzlich zutreffend hin; rein feststellend auch *Wackerbarth*, WM 2016, 385.

1124 Vgl. *Bungert/Leyendecker-Langner*, ZIP 2016, 49, 53; dass, wie *Kocher/Seiz*, DB 2016, 153, 156 Fn. 44, zu bedenken geben, der Vorstand der Zielgesellschaft nicht immer zum Abschluss einer solchen Vereinbarung bereit sein wird, muss insofern das Risiko des Bieters sein, wenn er sich trotz fehlender Zusicherung der Stellung des Widerrufsantrages dazu entschließt, den Anlegern ein Angebot nach § 39 Abs. 2 Satz 3 Nr. 1 BörsG zu unterbreiten.

1125 Vgl. *Mense/Klie*, DStR 2015, 2782, 2784; *Koch*, in: Hüffer/Koch, AktG, § 119 Rn. 37; *Kocher/Seiz*, DB 2016, 153, 156.

beeinflussbar sind, jedoch anders als im Rahmen des Pflichtangebots gerade der vom Gesetzgeber befürchtete Schwebezustand entstehen würde, bei dem zum Zeitpunkt der Widerrufsentscheidung das Fortbestehen des nach § 39 Abs. 2 Satz 3 Nr. 1 BörsG erforderlichen Angebots noch nicht endgültig gewährleistet ist.[1126] Wäre ein solch bedingtes Angebot im Rahmen des § 39 Abs. 2 Satz 3 Nr. 1 BörsG tatsächlich zulässig, könnte der Fall eintreten, dass der Widerruf durch die Börsengeschäftsführung mit Blick auf das vorliegende Angebot erfolgt, jedoch später aufgrund der Versagung der erforderlichen Genehmigungen als Eintritt der auflösenden Bedingung das Angebot entfällt nach § 158 Abs. 2 BGB. Im Ergebnis wäre dann ein Widerruf erfolgt, ohne die zwingenden Voraussetzungen des § 39 Abs. 2 Satz 3 BörsG zu beachten. Nachträglich ließe sich kaum noch ein entsprechender Anlegerschutz erreichen, da weder der Emittent noch ein (anderer) Großaktionär zur Abgabe eines § 39 Abs. 2 Satz 3 Nr. 1 BörsG entsprechenden Angebots verpflichtet ist, geschweige denn, das Delisting rückgängig machen. Diese Folge ist über die strikte Beachtung des gesetzlich angeordneten Bedingungsverbots dringend zu vermeiden.

Am Rande ist schließlich noch anzumerken, dass der Gesetzgeber durch den pauschalen Verweis auf die Vorschriften des WpÜG teilweise für die Situation des Delistings nicht relevante Vorgaben über den Inhalt der Angebotsverordnung in Bezug genommen hat. Teilweise sind Vorschriften wie § 11 Abs. 2 Satz 2 Nr. 5 WpÜG (aufgrund der fehlenden Möglichkeit einer Bedingung des Angebots) und § 2 Nr. 6 WpÜG-AngebVO (aufgrund der fehlenden Möglichkeit eines Teilangebots) bereits denklogisch aufgrund der besonderen Vorgaben über das Angebot im Rahmen eines Delistings nicht anwendbar.[1127] Doch auch die Anwendbarkeit der Vorschriften des § 11 Abs. 2 Satz 3 Nr. 2 WpÜG, nach dem der Bieter über die zukünftige Geschäftstätigkeit des Emittenten aufklären muss, sowie des § 2 Nr. 1, 3a, 5, 8, 9 und 11 WpÜG-AngebVO, in denen auf Übernahmesituationen zugeschnittene ergänzende Angaben vorgeschrieben werden, wird mitunter kritisch beurteilt.[1128]

Zu beachten ist jedoch, dass zwar regelmäßig die Interessenlage bei einem Delisting von der bei einer klassischen Übernahmesituation abweicht, aber auch Konstellationen denkbar sind, in denen ein Delisting-Angebot in der Sache zugleich ein Übernahmeangebot im klassischen Sinne darstellt, sodass für die Anleger neben

---

1126 So im Ergebnis auch *Zimmer/von Imhoff*, NZG 2016, 1056, 1058.

1127 Vgl. *Harnos*, ZHR 179 (2015), 750, 756.

1128 Vgl. konkret *Harnos*, ZHR 179 (2015), 750, 756; allgemeiner *Bayer*, NZG 2015, 1169, 1176; *Koch/Harnos*, NZG 2015, 729, 735; *Brellochs*, Stellungnahme im Rahmen der Anhörung des Finanzausschusses des Deutschen Bundestags am 7. September 2015 zum Gesetzesentwurf der Bundesregierung „Entwurf eines Gesetzes zur Umsetzung der Transparenzrichtlinie-Änderungsrichtlinie“, BT-Drucks. 18/5010 und zum Änderungsantrag der Fraktionen der CDU/CSU und SPD zum Delisting vom 31. August 2015, 19 f.

dem Gesichtspunkt des Börsenrückzugs möglicherweise auch die auf die Übernahmesituation zugeschnittenen Informationen des § 11 Abs. 2 Satz 3 Nr. 2 WpÜG und des § 2 Nr. 1, 3a, 5, 8, 9 und 11 WpÜG-AngebVO von Bedeutung sind. Würde man diese Angaben grundsätzlich bei einem Delisting-Angebot für entbehrlich erachten, so würde dies eine Verkürzung der Schutzstandards des WpÜG insofern bedeuten, als auch das Delisting-Angebot für eine Übernahme instrumentalisiert werden kann.

5. Effektive Durchsetzbarkeit des finanziellen Ausgleichs – Spruchverfahren ist KapMuG-Verfahren vorzuziehen

Einen entscheidenden Komplex bei der Beurteilung des Anlegerschutzes beim Delisting nach der aktuellen Rechtslage stellt die effektive Realisierbarkeit desselben dar. Da – wie oben ausgeführt – dem verwaltungsgerichtlichen Rechtsschutz gegen die Widerrufsentscheidung der Börse selbst verhältnismäßig wenig praktische Bedeutung zuteil wird, soll der Fokus bei der Bewertung der Ausgestaltung auf der Durchsetzung des Anspruchs aus dem Angebot im Rahmen von § 39 Abs. 2 Satz 3 Nr. 1 BörsG und insbesondere der Überprüfung dessen Höhe liegen.

Während sich der Gesetzgeber für die Durchsetzung der finanziellen Ansprüche der betroffenen Anleger für die ordentliche Gerichtsbarkeit entschied und zur (vermeintlichen) Verbesserung des effektiven Rechtsschutzes in § 1 Abs. 1 Nr. 3 das KapMuG-Verfahren eröffnete, sprechen losgelöst von der hier befürworteten Bemessung der Untergrenze des Abfindungsangebots grundsätzlich anhand einer Unternehmensbewertung die deutlich besseren Argumente für die Durchführung eines Spruchverfahrens zur Überprüfung der Höhe der finanziellen Gegenleistung.[1129] So führt die Verweisung der Anleger auf das Zivilverfahren ohne die Eröffnung des Spruchverfahrens zur Überprüfung der Höhe des finanziellen Ausgleichs

1129 So im Ergebnis auch *DAV*, Stellungnahme durch den Ausschuss Bank- und Kapitalmarktrecht zu dem Änderungsantrag der Fraktionen CDU/CSU und der SPD zum Entwurf des Gesetzes zur Umsetzung der Transparenzrichtlinie-Änderungsrichtlinie, hier: Delisting, 11 f.; *Bayer*, ZfPW 2015, 163, 222; *ders.*, ZIP 2015, 853, 858; *Mense/Klie*, DStR 2015, 2782, 2786; *Kocher/Seiz*, DB 2016, 153, 157; *Wicke*, DNotZ 2015, 488, 494; *BRAK*, Stellungname Nr. 37/2015, Oktober 2015 zum Änderungsantrag vom 31. August 2015 zum Entwurf eines Gesetzes zur Umsetzung der Transparenzrichtlinie-Änderungsrichtlinie (Delisting) – BT-Drucks. 18/5010 –, 5; *Verse*, in: FS Baums, Bd. II, 1317, 1336 ff.; *Harnos*, ZHR 179 (2015), 750, 779 f.; *Gegler*, BKR 2016, 273, 279; *Kastl*, Der Rückzug kapitalmarktfähiger Unternehmen von der Börse, 346; **a. A.**: *Brellochs*, Stellungnahme im Rahmen der Anhörung des Finanzausschusses des Deutschen Bundestags am 7. September 2015 zum Gesetzesentwurf der Bundesregierung „Entwurf eines Gesetzes zur Umsetzung der Transparenzrichtlinie-Änderungsrichtlinie", BT-Drucks. 18/5010 und zum Änderungsantrag der Fraktionen der CDU/CSU und SPD zum Delisting vom 31. August 2015, 23; *Casper*, in: FS Köndgen, 117, 146.

zunächst genau wie auf materieller Seite die Bemessung der Angebotshöhe grundsätzlich anhand des Börsenkurses zu Friktionen mit den Vorschriften über das kalte Delisting, namentlich § 29 Abs. 1 Satz 1 Halbs. 1 2. Alt. UmwG i. V. m. § 34 Satz 1 UmwG.[1130] Denn steht bei beiden Varianten des Delistings allein der Wegfall der Börsennotierung hinter der Schaffung einer Exit-Möglichkeit für die betroffenen Aktionäre, so ist nicht nur kein Grund für eine unterschiedliche Bemessung der Gegenleistung ersichtlich, sondern kann es auch nicht überzeugen, bei der gerichtlichen Überprüfbarkeit unterschiedliche Verfahren anzuordnen. Hinzu kommt, dass bereits die *de lege lata* grundsätzlich für die Leistungsklage nach § 31 WpÜG zuständige Zivilkammer regelmäßig in dem einschlägigen Bereich der Unternehmensbewertung ein geringeres Maß an Expertise aufweisen wird als die im Spruchverfahren zuständige Kammer für Handelssachen.[1131]

a) Darlegungs- und Beweislast

Die Überprüfung der Angebotshöhe wird *de lege lata* besonders relevant in den Fällen, in denen das Gesetz auch nach bisheriger Rechtslage ausnahmsweise eine Unternehmensbewertung anordnet. Denn in diesen Fällen ist die Höhe des Angebots besonders streitträchtig und weniger einfach zu ermitteln, als wenn im Rahmen des § 39 Abs. 2 Satz 3 BörsG der durchschnittliche gewichtete Börsenkurs grundsätzlich anhand einer Rechenoperation nachvollzogen werden kann. Dabei stellt sich der Rechtsstreit über eine Erhöhung des Angebots – gegebenenfalls in Form eines Differenzanspruchs – gemäß § 39 Abs. 3 Satz 3 und 4 BörsG für die Anleger als besonders (zeit-)aufwändig dar. Insbesondere in den Fällen des § 39 Abs. 3 Satz 3 Nr. 1 und 2 BörsG muss bereits eine erste große Hürde genommen werden, um überhaupt zur Relevanz des Ergebnisses einer etwaigen Unternehmensbewertung zu gelangen. Denn Voraussetzung für deren Berücksichtigung ist sowohl nach § 39 Abs. 3 Satz 3 Nr. 1 und 2 als auch nach § 39 Abs. 3 Satz 4 BörsG zunächst einmal ein dem Emittenten oder dem Bieter zurechenbarer Verstoß gegen das Verbot der Marktmanipulation oder gegen die Ad-hoc-Publizität. Erst wenn das Gericht diese regelmäßig mit erheblichen rechtlichen sowie tatsächlichen Unsicherheiten behaftete Frage im Sinne des in dieser Hinsicht nach allgemeinen Regeln im Zivilprozess darlegungs- und beweisbelasteten Anlegers beantwortet, kommt es auf einer zweiten Stufe überhaupt auf die Darlegung einer etwaigen Differenz zwischen dem Ergebnis einer Unternehmensbewertung und der Höhe

1130 Vgl. *Verse*, in: FS Baums, Bd. II, 1317, 1338, der die Vergleichbarkeit mit dem kaltem Delisting in § 29 Abs. 1 Satz 1 Halbs. 1 2. Alt. herausarbeitet, und *DAV*, Stellungnahme durch den Ausschuss Bank- und Kapitalmarktrecht zu dem Änderungsantrag der Fraktionen CDU/CSU und der SPD zum Entwurf des Gesetzes zur Umsetzung der Transparenzrichtlinie-Änderungsrichtlinie, hier: Delisting, 12, der auf die faktische Nähe zum Squeeze-out hinweist; zu den materiell-rechtlichen Friktionen bereits oben F.II.4.b)bb).

1131 Vgl. *Harnos*, ZHR 179 (2015), 750, 779.

der angebotenen Gegenleistung an. Diese zweistufige Ausgestaltung lässt einerseits eine unverhältnismäßige zeitliche Ausdehnung des Verfahrens weit über die Dauer eines durchschnittlichen Spruchverfahrens befürchten, da die gerichtliche Klärung dieser rechtlich sowie tatsächlich komplexen Vorfragen erheblichen Aufwand benötigen wird.[1132] Andererseits stellt dies aus Sicht des Anlegers bereits ein oftmals nur schwer überwindbares Hindernis dar, sodass zu erwarten ist, dass er regelmäßig bereits am Nachweis eines entsprechenden Verstoßes scheitern wird.[1133] Auch um bereits an dieser Stelle allzu hohe Anforderungen an den einzelnen Anleger zu vermeiden, wäre die Anordnung einer angemessenen Gegenleistung und deren Überprüfbarkeit im Spruchverfahren, wie sie von verschiedenen Strukturmaßnahmen bekannt ist, wünschenswert. Diese würde sich regelmäßig nach dem anhand einer Unternehmensbewertung ermittelten Wert der Beteiligung richten, es sei denn, das zuständige Gericht gelangt (ausnahmsweise) nach seinem Ermessen zu der Einsicht, dass der Börsenkurs den wahren Unternehmenswert unverfälscht widerspiegelt.[1134]

Gelingt es den betroffenen Anlegern ungeachtet der angesprochenen *de lege lata* bestehenden Schwierigkeiten, das Gericht von der Maßgeblichkeit der Unternehmensbewertung für die Höhe der Gegenleistung und einen entsprechenden Differenzanspruch zu überzeugen, oder steht diese bereits von vornherein unstreitig fest, so wartet außerhalb des Spruchverfahrens bereits das nächste praktische Problem; denn Ausgangspunkt für eine gerichtliche Überprüfung der Angebotshöhe ist in (wirtschaftlich) vergleichbaren Konstellationen wie beispielsweise dem kalten Delisting nach § 29 Abs. 1 Satz 1 Halbs. 1 2. Alt. UmwG oder dem Squeeze-out nach § 327a AktG ein Bericht und ein Gutachten eines gerichtlich bestellten Sachverständigen im Vorfeld der Maßnahme.[1135] Anhand derselben kann sich dann der Aktionär im Spruchverfahren in der Regel auf gezielte Einwendungen gegen die Richtigkeit der vor der Maßnahme vorgenommenen Bewertung beschränken. Eine ähnliche obligatorische Vorbereitung fehlt jedoch *de lege lata* in den Fällen des Delistings. Gegebenenfalls ist zwar bereits der Angebotsunterlage eine Unternehmensbewertung beizufügen, wenn zu diesem frühen Zeitpunkt deren Maßgeblichkeit feststeht. Die Überprüfung durch einen Sachverständigen fehlt jedoch und auch die BaFin vermag dies nicht zu leisten.[1136] In anderen Fällen, in denen

1132 Vgl. *Mense/Klie*, DStR 2015, 2782, 2786; *Kocher/Seiz*, DB 2016, 153, 157; *Drygala*, VGR 2015, 75, 79, 89; generell zur erwarteten Dauer im Vergleich zu der eines Spruchverfahrens unten F.II.5.d). Vgl. zu den rechtlichen Unsicherheiten, die allein mit der *de lege lata* relevanten Befreiung gem. Art. 17 Abs. 4 MAR einhergehen *Harnos*, ZHR 179 (2015), 750, 761.

1133 Vgl. *Kocher/Seiz*, DB 2016, 153, 157, die davon ausgehen, dass die betroffenen Anleger regelmäßig bereits auf dieser vorgelagerten Stufe scheitern werden; ähnlich auch *Harnos*, ZHR 179 (2015), 750, 769 f.

1134 Vgl. zu dieser Möglichkeit des Gerichts bereits F.II.4.b)aa).

1135 Vgl. §§ 8 ff. UmwG bzw. § 327c AktG.

1136 Vgl. zum Prüfungsumfang der BaFin bereits oben F.I.2.d)aa)(1).

sich die Maßgeblichkeit einer Unternehmensbewertung erst später – etwa erst im Rahmen der gerichtlichen Auseinandersetzung – zeigt, liegt zunächst überhaupt keine Unternehmensbewertung vor. Anders als im Spruchverfahren, bei dem nach § 26 FamFG ein eingeschränkter Amtsermittlungsgrundsatz gilt, liegt es an dem nach allgemeinen Grundsätzen darlegungs- und beweisbelasteten Anleger als Anspruchssteller nachzuweisen, dass die angebotene Gegenleistung nicht einer noch aufzustellenden Unternehmensbewertung entspricht.[1137] Dies wird dem einzelnen außenstehenden Anleger mangels der erforderlichen Informationen regelmäßig praktisch kaum möglich oder jedenfalls mit Aufwand und Kosten verbunden sein, die außer Verhältnis zu seinem Anspruchsziel stehen.[1138] Da nach der bisherigen Rechtslage eine nachträgliche Unternehmensbewertung nur in den Fällen zu fordern ist, in denen nicht bereits die der BaFin vorgelegte Angebotsunterlage eine Unternehmensbewertung enthalten muss – mithin namentlich in den Fällen, in denen nachträglich eine zurechenbare Marktmanipulation oder ein Ad-hoc-Verstoß ans Licht kommt –, erscheint es jedenfalls unter dem Gesichtspunkt der Schutzwürdigkeit angemessen, dem Bieter die Einbringung einer Unternehmensbewertung aufzuerlegen, wenn das Gericht zu dem Schluss gelangt, dass es nachträglich auf eine solche ankommt. Die Erstellung einer solchen Bewertung müsste dann bereits im Rahmen der Delisting-Vereinbarung zwischen Bieter und Emittenten sichergestellt werden. Jedoch sieht sich auch nach dieser Lösung ein möglicherweise im Rahmen des KapMuG-Verfahrens bestellter Sachverständiger einer kaum zu bewältigenden Aufgabe gegenüber, wenn er *ex post* eine Unternehmensbewertung für einen gegebenenfalls mehrere Jahre zurückliegenden Stichtag zu prüfen hat.[1139]

De lege ferenda sollte daher in jedem Fall sichergestellt werden, dass bereits frühzeitig ein neutrales Bewertungsgutachten durch den Bieter (oder direkt den Emittenten) eingeholt wird und sich das Verfahren in der Folge allein auf Überprüfung desselben beziehen kann.[1140] Auch wenn dies einen nicht unerheblichen

---

1137 Vgl. *BRAK*, Stellungname Nr. 37/2015, Oktober 2015 zum Änderungsantrag vom 31. August 2015 zum Entwurf eines Gesetzes zur Umsetzung der Transparenzrichtlinie-Änderungsrichtlinie (Delisting) – BT-Drucks. 18/5010 –, 5; *Kastl*, Der Rückzug kapitalmarktfähiger Unternehmen von der Börse, 344; dazu bereits oben F.I.2.d)bb)(2)(b).

1138 Vgl. *Drygala*, VGR 2015, 75, 79, 85; *Koch/Harnos*, NZG 2015, 729, 735, weisen darauf hin, dass andere und effektivere Wege als die Hauptversammlung für die Information der Anleger zur Verfügung stehen.

1139 Darauf zutreffend hinweisend *Mense/Klie*, DStR 2015, 2782, 2786; *Drygala*, VGR 2015, 75, 79, 89 f., der insbesondere auf das Problem einer objektiven Rekonstruktion von Prognosen im Zeitpunkt des Stichtags hinweist, wenn *ex post* ein anderer tatsächlicher Verlauf bereits bekannt ist („*Rückschaufehler*").

1140 Vgl. *BRAK*, Stellungname Nr. 37/2015, Oktober 2015 zum Änderungsantrag vom 31. August 2015 zum Entwurf eines Gesetzes zur Umsetzung der Transparenzrichtlinie-Änderungsrichtlinie (Delisting) – BT-Drucks. 18/5010 –, 5; in dieselbe Richtung auch *Mense/Klie*, DStR 2015, 2782, 2786; vgl. auch im Anschluss an die

Aufwand für den Bieter bedeutet, ist auf der anderen Seite nicht zu vernachlässigen, dass auch der Bieter ein Interesse daran hat, dass nicht durch eine zeitaufwändige nachträgliche erste Unternehmensbewertung das ohnehin schon lange Verfahren weiter erheblich in die Länge gezogen wird.[1141]

b) Kostenrisiko

Neben den dargestellten hohen Hürden bei Darlegung und Beweis der Anspruchsvoraussetzungen und der Anspruchshöhe besteht für den einzelnen Anleger ein beinahe unkalkulierbares Kostenrisiko, das gerade im Hinblick auf den Wert einzelner Beteiligungen privater Anleger unverhältnismäßig erscheint.[1142] Dazu, dass mangels *Erga-omnes*-Wirkung des Zivilverfahrens jeder Anleger grundsätzlich unabhängig von der Klärung einzelner Fragen im Rahmen eines KapMuG-Verfahrens selbst ein eigenes Gerichtsverfahren einleiten muss[1143], in dem Kosten produziert werden, kommt hinzu, dass auch die dreifache Gebühr im Zivilverfahren gegenüber der zweifachen Gebühr im erstinstanzlichen Spruchverfahren deutlich höher ausfällt.[1144] Darüber hinaus hat der einzelne Anleger anders als im Spruchverfahren, für das § 23 Nr. 14 GNotKG, § 15 SpruchG im Grundsatz eine Kostentragung durch den Antragsgegner vorsieht, im herkömmlichen Zivilprozess generell nur dann einen Kostenerstattungsanspruch nach § 91 Abs. 1 ZPO, wenn und soweit er den Rechtsstreit tatsächlich gewinnt.[1145] Gerade im Zusammenhang mit der Situation, dass der einzelne Anleger mangels einer ersten Unternehmensbewertung oder eines Sachverständigen-Gutachtens möglicherweise kaum Anhaltspunkte für das tatsächliche Bestehen und die Höhe der Differenz zwischen dem Angebot und dem anhand einer Unternehmensbewertung ermittelten Wert seiner Beteiligung hat, wird sich das Eingehen eines seinerseits kaum abschätzbaren Kostenrisikos – in diesen Fällen nochmals drastisch erhöht durch den finanziellen Aufwand für die Begutachtung des Unternehmenswertes – schon ob des ungewissen Ausgangs

„*Macrotron*"-Entscheidung *Streit*, ZIP 2003, 392, 394; *Wilsing/Kruse*, WM 2003, 1110, 1112 f.; dazu oben B.III.4.a)dd).

1141 Vgl. *Mense/Klie*, DStR 2015, 2782, 2786; zur Dauer allgemein sogleich unten F.II.5.d).

1142 Vgl. unter Auflistung möglicher Kostenpunkte *BRAK*, Stellungname Nr. 37/2015, Oktober 2015 zum Änderungsantrag vom 31. August 2015 zum Entwurf eines Gesetzes zur Umsetzung der Transparenzrichtlinie-Änderungsrichtlinie (Delisting) – BT-Drucks. 18/5010 –, 5; *Dreier*, in: Dreier/Fritzsche/Verfürth, SpruchG, Annex zu § 1 Rn. 29 ff.

1143 Vgl. zu der fehlenden *Erga-omnes*-Wirkung noch sogleich unten F.II.5.c); zu den Wirkungen des KapMuG-Verfahrens bereits oben F.I.2.d)bb)(2)(b).

1144 Vgl. Nr. 1210 KostenV – Anlage 1 zu § 3 Abs. 2 GKG für das Zivilverfahren und Nr. 13500 KostenV – Anlage 1 zu § Abs. 2 GNotKG für das Spruchverfahren; *Harnos*, ZHR 179 (2015), 750, 779.

1145 Vgl. dazu bereits oben F.I.2.d)bb)(2)(b); vgl. auch *Verse*, in: FS Baums, Bd. II, 1317, 1337; *Harnos*, ZHR 179 (2015), 750, 779 f.

des Verfahrens und damit in der Frage der Kostentragung häufig als wirtschaftlich prohibitiv darstellen. Diese Gefahr wurde vom Gesetzgeber ebenfalls erkannt, der jedoch als Reaktion weitgehend untauglich die Anwendbarkeit des KapMuG wählte.[1146] Zwar kann auf diese Weise die Kostenlast für das Sachverständigen-Gutachten in das KapMuG-Verfahren verlagert und so verteilt werden, an dem Kostenrisiko im individuellen Ausgangsverfahren ändert sich dadurch jedoch nichts.

c) *Fehlende* Erga-omnes-*Wirkung*

Neben der Regelung zur Kostentragung im SpruchG spielt wie oben angesprochen auch die gegenüber dem Spruchverfahren fehlende *Erga-omnes*-Wirkung eine beträchtliche Rolle für die finanzielle Belastung der klagenden Anleger. Denn jeder Anleger ist gezwungen, für sich selbst das Kostenrisiko einzugehen, indem er sich genötigt sieht, zur Partizipation an einer Erhöhung des Angebots ein eigenes Verfahren anzustrengen. Ohne Not hat der Gesetzgeber dabei von dem gerade in den praktisch relevanten Fällen, in denen um die Abfindungshöhe und den zu Grunde zu legenden Unternehmenswert gestritten wird, bewährten Spruchverfahren Abstand genommen und sich stattdessen – offenbar oberflächlich motiviert von der kapitalmarktrechtlichen Ausgestaltung der Regelung – für das KapMuG-Verfahren entschieden. Kennzeichnend für dieses ist, dass zentral nur über einzelne Anspruchsvoraussetzungen entschieden wird. Das Verfahren nach dem KapMuG ist damit gerade auf solche Ansprüche zugeschnitten, für die einzelne Rechtsfragen – wie insbesondere die nach der Fehlerhaftigkeit einer Kapitalmarktinformation – einheitlich beantwortet, während andere – wie beispielsweise die Frage nach der konkreten Kausalität einer solchen Pflichtverletzung für die nachteilige Investitionsentscheidung des einzelnen Anlegers – hingegen für jeden klagenden Anleger nur individuell beantwortet werden können.[1147] Folglich muss über letztere in einzelnen Verfahren entschieden werden, was teilweise die umständliche Struktur der KapMuG-Verfahren mit Ausgangs- und (Zwischen-[1148]) Zwischenverfahren erklärt. Im Hinblick auf Streitigkeiten über die Höhe des Angebots bei einem Delisting liegen die Dinge jedoch grundlegend anders: Denn wie auch in den sonstigen Fällen des Spruchverfahrens, kann die Entscheidung über die Höhe der zu gewährenden Gegenleistung, um die allein es im Falle des Delistings im Rahmen des Zivilrechtsschutzes geht, nur einheitlich für alle Anleger beantwortet werden. Es kommt nämlich gerade nicht auf individuell zu beurteilende Fragen der Kausalität, der Kenntnis oder des Mitverschuldens an, sondern einzig auf die generelle Frage der Bemessung der Höhe des für die Anleger einheitlichen

1146 Vgl. Beschlussempfehlung und Bericht des Finanzausschusses zum Gesetz zur Umsetzung der Transparenzrichtlinie-Änderungsrichtlinie, BT-Drucks. 18/6220, 87.

1147 Vgl. *Verse*, in: FS Baums, Bd. II, 1317, 1336 f.

1148 Vgl. zum *„Zwischenverfahren im Zwischenverfahren"* *Drygala*, VGR 2015, 75, 89.

Delisting-Angebots. Da eine *Erga-omnes*-Wirkung unter Anwendung des Spruchverfahrens folglich sowohl ohne Weiteres möglich als auch schon aus Effektivitäts- und Kostengründen zu befürworten wäre, ließe sich auf diesem Wege noch ein weiterer Vorteil nutzen: Die gerichtliche Entscheidung über die Höhe des Angebots könnte als Ausgangspunkt für den Lauf einer verlängerten Annahmefrist – wie beispielsweise in § 31 Satz 2 UmwG für den Fall des kalten Delistings durch Verschmelzung geregelt – herangezogen werden, um es Anlegern zu ermöglichen, von der Erhöhung auch dann zu profitieren, wenn diese ein zu Unrecht zu niedriges Angebot zunächst nicht angenommen hatten.[1149]

d) Verfahrensdauer

Als Grund für das Absehen vom Spruchverfahren wurde im Zuge der gesetzlichen Neuregelung in erster Linie dessen großer zeitlicher Aufwand genannt.[1150] Richtig ist zwar, dass der Streit über den Unternehmenswert im Spruchverfahren oft relativ langwierig und verhältnismäßig aufwendig gegenüber der Überprüfung der allein am Börsenkurs ermittelten Angebotshöhe ist, jedoch ist das nicht auf das Spruchverfahren, sondern auf die generelle Ermittlung der Angebotshöhe anhand einer Unternehmensbewertung zurückzuführen. Dass nichtsdestotrotz für die Fälle des Delistings grundsätzlich die Angebotshöhe anhand einer Unternehmensbewertung bestimmt werden muss, um einen effektiven und stimmigen Anlegerschutz zu gewähren, wurde bereits oben im Rahmen der materiell-rechtlichen Ausgestaltung der Delisting-Regelung ausführlich begründet.[1151]

Nimmt man aber die Überprüfung anhand einer Unternehmensbewertung, die sowohl bereits *de lege lata* im Rahmen der Ausnahmen des § 39 Abs. 3 Satz 3 und 4 BörsG die streitträchtigste Konstellation darstellen dürfte als auch *de lege ferenda* bei einer grundsätzlichen Zugrundelegung einer Unternehmensbewertung vorzunehmen wäre, als Maßstab, so wird deutlich, dass auch unter dem zeitlichen Aspekt das Spruchverfahren dem vom Gesetzgeber nunmehr vorgesehenen KapMuG-Verfahren überlegen ist. Denn das *„als taugliches Instrument [...] bewährt[e]"*[1152] Musterfeststellungsverfahren wies in der Vergangenheit seinerseits erhebliche Verfahrensdauern auf. Regelmäßig dauerten die bloßen Zwischenverfahren bereits ohne die nunmehr häufig geforderte erstmalige Unternehmensbewertung, die den Verfahrensstoff neben der Frage von etwaigen unterbliebenen oder falschen Kapitalmarktinformationen nochmals erheblich auflädt, bereits länger als die für

---

1149 Vgl. zu dieser Problematik bereits oben F.II.4.b)cc)(1); vgl. auch *Verse*, in: FS Baums, Bd. II, 1317, 1338.

1150 Vgl. Rede des Abgeordneten *Middelberg*, Plenarprotokoll 18/127, 12379; *Casper*, in: FS Köndgen, 117, 146.

1151 Dazu bereits oben F.II.4.b)aa) sowie F.II.4.b)bb).

1152 Beschlussempfehlung und Bericht des Finanzausschusses zum Gesetz zur Umsetzung der Transparenzrichtlinie-Änderungsrichtlinie, BT-Drucks. 18/6220, 87.

ihre Dauer kritisierten Spruchverfahren seit Einführung des SpruchG[1153], sodass nunmehr sogar mit einer Verfahrensdauer von über 10 Jahren gerechnet wird,[1154] während die Verfahrensdauer in Spruchverfahren in den vergangenen Jahren erfolgreich verkürzt werden konnte.[1155]

Zu der langen Verfahrensdauer des Musterverfahrens kommt eine im Verhältnis zum Spruchverfahren lange andauernde Rechtsunsicherheit zu Lasten des Bieters im Hinblick auf eventuelle Ansprüche von Anlegern. Denn anders als im Spruchverfahren, in dem nach § 4 Abs. 1 SpruchG innerhalb einer Frist von drei Monaten nach der Eintragung der betreffenden Maßnahme ein entsprechender Antrag gestellt werden muss, gelten für den Differenzanspruch der Anleger aus § 39 Abs. 3 Satz 3 BörsG die allgemeinen Verjährungsregelungen in §§ 194 ff. BGB.[1156] Der Beginn der dreijährigen Verjährung nach § 195 BGB setzt somit gemäß § 199 Abs. 1 Nr. 2 BGB Kenntnis (oder grob fahrlässige Unkenntnis) des Anlegers von den den Anspruch begründenden Umständen – mithin von den zur Relevanz der Unternehmensbewertung führenden Kapitalmarktrechtsverstößen – voraus. Kommen diese erst nach vielen Jahren ans Licht, ist denkbar, dass die Differenzansprüche der Anleger nach § 39 Abs. 3 Satz 3 BörsG erst zehn Jahre ab ihrer Entstehung verjähren, § 199 Abs. 4 BGB, was im Sinne der Rechtssicherheit gerade auch für den Bieter ein unbefriedigendes Ergebnis darstellt.[1157]

Da jedoch die Mindesthöhe des Angebots *de lege lata* unmittelbar von dem Vorliegen eines solchen Verstoßes und dessen Kenntnis durch den Anleger abhängt, ist solch eine lange Verjährung für die Anleger nach geltendem Recht notwendig, um überhaupt nachträglich eine angemessene Gegenleistung anhand einer Unternehmensbewertung zu erstreiten. Im Spruchverfahren hingegen kommt es grundsätzlich nicht auf nachträglich festgestellte Kapitalmarktrechts-Verstöße an,

---

1153 Vgl. Beispiele bei *BRAK*, Stellungname Nr. 37/2015, Oktober 2015 zum Änderungsantrag vom 31. August 2015 zum Entwurf eines Gesetzes zur Umsetzung der Transparenzrichtlinie-Änderungsrichtlinie (Delisting) – BT-Drucks. 18/5010 –, 5; *Dreier*, in: Dreier/Fritzsche/Verfürth, SpruchG, Annex zu § 1 Rn. 26.

1154 Vgl. *Mense/Klie*, DStR 2015, 2782, 2786; *BRAK*, Stellungname Nr. 37/2015, Oktober 2015 zum Änderungsantrag vom 31. August 2015 zum Entwurf eines Gesetzes zur Umsetzung der Transparenzrichtlinie-Änderungsrichtlinie (Delisting) – BT-Drucks. 18/5010 –, 5; *Drygala*, VGR 2015, 75, 89; kritisch bereits ohne die zusätzlichen Anforderungen in Delisting-Situationen zu berücksichtigen *Mahler*, AG 2011, R115 f.; *Sustmann/Schmidt-Bendun*, NZG 2011, 1207 ff.; *Verse*, in: 10 Jahre WpÜG, 276, 278 ff.; *Seibt*, ZIP 2013, 1568, 1570; *Prasuhn*, Der Schutz von Minderheitsaktionären bei Unternehmensübernahmen nach dem WpÜG, 129 f.

1155 Vgl. *Puszkajler/Sekera-Terplan*, NZG 2015, 1055 ff.

1156 Vgl. dazu *Harnos*, ZHR 179 (2015), 750, 780; *Verse*, in: FS Baums, Bd. II, 1317, 1337 f.

1157 Vgl. *BRAK*, Stellungname Nr. 37/2015, Oktober 2015 zum Änderungsantrag vom 31. August 2015 zum Entwurf eines Gesetzes zur Umsetzung der Transparenzrichtlinie-Änderungsrichtlinie (Delisting) – BT-Drucks. 18/5010 –, 5 f.

da ohnehin von vornherein eine Unternehmensbewertung stattfindet, bei der eine Verfälschung des Börsenkurses keine wesentliche Bedeutung erlangt, sodass eine kurze Antragsfrist gerechtfertigt erscheint.

Insgesamt ist damit auch aus Sicht der Verfahrensdauer für die Frage des finanziellen Ausgleichs beim Delisting das Spruchverfahren der Kombination aus herkömmlichem Zivilverfahren und Musterfeststellungsverfahren nach dem KapMuG vorzuziehen.

III. Folgefragen um einen ergänzenden Anlegerschutz

1. Satzungsbestimmungen

Nun, da ein gesetzlicher Anlegerschutz in dem dargestellten Maße implementiert wurde, stellt sich gerade im Hinblick auf die noch immer vorhandenen und aufgezeigten Lücken die Frage, inwiefern ein ergänzender Anlegerschutz über eine entsprechende Satzungsregelung erreicht werden kann, die den Vorstand neben seinen gewiss auch im Falle des Delistings weiterhin bestehenden Pflichten nach § 93 Abs. 1 AktG bindet.[1158] Während die Möglichkeit einer solchen Satzungsgestaltung gerade im Nachgang der „*Frosta*"-Entscheidung teils wie selbstverständlich vorausgesetzt wurde, wird in einem solchen Vorgehen nunmehr teilweise ein unzulässiger Eingriff in die Geschäftsführungskompetenz des Vorstandes erblickt und daher im Ergebnis dessen Zulässigkeit verneint.[1159]

So geht die letztgenannte Auffassung davon aus, dass die Verankerung der Börsennotierung keine gesetzesergänzende Regelung im Sinne des § 23 Abs. 5 Satz 2 AktG, sondern eine Abweichung von der gesetzlich geregelten Kompetenzordnung

---

1158 Zu den Pflichten des Vorstandes im Zusammenhang mit dem Delisting nach der „*Frosta*"-Entscheidung des BGH bereits oben D.II.1; zu den Maßstäben für die Vorstands-Entscheidung nach § 93 Abs. 1 AktG nach der Neufassung des § 39 BörsG ausführlich *Wieneke/Schulz*, AG 2016, 809, 815 ff.

1159 Vgl. für die Zulässigkeit *Mülbert*, in: GroßKomm-AktG, § 119 Rn. 151; *Kubis*, in: MüKo-AktG, § 119 Rn. 93; *Spindler*, in: Schmidt/Lutter, AktG, § 119 Rn. 54; *Roßkopf*, ZGR 2014, 487, 503; *Eckhold*, in: Handbuch börsennotierte AG, § 61 Rn. 61.61; die Vereinbarkeit mit § 23 Abs. 5 AktG unterstellend *Brellochs*, AG 2014, 633, 638 (mit Verweis auf die Tagesordnungsergänzungsverlangen bei der Strabag AG und der GK SOFTWARE AG); *Schockenhoff*, ZIP 2013, 2429, 2434; *Habersack*, AG 2005, 137, 141; *Arnold*, ZIP 2005, 1573, 1576; *Heidel/Lochner*, in: Heidel, AktG, vor §§ 327a ff. Rn. 18; *Habersack*, in: Emmerich/Habersack, Aktien- und GmbH-Konzernrecht, vor § 311 AktG Rn. 38 Fn. 187; bereits vor „*Macrotron*" schon *Lutter*, in: FS Zöllner, Bd. I, 363, 377; *Vollmer/Grupp*, ZGR 1995, 459, 467 f.; *Wirth/Arnold*, ZIP 2000, 111, 115; **a. A.**: *Koch*, in: Hüffer/Koch, AktG, § 119 Rn. 39; *Groß*, AG 2015, 812, 814; *von den Linden*, NZG 2015, 176, 177 f.; *Scholz*, BB 2015, 2248, 2251; *Hoffmann*, in: Spindler/Stilz, AktG, § 119 Rn. 48a; *Kocher/Seiz*, DB 2016, 153, 158; *Bayer*, NZG 2015, 1169, 1178; eher kritisch auch *Linnerz*, BB 2015, 1101, 1106.

darstelle und daher am Maßstab von § 23 Abs. 5 Satz 1 AktG zu messen sei.[1160] Nach der „*Frosta*"-Entscheidung des BGH stehe nämlich fest, dass die Entscheidung über den Börsenrückzug *de lege lata* eine Geschäftsführungsmaßnahme darstelle, über die allein der Vorstand zu entscheiden habe. Eine Abweichung sei im Anwendungsbereich des § 23 Abs. 5 Satz 1 AktG nur in vom Gesetz ausdrücklich zugelassenen Fällen möglich. Das Kompetenzgefüge der Aktiengesellschaft – und damit die Geschäftsführungsbefugnis des Vorstandes im Hinblick auf die Stellung eines Delisting-Antrages – sei jedoch grundsätzlich als zwingendes Recht anzusehen.[1161]

Diese Auffassung überstrapaziert jedoch den Regelungsgehalt des § 23 Abs. 5 Satz 1 AktG. Denn nicht jede mittelbare Beschneidung der Kompetenz des Vorstandes führt zwangsläufig zu einer Unzulässigkeit der betreffenden Satzungsregelung. Zu unterscheiden ist dabei zwischen der (unzulässigen) Zuweisung der Entscheidungskompetenz an die Hauptversammlung und der (nach hier vertretener Auffassung zulässigen) Festschreibung der Börsennotierung in der Satzung.[1162] So ist unumstritten, dass durch die Eingrenzung des Unternehmensgegenstandes in der Satzung mittelbar Einfluss auf die Geschäftsführungsbefugnis des Vorstandes genommen werden kann, solange dieser dadurch nicht insgesamt zum „*bloßen Befehlsempfänger ohne eigenen Handlungsspielraum*" wird.[1163] Zwar fügt sich eine Bestimmung über die Börsennotierung nicht nahtlos in das Gefüge typischer Regelungen zum Unternehmensgegenstand ein, in denen regelmäßig das Betätigungsfeld der Gesellschaft eingegrenzt wird – vgl. § 23 Abs. 3 Nr. 2 AktG –, jedoch wird auch durch die Verankerung der Börsennotierung grundlegend „*der Weg für die Erreichung des Unternehmenszwecks vorgegeben*"[1164]. Auch hat das OLG Stuttgart in seiner viel beachteten Maybach/Smart-Entscheidung entschieden, dass eine bestimmte Produktpalette nicht im Unternehmensgegenstand festgeschrieben werden und insofern dem Vorstand einzelne Detailfragen auf dem Gebiet der Geschäftsführung

---

1160 Vgl. hierzu und zum Folgenden *von den Linden*, NZG 2015, 176, 177 f.; *Hoffmann*, in: Spindler/Stilz, AktG, § 119 Rn. 48a.

1161 Vgl. allgemein und speziell auf das Delisting bezogen *Koch*, in: Hüffer/Koch, AktG, § 76 Rn. 5 m. w. N.; § 119 Rn. 39.

1162 Vgl. dies unterscheidend auch *Spindler*, in: Schmidt/Lutter, AktG, § 119 Rn. 54.

1163 Vgl. OLG Stuttgart NZG 2006, 790 f. = ZIP 2007, 231, 232; *Fleischer*, in: Spindler/Stilz, AktG, § 82 Rn. 33; *Priester*, in: FS Hüffer, 777, 785; *Röhricht/Schall*, in: GroßKomm-AktG, § 23 Rn. 120, 250 ff.; *Wiedemann*, in: GroßKomm-AktG, § 179 Rn. 67; tendenziell auch *Habersack*, in: GroßKomm-AktG, § 82 Rn. 26; *Spindler*, in: MüKo-AktG, § 82 Rn. 35; *Weber*, in: Hölters, AktG, § 82 Rn. 15; *Oltmanns*, in: Heidel, AktG, § 82 Rn. 8.

1164 Vgl. zur Zweck-Mittel-Relation von Unternehmenszweck und -gegenstand *Arnold*, in: KK-AktG, § 23 Rn. 76; *Koch*, in: Hüffer/Koch, AktG, § 23 Rn. 22; *Seibt*, in: Schmidt/Lutter, AktG, § 23 Rn. 34; *Wiesner*, in: Münchener Handbuch des Gesellschaftsrechts, Bd. 4, § 19 Rn. 10 f.; *Reuter*, ZHR 151 (1987), 237, 240; zum eingetragenen Verein wohl auch BGHZ 96, 245, 251 f. = NJW 1986, 1083; zum weiten Verständnis des Unternehmensgegenstandes *Koch*, in: Hüffer/Koch, AktG, § 82 Rn. 10 m. w. N.

vorgeschrieben werden können.[1165] Gerade im Hinblick auf die zahlreichen an der Börsennotierung anknüpfenden Sondervorschriften und die Tragweite der grundlegenden Entscheidung über die Kapitalmarktorientierung der Gesellschaft wäre es jedoch verfehlt, die Frage der Börsennotierung als solche Detailfrage aufzufassen, die nicht im Unternehmensgegenstand zu regeln ist. Vielmehr sind die Ausrichtung auf die Börsennotierung und die damit einhergehenden wirtschaftlichen und rechtlichen Konsequenzen für die Gesellschaft von allgemeiner Bedeutung und stellen sowohl für diese selbst, deren Aktionäre als auch das wirtschaftliche Fortkommen des Unternehmens entscheidende Eckpfeiler dar.[1166] Solche sind in der Satzung im Rahmen des Unternehmensgegenstandes zu regeln.[1167] Solange sich die Satzung auf allgemeine Festlegungen im Sinne der Vorgabe eines allgemeinen Rahmens beschränkt, ist darin dann kein unzulässiger Eingriff in die Leitungsmacht des Vorstandes zu sehen.[1168] Es überzeugt daher nicht, die allgemeine Ausrichtung der Gesellschaft in Form der Verankerung der Börsennotierung in der Satzung als unzulässigen Eingriff in das Kompetenzgefüge der Aktiengesellschaft zu bewerten. Stattdessen steht es den Gründern oder zu einem späteren Zeitpunkt der Hauptversammlung frei, die Börsennotierung im Rahmen des Unternehmensgegenstandes gemäß § 23 Abs. 3 Nr. 2 AktG in die Satzung aufzunehmen.[1169]

Hinzuweisen bleibt jedoch auf den eingeschränkten praktischen Mehrwert einer solchen Regelung im Rahmen des Unternehmensgegenstandes im Hinblick auf ihre Abänderbarkeit durch die qualifizierte Mehrheit nach § 179 Abs. 1, 2 AktG.[1170] Zwar kann grundsätzlich auch eine größere Mehrheit in der Satzung für eine Änderung vorgesehen werden, eine solche Satzungsregelung ist jedoch nur dann zulässig, wenn sie sich nicht als faktische Änderungssperre auswirkt, was jedenfalls bei einem Einstimmigkeitserfordernis in Publikumsgesellschaften regelmäßig anzunehmen ist.[1171] Unterhalb der Einstimmigkeit hat

---

1165 Vgl. OLG Stuttgart NZG 2006, 790 f. = ZIP 2007, 231, 232.

1166 Vgl. ähnlich mit Betonung auf der Nähe zur Rechtsformwahl *Eckhold*, in: Handbuch börsennotierte AG, § 61 Rn. 61.61.

1167 So auch *Arnold*, ZIP 2005, 1573, 1576; *Wirth/Arnold*, ZIP 2000, 111, 115; *Habersack*, AG 2005, 137, 141.

1168 Vgl. OLG Stuttgart NZG 2006, 790, 791 = ZIP 2007, 231, 232, mit zustimmendem Verweis auf *Hefermehl/Spindler*, in: MüKo-AktG, 2. Aufl., 2004, § 76 Rn. 23.

1169 So auch im Ergebnis *Schockenhoff*, ZIP 2013, 2429, 2434; *Spindler*, in: Schmidt/Lutter, AktG, § 119 Rn. 54; tendenziell auch *Brellochs*, AG 2014, 633, 638; *Roßkopf*, ZGR 2014, 487, 503; **a. A.**: *Koch*, in: Hüffer/Koch, AktG, § 119 Rn. 39; *Hoffmann*, in: Spindler/Stilz, AktG, § 119 Rn. 48a; *Groß*, AG 2015, 812, 814; *von den Linden*, NZG 2015, 176 ff.; *Scholz*, BB 2015, 2248 ff.

1170 Vgl. *Kubis*, in: MüKo-AktG, § 119 Rn. 93.

1171 Vgl. *Koch*, in: Hüffer/Koch, AktG, § 179 Rn. 23; *Stein*, in: MüKo-AktG, § 179 Rn. 144; weiter *Hefermehl/Bungeroth*, in: Geßler/Hefermehl/Eckardt/Kropff, AktG, § 179 Rn. 89: Nur dann unzulässig, wenn bei großen Publikumsgesellschaften einstimmige Voten der Hauptversammlung von vornherein und für alle denkbaren Fälle so unwahrscheinlich sind, dass sie faktisch ausgeschlossen erscheinen.

die Beurteilung eines besonderen Mehrheitserfordernisses anhand dieses Maßstabs stets für den Einzelfall zu erfolgen. Zu bedenken steht jedoch, dass auch für die Einführung einer solchen Satzungsklausel zunächst die entsprechende Mehrheit aufgebracht werden musste. Ferner macht eine generelle Verankerung der Börsennotierung in der Satzung – gerade wenn für die Änderung der entsprechenden Regelung eine noch größere als die in § 179 Abs. 2 Satz 1 AktG vorgegebene Kapitalmehrheit erforderlich ist – die Gesellschaft träge. Zwar kann auf diese Weise ein weiterer Anlegerschutz auf gesellschaftsrechtlicher Ebene installiert werden, jedoch wäre damit auch der Weg hin zu einem insgesamt sinnvollen Delisting unverhältnismäßig steinig. Anders als die gesetzliche Abfindungsregelung erlaubt, könnte bei einer entsprechenden Klausel eine verhältnismäßig kleine Aktionärsminderheit ein wirtschaftlich sinnvolles Delisting grundsätzlich blockieren. Die Möglichkeit, den Interessen der Anleger bei einem insgesamt sinnvollen Delisting im Rahmen eines angemessenen Abfindungsangebots Rechnung zu tragen, besteht bei einer solchen Ausgestaltung ebenfalls nicht. Die Eröffnung des nach hier vertretener Ansicht für die Anleger zu bevorzugenden Spruchverfahrens kann im Übrigen in keinem Fall wirksam in der Satzung der Gesellschaft angeordnet werden.[1172] Insgesamt kann somit durch eine Verankerung der Börsennotierung in der Satzung zwar ein zusätzlicher gesellschaftsrechtlicher Anlegerschutz implementiert werden, zugleich ist jedoch festzustellen, dass dieser nur teilweise den Interessen der Parteien gerecht wird.

2. Verbleibende Bedeutung der Börsenordnungen

Nicht abschließend geklärt ist ferner die verbleibende Bedeutung der fortbestehenden Regelungen der einzelnen Börsenordnungen zum Anlegerschutz bei einem Delisting. Während sich bereits aus der Normenhierarchie[1173] ergibt, dass sich die gemäß § 12 Abs. 2 Nr. 1 BörsG als Satzungen ausgestalteten Regelwerke der einzelnen Handelsplätze nicht über die bundesgesetzliche Regelung des § 39 BörsG dergestalt hinwegsetzen können, dass sie wirksam geringere oder auch einfach abweichende Anforderungen aufstellen können, die an die Stelle des § 39 Abs. 2 und 3 BörsG treten würden, ist die Frage nach der Zulässigkeit von *zusätzlichen* Voraussetzungen für ein Delisting schwerer zu beantworten.

Auf der einen Seite erscheint es durchaus plausibel, die Neuregelung in § 39 BörsG nach dem Willen des Gesetzgebers als abschließend aufzufassen,

---

1172 Vgl. zutreffend *Drescher*, in: Spindler/Stilz, AktG, § 1 SpruchG Rn. 30; zu weiteren Versuchen, einen umfassenden Anlegerschutz im Anschluss an die „*Frosta*"-Entscheidung in der Satzung zu verankern vgl. bereits oben D.II.2.b).

1173 Darauf weisen zutreffend auch *Mülbert*, in: GroßKomm-AktG, § 119 Rn. 152, sowie *Bungert/Leyendecker*, ZIP 2016, 49, 50, hin.

sodass eine Ergänzung durch die Börsenordnungen nicht zulässig wäre[1174]: Dafür spricht, dass § 39 Abs. 3 bis 6 BörsG eine große Detail-Tiefe aufweist und nach der Vorstellung des Gesetzgebers für sich einen ausgewogenen Schutzmechanismus gewährleistet; ein darüber hinausgehender Schutz etwa in Form von erweiterten Mitentscheidungsrechten der Aktionäre sei *„vor dem Hintergrund der nunmehr vorgesehenen umfassenden kapitalmarktrechtlichen Schutzbestimmungen nicht geboten."*[1175] Ferner würde ein solch abschließendes Verständnis der zentralen Regelung des § 39 BörsG und die damit einhergehenden einheitlichen Widerrufs-Voraussetzungen an allen deutschen Börsen unter dem Aspekt der Rechts- und Planungssicherheit überzeugen.[1176]

Auf der anderen Seite steht einem solchen Verständnis jedoch der eindeutige Wortlaut des § 39 Abs. 5 Satz 3 BörsG entgegen, nach dem „nähere Bestimmungen über den Widerruf [...] in der Börsenordnung zu treffen" sind. Die Regelung wurde bereits in der Vergangenheit unstreitig so aufgefasst, dass die Börsenordnungen den Schutz der Anleger konkretisierten. Hätte der Gesetzgeber von diesem bisherigen Verständnis abweichen wollen, so wäre es eben so effektiv wie einfach gewesen, den Satz im Rahmen der Neufassung von § 39 BörsG zu streichen. Da der Gesetzgeber davon jedoch gerade abgesehen hat, wird man auch weiterhin die Anordnung *zusätzlicher* Anforderungen durch die Börsenordnungen als zulässig erachten müssen.[1177] Da eine unter den einzelnen Börsen zerstückelte Regelungslandschaft jedoch kaum gewollt sein kann und gleichzeitig bei einer ausgewogenen und detaillierten Regelung im BörsG keinen zusätzlichen Mehrwert, sondern allein zusätzlichen Aufwand mit sich bringen würde, ist dieser Zustand jedoch *de lege ferenda* durch die Streichung des § 39 Abs. 5 Satz 3 BörsG oder eine Klarstellung dahingehend, dass sich der Verweis auf die Börsenordnungen allein auf die Details der Abwicklung des Zulassungswiderrufs bezieht, zu beseitigen.

Eine gesteigerte Bedeutung kommt den Regelwerken der Regionalbörsen jedoch nunmehr in den Fällen des Rückzugs aus dem Freiverkehr zu, da das Gesetz in § 39 BörsG sich zu diesen nicht verhält; es handelt sich nicht um den Widerruf der Zulassung zum Handel zum regulierten Markt im Sinne des § 39 BörsG. Die einzigen gesetzlichen Anforderungen, die daher vom Emittenten

---

1174 So *Groß*, AG 2015, 812, 814; vgl. auch *Mülbert*, in: GroßKomm-AktG, § 119 Rn. 152; *Bungert/Leyendecker*, ZIP 2016, 49, 50.

1175 Beschlussempfehlung und Bericht des Finanzausschusses zum Gesetz zur Umsetzung der Transparenzrichtlinie-Änderungsrichtlinie, BT-Drucks. 18/6220, 86.

1176 Vgl. *Koch/Harnos*, NZG 2015, 729, 731.

1177 Vgl. zutreffend *Koch*, in: Hüffer/Koch, AktG, § 119 Rn. 39.

beim Rückzug zu beachten sind, finden sich in den Regelwerken der Börsen zum Freiverkehr.[1178]

IV. Evaluierung des § 39 BörsG im Bericht des Bundesministeriums der Finanzen vom 29. Dezember 2017

Der Gesetzgeber hatte bereits Anfang 2018 die Möglichkeit, die aufgezeigten verbleibenden Schwächen der gesetzlichen Regelungen zu erkennen und entsprechende Justierungen im Gesetz vorzunehmen. Wie im Gesetzgebungsverfahren bereits für das Jahr 2017 angekündigt[1179], wurde die gesetzliche Neuregelung einer Evaluierung unterzogen und ein entsprechender Bericht vom Bundesministerium der Finanzen am 29. Dezember 2017 vorgelegt. Am 22. Januar 2018 wurde dieser als Anhang zu einem Bericht der wissenschaftlichen Dienste an den Finanzausschuss weitergeleitet.[1180]

Bedauerlicherweise fiel die angekündigte Evaluierung sehr oberflächlich aus und setzte sich nicht ausreichend mit dem in dieser Arbeit aufgezeigten Verbesserungsbedarf auseinander. Auf weniger als einer halben Seite wird so insbesondere ein Anpassungsbedarf der Regelung zur Bestimmung der Angebotshöhe pauschal mit dem Hinweis verneint, dass mit Blick auf die bisherigen sieben Delisting-Fälle unter der Neuregelung *„keine Anhaltspunkte“* für eine Änderung des Gesetzes bestünden. Lediglich in einem Fall habe kein Börsenkurs festgestellt werden können, sodass eine Unternehmensbewertung erforderlich gewesen sei.[1181] Nähere Erläuterungen sucht man hier genauso vergeblich wie bei der Frage nach der Ausnahme im Falle der Insolvenz.[1182] Auch hier findet sich lediglich der oberflächliche Hinweis, es lägen *„keine neuen Erkenntnisse“* vor, die eine andere Bewertung rechtfertigten.

Schließlich gilt die hier an der Evaluierung geäußerte Kritik in gleichem Maße hinsichtlich des Rechtsschutzes über das KapMuG-Verfahren. Aus der Tatsache,

---

1178 Vgl. *Rubner/Pospiech*, NJW Spezial 2016, 207, 208.

1179 Vgl. die Bitte der Koalitionsfraktionen der CDU/CSU und SPD an die Bundesregierung, über die praktischen Erfahrungen mit den neuen Vorschriften zum Anlegerschutz beim Delisting (§ 39 Abs. 2 bis 6 BörsG) bis zum Ende des Jahres 2017 an den Finanzausschuss zu berichten, Beschlussempfehlung und Bericht des Finanzausschusses zum Gesetz zur Umsetzung der Transparenzrichtlinie-Änderungsrichtlinie, BT-Drucks. 18/6220, 79.

1180 Vgl. *Wissenschaftliche Dienste*, Dokumentation WD4-3000–019/18 mit Bericht des Finanzministeriums in der Anlage (insoweit n. v.).

1181 Vgl. den Bericht des Finanzministeriums, 3, (n. v.) in der Anlage zu *Wissenschaftliche Dienste*, Dokumentation WD4-3000–019/18.

1182 Vgl. den Bericht des Finanzministeriums, 4 f., (n. v.) in der Anlage zu *Wissenschaftliche Dienste*, Dokumentation WD4-3000–019/18.

dass in Folge der wenigen seit November 2015 durchgeführten abfingspflichtigen Delistings – bei denen überdies ganz überwiegend die Angebotshöhe nach dem Börsenkurs bestimmt wurde – bisher kein Verfahren nach § 1 Abs. 1 Nr. 3 KapMuG durchgeführt wurde, wird unkritisch und logisch wenig überzeugend der Schluss gezogen, es bestünde auch hinsichtlich des Rechtsschutzes kein Verbesserungsbedarf.[1183] Dass ein solches Verfahren und seine Schwächen regelmäßig erst im Rahmen eines an einer Unternehmensbewertung auszurichtenden Differenzanspruchs der Anleger von Bedeutung sind, liegt auf der Hand.[1184]

Erfreulich an der Evaluierung mutet allein die Tatsache an, dass trotz der aufgezeigten Schwächen zumindest bei den sieben bis zur der vorgenommenen Bewertung unter der Geltung des neuen § 39 BörsG durchgeführten abfindungspflichtigen Delistings keine negativen Kursentwicklungen beobachtet werden konnten und die Kurse überwiegend sogar anstiegen.

1183 Vgl. den Bericht des Finanzministeriums, 4, (n. v.) in der Anlage zu *Wissenschaftliche Dienste*, Dokumentation WD4-3000–019/18.

1184 Vgl. oben F.II.5.

G. Zusammenfassung

1. In den letzten Jahren waren vermehrt Rückzüge von der Börse zu beobachten, bei denen der Widerruf der Börsenzulassung auf Antrag des Emittenten erfolgte (reguläre Delistings). Neben dieser Möglichkeit des Zulassungswiderrufs auf Antrag gibt es zahlreiche weitere Konstellationen, in denen das Ende der Börsenzulassung durch gesellschaftsrechtliche Strukturmaßnahmen herbeigeführt wird (kaltes Delisting). Die Motive für ein reguläres Delisting sind dabei vielfältig. Gerade für Kleinanleger ist ein Delisting häufig mit erheblichen Nachteilen verbunden, in erster Linie in Form des Wegfalls der staatlichen Handelsplattform und besonderer Anlegerschutz- und Transparenzvorschriften. Für einen etwaigen Großaktionär spielen diese Aspekte zumeist aufgrund der Verfolgung strategischer Ziele mit der Beteiligung und einem direkteren Zugang zu Informationen eine nur untergeordnete oder gar hemmende Rolle, sodass regelmäßig ein Interessenkonflikt entsteht. Dieser ist seit jeher Ausgangspunkt der Diskussion um den Anlegerschutz beim Delisting, der zu Beginn der Diskussion durch Bestimmungen in den regionalen Börsenordnungen verwirklicht wurde, die zunächst eine finanzielle Abfindung der Anleger im Falle des regulären Delistings vorsahen.
2. Anlässlich der Aufgabe des Abfindungserfordernisses zugunsten einer reinen Wirksamkeitsfrist für den Zulassungswiderruf in der Börsenordnung der Frankfurter Wertpapierbörse stellte der BGH in seinem „*Macrotron*"-Urteil vom 25 November 2002 höchstrichterlich einen richterrechtlich ausgeformten Anlegerschutz für den Fall des Delistings auf. Dieser bestand über mehr als zehn Jahre hinweg und sah einen Ausgleich zwischen den betroffenen Interessen von Kleinanlegern auf der einen und dem Emittenten und einem etwaigen Großanleger auf der anderen Seite vor. Neben einem Hauptversammlungsbeschluss mit einfacher Mehrheit war den Anlegern eine Abfindung zum vollen Anteilswert zu gewähren, deren Angemessenheit im Spruchverfahren überprüfbar war. Der BGH stützte das Erfordernis eines solchen umfassenden Anlegerschutz auf die verfassungsrechtliche Garantie des Aktieneigentums aus Art. 14 Abs. 1 GG. In der Folge waren Einzelheiten des Anlegerschutzes, insbesondere dessen dogmatische Herleitung sowie die Behandlung des Sonderfalls des Downlistings, umstritten, während die durch den BGH statuierten grundsätzlichen Schutzstandards in der Praxis durchweg Beachtung fanden.
3. Durch die BVerfG-Entscheidung vom 11. Juli 2012[1185] wurde die verfassungsrechtliche Begründung der „*Macrotron*"-Entscheidung zum Einstürzen gebracht und klargestellt, dass ein Delisting nicht den Schutzbereich von Art. 14 Abs. 1 GG berühre. Der Entscheidung ist beizupflichten. Durch ein Delisting wird

1185 BVerfGE 132,99 = NJW 2012, 3081 = NZG 2012, 826.

das über Art. 14 Abs. 1 GG geschützte Aktieneigentum nicht betroffen, da die Mitgliedschaft als Schutzgut unverändert fortbesteht. Durch das Delisting verändern sich unmittelbar lediglich Umstände außerhalb der Mitgliedschaft, insbesondere die Handelbarkeit als reine Marktchance, die nicht in den Schutzbereich von Art. 14 Abs. 1 GG fällt. Ein mittelbarer Verkaufsdruck ist verfassungsrechtlich hingegen nicht zu berücksichtigen. Eine verfassungsrechtliche Aufladung des Themas ist daher ebenso wenig geboten wie erforderlich, um einen angemessenen Anlegerschutz zu gewährleisten. Letzteres wurde in der Entscheidung des BVerfG deutlich, indem der Weg einer einfachgesetzlichen Herleitung des Anlegerschutzes beim Delisting ausdrücklich offengelassen wurde.

4. Am 8. Oktober 2013 entschied sich der BGH in seiner „*Frosta*"-Entscheidung offenbar unter dem Eindruck des vorangegangenen BVerfG-Urteils zu einer 180-Grad-Kehrtwende und gab die von ihm vor über zehn Jahren in echter Rechtsfortbildung geschaffenen „*Macrotron*"-Grundsätze trotz der vom BVerfG offengelassenen Möglichkeit der einfachgesetzlichen Herleitung für viele überraschend komplett auf. Die Entscheidung über die Stellung des Delisting-Antrags bei der Börse stellte in der Folge eine reine Geschäftsführungsmaßnahme des Vorstandes im Sinne des § 93 Abs. 1 AktG dar. Es bestand nach zutreffender Auffassung daneben in der Folge lediglich ein rudimentärer verwaltungsgerichtlicher Rechtsschutz gegen die Widerrufsentscheidung der Börsengeschäftsführung.
   Die nachträgliche Verwerfung zum Zeitpunkt der „*Frosta*"-Entscheidung bereits anhängiger Spruchverfahren als unzulässig stellt entgegen der Beurteilung des BVerfG unter Beachtung des Grundsatzes des Vertrauensschutzes eine verfassungsrechtlich unzulässige Rückwirkung dar.
   Die „*Frosta*"-Entscheidung des BGH ist sowohl mit Blick auf ihre Begründung als auch auf ihre Folgen entschieden zu kritisieren. Sie basiert wesentlich auf einer logisch fehlerhaften empirischen Studie des Deutschen Aktieninstituts zu Kurseffekten nach einem Delisting, nach der wesentliche Kursverluste im Anschluss an einen Börsenrückzug nicht festgestellt werden konnten. Tatsächlich konnten in der Folge jedoch relevante Kursverluste bereits aufgrund der Ankündigung eines Delistings in verschiedenen empirischen Studien nachgewiesen werden, sodass ein umfassender Anlegerschutz entgegen der Entscheidung des BGH bereits unter diesem Gesichtspunkt sehr wohl erforderlich ist. Daneben eröffnete die Aufgabe des umfassenden Anlegerschutzes zahlreiche einseitige Umgehungspotentiale zugunsten von Großaktionären und führte zu erheblichen Friktionen innerhalb der Systematik des bestehenden Anlegerschutzes bei Strukturmaßnahmen. Stattdessen wäre es geboten gewesen, den umfassenden Anlegerschutz, insbesondere einen Abfindungsanspruch, über eine Analogie zu § 29 Abs. 1 Satz 1 Halbs. 1 2. Alt. UmwG aufrecht zu erhalten. Die darin enthaltene eindeutige gesetzgeberische Wertung einer Abfindungspflicht aufgrund des Verlustes der Börsennotierung war nicht aufgrund des Wegfalls der verfassungsrechtlichen Begründung der „*Macrotron*"-Rechtsprechung unbeachtlich.

5. Das gesetzgeberische Einschreiten mit der Neuregelung des Anlegerschutzes in § 39 BörsG vom 26. November 2015 ist grundsätzlich zu begrüßen.
Die Entbehrlichkeit eines Hauptversammlungsbeschlusses nach der Neuregelung überzeugt. Das Erfordernis eines solchen folgt weder aus einem unmittelbaren Eingriff in die Mitgliedschaft selbst noch ließe dieses effektiv eine wesentliche Verbesserung des Anlegerschutzes erwarten.
Den finanziellen Interessen der Anleger kann ausreichend über ein Angebotserfordernis Rechnung getragen werden. Eine Ausnahme von diesem ist bereits *de lege lata* im Wege der teleologischen Reduktion für den Fall der einstimmigen Entscheidung der Aktionäre für ein Delisting anzuerkennen und für den Fall der Insolvenz des Emittenten *de lege ferenda* einzuführen. Eine Ausnahme für Situationen, in denen dem Delisting ein Übernahmeangebot vorherging, hat hingegen zu Recht keinen Eingang in das Gesetz gefunden.
Zu begrüßen ist dabei sowohl die offene Ausgestaltung der Regelung hinsichtlich des Angebotsschuldners als auch die grundsätzliche Trennung der Wirksamkeit der Widerrufsentscheidung von der Ausgestaltung des Abfindungsangebots, die für ein hohes Maß an Rechtssicherheit sorgen. Über den Widerruf kann so die Börsengeschäftsführung nach klaren Kriterien entscheiden, während die Prüfung der Angebotsunterlage der sachnäheren BaFin obliegt. Dabei hat der Gesetzgeber jedoch mit der grundsätzlichen Orientierung der Angebotshöhe am durchschnittlichen Börsenkurs der vergangenen sechs Monate eine unbefriedigende Berechnungsmethode implementiert. Der Anleger wird bei dieser Berechnungsmethode aufgrund des zu erwartenden Kursverlustes durch ein Delisting wirtschaftlich dazu gezwungen, seine Anteile zu einem Kurs zu veräußern, der regelmäßig nicht deren tatsächlichem Wert entspricht, was gerade typisch für die Situation bei einem Delisting ist. Die vom Gesetzgeber aufgeführten, im Einzelnen unklaren Ausnahmen zugunsten einer Unternehmensbewertung greifen hier deutlich zu kurz und legen ein für die Situation des Delistings nicht zutreffendes Regel-Ausnahme-Verhältnis zu Grunde. Es ist stattdessen eine angemessene Angebotshöhe zu fordern, die sich – wie beispielsweise im Rahmen des Squeeze-outs – nach dem Unternehmenswert bemisst. Dieser sollte nur in Einzelfällen, in denen tatsächlich auch in der Situation des Delistings ein aussagekräftiger durchschnittlicher Börsenkurs vorliegt und eine Verfälschung ausgeschlossen werden kann, weiterhin anhand dieses gewichteten Börsenkurses bestimmt werden. Eine entsprechende Anpassung sollte durch eine Anpassung des § 39 BörsG vorgenommen werden, auch um eine kohärente Lösung zu gewährleisten und daraus resultierende Schutzlücken im Rahmen klassischer Strukturmaßnahmen zu schließen.
Für die Überprüfung der Angebotshöhe sollte wie nach der „*Macrotron*“-Entscheidung erneut das erprobte Spruchverfahren zur Verfügung stehen. Dessen wesentliche Vorteile gegenüber dem nunmehr gesetzlich angeordneten KapMuG-Verfahren bestehen sowohl in der *Erga-omnes*-Wirkung einer Entscheidung, von der auch diejenigen Anleger profitieren, die das Angebot zunächst nicht angenommen haben, als auch in der Geltung eines

eingeschränkten Amtsermittlungsgrundsatzes und in den für den einzelnen Anleger günstigeren Kostenfolgen. Diese Aspekte sollten ebenfalls zwingend in einer Anpassung des § 39 BörsG Berücksichtigung finden.
Schließlich ist die Einbeziehung des Downlistings in den Anwendungsbereich des § 39 BörsG zu begrüßen. Trotz aufgrund unionsrechtlicher Vorgaben immer weiter angenäherter Regelungsregime im regulierten Markt und im qualifizierten Freiverkehr wird auf diese Weise eine trennscharfe Einordnung von Rückzugsvorgängen gewährleistet und Rechtsunsicherheiten sowie Umgehungstatbeständen vorgebeugt.

6. Letztlich verbleibt nach hier vertretener Auffassung weiterhin die Möglichkeit, die Börsennotierung in der Satzung im Rahmen des Unternehmensgegenstandes einer Aktiengesellschaft vorzuschreiben. § 23 Abs. 5 AktG steht dem nicht entgegen. Eine solche Regelung stellt keinen unzulässigen Eingriff in die konkrete Geschäftsführungskompetenz des Vorstandes dar. Vielmehr geht es allein um die generelle Ausrichtung des Unternehmens in Form der Finanzierung am Kapitalmarkt als allgemein gehaltene Rahmenvorgabe für die Finanzierung der Gesellschaft.
   Ein über § 39 BörsG hinausgehendes Schutzniveau kann *de lege lata* auch aufgrund zusätzlicher Anforderungen in den Börsenordnungen bestehen. Ein geringeres Schutzniveau kann hingegen nicht angeordnet werden. Unter dem Gesichtspunkt der Rechtssicherheit ist jedoch auch die Möglichkeit höherer Anforderungen in den Regelwerken der einzelnen Börsen durch den Gesetzgeber zu beseitigen, um ein einheitliches und transparentes Anlegerschutzniveau beim Delisting zu gewährleisten.
7. Bedauerlicherweise hat es der Gesetzgeber verpasst, die aufgezeigten Schwächen und Mängel der gesetzlichen Regelungen bereits im Rahmen der schon bei Einführung der Neuregelung im November 2015 angekündigten Evaluierung im Januar 2018 zu identifizieren und zu beseitigen. Es bleibt zu hoffen, dass die versäumten Anpassungen unter der Prämisse eines effektiven Anlegerschutzes gleichwohl in naher Zukunft nachgeholt werden.

Literaturverzeichnis

Adolff, Johannes / Tieves, Johannes: Über den rechten Umgang mit einem entschlusslosen Gesetzgeber: Die aktienrechtliche Lösung des BGH für den Rückzug von der Börse, in: BB 2003, S. 797–805

Albach, Horst / Lutter, Marcus: Deregulierung des Aktienrechts, Das Drei-Stufen-Modell, Ein Entwurf zur Modifizierung des Aktienrechts, Gütersloh 1998

Anders, Christian / Muxfeld, Dennis / Lill, Felix: Die Delisting-Neuregelung und die Frage nach dem Wert der Börsennotierung, in: CF 2015, S. 389–399

Anders, Dietmar / Pfüller, Markus: Delisting-Motive vor dem Hintergrund neuerer Rechtsentwicklungen, in: NZG 2003, S. 459–465

Angerer, Lutz / Geibel, Stephan / Süßmann, Reiner (Hrsg.): Wertpapier- und Übernahmegesetz, Kommentar, 3. Aufl., München 2017 (zit.: *Bearbeiter*, in: Angerer/Geibel/Süßmann, WpÜG)

Arnold, Michael / Rothenburg, Vera: BGH-Entscheidung zum Delisting: Alle Fragen geklärt?, in: DStR 2014, S. 150–156

Arnold, Michael: Mitwirkungsbefugnisse der Aktionäre nach Gelatine und Macrotron, in: ZIP 2005, S. 1573–1579

Assmann, Heinz Dieter / Schneider, Uwe H. (Hrsg.): Wertpapierhandelsgesetz, Kommentar, 6. Aufl., Köln 2012 (zit.: *Bearbeiter*, in: Assmann/Schneider, WpHG)

Assmann, Heinz-Dieter / Pötzsch, Thorsten / Schneider, Uwe H. (Hrsg.): Wertpapiererwerbs- und Übernahmegesetz, Kommentar, 2. Aufl., Köln 2013 (zit.: *Bearbeiter*, in: Assmann/Pötzsch/Schneider, WpÜG)

Auer, Marietta: Der Rückzug von der Börse als Methodenproblem, in: JZ 2015, S. 71–79

Bader, Johann / Ronellenfitsch, Michael (Hrsg.): Verwaltungsverfahrensgesetz, Kommentar, 2. Aufl., München 2016 (zit.: *Bearbeiter*, in: Bader/Ronellenfitsch, VwVfG)

Bamberger, Heinz Georg / Roth, Herbert (Hrsg.): Kommentar zum Bürgerlichen Gesetzbuch, Band 1: §§ 1–487 – CISG, 4. Aufl., München 2018, Band 2: §§ 488–853 – AGG, PartGG, ProdHaftG, 4. Aufl., München 2018 (zit.: *Bearbeiter*, in: Bamberger/Roth, BGB)

Bamberger, Heinz Georg: Grundlagen des Banken- und Kapitalmarkts im 21. Jahrhundert, in: Deutsches und europäisches Bank- und Kapitalmarktrecht, Band I, hrsg. v. Peter Derleder und Kai-Oliver Knops u. a., 3. Aufl., Berlin/Heidelberg 2017, § 1

Bauer, Hartmut: Altes und Neues zur Schutznormtheorie, in: AöR 113 (1988), S. 582–631

Bauer, Hartmut: Die Schutznormtheorie im Wandel, in: Gegenwartsfragen des Öffentlichen Rechts, Bundesstaatliche Ordnung und europäische Integration, Objektives Recht und subjektive Rechte, Information als Staatsfunktion, hrsg. v. Dirk Heckmann und Klaus Meßerschmidt, Berlin 1988, S. 113–159

Baumbach, Adolf / Hopt, Klaus J. (Hrsg.): Handelsgesetzbuch, Kommentar, 30. Aufl., München 2000, 31. Aufl., München 2003, 34. Aufl., München 2010, 38. Aufl., München 2018 (zit.: *Bearbeiter*, in: Baumbach/Hopt, HGB)

Baums, Theodor / Drinhausen, Florian / Keinath, Astrid: Anfechtungsklagen und Freigabeverfahren. Eine empirische Studie, in: ZIP 2011, S. 2329–2352

Baums, Theodor / Thoma, Georg F.: Wertpapiererwerbs- und Übernahmegesetz, Kommentar, Lieferungen 1 bis 11, 11. Aktualisierung (August 2016), Köln 2004 ff. [zit.: *Bearbeiter*, in: Baums/Thoma, WpÜG, ... (August 2016)]

Bayer, Walter / Hoffmann, Thomas / Sawada, Tobias: Beschlussmängelklagen, Freigabeverfahren und Berufskläger, in: ZIP 2012, S. 897–911

Bayer, Walter / Hoffmann, Thomas: Regulierung des Delisting durch den Gesetzgeber, in: AG 2016, S. R367–369

Bayer, Walter / Hoffmann, Thomas: „Berufskläger" in der aktuellen rechtspolitischen Diskussion, in: ZIP 2013, S. 1193–1204

Bayer, Walter / Hoffmann, Thomas: Die Folgen von Frosta: Zur vorläufigen empirischen „Schadensbilanz" von BGH v. 8. Oktober 2013 – II ZB 26/12, AG 2013, 877, in: AG 2015, R 55–R59

Bayer, Walter / Hoffmann, Thomas: Kapitalmarktreaktionen beim Delisting, in: AG 2013, S. R371–374

Bayer, Walter / Hoffmann, Thomas: Aktuelles zu Beschlussmängelklagen, in: AG 2014, S. R163–166

Bayer, Walter / Hoffmann, Thomas: Fünf Jahre ARUG: Rückblick und Ausblick, in: AG 2014, S. R283–286

Bayer, Walter / Hoffmann, Thomas: Kurseffekte beim Downgrading, in: AG 2014, S. R3–5

Bayer, Walter: Macrotron – BGHZ 153, 47, in: Gesellschaftsrechts-Geschichten, 1. Aufl., Tübingen 2018, hrsg. v. Holger Fleischer und Jan Thiessen, S. 505–535

Bayer, Walter: Aktionärsschutz beim Delisting: Empfehlungen an den Gesetzgeber, in: ZIP 2015, S. 853–859

Bayer, Walter: Delisting: Korrektur der Frosta-Rechtsprechung durch den Gesetzgeber, in: NZG 2015, S. 1169–1178

Bayer, Walter: Die Delisting-Entscheidungen „Macrotron" und „Frosta" des II. Zivilsenats des BGH, Ein Lehrstück für die Suche nach der „richtigen" Problemlösung und zugleich die Analyse einer unzulänglichen Gesetzgebung und einer gescheiterten Rechtsfortbildung, in: ZfPW 2015, S. 163–225

Bayer, Walter: Unterschiede im Aktienrecht zwischen börsennotierten und nichtbörsennotierten Gesellschaften, in: Unternehmen, Markt und Verantwortung, Festschrift für Klaus J. Hopt, hrsg. v. Stefan Grundmann u. a., Berlin/New York 2010, S. 373–390

Beck, Heiko / Hedtmann, Oliver: Ausgewählte Rechtsfragen des börsenrechtlichen Delistings – Zugleich Anmerkung zum Urteil des VG Frankfurt a.M., NJOZ 2002, 1907, in: BKR 2003, S. 190–200

Beermann, Marcel / Masucci, Axel: Motive und Umsetzung eines Going Private, in: FB 2000, S. 705–714

Benecke, Martina: Gesellschaftsrechtliche Voraussetzungen des Delisting – zur Begründung und Fortentwicklung der neuen Rechtsprechung zum freiwilligen Rückzug von der Börse –, in: WM 2004, S. 1122–1126

Benger, Lars / Brenscheid, Christian: Weckruf für Public-to-Privates in Deutschland – Folgen der Frosta-Entscheidung des BGH, https://platow.de/index.php?option=com_k2&view=item&id=101953:101953&Itemid=142, zuletzt besucht am 11. Juni 2018

Beusch, Karl: Die Aktiengesellschaft – eine Kommanditgesellschaft in der Gestalt einer juristischen Person? Betrachtungen zum sog. Holzmüller-Urteil des Bundesgerichtshofs, in: Handelsrecht und Wirtschaftsrecht in der Bankpraxis, Festschrift für Winfried Werner, hrsg. v. Walther Hadding u. a., Berlin/New York 1984, S. 1–22

Börse Düsseldorf: Pressemitteilung vom 7. April 2014, https://www.boerse-duesseldorf.de/presse/pressemitteilungen?id=899&y=2014, zuletzt besucht am 11. Juni 2018

Bosch, Nikolaus / Lange, Knut Werner: Unternehmerischer Handlungsspielraum des Vorstandes zwischen zivilrechtlicher Verantwortung und strafrechtlicher Sanktionen, in: JZ 2009, S. 225–237

Both, Hendrik: Delisting, Eine Analyse der kapitalmarktrechtlichen und gesellschaftsrechtlichen Voraussetzungen des vollständigen Rückzugs von den deutschen Wertpapierbörsen, Regensburg 2006

Brächer, Michael / Schier, Susanne: Flucht vom Parkett, in: Handelsblatt vom 12. Januar 2015, S. 1, 4–5

Brellochs, Michael: Delisting vor dem Neustart, in: Börsen-Zeitung vom 9. Mai 2015, S. 13

Brellochs, Michael: Der Rückzug von der Börse nach „Frosta“, in: AG 2014, S. 633–647

Brellochs, Michael: Stellungnahme im Rahmen der Anhörung des Finanzausschusses des Deutschen Bundestags am 7. September 2015 zum Gesetzesentwurf der Bundesregierung „Entwurf eines Gesetzes zur Umsetzung der Transparenzrichtlinie-Änderungsrichtlinie“, BT-Drucks. 18/5010 und zum Änderungsantrag der Fraktionen der CDU/CSU und SPD zum Delisting vom 31. August 2015, https://www.bundestag.de/blob/386820/5ea2c4ee849631dfe2a4f220555d778c/01---dr--brellochs-data.pdf, zuletzt besucht am 7. Juni 2018

Breyer, Michael: Delisting ohne Abfindungsangebot und Hauptversammlungsbeschluss, in: FuS 2014, S. 40–42

Buckel, Jochen / Glindemann, Jan / Vogel, Christian: Delisting nach „Frosta" – Eckpunkte für eine gesetzliche Regelung, in: AG 2015, S. 373–381

Bücker, Thomas: Unternehmenskauf mit Aktien, in: CFL 2010, S. 177–187

Bundesanwaltskammer (BRAK): Stellungname Nr. 37/2015, Oktober 2015 zum Änderungsantrag vom 31. August 2015 zum Entwurf eines Gesetzes zur Umsetzung der Transparenzrichtlinie-Änderungsrichtlinie (Delisting) – BT-Drucks. 18/5010 –, https://www.brak.de/zur-rechtspolitik/stellungnahmen-pdf/stellungnahmen-deutschland/2015/oktober/stellungnahme-der-brak-2015-37.pdf, zuletzt besucht am 7. Juni 2018

Bungert, Hartwin / Leyendecker-Langner, Benjamin E.: Börsenkursrechtsprechung beim vorgeschalteten Delisting, in: BB 2014, S. 521–525

Bungert, Hartwin / Leyendecker-Langner, Benjamin E.: Unternehmensbewertung oder Durchschnittsbörsen beim Delisting?, in: DB 2015, S. 2251–2256

Bungert, Hartwin / Leyendecker-Langner, Benjamin E.: Die Neuregelung des Delisting, in: ZIP 2016, S. 49–54

Bungert, Hartwin / Mennicke, Petra: BB-Gesetzgebungsreport: Das Spruchverfahrensneuordnungsgesetz, in: BB 2003, S. 2021–2031

Bungert, Hartwin / Wettich, Carsten: Anmerkung zum Beschluss des BGH vom 8. Oktober 2013 (II ZB 26/12) – Zum Anspruch auf Barabfindung beim Downlisting, in: EWiR 2014, S. 3–4

Bungert, Hartwin / Wettich, Carsten: Das weitere Schicksal der „Macrotron"-Grundsätze zum Delisting nach der Entscheidung des BVerfG, in: DB 2012, S. 2265–2269

Bungert, Hartwin: Das Gesetzgeber und das Delisting, in: DB Heft 25 M5

Bungert, Hartwin: Delisting und Hauptversammlung, in: BB 2000, S. 53–58

Bürgers, Tobias: Aktienrechtlicher Schutz beim Delisting?, in: NJW 2003, S. 1642–1644

Büschel, Helmut: Neuordnung des Spruchverfahrens, in: NZG 2003, S. 793–804

Cabras, Marco: Delisting: BGH düpiert Anleger, in: Focus Money vom 11. Dezember 2013, S. 56

Cahn, Andreas / Senger, Michael: Das Gesetz zur Regelung von öffentlichen Angeboten zum Erwerb von Wertpapieren und von Unternehmensübernahmen, in: FB 2002, S. 277–295

Casper, Matthias: Delisting – das Ende einer unendlichen Geschichte?, in: Festschrift für Johannes Köndgen, hrsg. v. Matthias Casper u. a., Köln 2016, S. 117–148

Clauß, Janós: Abfindungsanspruch beim Wechsel vom regulierten Markt in den Freiverkehr, Baden-Baden 2012

Dauner-Lieb, Barbara / Simon, Stefan (Hrsg.): Kölner Kommentar zum Umwandlungsgesetz, Köln 2009 (zit.: *Bearbeiter*, in: KK-UmwG)

De Vries, Kolja: Delisting, Köln 2002

Deutsche Schutzvereinigung für Wertpapierbesitz e.V. (DSW): Öffentliche Anhörung zu dem Gesetzentwurf der Bundesregierung „Entwurf eines Gesetzes zur Umsetzung der Transparenzrichtlinie-Änderungsrichtlinie", BT-Drucksache 18/5010, hier: Stellungnahme der Deutsche Schutzvereinigung für Wertpapierbesitz e.V. (DSW), https://www.bundestag.de/blob/386822/2c2fdcc6659ab7ed2ceec1c69590e7b9/04---dsw-data.pdf#search=%22%22, zuletzt besucht am 7. Juni 2018

Deutscher Anwaltverein (DAV): Stellungnahme durch den Ausschuss Bank- und Kapitalmarktrecht zu dem Änderungsantrag der Fraktionen CDU/CSU und der SPD zum Entwurf des Gesetzes zur Umsetzung der Transparenzrichtlinie-Änderungsrichtlinie, hier: Delisting, http://www.bundesgerichtshof.de/SharedDocs/Downloads/DE/Bibliothek/Gesetzesmaterialien/18_wp/transparenzrl-aerl/stellung_dav_aenda.pdf?__blob=publicationFile, zuletzt besucht am 7. Juni 2018

Deutsches Aktieninstitut (DAI): Mitarbeiterbeteiligung mit Aktien: Eine Umfrage unter börsennotierten Unternehmen in Deutschland vom 18. November 2013, https://www.dai.de/files/dai_usercontent/dokumente/studien/2013-11-18%20MAB-Studie%20DAI%20EY.pdf, zuletzt besucht am 4. Juli 2018

Deutsches Aktieninstitut (DAI): Stellungnahme des Deutschen Aktieninstituts zu Delisting und Spruchverfahren – Anfrage des Bundesverfassungsgerichtes, 1 BvR 3142/07, https://www.dai.de/files/dai_usercontent/dokumente/positionspapiere/2010-10-08%20Stellungnahme%20VB%203142-07.pdf, zuletzt besucht am 4. Juli 2018

Deutsches Aktieninstiut (DAI): Aktionärszahlen des Deutschen Aktieninstituts 2017 vom 19. Februar 2018, https://www.dai.de/files/dai_usercontent/dokumente/studien/2018-02-19%20Aktieninstitut%20Aktionaerszahlen%202017%20Web.pdf, zuletzt besucht am 4. Juli 2018

Doumet, Markus / Limbach, Peter / Theissen, Erik: Ich bin dann mal weg: Werteffekte von Delistings deutscher Aktiengesellschaften nach dem Frosta-Urteil, in: ZfbF 2016, S. 253–277

Dreier, Horst (Hrsg.): Grundgesetz, Kommentar, Band I: Präambel, Art. 1–19, 3. Aufl., Tübingen 2013 (zit.: *Bearbeiter*, in: Dreier, GG)

Dreier, Peter / Fritzsche, Michael / Verfürth, Ludger C. (Hrsg.): Spruchverfahrensgesetz, Kommentar, 1. Aufl., Berlin 2004, 2. Aufl., Berlin 2016 (zit.: *Bearbeiter*, in: Dreier/Fritzsche/Verfürth, SpruchG)

Drygala, Tim / Peres, Robert: Einladung zur Ausbeutung von Minderheitsaktionären, Legal Tribune Online vom 7. September 2015, http://www.lto.de/recht/

hintergruende/h/boersenrueckzug-delisting-gesetzentwurf-aktionaere-hauptversammlungsbeschluss-gegenleistung/, zuletzt besucht am 11. Juni 2018

Drygala, Tim / Staake, Marco / Szalai, Stephan: Kapitalgesellschaftsrecht, Mit Grundzügen des Konzern- und Umwandlungsrechts, Heidelberg 2012

Drygala, Tim / Staake, Marco: Delisting als Strukturmaßnahme, in: ZIP 2013, S. 905–916

Drygala, Tim: Die Neuregelung des Delistings, in: VGR 2015, S. 75–92

Drygala, Tim: Frosta ist für alle da – aber nicht mehr lange, Legal Tribune Online vom 10. Februar 2015, http://www.lto.de/recht/hintergruende/h/anlegerschutz-delisting-frosta/, zuletzt besucht am 11. Juni 2018

Ebenroth, Thomas / Boujong, Karlheinz / Joost, Detlev / Strohn, Lutz (Hrsg.): Handelsgesetzbuch, Kommentar, Band 2: §§ 343–475h, Transportrecht, Bank- und Börsenrecht, 3. Aufl., München 2015 (zit.: *Bearbeiter*, in: Ebenorth/Boujong/Joost/Strohn, HGB)

Eckhold, Thomas: Delisting, in: Handbuch börsennotierte AG, hrsg. v. Reinhard Marsch-Barner und Frank A. Schäfer, 3. Aufl., Köln 2014, § 61, 4. Aufl., Köln 2017, § 61

Ehrensberger, Wolfgang: Abschied ohne Abfindung, in: €uro am Sonntag vom 16. November 2013, S. 6–7

Eickhoff, Wolfgang: Der Gang an die Börse – und kein Weg zurück?, in: WM 1988, S. 1713–1717

Ekkenga, Jens: „Macrotron" und das Grundrecht auf Aktieneigentum – der BGH als der bessere Gesetzgeber?, in: ZGR 2003, S. 878–910

Ellrott, Helmuth / Förschle, Gerhart / Budde, Wolfgang Dieter / Clemm, Hermann (Hrsg.): Beck'scher Bilanzkommentar, Handels- und Steuerbilanz, München 2010 (zit.: *Bearbeiter*, in: Ellrot/Förschle/Budde/Clemm, HGB)

Emmerich, Volker / Habersack, Matthias (Hrsg.): Aktien- und GmbH-Konzernrecht, Kommentar, 8. Aufl., München 2016 (zit.: *Bearbeiter*, in: Emmerich/Habersack, Aktien- und GmbH-Konzernrecht)

Escher-Weingart, Christina: Reform durch Deregulierung im Kapitalgesellschaftsrecht, Tübingen 2001

Eßers, Claus / Weisner, Arnd / Schlienkamp, Caroline: Anforderungen des BGH an den Rückzug von der Börse – die Macrotron-Entscheidung des BGH, in: DStR 2003, S. 985–990

Fechner, Johannes / Petry, Christian: SPD fordert Nachbesserungen beim Delisting, https://www.spdfraktion.de/presse/pressemitteilungen/spd-fordert-nachbesserungen-beim-delisting, zuletzt besucht am 7. Juni 2018

Feldhaus, Heiner: Verkehrsfähigkeit der Aktien beim Wechsel vom amtlichen Markt in das Segment M: acces der Börse München, in: BB 2008, S. 1303–1308

Ferres, Peter: Motive für den Börsengang, in: Börseneinführung mit Erfolg – Voraussetzungen, Maßnahmen und Konzepte, hrsg. v. Wieselhuber & Partner GmbH, 2. Aufl., Wiesbaden 2001, S. 15–28

Fischer, Christian / Rudolph, Bernd: Grundformen von Finanzsystemen, in: Geld-, Bank- und Börsenwesen, hrsg. v. Jürgen von Hagen und Johann Heinrich von Stein, 40. Aufl., Stuttgart 2000, S. 371–446

Fleischer, Holger / Kalss, Susanne: Das neue Wertpapiererwerbs- und Übernahmegesetz, München 2002

Fleischer, Holger: Das Aktiengesetz von 1965 und das neue Kapitalmarktrecht, in: ZIP 2006, S. 451–459

Fluck, Jürgen: Zum Verzicht des Begünstigten auf Rechte aus einem Verwaltungsakt am Beispiel der Börsenzulassung, in: WM 1995, S. 553–560

Fuchs, Andreas (Hrsg.): Wertpapierhandelsgesetz, Kommentar, 2. Aufl., München 2016 (zit.: *Bearbeiter*, in: Fuchs, WpHG)

Gärditz, Klaus Ferdinand: Verwaltungsgerichtsordnung, Kommentar, 2. Aufl., Köln 2018 (zit.: *Bearbeiter*, in: Gärditz, VwGO)

Gegler, Felix: Die Neuregelung des Delistings – Angemessener Aktionärsschutz oder „Dolchstoß"?, in: BKR 2016, S. 273–279

Geisler, Herbert: BGH erleichtert Rückzug von der Börse, in: jurisPR-BGHZivilR 20/2013 Anm. 2

Geßler, Ernst / Hefermehl, Wolfgang / Eckardt, Ulrich / Kropff, Bruno (Hrsg.): Aktiengesetz, Kommentar, Band IV, München 1989 (§§ 179–191) (zit.: *Bearbeiter*, in: Geßler/Hefermehl/Eckardt/Kropff, AktG)

Geyrhalter, Volker / Gänßler, Peggy: Gesellschaftsrechtliche Voraussetzungen eines formalen Delistings, in: NZG 2003, S. 313–316

Geyrhalter, Volker / Zirngibl, Nikolas: Alles unklar beim formalen Delisting – eine Zwischenbilanz 18 Monate nach „Macrotron", in: DStR 2004, S. 1048–1053

Glienke, Tobias / Röder, Daniel: „FRoSTA ist für alle da." – Praxisfolgen der BGH-Rechtsprechungsänderung insbesondere für anhängige Delisting-Spruchverfahren, in: BB 2014, S. 899–907

Göckeler, Stephan: Delisting und Going Private, in: Beck'sches Handbuch der AG, hrsg. v. Welf Müller und Thomas Rödder, 1. Aufl., München 2004, § 26, 2. Aufl., München 2009, § 28

Goette, Wulf / Habersack, Mathias (Hrsg.): Münchener Kommentar zum Aktiengesetz, Band 1: §§ 1–75 AktG, 4. Aufl., München 2016, Band 2: §§ 76–177 AktG, MitbestG, DrittelbG, 4. Aufl., München 2014, Band 3: §§ 118–178 AktG, 3. Aufl., München 2013, Band 3: §§ 118–178 AktG, 4. Aufl., München 2016, Band 4: §§ 118–178 AktG, 2. Aufl., München 2004, Band 4: §§ 179–277 AktG, 4. Aufl., München 2016, Band 5: §§ 278–328 AktG, SpruchG, 4. Aufl., München

2015, Band 6: §§ 329–410, WpÜG, 4. Aufl., München 2017 (zit.: *Bearbeiter*, in: MüKo–AktG)

Goetz, Axel: Das Delisting-Urteil des BVerfG – freie Bahn für Erleichterungen des Börsenrückzugs?, in: BB 2012, S. 2767–2773

Goetz, Axel: Fragwürdige Neuregelung des Börsenrückzugs, in: BB 2015, S. 2691–2694

Goslar, Sebastian: Zur Gewährleistung der Verkehrsfähigkeit beim Wechsel einer Aktie in das Segment M: access, in: EWiR 2008, S. 461–462

Grigoleit, Hans Christoph: Aktiengesetz, Kommentar, München 2013 (zit.: *Bearbeiter*, in: Grigoleit, AktG)

Groß, Wolfgang: Die Neuregelung des Anlegerschutzes beim Delisting, in: AG 2015, S. 812–820

Groß, Wolfgang: Kapitalmarktrecht, Kommentar, 3. Aufl., München 2006, 5. Aufl., München 2012, 6. Aufl., München 2016

Groß, Wolfgang: Rechtsprobleme des Delisting, in: ZHR 165 (2001), S. 141–166

Grub, Volker / Streit, Georg: Börsenzulassung und Insolvenz, in: BB 2004, S. 1397–1411

Grunewald, Barbara: Die Auswirkungen der Macrotron-Entscheidung auf das kalte Delistung, in: ZIP 2004, S. 542–544

Grupp, Alexander: Börseneintritt und Börsenaustritt, individuelle und institutionelle Interessen, Berlin 1995

Gutte, Robert: Das reguläre Delisting von Aktien, Kapitalmarktrecht – Gesellschaftsrecht – Ökonomie, Berlin 2006

Haarmann, Wilhelm / Schüppen, Matthias (Hrsg.): Frankfurter Kommentar zum WpÜG, 2. Aufl., Frankfurt a. M. 2005, 3. Aufl., Frankfurt a. M. 2008 (zit.: *Bearbeiter*, in: Haarmann/Schüppen, WpÜG)

Haas, Ulrich / Mock, Sebastian: Sonstige Juristische Personen in der Insolvenz, in: Insolvenzrechts-Handbuch, hrsg. v. Peter Gottwald, 4. Aufl., München 2010, § 93

Habersack, Mathias: „Macrotron" – was bleibt?, in: ZHR 176 (2012), S. 463–469

Habersack, Mathias: Anmerkung zum Beschluss des BGH vom 8. Oktober 2013 (II ZB 26/12; JZ 2014, 145), in: JZ 2014, S. 147–149

Habersack, Mathias: Beendigung der Börsenzulassung, in: Unternehmensfinanzierung am Kapitalmarkt, hrsg. v. Mathias Habersack u. a., 1. Aufl., Köln 2005, § 28, 3. Aufl., Köln 2013, § 40

Habersack, Mathias: Mitwirkungsrechte der Aktionäre nach Macrotron und Gelatine, in: AG 2005, S. 137–149

Habersack, Mathias: Stellungnahme zum Entwurf eines Gesetzes zur Änderung des Aktiengesetzes (Aktienrechtsnovelle 2014), https://www.bundestag.de/

blob/372592/4fa5dcc6925299639e78e4ee209de2f5/habersack-data.pdf, zuletzt besucht am 7. Juni 2018

Häller, Jan: Delisting von Aktien in der Insolvenz, in: ZIP 2016, S. 1903–1911

Harnos, Rafael: Aktionärsschutz beim Delisting, in: ZHR 179 (2015), S. 750–781

Harrer, Herbert: Vor- und Nachteile eines Börsengangs, in: Beck'sches Handbuch der AG, hrsg. v. Welf Müller und Thomas Rödder, 2. Aufl., München 2009, § 20

Häuser, Franz / Thomas, Gunther: Beschluss mit Anmerkung zum Urteil des BGH vom 25. November 2002 (II ZR 133/01) – Entlastung des Aufsichtsrates; aktienrechtliche Voraussetzungen des regulären Delisting; „Macrotron", in: WuB II A § 119 1.03, S. 519–522

Hecht, Stephen A. / Gräfe, Maren / Jehke, Christian: Rechtsschutz im Enforcement-Verfahren, in: DB 2008, S. 1251–1257

Heidel, Thomas (Hrsg.): Aktienrecht und Kapitalmarktrecht, Kommentar, 4. Aufl., Baden-Baden 2014 (zit.: *Bearbeiter*, in: Heidel, AktG)

Heidel, Thomas / Lochner, Daniel: Delisting und Eigentumsgarantie, in: AG 2012, S. 169–173

Heidel, Thomas: Beschluss mit Anmerkung zum Urteil des BGH vom 25. November 2002 (II ZR 133/01) – Delisting: Anforderungen an den Schutz der Minderheitsaktionäre, in: DB 2003, S. 544–551

Heinsius, Theodor: Organzuständigkeit bei Bildung, Erweiterung und Umorganisation des Konzerns, in: ZGR 1984, S. 383–411

Heldt, Cordula / Royé, Claudia: Das Delisting-Urteil des BVerfG aus kapitalmarktrechtlicher Perspektive, Empirie und Fragestellungen für den Gesetzgeber?, in: AG 2012, S. 660–673

Hellwig, Hans-Jürgen: Möglichkeiten einer Börsenreform zur Stärkung des deutschen Kapitalmarktes, in: ZGR 1999, S. 781–819

Henssler, Martin / Strohn, Lutz (Hrsg.): Gesellschaftsrecht, Kommentar, 3. Aufl., München 2016 (zit.: *Bearbeiter*, in: Henssler/Strohn, Gesellschaftsrecht)

Henze, Hartwig: Gesichtspunkte des Kapitalerhaltungsgebotes und seiner Ergänzung im Kapitalgesellschaftsrecht in der Rechtsprechung des BGH, in: NZG 2003, S. 649–659

Henze, Hartwig: Holzmüller vollendet das 21. Lebensjahr; in: Festschrift für Peter Ulmer, hrsg. v. Matthias Habersack u. a., Berlin 2003, S. 211–243

Henze, Hartwig: Voraussetzungen und Folgen des Delisting; in: Festschrift für Thomas Raiser, hrsg. v. Reinhard Damm u. a., Berlin 2005, S. 145–162

Hess, Burkhard / Reuschle, Fabian / Rimmelspacher, Bruno (Hrsg.): Kölner Kommentar zum Kapitalmusterverfahrensgesetz, 1. Aufl., Köln / Berlin / München 2008, 2. Aufl., Köln / Berlin / München 2013 (zit.: *Bearbeiter*, in: KK-KapMuG)

Hirte, Heribert / Möllers, Thomas M. J. / Eufinger, Thomas (Hrsg.): Kölner Kommentar zum Wertpapierhandelsgesetz, 2. Aufl., Köln 2014 (zit.: *Bearbeiter*, in: KK-WpHG)

Hirte, Heribert / Mülbert, Peter O. / Roth, Markus (Hrsg.): Großkommentar zum Aktiengesetz, Band 1: Einleitung, §§ 1–22 AktG, 5. Aufl., Berlin / Boston 2017, Band 2/1: §§ 23–40 AktG, 5. Aufl., Berlin / Boston 2016, Band 4/1: §§ 76–91 AktG, 5. Aufl., Berlin / München/ Boston 2015, Band 5: §§ 118–149, 4. Aufl., Berlin 2008, Band 6: §§ 150–222 AktG, 4. Aufl., Berlin 2012, Band 7: §§ 118–130 AktG, 5. Aufl., Berlin / Boston 2017 (zit.: *Bearbeiter*, in: GroßKomm-AktG)

Hirte, Heribert / von Bülow, Christoph (Hrsg.): Kölner Kommentar zum Wertpapier- und Übernahmegesetz, 2. Aufl., Köln 2010 (zit.: *Bearbeiter*, in: KK-WpÜG)

Hirte, Heribert: Die Entwicklung des Unternehmens- und Gesellschaftsrechts im Jahr 2015, in: NJW 2016, S. 1216–1221

Hirte, Heribert: Informationsmängel und Spruchverfahren, Anmerkungen zu den Urteilen des BGH vom 18. Dezember 2000 – II ZR 1/99 – (MEZ) und vom 29. Januar 2001 – II ZR 368/98 – (Aqua Butzke-Werke), in: ZHR 167 (2003), S. 8–34

Hirte, Heribert: Vorschlag zur Änderung des Spruchverfahrensgesetzes, http://www.heribert-hirte.de/images/Standpunkte/Delisting_Stand20150506.pdf, zuletzt besucht am 11. Juni 2018

Hitzer, Martin / Wasmann, Dirk: Von § 15a WpHG zu Art. 19 MMVO: Aus Directors' Dealings werden Managers' Transactions, in: DB 2016, S. 1483–1488

Hoffmann-Becking, Michael: Der materielle Gesellschafterschutz: Abfindung und Spruchverfahren, in: ZGR 1990, S. 482–502

Hofmann, Christian: Der Minderheitsschutz im Gesellschaftsrecht, Berlin / New York 2011

Hohn, Nikola: Going Private, Vorteilhaftigkeitsanalyse und Gestaltungsformen, Frankfurt a. M. 2000

Hölters, Wolfgang (Hrsg.): Aktiengesetz, Kommentar, 1. Aufl., München 2011, 3. Aufl., München 2017 (zit.: *Bearbeiter*, in: Hölters, AktG)

Holzborn, Timo / Hilpert, Christian: Wechsel in den Freiverkehr als Rückzug aus dem regulierten Markt ohne Delisting, in: WM 2010, S. 1347–1353

Holzborn, Timo: BGH verschärft Delisting-Voraussetzungen – § 58 BörsO Frankfurter Wertpapierbörse vor dem Hintergrund des Macrotron-Urteils des BGH, in: WM 2003, S. 1105–1109

Höpfner, Clemens: Vertrauensschutz und Richterrecht – Zur Zulässigkeit rückwirkender Rechtsprechungsänderungen im Zivilrecht, in: RdA 2006, S. 156–165

Hopt, Klaus J.: Das Dritte Finanzmarktförderungsgesetz – Börsen- und kapitalmarktrechtliche Überlegungen; in: Festschrift für Ulrich Drobnig, hrsg. v. Jürgen Basedow u. a., Tübingen 1998, S. 525–548

Hoyer, Niklas / Gerth, Martin: Delisting: Vom Börsenhandel einfach abgeschnitten, in: WiWo Online vom 28. September 2015, https://www.wiwo.de/finanzen/steuern-recht/steuern-und-recht-kompakt-delisting-vom-boersenhandel-einfach-abgeschnitten/12363162.html, zuletzt besucht am 7. Juni 2018

Huber, Peter M.: Konkurrenzschutz im Verwaltungsrecht – Schutzanspruch und Rechtsschutz bei Lenkungs- und Verteilungsentscheidungen der öffentlichen Verwaltung, Tübingen 1991

Hüffer, Uwe: Aktienbezugsrechte als Bestandteil der Vergütung von Vorstandsmitgliedern und Mitarbeitern – gesellschaftsrechtliche Analyse, in: ZHR 161 (1997), S. 214–245

Hüffer, Uwe: Aktiengesetz, Kommentar, 5. Aufl., München 2002, 6. Aufl., München 2004, 9. Aufl., München 2010, 10. Aufl., München 2012 (zit.: *Hüffer*, AktG)

Hüffer, Uwe (Begr.) / *Koch, Jens* (Hrsg.): Aktiengesetz, Kommentar, 11. Aufl., München 2014, 13. Aufl., München 2018 (zit.: *Koch*, in: Hüffer/Koch, AktG)

Institut der Wirtschaftsprüfer (IDW): Änderungsantrag der Fraktionen der CDU/CSU und SPD zum Regierungsentwurf eines Gesetzes zur Umsetzung der Transparenzrichtlinie-Änderungsrichtlinie – Thema Delisting, https://www.idw.de/blob/84030/a6bde80d3f1ce4bb0a37021ab8d8ed85/down-transparenzrichtlinie-delisting-data.pdf, zuletzt besucht am 15. Juni 2018

Jahn, Joachim: Kein Geld mehr beim Delisting, in: FAZ vom 13. November 2013, S. 19

Janßen, Annika: Delisting – Flucht nach vorn, in: Capital Online vom 18. August 2014, https://www.capital.de/geld-versicherungen/delisting-flucht-nach-vorn, zuletzt besucht am 4. Juli 2018

Jarass, Hans / Pieroth, Bodo (Hrsg.): Grundgesetz, Kommentar, 15. Aufl., München 2018 (zit.: *Bearbeiter*, in: Jarass/Pieroth, GG)

Kallmeyer, Wolfgang (Hrsg.): Umwandlungsgesetz, Kommentar, 3. Aufl., Köln 2006, 4. Aufl., Köln 2010, 5. Aufl., Köln 2012, 6. Aufl., Köln 2017 (zit.: *Bearbeiter*, in: Kallmeyer, UmwG)

Kalss, Susanne: Geregelte Märkte dürfen keine Einbahnstraße sein!, in: EuZW 2016, S. 321–322

Kamischke, Jesko Wilhelm: Kapitalmarktrechtliche Pflichten der börsennotierten Aktiengesellschaft in der Insolvenz, Köln 2010

Karami, Behzad / Cserna, Balázs / Schuster, René: Wie frostig ist die „FRoSTA“-Entscheidung des BGH in der Rechtsrealität? Kurseffekte bei Delisting-Ankündigungen im Lichte der aktuellen Medienberichterstattung – (Teil-) Ergebnisse einer empirisch-ökonomischen Untersuchung, https://bewertung-im-recht.de/working-papers/wie-frostig-ist-die-frosta-entscheidung-des-bgh-der-rechtsrealitaet-kurseffekte-bei (abrufbar nach kostenloser Anmeldung), zuletzt besucht am 8. Juni 2018

Kastl, Stephanie: Der Rückzug kapitalmarktfähiger Unternehmen von der Börse, Ein Beitrag zur Rechtsprechungshistorie und zur Gesetzgebungsentwicklung, Baden-Baden 2016

Kiefner, Alexander / Gillessen, Benedikt: Die Zukunft von „Macrotron" im Lichte der jüngsten Rechtsprechung des BVerfG, Zur Neuvermessung des gesellschaftsrechtlichen Aktionärsschutzes nach dem Delisting-Urteil, in: AG 2012, S. 645–660

Kirmse, Daniel: Cross-Border Delisting, Börsenrückzug deutscher Aktiengesellschaften mit Zweitnotierungen an ausländischen Handelsplätzen, in: Beiträge zum Transnationalen Wirtschaftsrecht, hrsg. v. Christian Tietje u. a., Halle 2006

Klawitter, Uta / Schlitt, Michael: Kapitalmarktrechtliche Folgepflichten eines börsennotierten Unternehmens, in: Unternehmensfinanzierung am Kapitalmarkt, hrsg. v. Mathias Habersack u. a., 3. Aufl., Köln 2013, § 38

Kleindiek, Detlef: „Going Private" und Anlegerschutz; in: Festschrift für Gerold Bezzenberger, hrsg. v. Harm Peter Westermann u. a., Berlin/New York 2000, S. 653–672

Klenke, Hilmar: Der Rückzug mehrfach notierter Unternehmen von den deutschen Regionalbörsen, in: WM 1995, S. 1089–1101

Kleppe, Martin: Anlegerschutz beim Rückzug eines Unternehmens von der Börse, Köln 2002

Klöhn, Lars (Hrsg.): Marktmissbrauchsverordnung: MAR, Kommentar, München 2018 (zit.: *Bearbeiter*, in: Klöhn, MAR)

Klöhn, Lars: Delisting – Zehn Jahre später, Die Auswirkungen des BVerfG, NZG 2012, 826, auf den Rückzug vom Kapitalmarkt und den Segmentwechsel, in: NZG 2012, S. 1041–1047

Klöhn, Lars: Zum Pflichtangebot und Spruchverfahren beim regulären Delisting, in: ZBB 2003, S. 208–218

Koch, Jens / Harnos, Rafael: Die Neuregelung des Delistings zwischen Anleger- und Aktionärsschutz, in: NZG 2015, S. 729–737

Koch, Jens: Stellungnahme zur Aktienrechtsnovelle 2014 und Änderungsanträgen, https://www.bundestag.de/blob/373420/7f7973bb06ba786c2060c6795ce4b7d7/koch-data.pdf, zuletzt besucht am 7. Juni 2018

Koch, Wolfgang / Wegmann, Jürgen: Praktiker-Handbuch Due Diligence – Analyse mittelständischer Unternehmen, 2. Aufl., Stuttgart 2002

Kocher, Dirk / Seiz, Elke: Das neue Delisting nach § 39 Abs. 2–6 BörsG, in: DB 2016, S. 153–158

Kocher, Dirk / Widder, Stefan: Ad-hoc-Publizität in Unternehmenskrise und Insolvenz, in: NZI 2010, S. 925–932

Kocher, Dirk / Widder, Stefan: Delisting ohne Hauptversammlungsbeschluss und Abfindungsangebot, in: NJW 2014, S. 127–129

Königshausen, Andreas M.: Anmerkung zum Urteil des BVerfG vom 11. Juli 2012 (1 BvR 3142/07, 1 BvR 1569/08, BB 2012, 2010) – Zu Aktieneigentumsgrundrecht beim Delisting, in: BB 2012, S. 2014–2015

Königshausen, Andreas M.: Beschluss mit Anmerkung zum Urteil des BGH vom 8. Oktober 2013 (II ZB 26/12) – Aufgabe der Macrotron-Rechtsprechung und Erleichterung des Rückzugs von der Börse, in: BB 2013, S. 3020–3025

Kopp, Ferdinand O. / Schenke, Wolf-Rüdiger (Hrsg.): Verwaltungsgerichtsordnung, Kommentar, 23. Aufl., München 2017 (zit.: *Bearbeiter*, in: Kopp/Schenke, VwGO)

Korts, Sebastian / Korts, Petra: Der Weg zur börsennotierten Aktiengesellschaft, Heidelberg 2000

Kossmann, Alfred: Vorbereitung und Durchführung von Stock-for-Stock-Akquisitionen, in: AG 2005, S. 9–20

Krämer, Lutz Robert / Theiß, Simone: Delisting nach der Macrotron-Entscheidung des BGH, in: AG 2003, S. 225–242

Krause, Hartmut: Grundlagen, in: Handbuch zum Marktmissbrauchsrecht, hrsg. v. Andreas Meyer, Thomas Rönnau und Rüdiger Veil, 1. Aufl., München 2018, § 5

Krenek, Helmut: Streitigkeiten im Zusammenhang mit dem Spruchverfahren, in: Handbuch Gesellschaftsrechtliche Streitigkeiten, hrsg. v. Kim Lars Mehrbrey, 1. Aufl., Köln 2013, § 97, 2. Aufl., Köln 2015, § 132

Kreymborg, Dorothea / Land, Volker / Undritz, Sven-Holger: Delisting von Aktien in der Insolvenz, in: ZInsO 2011, S. 71–84

Krolop, Kaspar: Der Rückzug vom organisierten Kapitalmarkt (Delisting), Berlin 2005

Krolop, Kaspar: Die Umsetzung von „Macrotron" im Spruchverfahren durch das BayObLG, in: NZG 2005, S. 546–547

Kropff, Bruno: Aktienrecht: Textausgabe des Aktiengesetzes vom 6. September 1965 (Bundesgesetzbl. I S. 1089) und des Einführungstextes zum Aktiengesetz vom 6. September 1965 (Bundesgsetzbl. I S. 1185), Düsseldorf 1965

Krüger, Wolfgang / Rauscher, Thomas (Hrsg.): Münchener Kommentar zur Zivilprozessordnung, Band 1: §§ 1–354 ZPO, 5. Aufl., München 2016 (zit.: *Bearbeiter*, in: Müko-ZPO)

Kruse, Tobias: Das „kalte" Delisting börsennotierter Aktiengesellschaften, Frankfurt a. M. 2003

Kruse, Tobias: Fungibilitätsausgleichspflicht beim Börsenrückzug?, in: WM 2003, S. 1843–1850

Kruse, Tobias: Gerichtliche Kontrolle des obligatorischen Aktienkaufangebots beim börsenrechtlichen Delistingsverfahren?, in: BB 2000, S. 2271–2273

Kümpel, Siegfried: Bank- und Kapitalmarktrecht, 3. Aufl., Köln 2004

Lampert, Stephen / Weichel, Mario: Wegfall der „Macrotron-Trias“ – Folgen für Umstrukturierungskonstellationen in Konfliktlagen des Aktien- und Kapitalmarktrechts, in: WM 2014, S. 1024–1030

Land, Volker / Behnke, Thorsten: Die praktische Durchführung eines Delistings nach der Macrotron-Entscheidung des BGH, in: DB 2003, S. 2531–2535

Land, Volker / Hasselbach, Kai: Going Private und Squeeze-out nach dem deutschen Aktien-, Börsen- und Übernahmerecht, in: DB 2000, S. 557–562

Lang, Jörg: Aus dem Staub gemacht, in: €uro am Sonntag Online vom 28. Juni 2014, https://www.finanzen.net/nachricht/aktien/hier-stimmt-was-nicht-delistings-aus-dem-staub-gemacht-3681691, zuletzt besucht am 10. Juli 2018

Langenbucher, Katja: Aktien- und Kapitalmarktrecht, 2. Aufl., München 2010

Larenz, Karl / Canaris, Claus-Wilhelm: Methodenlehre der Rechtswissenschaft, 3. Aufl., Berlin 1995

Lau, Bero-Alexander: Die börsennotierte Aktiengesellschaft in der Insolvenz, Baden-Baden 2008

Leyendecker, Benjamin E. / Herfs, Achim: Mindestpreis- und Preisanpassungsregelungen bei Delistingangeboten, in: BB 2018, S. 643–646

Liebscher, Thomas: Ungeschriebene Hauptversammlungszuständigkeiten im Lichte von Holzmüller, Macrotron und Gelatine, in: ZGR 2005, S. 1–33

Link, Harald / Plessow, Olaf: Das Going Public ist übertrieben worden, in: Handelsblatt vom 26. April 2001, S. 4

Linnerz, Markus: Beschluss mit Anmerkung zum OLG Stuttgart vom 17. März 2015 (20 W 7/14) – Unstatthaftigkeit eines bereits vor der „Frosta“-Entscheidung beantragten Spruchverfahrens wegen Abfindung nach Delisting, in: BB 2015, S. 1101–1106

Linnerz, Markus / Freyling, Till: Delisting im Freiverkehr – Sanktionsregime und Pflichtenprogramm, in: BB 2017, S. 1354–1359

Lochner, Daniel / Schmitz, Benjamin: Delisting – Rückwirkung der „Frosta“-Entscheidung für laufende Spruchverfahren?, in: AG 2014, S. 489–492

Lohner, Andreas C.: Going Private, in: Die börsennotierte Aktiengesellschaft, hrgs. v. Barbara Deilmann und Manuel Lorenz, München 2005, § 16

Lutter, Marcus (Begr.) / *Bayer, Walter / Vetter, Jochen* (Hrsg.): Umwandlungsgesetz, Kommentar, Band I: §§ 1–137, 3. Aufl., Köln 2004, Band I: §§ 1–134, 4. Aufl., Köln 2009, Band I: §§ 1–122l, 5. Aufl., Köln 2014, Band II: §§ 123–325, SpruchG, 5. Aufl., Köln 2014 (zit.: *Bearbeiter*, in: Lutter, UmwG)

Lutter, Marcus / Leinekugel, Rolf: Der Ermächtigungsbeschluss der Hauptversammlung zu grundlegenden Strukturmaßnahmen – zulässige Kompetenzübertragung oder unzulässige Selbstentmachtung, in: ZIP 1998, S. 805–817

Lutter, Marcus: Gesellschaftsrecht und Kapitalmarkt, in: Festschrift für Wolfgang Zöllner, Band I, hrsg. v. Manfred Lieb u. a., Köln 1998, S. 363–384

Lutter, Marcus: Zur Anfechtung eines Entlastungsbeschlusses, in: JZ 2003, S. 684–687

Maas, Heyo: Zwangsdelisting und Anlegerschutz: Der Schutz der Börsennotierung vor gesellschaftsfremden Maßnahmen, Frankfurt a. M. 2006

Mahler, Sarah: Voraussetzungen der Aussetzung eines Klageverfahrens nach § 7 KapMuG, in: AG 2011, S. R115–116

Marsch-Barner, Reinhard: Anlegerschutz und Rolle der Hauptversammlung beim Rückzug einer Gesellschaft von der Börse – reguläres Delisting, in: LMK 2003, S. 108–109

Martens, Klaus-Peter: Die Entscheidungsautonomie des Vorstands und die „Basisdemokratie" in der Aktiengesellschaft, in: ZHR 147 (1983), S. 377–428

Maunz, Theodor / Dürig, Günter (Begr.): Grundgesetz, Kommentar, Band I: Texte – Art. 1–5, Lieferungen 1–81, 81. Ergänzungslieferung (September 2017), München 1989 ff., Band II: Art. 6–15, Lieferungen 1–81, 81. Ergänzungslieferung (September 2017), München 1989 ff. [zit.: *Bearbeiter*, in: Maunz/Dürig, GG, ... (Stand)]

Maunz, Theodor (Begr.) / *Schmidt-Bleibtreu, Bruno* (Hrsg.): Bundesverfassungsgerichtsgesetz, Kommentar, Band I: Gesetzestexte, §§ 1–57 BVerfGG, Lieferungen 1–53, 53. Ergänzungslieferung (Juni 2018), München 1964 ff. [zit.: *Bearbeiter*, in: Maunz/Schmidt-Bleibtreu, BVerfGG, ... (Stand)]

Mayen, Thomas: Anlegerschutz ist (auch) öffentliches Recht!, in: ZHR 179 (2015), S. 1–8

Meilicke, Wienand / Heidel, Thomas: Das neue Spruchverfahren in der gerichtlichen Praxis, in: DB 2003, S. 2267–2275

Mense, Christian / Klie, Marcus: Deutliche Erleichterungen beim Delisting – Aufgabe der „Macrotron"-Rechtsprechung durch den BGH, in: GWR 2013, S. 505–508

Mense, Christian / Klie, Marcus: Neues zum Going Private – Praxisfragen zur aktuellen Rechtslage zum Delisting, in: DStR 2015, S. 2782–2786

Meyer, Andreas: Das Konzept von Börsennotierung und Aktienplatzierungen, in: Handbuch börsennotierte AG, hrsg. v. Reinhard Marsch-Barner und Frank A. Schäfer, 4. Aufl., Köln 2017, § 7

Mohr, Daniel: Und plötzlich ist die Aktie verschwunden, in: FAZ Online vom 31. Oktober 2014, http://www.faz.net/aktuell/finanzen/aktien/delisting-und-ploetzlich-ist-die-aktie-verschwunden-13239357.html, zuletzt besucht am 11. Juni 2018

Morell, Alexander: Gefahr erkannt, Gefahr gebannt? Ist eine Abfindung beim regulären Delisting aus Effizienzsicht überhaupt geboten?, in: ZBB 2016, S. 67–89

Morell, Alexander: Rechtssicherheit oder Einzelfallgerechtigkeit im neuen Recht des Delistings, in: AcP 2017, S. 61–106

Mülbert, Peter O.: Rechtsprobleme des Delisting, in: ZHR 165 (2001), S. 104–140

Mülbert, Peter O./ Leuschner, Lars: Die verfassungsrechtlichen Vorgaben der Art. 14 GG und Art. 2 Abs. 1 GG für die Gesellschafterstellung – wo bleibt die Privatautonomie?, in: ZHR 170 (2006), S. 615–672

Musielak, Hans Joachim / Voit, Wolfgang (Hrsg.): Zivilprozessordnung, Kommentar, 15. Aufl., München 2018 (zit.: *Bearbeiter*, in: Musielak/Voit, ZPO)

Noack, Max: Das Spruchverfahren nach dem Spruchverfahrensgesetz, Unzulänglichkeiten und Lösungswege, Berlin 2014

Noack, Ulrich: Stellungnahme zur Aktienrechtsnovelle 2014 und zu einer Regelung des sog. Delisting, https://www.bundestag.de/blob/373542/7ca5d39034fa08336cd40001e7ced860/noack-data.pdf, zuletzt besucht am 7. Juni 2018

Oechsler, Jürgen: Der Grundsatz der angemessenen Gegenleistung bei Übernahmeangeboten nach § 31 Abs. 1 Satz 1 WpÜG; in: Festschrift für Walther Hadding, hrsg. v. Franz Häuser u. a., Berlin 2004, S. 1027–1046

Ott, Wolfgang / Brauckmann, Dana: Zuständigkeitsgerangel zwischen Gesellschaftsorganen und Insolvenzverwalter in der börsennotierten Aktiengesellschaft, in: ZIP 2004, S. 2117–2123

Oulds, Mark K.: Regelungsziele des Kapitalmarkts, in: Bank- und Kapitalmarktrecht, begr. v. Siegfried Kümpel, hrsg. v. Arne Wittig, 4. Aufl., Köln 2011, S. 1826–1844

Paefgen, Walter G.: Unternehmerische Entscheidungen und Rechtsbindung der Organe, Köln 2002

Pasch, Lilia / Schmeling, Ann-Kathrin / Starke, Dennis: Wechsel vom regulierten Markt in den Freiverkehr in Deutschland – Rechtliche Voraussetzungen und Konsequenzen, in: CF 2015, S. 259–271

Paschos, Nikolaos / Klaaßen, Kristina: Delisting ohne Hauptversammlung und Kaufangebot – der Rückzug von der Börse nach der Frosta-Entscheidung des BGH, in: AG 2014, S. 33–36

Paschos, Nikolaos / Klaaßen, Kristina: Offene Fragen nach der Entscheidung des BVerfG zum Delisting und Folgen für die Beratungspraxis, in: ZIP 2013, S. 154–160

Paschos, Nikolaos: Ein Jahr vereinfachtes Delisting, in: FAZ vom 3. Dezember 2013, S. 16

Picot, Christopher M.: Die Rechte der Aktionäre beim Delisting börsennotierter Gesellschaften, Frankfurt a. M. 2009

Pilsl, Ludwig / Knoll, Leonhard: Delisting und Börsenkurs, in: DB 2016, S. 181–185

Plaut, Timothy: Wer nicht im Rampenlicht steht und sich ändern will, verlässt die Börse, in: FAZ vom 5. Juni 2000, S. 40

Pluskat, Sorika: Das kalte Delisting, in: BKR 2007, S. 54–60

Pluskat, Sorika: Überprüfbarer Abfindungsanspruch außenstehender Aktionäre im Spruchverfahren beim „kalten Delisting" („Rhenag"), in: EWiR 2005, S. 275–276

Pohlmann, Petra: Rechtsschutz der Aktionäre der Zielgesellschaft im Wertpapiererwerbs- und Übernahmeverfahren, in: ZGR 2007, S. 1–36

Posser, Herbert / Wolff, Heinrich Amadeus (Hrsg.): Verwaltungsgerichtsordnung, Kommentar, 2. Aufl., München 2014 (zit.: *Bearbeiter*, in: Posser/Wolff, VwGO)

Pötzsch, Thorsten: Das Dritte Finanzmarktförderungsgesetz, in: WM 1998, S. 949–966

Prasuhn, Katharina: Der Schutz von Minderheitsaktionären bei Unternehmensübernahmen nach dem WpÜG, Unter besonderer Berücksichtigung des „Acting in Concert", Baden-Baden 2009

Priester, Hans-Joachim: Satzungsänderung und Satzungsdurchbrechung, in: ZHR 151 (1987), S. 40–58

Priester, Hans-Joachim: Satzungsvorhaben zum Vorstandshandeln – Satzungsautonomie contra Leitungsautonomie; in: Festschrift für Uwe Hüffer, hrsg. v. Jens Koch u. a., München 2010, S. 777–788

Probst, Melanie: Rechtsfragen des regulären Börsenrückzugs, Baden-Baden 2013

Puszkajler, Karl Peter / Sekera-Terplan, Tino: Reform des Spruchverfahrens?, in: NZG 2015, S. 1055–1063

Radtke, Michael: Delisting, Rückzug aus dem amtlichen Handel oder dem geregelten Markt auf Wunsch des Emittenten aus kapitalmarktrechtlicher Sicht, Frankfurt a. M. 1998

Reger, Gerald / Schilha, Ralph: Aktienrechtlicher Aktionärsschutz bei Delisting und Downgrading, in: NJW 2012, S. 3066–3069

Reger, Gerald / Wieneke, Laurenz: Die Finanzierung des Unternehmenserwerbs mit Aktien, in: GWR 2013, S. 195–200

Reichert, Jochem: Mitwirkungsrechte und Rechtsschutz der Aktionäre nach Macrotron und Gelatine, in: AG 2005, S. 150–160

Reimann, Annina / Bergermann, Melanie / Schwerdtfeger, Heike: Wie Aktionäre durch Delisting faktisch enteignet werden, in: WiWo Online vom 4. Juli 2014, https://www.wiwo.de/finanzen/boerse/abgang-von-der-boerse-wie-aktionaere-durch-delisting-faktisch-enteignet-werden/10113304.html, zuletzt besucht am 7. Juni 2018

Reimann, Annina: Aktionärsrechte sind durch Bundesgerichtshof geschwächt worden, in: WiWo vom 22. November 2013, S. 106

Renner, Wolfgang G. / Schiffer, Jack: Widderruf einer Börsenzulassung, in: DB 2002, S. 1990–1991

Reuschle, Fabian: Musterverfahren als neuer Weg zur prozessualen Bewältigung von Massenschäden, in: ZBB 2004, S. 518–521

Reuter, Dieter: Verbandszweck und Rechtsfähigkeit im Vereinsrecht, in: ZHR 151 (1987), S. 237–257

Richard, Jörg / Weinheimer, Stefan: Der Weg zurück: Going Private, in: BB 1999, S. 1613–1620

Richard, Jörg: Motive und Ausgestaltung eines Going Private, in: Handbuch Going Private, hrsg. v. Jörg Richard und Stefan Weinheimer, Heidelberg 2002, S. 23–48

Röhricht, Volker: Die aktuelle höchstrichterliche Rechtsprechung zum Gesellschaftsrecht, in: VGR 2003, S. 1–36

Roßkopf, Gabriele: Delisting zwischen Gesellschafts- und Kapitalmarktrecht, in: ZGR 2014, S. 487–508

Rothley, Oliver: Aufgabe der Macrotron-Grundsätze, in: GWR 2013, S. 493

Rubner, Daniel / Pospiech, Lutz: Rückzug von der Börse – Neue Regeln für Delisting und Downgrading, in: NJW Spezial 2016, S. 207–208

Rubner, Daniel / Pospiech, Lutz: Die EU-Marktmissbrauchsverordnung – verschärfte Anforderungen an die kapitalmarktrechtliche Compliance auch für den Freiverkehr, in: GWR 2016, S. 228–230

Ruda, Walter: Ziele privater Kapitalanleger, Wiesbaden 1988

Rudolf, Stefan: Entwicklungen im Kapitalmarkt in Deutschland, in: Unternehmensfinanzierung am Kapitalmarkt, hrsg. v. Mathias Habersack u. a., 1. Aufl., Köln 2005, § 1

Ruthardt, Frederik / Hachmeister, Dirk: Ermittlung der angemessenen Barabfindung beim Squeeze Out, in: NZG 2014, S. 41–48

Säcker, Franz / Rixecken, Roland / Oetker, Hartmut / Limperg, Bettina (Hrsg.): Münchener Kommentar zum Bürgerlichen Gesetzbuch, Band 2: Schuldrecht – Allgemeiner Teil, 7. Aufl., München 2016, Band 6: Schuldrecht – Besonderer Teil IV, §§ 705–853 BGB, Partnergesellschaftsgesetz, Produkthaftungsgesetz, 7. Aufl., München 2017 (zit.: *Bearbeiter*, in: MüKo-BGB)

Saenger, Ingo: Zivilprozessordnung, Kommentar, 7. Aufl., Baden-Baden 2017 (zit.: *Bearbeiter*, in: Saenger, ZPO)

Sanders, Anne: Anmerkung zu dem Urteil des BVerfG vom 11. Juli 2012 (1 BvR 3142/07; 1 BvR 1569/08; JZ 2012 1065) – Delisting, Reichweite des Art. 14 GG im Recht der Aktiengesellschaft und Verhältnis von Verfassungs- und Fachgerichtsbarkeit bei der richterlichen Rechtsfortbildung, in: JZ 2012, S. 1070–1073

Sanders, Carl C. H.: Anlegerschutz bei Delisting zwischen Kapital- und Gesellschaftsrecht, Berlin 2017

Schäfer, Frank A. / Eckhold, Thomas: Delisting, in: Handbuch börsennotierte AG, hrsg. v. Reinhard Marsch-Barner und Frank A. Schäfer, 1. Aufl., Köln 2005, § 62

Schanz, Kay-Michael: Börseneinführung, Handbuch für den Börsengang und den börsennotierte Gesellschaft, München 2012

Schatz, Matthias: Anmerkung zum Urteil des BVerfG vom 11. Juli 2012 (1 BvR 3142/07) – Zum Aktionärsschutz beim regulären Delisting, in: EWiR 2012, S. 483–484

Schatz, Matthias: Der Missbrauch der Anfechtungsbefugnis durch den Aktionär und die Reform des aktienrechtlichen Beschlussmängelrechts, Köln 2012

Schiemzik, Boris Jan: Segmentwechsel börsenaktiver Unternehmen, Eine rechtsvergleichende Untersuchung zur Marktentlassung und zum Marktausschluss im deutschen und US-amerikanischen Kapitalmarktrecht, Baden-Baden 2005

Schiessl, Maximilian: Ist das deutsche Aktienrecht kapitalmarkttauglich?, in: AG 1999, S. 442–452

Schlitt, Michael: Die gesellschaftsrechtlichen Voraussetzungen des regulären Delisting – Macrotron und die Folgen, in: ZIP 2004, S. 533–541

Schmidt-Preuß, Matthias: Anmerkung zum Urteil des BVerwG vom 16. September 1993 (4 C 28.91, 94, 151) – Drittschutz von § 34 BauGB, in: DVBI 1994, S. 288–292

Schmidt, Karsten / Lutter, Marcus (Hrsg.): Aktiengesetz, Kommentar, Band I: §§ 1–149 AktG, 3. Aufl., Köln 2015, Band I: §§ 1–149 AktG, 1. Aufl., Köln 2008, Band II: §§ 150–410 AktG, SpruchG, 3. Aufl., Köln 2015 (zit.: *Bearbeiter*, in: Schmidt/Lutter, AktG)

Schmidt, Karsten: Aktienrecht: Keine Barabfindung beim Delisting, in: JuS 2014, S. 174–176

Schmidt, Karsten: Macrotron oder: weitere Ausdifferenzierung des Aktionärsschutzes durch den BGH, in: NZG 2003, S. 601–606

Schmitt, Christian: Anmerkung zum Beschluss des VG Frankfurt vom 25. März 2012 (2 L 1073/13.F) – Zu Rechtsschutzmöglichkeiten des Anlegers beim beantragten Widerruf der Zulassung der Aktie zum Handel im regulierten Markt, in: EWiR 2013, S. 673–674

Schmitt, Christoph / Süßmann, Rainer: Rückzug mittelständischer Unternehemen aus dem regulierten Markt, in: BB 2014, S. 1451–1454

Schmitt, Joachim / Hörtnagl, Robert / Stratz, Rolf-Christian (Hrsg.): Umwandlungsgesetz, Umwandlungssteuergesetz, Kommentar, 7. Aufl., München 2016 (zit.: *Bearbeiter*, in: Schmitt/Hörtnagl/Stratz, UmwG)

Schmitz, Daniel: Aktien als Akquisitionswährung, in: Die Übernahme börsennotierter Unternehmen, hrsg. v. Rüdiger von Rosen und Werner G. Seifert, Heusenstamm 1999, S. 313–326

Schnaittacher, Ralf M. / Westerheide, Stefan / Stindt, Sebastian: „Freie Fahrt in den Freiverkehr(?)" – zum Urteil des Bundesverfassungsgerichts vom 11. Juli 2012 zum Delisting/Downlisting, in: WM 2012, S. 2225–2230

Schoch, Friedrich / Schneider, Jens-Peter / Bier, Wolfgang (Hrsg.): Verwaltungsgerichtsordnung, Kommentar, Band I: Einleitung, §§ 1–80b VwGO, Lieferungen 1–33, 33. Ergänzungslieferung (Juni 2017), München [zit.: *Bearbeiter*, in: Schoch/Schneider/Bier, VwGO, ... (Stand)]

Schockenhoff, Martin: Delisting – Karlsruhe locuta, causa finita?, in: ZIP 2013, S. 2429–2435

Scholz, Philipp: Zurück ins „Macrotron"-Zeitalter durch Satzungsregelung?, in: BB 2015, S. 2248–2252

Schoppe, Bastian: Aktieneigentum, Verfassungsrechtliche Strukturen und gesellschaftsrechtliche Ausprägungen der Aktie als Gegenstand des Art. 14 GG, Köln 2011

Schulz, Patrick: Der Debt Equity Swap in der Insolvenz, Berlin 2015

Schulz, Stephan / Wieneke, Laurenz: Delisting ausländischer Emittenten, in: NZG 2017, S. 449–455

Schutzgemeinschaft der Kapitalanleger (SdK): Stellungnahme der SdK zum Änderungsantrag der Fraktionen der CDU/CSU und SPD zum Entwurf eines Gesetzes zur Umsetzung der Transparenzrichtlinie-Änderungsrichtlinie, Bundestagsdrucksache 18/5010, kurz „Delisting", https://www.bundestag.de/blob/386946/2cea7f9fe2c90a11adc12c866f34e4ac/09---sdk-data.pdf, zuletzt besucht am 7. Juni 2018

Schwark, Eberhard / Geiser, Frank: Delisting, in: ZHR 161 (1997), S. 739–773

Schwark, Eberhard / Zimmer, Daniel (Hrsg.): Kapitalmarktrechts-Kommentar, 3. Aufl., München 2004, 4. Aufl., München 2010 (zit.: *Bearbeiter*, in: Schwark/Zimmer, Kapitalmarktrecht)

Schwichtenberg, Jörg: Downgrading oder Delisting? Der Wechsel vom regulierten Markt in das Segment M: access der Börse München, in: AG 2005, S. 911–917

Seibt, Christoph H. / Wollenschläger, Bernward: Downlisting einer börsennotierten Gesellschaft ohne Abfindungsangebot und Hauptversammlungsbeschluss, in: AG 2009, S. 807–817

Seibt, Christoph H.: Sanierungsgesellschaftsrecht: Mitgliedschaftliche Treuepflicht und Grenzen der Stimmrechtsausübung in der Aktiengesellschaft, in: ZIP 2014, S. 1909–1916

Seibt, Christoph H.: Stellungnahme in Thesenform für die öffentliche Anhörung im Deutscher Bundestag-Finanzausschuss am 7. September 2015 zum (Regierungs-)Entwurf eines Gesetzes zur Umsetzung der Transparenzrichtlinie-Änderungsrichtlinie vom 26. Mai 2015 (BT-Drucks. 18/5010) nebst

Änderungsanträgen, https://www.bundestag.de/blob/386948/33e87f205911ce0a8fa5e30e79baa357/10---prof--seibt-data.pdf, zuletzt besucht am 29. Juni 2018

Seibt, Christoph H.: Zur privaten Überwachung und Durchsetzung des Übernahmerechts, in: ZIP 2013, S. 1568–1570

Seiffert, Julius: Benutzungsverhältnis der Börse zu Handelsteilnehmern und Emittenten, in: Bank- und Kapitalmarktrecht, begr. v. Siegfried Kümpel, hrsg. v. Arne Wittig, 4. Aufl., Köln 2011, S. 404–422

Semler, Johannes / Stengel, Arndt (Hrsg.): Umwandlungsgesetz, Kommentar, 1. Aufl., München 2003, 4. Aufl., München 2017 (zit.: *Berarbeiter*, in: Semler/Stengel, UmwG)

Singhof, Bernd / Weber, Christian: Börsengang, in: Unternehmensfinanzierung am Kapitalmarkt, hrsg. v. Mathias Habersack u. a., 3. Aufl., Köln 2013, § 4

Slomka, Klaus Max: Stahlharte Aktionäre, in: FAZ Online vom 19. Juli 2018, http://www.faz.net/aktuell/wirtschaft/unternehmen/thyssen-krupp-kommentar-stahlharte-aktionaere-15697583.html, zuletzt besucht am 31. Juli 2018

Söhner, Matthias: Praxis-Update Marktmissbrauchsverordnung: Neue Leitlinien und alte Probleme, in: BB 2017, S. 259–266

Solventis Wertpapierhandelsbank: Delisting nach Frosta – Investoren, Börsen und Gesetzgeber gefordert, Studie vom 12. Dezember 2014 (n. v. – erhältlich auf Anfrage)

Spindler, Gerald / Stilz, Eberhard (Hrsg.): Aktiengesetz, Kommentar, Band I: §§ 1–149 AktG, 1. Aufl., München 2007, Band I: §§ 1–149 AktG, 2. Aufl., München 2010, Band I: §§ 1–149 AktG, 3. Aufl., München 2015, Band II: §§ 150–410, SpruchG, SE-VO, 3. Aufl., München 2015 (zit.: *Bearbeiter*, in: Spindler/Stilz, AktG)

Staake, Marco: Ungeschriebene Hauptversammlungskompetenzen in börsennotierten und nicht börsennotierten Aktiengesellschaften, Köln 2009

Stange, Kristian: Zwangsausschluss von Aktionären (Squeeze-out), Jena 2010

Steck, Kai-Uwe: „Going-Private" über das UmwG, in: AG 1998, S. 460–466

Stöber, Michael: Die Zukunft der Macrotron-Regeln zum Delisting nach den jüngsten Entscheidungen des BVerfG und des BGH, in: BB 2014, S. 9–16

Stöber, Michael: Ungeschriebene Hauptversammlungskompetenzen am Beispiel des Börsenrückzugs und der fakultativen Insolvenzantragstellung, in: WM 2014, S. 1757–1763

Streit, Georg: Delisting Light – Die Problematik der Vereinfachung des freiwilligen Rückzugs von der Frankfurter Wertpapierbörse, in: ZIP 2002, S. 1279–1289

Streit, Georg: Zu den Voraussetzungen für das vollständige Delisting, in: ZIP 2003, S. 392–395

Sudmeyer, Jan: Going Public – Börsengang, in: Münchener Anwaltshandbuch, Aktienrecht, hrsg. v. Matthias Schüppen und Bernhard Schaub, 2. Aufl., München 2010, § 47

Süßmann, Rainer: Beschluss mit Anmerkung zum Urteil des BGH vom 25. November 2002 (II ZR 133/01) – Obligatorisches Kaufrecht beim Delisting, in: BKR 2003, S. 253–259

Sustmann, Marco / Schmidt-Bendun, Rüdiger: Der Referentenentwurf zur Reform des Kapitalanleger-Musterverfahrensgesetz (KapMuG), in: NZG 2011, S. 1207–1213

Theiß, Simone: Todesstoß für den Börsenrückzug, in: FAZ vom 5. März 2002, S. 19

Thomale, Chris / Walter, Andreas: Delisting als Regulierungsaufgabe, in: ZGR 2016, S. 679–728

Thomale, Chris: Anmerkung zum Urteil des BGH vom 8. Oktober 2013 (II ZB 26/12) – Delisting, in: DStR 2013, S. 2529

Thomale, Chris: Minderheitenschutz gegen Delisting – die MACROTRON-Rechtsprechung zwischen Eigentumsgewähr und richterlicher Rechtsfortbildung, in: ZGR 2013, S. 686–723

Thomas, Günther: Delisting und Aktienrecht, Verfassungs- und gesellschaftsrechtliche Voraussetzungen des Rückzugs einer Aktiengesellschaft von der Börse, Berlin 2009

Veil, Rüdiger: Europäisches Kapitalmarktrecht, Tübingen 2014

Veil, Rüdiger / Brüggemeier, Alexander: Veröffentlichungen von Insiderinformationen, in: Handbuch zum Marktmissbrauchsrecht, hrsg. v. Andreas Meyer, Thomas Rönnau und Rüdiger Veil, 1. Aufl., München 2018, § 10

Verannemann, Peter: Mitarbeiterbeteiligung, in: Die börsennotierte Aktiengesellschaft, hrsg. v. Barbara Deilmann und Manuel Lorenz, München 2005, § 9

Verbraucherzentrale für Kapitalanleger e.V. (VzfK): Stellungnahme der Verbraucherzentrale zum Änderungsvorschlag von CDU/CSU und SPD vom 21. September 2015, http://www.dgap.de/dgap/News/dgap_media/delisting-stellungnahme-der-verbraucherzentrale-fuer-kapitalanleger-vzfk-zum-aenderungsvorschlag-von-cdu-csu-und-spd-vom-september/?companyID=385146&newsID=899455, zuletzt besucht am 18. Juni 2018

Verse, Dirk A.: Aktionärsschutz beim Delisting, in: Festschrift für Theodor Baums, Band II, hrsg. v. Herbert Siekmann u. a., Tübingen 2017, S. 1317–1340

Verse, Dirk A.: Rechtsschutz der Zielgesellschaft und ihrer Aktionäre im Übernahmerecht – Haben sich die Regelungen des WpÜG bewährt?, in: 10 Jahre WpÜG, hrsg. v. Peter O. Mülbert u. a., Frankfurt a. M. 2011, S. 276–299

Verse, Dirk A.: Neues zum Rechtsschutz der Aktionäre im Übernahmerecht – Die Postbank-Entscheidung des BGH und ihre Folgen –, in: Der Konzern 2015, S. 1–8

Vollmer, Lothar / Grupp, Alexander: Der Schutz der Aktionäre beim Börseneintritt und Börsenaustritt, in: ZGR 1995, S. 459–480

Von Berg, Catharina S.: Der Marktrückzug des Emittenten – Dynamische Marktstrukturregulierung im Schnittfeld von Kapitalmarkt- und Gesellschaftsrecht, Tübingen 2018

Von den Linden, Klaus: Kann die Satzung eine Börsennotierung vorschreiben?, in: NZG 2015, S. 176–178

Von Mangoldt, Hermann / Klein, Friedrich / Starck, Christian (Hrsg.): Kommentar zum Grundgesetz, Band 1: Präambel, Art. 1–19, 7. Aufl., München 2018 (zit.: *Bearbeiter*, in: v. Mangoldt/Klein/Starck, GG)

Von Münch, Ingo (Begr.) / *Kunig, Philipp* (Hrsg.): Grundgesetz-Kommentar, 6. Aufl., München 2012 (zit.: *Bearbeiter*, in: v. Münch/Kunig, GG)

Von Rosen, Rüdiger: Die rechtliche Ordnung des geregelten Kapitalmarkts, in: Handbuch des Kapitalanlagerechts, hrsg. v. Heinz Dieter Assmann und Rolf Schütze, 3. Aufl., München 2007, § 2

Vorwerk, Volkert / Wolf, Christian (Hrsg.): Kapitalanleger-Musterverfahrensgesetz, Kommentar, München 2007 (zit.: *Bearbeiter*, in: Vorwerk/Wolf, KapMuG)

Wackerbarth, Ulrich: Das neue Delisting-Angebot nach § 39 BörsG oder: Hat der Gesetzgeber hier wirklich gut nachgedacht?, in: WM 2016, S. 385–388

Wackerbarth, Ulrich: Die Begründung der Macrotron-Rechtsfortbildung nach dem Delisting-Urteil des BVerfG, in: WM 2012, S. 2077–2082

Wackerbarth, Ulrich: Gone dark – die Neuregelung des Delisting und neue Geschenke an Großaktionäre, https://blog.fernuni-hagen.de/blawg/2015/07/30/gone-dark-die-neuregelung-des-delisting-und-neue-geschenke-an-grossaktionaere/, zuletzt besucht am 8. Juni 2018

Wackerbarth, Ulrich: Kapitalmärktchen und kapitale Märchenerzähler, https://blog.fernuni-hagen.de/blawg/2012/10/05/kapitalmarktchen-und-kapitale-marchenerzahler/, zuletzt besucht am 8. Juni 2018

Walz, Susanne: Going Private – Rückzug von der Börse, in: Münchener Anwaltshandbuch, Aktienrecht, hrsg. v. Matthias Schüppen und Bernhard Schaub, 2. Aufl., München 2010, § 50

Wardenbach, Frank: KapMuG 2012 versus KapMuG 2005: Die wichtigsten Änderungen aus Sicht der Praxis, in: GWR 2013, S. 35–38

Warmer, Silke: Börsenzulassung und Insolvenz der Aktiengesellschaft, Hamburg 2009

Wasmann, Dirk / Glock, Jana: Die FRoSTA-Entscheidung des BGH – Das Ende der Macrotron-Grundsätze zum Delisting, in: DB 2014, S. 105–109

Weidemann, Ulrich / Weiß, Simon M.: Anmerkung zum Beschluss des BHG vom 8. Oktober 2013 (II ZB 26/12; WM 2013, 2213) – Zur Frage des Anspruchs auf eine Barabfindung bei Widerruf der Zulassung einer Aktie zum Handel im regulierten Markt, in: BKR 2014, S. 169–170

Werner, Winfried: Zuständigkeitsverlagerung in der Aktiengesellschaft durch Richterrecht?, in: ZHR 147 (1983), S. 429–453

Wessels, Ulrich / Röder, Klaus: Die Kurswirkung von Delistings in Deutschland, in: CF 2016, S. 357–362

Westermann, Harm Peter: Organzuständigkeit bei Bildung, Erweiterung und Umorganisation des Konzerns, in: ZGR 1984, S. 352–382

Wicke, Hartmut: Aktionärsschutz beim Delisting, in: DNotZ 2015, S. 488–497

Wieczorek, Bernard (Begr.) / *Schütze, Rolf A.* (Hrsg.): Großkommentar zur Zivilprozessordnung und Nebengesetze, Band 13/1, 4. Aufl., Berlin / Boston 2018 (zit.: *Bearbeiter*, in: GroßKomm-ZPO)

Wiedemann, Herbert: Minderheitsrechte ernstgenommen, in: ZGR 1999, S. 857–872

Wieneke, Laurenz / Schulz, Stephan: Durchführung eines Delistings, in: AG 2016, S. 809–819

Wieneke, Laurenz: Aktien- und kapitalmarktrechtlicher Schutz beim Delisting nach dem FRoSTA-Beschluss des BGH, in: NZG 2014, S. 22–26

Wieneke, Laurenz: Der Einsatz von Aktien als Akquisitionswährung, in: NZG 2004, S. 61–70

Wiesner, Georg: Vorstand als Leitungsorgan der Gesellschaft, in: Münchener Handbuch des Gesellschaftsrechts, hrsg. v. Michael Hoffmann-Becking, Band 4: Aktiengesellschaft, 4. Aufl., München 2015, § 19

Wilsing, Hans-Ulrich / Kruse, Tobias: Börsenrechtliches Delisting nach Macrotron – Anmerkung zur Entscheidung des BGH vom 25. November 2012 = WM 2003, 533, in: WM 2003, S. 1110–1115

Wilsing, Hans-Ulrich / Kruse, Tobias: Die Änderung des § 54a BörsO/Ffm – ein Schritt in die richtige Richtung?, in: NZG 2002, S. 807–812

Wilsing, Hans-Ulrich / Kruse, Tobias: Zum börsenrechtlichen Delistingverfahren, in: EWiR 2002, S. 953–954

Winter, Michael / Keßler, Hans-Christian: „Macrotron II" – zurück auf Start, Folgen der FRoSTA-Entscheidung des Bundesgerichtshof vom 8. Oktober 2013 für Delisting-Spruchverfahren, in: Der Konzern 2014, S. 69–75

Winter, Michael / Nießen, Tobias: Amtsermittlung und Beibringung im Spruchverfahren, in: NZG 2007, S. 13–17

Wirth, Gerhard / Arnold, Michael: Anlegerschutz beim Delisting von Aktiengesellschaften, in: ZIP 2000, S. 111–117

Witt, Carl-Heinz: Angemessenheit eines Übernahme- oder Pflichtangebots und Zurechnung von Stimmrechten: Die Postbank-Entscheidung des BGH, in: DStR 2014, S. 2132–2137

Witt, Carl-Heinz: Frosta statt Macroton: BGH erleichtert Rückzug von der Börse, in: BB 2013, Heft Nr. 49, „*Die Erste Seite*“

Wittgens, Jonas: Das Spruchverfahrensgesetz, Berlin 2006

Wolf, Christian / Lange, Sonja: Wie neu ist das neue Kapitalanleger-Musterverfahrensgesetz?, in: NJW 2012, S. 3751–3756

Zetzsche, Dirk A.: Going Dark Under German Law – Towards an Efficient Regime for Regular Delisting (January 29, 2014), CBC-RPS 0053/2013, abrufbar unter: https://papers.ssrn.com/sol3/papers.cfm?abstract_id=2387712, zuletzt besucht am 12. Juni 2018

Zetzsche, Dirk A.: Reguläres Delisting und deutsches Gesellschaftsrecht, in: NZG 2000, S. 1065–1070

Zimmer, Lutz / von Imhoff, Julian: Die Neuregelung des Delisting in § 39 BörsG – Zur Bedingungsfeindlichkeit des Delisting-Angebots und dem zeitlichen Zusammenhang zwischen Erwerbsangebot und Delisting-Antrag, in: NZG 2016, S. 1056–1062

Zöllner, Wolfgang / Noack, Ulrich (Hrsg.): Kölner Kommentar zum Aktiengesetz, Band 1: §§ 1–75 AktG, 3. Aufl., Köln 2012, Band 6: §§ 291–328 AktG, 3. Aufl., Köln / Berlin / München 2004, Band 9: SpruchG, 3. Aufl., Köln 2013 (zit.: *Bearbeiter*, in: KK–AktG)

Rechtsprechungsverzeichnis

Datum und Art der Entscheidung	Aktenzeichen	Fundstelle
BVerfG, Beschluss v. 30. Mai 2017	1 BvR 390/04	BVerfGK 11, 253 = BVerfG NJW 2007, 3268
BVerfG, Beschluss v. 5. November 2015	1 BvR 1667/15	NZG 2016, 61 = ZIP 2015, 2371
BVerfG, Urteil v. 11. Juli 2012	1 BvR 3142/07 1 BvR 1569/08	BVerfGE 132, 99 = NJW 2012, 3081 = NZG 2012, 826
BVerfG, Beschluss v. 29. Februar 2012	1 BvR 2378/10	ZIP 2012, 1979 = NZA 2012, 788
BVerfG, Beschluss v. 19. April 2007	1 BvR 1995/06	NJW 2007, 3265 = NZG 2007, 631
BVerfG, Beschluss v. 26. Juni 2002	1 BvR 558/91 1 BvR 1428/91	BVerfGE 105, 252 = NJW 2002, 2621
BVerfG, Beschluss v. 5. Februar 2002	2 BvR 305/93	NJW 2002, 3009 = JuS 2002, 286
BVerfG, Beschluss v. 23. August 2000	1 BvR 68/95	NJW 2001, 279 = NZG 2000, 1117 = ZIP 2000, 1670
BVerfG, Beschluss v. 8. September 1999	1 BvR 301/89	NJW-RR 2000, 842 = NZG 2000, 28 = ZIP 1999, 1804
BVerfG, Beschluss v. 27. April 1999	1 BvR 1613/94	BVerfGE 100, 289 = NJW 1999, 3769
BVerfG, Beschluss v. 3. Dezember 1997	2 BvR 882/79	BVerfGE 97, 67 = NJW 1998, 1547
BVerfG, Beschluss v. 15. Oktober 1996	1 BvL 44/92	BVerfGE 95, 64 = NJW 1997, 722
BVerfG, Beschluss v. 13. Mai 1986	1 BvR 99/85 1 BvR 461/85	BVerfGE 72, 175 = NJW 1986, 2561
BVerfG, Beschluss v. 28. November 1984	1 BvR 1157/82	BVerfGE 68, 287 = WM 1985, 242
BVerfG, Beschluss v. 31. Oktober 1984	1 BvR 35/82 1 BvR 356/82 1 BvR 794/82	BVerfGE 68, 193 = NJW 1985, 1385
BVerfG, Beschluss v. 16. Dezember 1981	1 BvR 898/79	BVerfGE 59, 128 = NJW 1983, 103

Datum und Art der Entscheidung	Aktenzeichen	Fundstelle
BVerfG, Urteil v. 14. Juli 1981	1 BvL 28/77 1 BvL 48/79 1 BvR 154/79 1 BvR 170/80	BVerfGE 57, 361 = NJW 1981, 1771
BVerfG, Urteil v. 23. März 1971	2 BvL 2/66 2 BvR 168/66 2 BvR 196/66 2 BvR 197/66 2 BvR 210/66 2 BvR 472/66	BVerfGE 30, 367 = RzW 1971, 309
BVerfG, Urteil v. 7. August 1962	1 BvL 16/60	BVerfGE 14, 263 = NJW 1962, 1667
BGH, Urteil des v. 29. Juli 2014	II ZR 353/12	BGHZ 202, 180 = NJW-RR 2014, 1248 = NZG 2014, 985
BGH, Beschluss v. 8. Oktober 2013	II ZB 26/12	NJW 2014, 146 = NZG 2013, 1342
BGH, Beschluss v. 13. Dezember 2011	II ZB 12/11	NZG 2012, 191 = ZIP 2012, 266
BGH, Beschluss v. 28. Juni 2011	II ZB 10/10	AG 2011, 590 = ZIP 2011, 1708
BGH, Beschluss v. 19. Juli 2010	II ZB 18/09	BGHZ 186, 229 = NJW 2010, 2657
BGH, Beschluss v. 7. Dezember 2009	II ZR 239/08	NZG 2010, 618 = AG 2010, 453 = ZIP 2010, 622
BGH, Urteil v. 16. März 2009	II ZR 302/06	BGHZ 180, 154 = AG 2009, 441
BGH, Beschluss v. 25. Juni 2008	II ZB 39/07	BGHZ 177, 131 = NJW-RR 2008, 1355 = NZG 2008, 658
BGH, Beschluss v. 25. November 2002	II ZR 133/01	BGHZ 153, 47 = NJW 2003, 1032 = NZG 2003, 280
BGH, Beschluss v. 12. März 2001	II ZB 15/00	BGHZ 147, 108 = NJW 2001, 2080
BGH, Beschluss v. 21. April 1997	II ZR 175/95	BGHZ 135, 244 = NJW 1997, 1926
BGH, Beschluss v. 20. Mai 1995	II ZB 9/96	BGHZ 135, 374 = NJW 1997, 2242

Datum und Art der Entscheidung	Aktenzeichen	Fundstelle
BGH, Beschluss v. 20. März 1995	II ZR 205/94	BGHZ 129, 136 = NJW 1995, 1739 = AG 1995, 368
BGH, Beschluss v. 7. März 1994	II ZR 52/93	BGHZ 125, 239 = NJW 1994, 1353
BGH, Urteil v. 11. November 1985	II ZB 5/85	BGHZ 96, 245 = NJW 1986, 1083
BGH, Urteil v. 19. April 1982	II ZR 55/81	BGHZ 83, 319 = NJW 1982, 2444
BGH, Urteil v. 25. Februar 1982	II ZR 174/80	BGHZ 83, 129 = NJW 1982, 1703
BGH, Urteil v. 13. März 1978	II ZR 142/76	BGHZ 71, 40 = NJW 1978, 1316
BGH, Urteil v. 19. Dezember 1977	II ZR 136/76	BGHZ 70, 117 = NJW 1978, 540
BGH, Urteil v. 30. Oktober 1968	VII ZR 82/65	BGHZ 49, 19 = NJW 1968, 391
BVerwG, Urteil v. 28. Februar 1997	1 C 29/95	BVerwGE 104, 115 = NJW 1998, 173
BVerwG, Urteil v. 20. April 1994	11 C 17/93	DVBI 1994, 1194 = NVwZ 1995, 165
BVerwG, Beschluss v. 21. Januar 1993	4 B 206/92	NVwZ 1993, 884 = BayVBl 1994, 90
BVerwG, Urteil v. 17. April 1986	2 C 8.83	DÖV 1987, 292 = NVwZ 1987, 135
BVerwG, Urteil v. 28. April 1967	IV C 10/65	BVerwGE 27, 29 = NJW 1967, 1770
OLG Düsseldorf, Beschluss v. 19. November 2015	I-26 W 4/15	NZG 2016, 509 = BB 2016, 974
OLG Düsseldorf, Beschluss v. 22. September 2014	I-26 W 20/12	NZG 2015, 518 = ZIP 2015, 123
OLG Düsseldorf, Beschluss v. 7. März 2005	I-19 W 1/04 AktE	AG 2005, 480 = ZIP 2006, 340

Datum und Art der Entscheidung	Aktenzeichen	Fundstelle
OLG Düsseldorf, Beschluss v. 30. Dezember 2004	I-19 W 3/04 AktE	NZG 2005, 317 = ZIP 2005, 300
OLG Jena, Beschluss v. 20. März 2015	2 W 353/14	AG 2015, 450 = NZG 2015, 600
OLG Stuttgart, Beschluss v. 17. März 2015	20 W 7/14	NZG 2015, 629 = NJW-RR 2015, 809
OLG Stuttgart, Beschluss v. 24. Juli 2013	20 W 2/12	NZG 2013, 1179 = AG 2013, 840
OLG Stuttgart, Beschluss v. 8. Juli 2011	20 W 14/08	AG 2011, 795
OLG Stuttgart, Urteil v. 15. Oktober 2008	20 U 19/07	AG 2009, 124 = ZIP 2008, 2315
OLG Stuttgart, Beschluss v. 22. Juli 2006	8 W 271/06	NZG 2006, 790 = ZIP 2007, 231
OLG Karlsruhe, Beschluss v. 12. März 2015	12a W 3/15	NZG 2015, 516 = AG 2015, 366
OLG München, Beschluss v. 28. Januar 2015	31 Wx 292/14	NZG 2015, 556 = AG 2015, 277
OLG München, Beschluss v. 26. Juli 2012	31 Wx 250/11	AG 2012, 749 = NZG 2012, 1432 (Ls.)
OLG München, Beschluss v. 21. Mai 2008	31 Wx 62/07	AG 2008, 674 = NZG 2008, 755
OLG München, Urteil v. 14. Februar 2001	7 U 6019/00	WM 2002, 662 = NZG 2001, 519
OLG Bremen, Beschluss v. 12. Oktober 2012	2 W 25/12	NZG 2013, 749 = AG 2013, 597
OLG Frankfurt a. M., Beschluss v. 20. Dezember 2011	21 W 8/11	AG 2012, 330 = ZIP 2012, 371
OLG Frankfurt a. M., Beschluss v. 5. Dezember 2011	WpÜG 1/11	NZG 2012, 302 = ZIP 2012, 270

Datum und Art der Entscheidung	Aktenzeichen	Fundstelle
OLG Frankfurt a. M., Beschluss v. 24. November 2011	21 W 7/11	AG 2012, 513 = ZIP 2012, 124
OLG Frankfurt a.M., Beschluss v. 3. September 2010	5 W 57/09	NZG 2010, 1141 = ZIP 2010, 1947
OLG Frankfurt a. M., Beschluss v. 24. November 2009	WpÜG 11/09 WpÜG 12/09	NZG 2010, 63 = AG 2010, 79
OLG Frankfurt a. M., Urteil v. 8. Oktober 2009	15 U 125/08	NZG 2010, 307 = ZIP 2010, 370
OLG Frankfurt a. M., Beschluss v. 12. Februar 2007	WpÜG 1/06	ZIP 2007, 768 = BB 2007, 1383
KG Berlin, Beschluss v. 30. April 2009	2 W 119/08	NZG 2009, 752 = AG 2009, 697
KG Berlin, Beschluss v. 31. Oktober 2007	2 W 14/06	AG 2008, 295 = ZIP 2007, 2352
OLG Zweibrücken, Beschluss v. 23. August 2007	3 W 147/07	NZG 2007, 908 = ZIP 2007, 2438
OLG Zweibrücken, Beschluss v. 3. August 2004	3 W 60/04	ZIP 2004, 1666 = NZG 2004, 872
BayObLG, Beschluss v. 1. Dezember 2004	3 Z BR 106/04	BayObLGZ 2004, 346 = NZG 2005, 312
BayObLG, Beschluss v. 22. Oktober 2003	3 Z BR 211/03	AG 2004, 99
VGH Mannheim, Beschluss v. 6. Dezember 2007	6 S 2293/07	abrufbar über juris
LG Berlin, Urteil v. 20. März 2013	99 O 103/12	ZIP 2013, 1531 = AG 2013, 846
LG Berlin, Beschl. v. 17. Januar 2006	102 O 186/04	n. v.
LG Bremen, Urteil v. 6. Januar 2012	13 O 128/11	n. v.

Datum und Art der Entscheidung	**Aktenzeichen**	**Fundstelle**
LG Stuttgart, Beschluss v. 20. Oktober 2010	31 O 84/07 KfH AktG	ZIP 2014, 2346 = WM 2015, 237
LG Köln, Beschluss v. 24. Juli 2009	82 O 10/08	AG 2009, 835 = GWR 2009, 324
LG Köln, Beschluss v. 19. Dezember 2003	82 O 95/03	ZIP 2004, 220 = EWiR 2004, 879
LG München I, Beschluss v. 30. August 2007	5 HK O 7195/06	NZG 2007, 951 = ZIP 2007, 2143
LG München I, Beschluss v. 27. November 2003	5 HK O 5774/03 5 HKO 5774/03	NZG 2004, 193 = AG 2004, 395
LG München I, Urteil v. 4. November 1999	5 HKO 10580/99	NZG 2000, 273 = ZIP 1999, 2017
LG Hanau, Urteil v. 2. Mai 2002	5 O 63/01	AG 2003, 534 = DB 2002, 2261
VG Düsseldorf, Beschluss v. 7. August 2015	20 L 2589/15	ZIP 2015, 1733
VG Düsseldorf, Beschl. v. 3. Dezember 2007	20 L 1587/07	abrufbar über juris
VG Frankfurt a. M., Beschluss v. 25. März 2013	2 L 1073/13.F	AG 2013, 847 = ZIP 2013, 1886
VG Frankfurt a. M., Urteil v. 17. Juni 2002	9 E 2285/01 (V)	WM 2002, 1658 = ZIP 2002, 1446
VG Frankfurt a. M., Beschluss v. 2. November 2001	9 G 3103/01 (V)	AG 2003, 218 = NJW-RR 2002, 480